U0115897

福建師範大學文學院百年學術論叢　第七輯

他者的視界：
晚清來華傳教士與福建社會文化

吳巍巍　著

第七輯
總序

　　適值福建師範大學一百一十五周年華誕，我校文學院又與臺北萬卷樓圖書公司合作推出「百年學術論叢」第七輯，持續為兩岸學術文化交流增光添彩。

　　本輯十種論著，文史兼收，道藝相通，求實創新，各有專精。

　　歷史學方面四種：王曉德教授的《美國文化與外交》，從文化維度審視美國外交的歷史與現實，深入揭示美國外交與文化擴張追求自我利益之實質，獨具隻眼，鞭辟入裏；林國平教授的《閩臺民間信仰源流》，通過田野調查和文獻考察，全面研究閩臺民間信仰的源流關係及相互影響作用，實證周詳，論述精到；林金水教授的《臺灣基督教史》，系統研究臺灣基督教歷史與現狀，並揭示祖國大陸與臺灣不可分割的歷史淵源與民族感情，考證謹嚴，頗具史識；吳巍巍研究員的《他者的視界：晚清來華傳教士與福建社會文化》，探討西方傳教士視野中的晚清福建社會文化的內容與特徵，視角迴特，別開生面。

　　文藝學方面四種，聚焦於詩學領域：王光明教授的《現代漢詩論集》，率先提出「現代漢詩」的詩學概念，集中探討其融合現代經驗、現代漢語和詩歌藝術而生成現代詩歌類型、重建象徵體系和文類秩序的創新意義，獨闢蹊徑，富有創見；伍明春教授的《早期新詩的合法性研究》，為中國新詩發生學探尋多方面理據，追根溯源，允足徵信；陳培浩教授的《歌謠與中國新詩》，理清「新詩歌謠化」的譜系、動因和限度，條分縷析，持正出新；王兵教授的《清人選清詩與清代文學》，從選本批評學角度推進清代詩學研究，論世知人，平情達理。

　　藝術學方面兩種：李豫閩教授的《閩臺民間美術》，通過田野調查和比較研究，透視閩臺民間藝術的親緣關係和審美特徵，實事求是，切中肯綮；陳新鳳教授的《中國傳統音樂民間術語研究》，提煉和闡釋傳統民間音樂文化與民間音樂智慧，辨析細緻，言近旨遠。

　　應當指出，上述作者分別來自我校文學院、社會歷史學院、音樂學院、美術學院和閩臺區域研究中心，其術業雖異，道志則同，他們的宏文偉論，既豐富了本論叢多彩多姿的學術內涵，又為跨院系多學科協同發展樹立了風範。對此，我感佩深切，特向諸位加盟的學者恭致敬意和謝忱！

　　薪火相傳，弦歌不絕。本論叢已在臺灣刊行七輯七十種專著，歷經近十年兩岸交流的起伏變遷，我輩同仁仍不忘初心，堅持學術乃天下公器之理念，堅信兩岸間的學術切磋、文化互動必將日益發揚光大。本輯論著編纂於疫情流行、交往乖阻之際，各書作者均能與編輯一如既往地精誠合作，敬業奉獻，確保書稿的編校品質和及時出版，實甚難能可貴。我由衷贊賞本校同仁和萬卷樓圖書公司的貞純合作精神，熱誠祈盼兩岸學術交流越來越順暢活躍，共同譜寫中華文化復興繁榮的新篇章！

汪文頂

西元二〇二二年十一月於福州

序一

　　在福建地方史研究的學術隊伍中，不同的專家學者在各自的研究領域中辛勤地耕耘勞作。吳巍巍博士正是這個研究隊伍中的一名年輕學者。他獨闢蹊徑，選擇了以往人們鮮少關注的「西方人眼中的福建社會」這一選題作為博士論文研究方向，並為此孜孜探索，用力甚勤。

　　吳巍巍博士是我在福建師範大學社會歷史學院指導的第三位博士研究生。他在碩士階段主要從事福建基督教史研究，根據他的學術基礎與研究旨趣，二〇〇六年開學伊始，我與他商定，以「近代西方傳教士視野中的福建社會」作為博士論文選題，我則擔負指導之責。

　　巍巍在撰寫博士論文的過程中，令我印象最深的是在資料搜集方面的用功程度與對史料的解讀能力。由於他的選題主要是以外國人的著述、報告、書信、檔案、報刊等西文資料為基本史料，對外文尤其是古英語的掌握與解析成為開展論文的重點工作。可喜的是，巍巍在這方面下了很大功夫，他不僅「地毯式」地全面搜集這些西文材料，更從一早開始就分門別類地摘譯重要片段，作為其日後寫作的基礎史料，能夠做好這一點實屬不易。另一方面，在博士論文開展過程中，我也反覆叮囑巍巍要注意從福建地方史料的層面與西文資料互證互補，從而以一種「雙重證據」的方法使論文觀點更具說服力，在這方面，巍巍亦能夠較好地做到中西史料的結合，通過查考大量福建地方文獻資料，作為與西文材料互相補證的論據，言之鑿鑿，令人信服。

　　巍巍的論文在內容方面，有兩點給我留下深刻印象：一是多學科的視野和研究方法；二是深入探究問題的治學思想。當下，不同學科之間的相互滲透和相互影響，已經愈益成為學界遵奉的發展趨勢，我

們只有積極應對，才能有所作為、有所創新、有所突破。事實證明，一篇好的論文往往是建立於多學科整合和研究的基礎上。巍巍在其論文中運用歷史學、宗教學、人類學、東方學、比較文學形象學、傳播學等多學科研究方法與理論進行詮釋，分析西方傳教士對福建社會的文化考察和審視活動，其論證是多層面而豐富的。不僅如此，巍巍的論文還深入地探究、剖析傳教士構建福建社會文化形象的表現形式、時代特徵與本質屬性，以及傳教士的認知背後所折射出的東西方文化差異與傳教士的心態、語境、思想等深層次的內涵。這些都表現出作者科學嚴謹的做事態度和鍥而不捨的治學思想。

　　立意深刻與層次豐富是論文的又一方面特色。巍巍在文中採用微觀描畫的模式，善用西方傳教士的資料作為學術資源，改變了以往宏觀審視的套路，將晚清福建社會文化置於中西文化交流的視野下考察，取得更加生動、切實的研究結論，這是在方法論上的創新應用，具有學術新價值。在全面廓清西方傳教士視野下的福建社會文化之表現形態後，他還明晰地指出傳教士著述文獻對東西方世界產生的影響和效應，特別是為福建地方史提供豐富的史料資源，其大量圖片和老照片還為福建史研究保存了珍貴的歷史影像，由此也可見這篇論文的學術價值。論文第一次比較系統完整地收集整理傳教士對晚清福建社會的文字記錄與圖片報導，並對他們記錄信息的真實性與扭曲性、客觀性與主觀性問題做了分析，得出合理的結論。

　　歷史研究最忌諱妄加個人主觀評斷。巍巍的這篇論文較好地避免了這種錯誤，在論述時採取客觀的立場，指出傳教士對晚清福建社會文化的考察比較關注的是社會現實狀況與身邊事象，因此觀察得細緻而周全，但對閩文化深層內涵缺乏挖掘，而且在記述和認識上存在殖民主義的政治偏見和基督教文化優越感；認為傳教士對福建社會的觀察和接觸是直觀的、真實的，但從認知與表述看，又不乏扭曲或帶有偏見。這種論證和評價是從大量事實中歸納出來，因而是正確的，有

說服力的。另外，論文也具體分析了傳教士對一些社會問題與現象的理解、表述或闡釋出現誤解、誤讀甚至扭曲、醜化原貌的情況，並指出其中的種種原因，還著重從傳教士個人的文化素質、知識結構、立場、觀念和心態等方面分析產生扭曲現象的原因，是很有見地的、也是客觀和公允的。

　　巍巍勤敏好學，謙虛有禮，最可貴的是對學問的執著探索精神。他的博士論文經過兩年多來的修訂，較之原稿有了很大的改進；同時，他還承擔了多項國家與部省級課題以及單位的科研項目。如今，這部在博士論文基礎上修改而成的書稿即將交付出版社出版，作為導師，很為他的成長感到高興。祝願他在今後的學術道路上百尺竿頭，更進一步！

　　是為序。

　　　　　　　　　　　　　　　　　　　　　　汪毅夫
　　　　　　　　　　　　　　　　　　　辛卯金秋於北京

序二
「自我」與「他者」
——殖民主義霸權心態與福建社會文化

　　晚清西方傳教士來華，是屬於「文化溝通者」，抑或「文化侵略分子」、「殖民主義的先遣隊」？中國改革開放後，上個世紀的八十年代，歷史學界曾就這個問題進行過激烈的論爭。儘管最終沒有取得一致的觀點，但「文化溝通者」占了上風，有關這種觀點的著作、論文雨後春筍般湧現。三十多年後，本書的出版對西方傳教士的評價，又給予了重新的定性。

　　本書主要內容是西方傳教士有關晚清福建社會文化的記載。類似這樣的論文和著作，當時只要能找到西文有關資料，英譯能力強，就事論事，都很容易出版，它無非就是譯文的彙編和累積。而該書並不是一般簡單的記述和介紹。作者翻譯的譯文資料，與福建地方志和相關文集相互對照、考訂，應用東西不同文化透視的理論，把西方譯文的記載與福建古代有關記載融為一體，以非常豐富的中外文資料、為我們展現出了以往研究未被學者提到的、或者說尚未引起重視的有關西人對晚清福建的社會生活的方方面面的記載。筆者和謝必震儘管在一九九七年出版《福建對外文化交流史》對古代和近代的福建對外文化交流史作了較全面的闡述，但缺的正是近現代西方傳教士對福建的有關記載，故只好在「餘論」中特別提出了要對「福建學者在國外與國外學者對福建的研究」這一設想。本書剛好彌補了這一缺陷，而且內容遠遠超出了我們原先的設想，它把西方傳教士對福建的記載與對福建社會文化透視這條主線緊緊相扣在一起，作了全方位、多角度、多層次的考察和研究。

　　首先，全書讓讀者看到西方傳教士有關福建社會記載資料之全、之廣、之細。其主要源於傳教士的專著和教務情況報告、散見於各個時期的傳教士回憶錄、書籍和紀念性的文章，包括傳教士本國教團的通信等，以及國內外的各大圖書館和檔案館的收藏。這些資料對福建的社會文化的記載，未必都是出於傳教的需要，而是事無大小輕重，看到什麼寫什麼，應記盡記，是一幅全景式的掃描和綜合報導。這是以往明末福建中西文化交流研究所無法比擬的。傳教士記載這些內容作為福建人原本可以從歷史文獻中略知一二，然可惜的是古人對百姓這些生活小節的記載基本上是簡而不詳，幾筆帶過，有的還會多寫幾句。那些一生追求功名的儒士，雖然他們就是生活在這樣的處境下，但他們不會花時間去描繪那些紅白喜喪、惡習陋俗的雕蟲小技。相反，來閩西方傳教士作為「自我」，卻對「他者」福建這塊「異教」土地上的民眾和文化表現出了極大的濃厚和興趣，他們要想傳教，就要知道閩人是怎麼生活的，它的文化又是什麼，以尋求傳教的捷徑。

　　其次，傳教士以西方文明與文化，來打量、透視出的福建社會文化。如有關福建的自然形勝與物質特徵、地方政治體制與教育制度、福建社會動態及變遷局勢，尤其對福建社會經濟與民眾日常生活的關注，傳教士用一段段語言碎片，拼就出一幅幅令人遐邇貫思的福建地方社會經濟生活的歷史畫面。而關於福建的傳統習俗、地方陋俗事象、宗教與民間信仰、街頭市井文化與民間口承文學則是他們考察的重點對象。福建「尚巫好鬼」的民間習俗，是西方傳教士在閩傳教遇到的最大障礙。作者一針見血地指出，「傳教士生活在民間宗教信仰祭祀圈的包圍中，時刻感受的是『異教』氣息，使他們時刻緊繃著與之作鬥爭的神經。」與明清傳教士相比，耶穌會士對福建的惡習陋俗不太關注，而是從儒家思想層面去考慮，尋找「合儒」、「補儒」、「益儒」的途徑，至於有關祭祖尊孔問題只是輿論上之爭。而近代西方傳教士則把閩地出現的「纏足」、「溺嬰」、「吸鴉片」等現象，視為「野

蠻」、「黑暗」的「異教行為」。以此來體現他們來華傳教「拯救」中國人靈魂的必要性。

　　再有，全書最大的特色是配有一百二十張的圖片，每章節文後，都穿插圖片，並配有文字說明，極為難得，從視覺上給人耳目一新。筆者閱後感觸最深的是對福建道教的有關的記述和圖片。如文中第四章第四十七張圖片，是美部會傳教士盧公明在《中國人的社會生活》書中刊登的福州道教喪禮舉行的燈梯儀式。燈梯又譯作「橋梯」。筆者年幼時因家庭貧寒曾隨當道士的父親參加各類紅白道場，上列的「橋梯」這張圖片，正是上世紀五十年代我親自參加過儀式看到的真實場景，印象特別深刻。「橋梯」用木頭製作，橋面形木底座約一尺高，主樹幹插入木底座固定。上半截各枝幹圍繞主幹以小棍子約成四十五度角依次插入主幹，一層一層依次向上旋轉插入，由長棍到較短再最短棍，每棍末端都用金屬線固定玻璃燈杯，杯底附有小鐵插，插上蠟燭點亮，這樣就組成了樹形燈梯。牆壁上掛著一幅與陰間有關的超度圖畫。下面擺有祭桌，點著蠟燭、香火，豐盛的雞、鴨、魚、肉、餅、粉肝、酒等供品。我父親在鐃鈸聲中吟唱著儀式經文，我還小不懂事有點怕，只知道要跟著敲鼓，只想快點結束，我就能飽餐到供品。「橋梯」喪禮的開銷都是由死者的女婿支付的。西方傳教士對福建宗教民俗的記載，不僅詳細，更重要的是對這些民俗宗教上的功能詮釋，盧公明說，「橋梯」之所以這樣稱呼，「是因為它的模樣就像橋與梯子。要是死者在路途中遇到障礙，橋可幫他過河，梯子可幫他登爬陡峭的地方。」傳教士對圖片的直觀考量和文字詮釋，有著文字無可替代的作用。

　　還有，全書最重要的一章，是作者從理論上以殖民主義霸權的心態來剖析東西方文化的差異。作者認為傳教士對福建社會生活觀察、認識和考量的文化語境，「並非單一線性的、而是一種多元的綜合體」，它「夾雜著十九世紀以來西方人殖民主義情結以及在殖民地母

國文化薰陶下固持的西方文化優越論，及至隨之而生的殖民文化」，從本質上揭示出傳教士對近代福建社會文化所謂的「異教行為」、「野蠻」、「罪惡」等的「負面理解」和「文化偏見」。從開始在本國接受教育起，他們就知道要把「新教十字軍」東征當作己任，骨子裡就流淌著惟西方文化獨尊，對東方的「異地」、「異教」，進行統治和壓迫的「東方主義」。以「自我」的優越性，背離了不同文化間應求同存異、相互借鑒的道理和實踐。

綜上所述，我們還可以看到全書所具有的現實意義。來閩傳教士再也不是三十年前的「文化溝通者」與「文化侵略分子」那樣簡單的孰是孰非的爭論問題。他們為福建的社會文化所作的記載，其宗旨很明確，就是在「自我」與「他者」之間，通過塑造「一個相對『低劣』異國形象」，在他們傳播的十字架上浸淫著為列強服務的霸權主義心態。兩百多年前這一深刻的歷史教訓，在今天當我們看到美國在世界各國行使霸權與霸淩主義時，就不會感到詫異，它決不是一朝一夕形成的，冰凍三尺非一日之寒。晚清來華西方傳教士的所作所為只是其中的冰山一角。

這也是本書出版的價值。是為序。

林金水

壬寅清明節於福州金橋花園

目次

第七輯總序 ……………………………………………………………… 1

序一 ………………………………………………………… 汪毅夫　1

序二 ………………………………………………………… 林金水　5

目次 ……………………………………………………………………… 1

緒論 ……………………………………………………………………… 1

第一章　晚清時期西方傳教士來閩傳教與著述活動 ……35

　　第一節　差會的時代：晚清基督新教傳教士入閩傳教概況 ……35

　　第二節　全方位審視：傳教士記述晚清福建社會之著述概介 …43

　　第三節　小結 ……………………………………………………… 61

第二章　晚清來華傳教士對福建社會的文化透視（上）

　　………………………………………………………………………65

　　第一節　靜態景觀：自然形勝與物質特徵 ……………………… 65

　　第二節　東方「專制」：地方政治體制與教育制度 …………… 89

　　第三節　田園詩意象：社會經濟與民眾日常生活 …………… 105

　　第四節　突發與漸變：社會動態及變遷局勢 ………………… 138

第三章　晚清來華傳教士對福建社會的文化透視（下）

　　……………………………………………………………………… 155

　　第一節　民間傳統習俗：節慶、婚喪及其他 ………………… 155

第二節　「異教徒」的「罪狀」：地方陋俗事象 …………… 180

第三節　「偶像崇拜」的舞臺：宗教與民間信仰 …………… 210

第四節　走進底層現場：街頭市井文化與民間口承文學 …… 249

第五節　小結 ……………………………………………………… 281

第四章　晚清來華傳教士對福建社會文化的形象建構 285

第一節　兼采並記：走進田野的「人類學家」及其微觀細描 … 286

第二節　直觀呈現：傳教士著述中的圖照佐證 …………… 311

第三節　客觀記述：真實再現閩人社會生活場景 ………… 335

第四節　迷失與扭曲：傳教士著述中的失實報導 ………… 346

第五節　小結 ……………………………………………………… 359

第五章　文化差異與晚清來華傳教士的認知因素分析 361

第一節　教育背景、知識水平及文化素質 ………………… 361

第二節　西方中心觀與文化本位主義 ……………………… 374

第三節　普世主義：潛意識中的「征服」、「救世」心態 … 388

第四節　「異教」形象塑造：對西方世界的輿論宣傳 …… 399

第五節　文化適應：僑居生活與地方情境化 ……………… 405

第六節　小結 ……………………………………………………… 414

第六章　晚清西方傳教士述閩文獻的多重意義 ……… 417

第一節　對福建地方史研究的資料價值 …………………… 417

第二節　對西方世界的多重影響 …………………………… 433

第三節　小結 ……………………………………………………… 448

結語 ………………………………………………………………… 451

後記 ·· 457

參考文獻 ·· 459

附錄

　一　晚清傳教士述閩主要作品一覽表 ·················· 501
　二　近代來閩基督新教差會機構名錄 ·················· 517
　三　其他西人群體記述晚清福建社會的作品一覽表 ········· 519

緒論

一 本書選題緣起

　　福建自古即是東西方互動往來的重要舞臺，是西方接觸並認識中國文化的前沿窗口。歷史上，宋元時期泉州港的繁榮發達曾吸引世界各國商人來此貿易、旅行並居住，福建也因此成為西方人遊歷考察的主要站點之一，當時著名的世界四大旅行家[1]中就有三位曾蒞臨福建，並留有文字記錄在案。明清時期，福建在中西交通往來和文化交流史上地位日重，葡、西、荷、英等西方殖民勢力相繼在東南福建沿海地區開展商業貿易，被譽為「西來孔子」的耶穌會士艾儒略與葉向高等晚明福建士大夫頻頻交遊互動，「中西禮儀之爭」在福建引爆及由此導致了清廷的百年禁教等等，這些都使得福建成為中西物質與思想文化交流中備受矚目的關注對象。總體來看，晚清以前福建與西方世界的交往互動建立在平等對話的基礎上，西方人對福建的認識也大多帶著美好的語調和嚮往的情懷，從馬可‧波羅到清初天主教傳教士記述福建的論著中，這種主流觀念一直是牢不可破[2]。

1　四大旅行家分別為馬可‧波羅、伊本‧白圖泰、鄂多立克、尼哥羅‧康梯，前三位都曾遊歷過福建（主要是泉州），並在其遊記中記述了在福建的見聞和觀察印象。有關內容可參見《馬可波羅行紀》（馮承鈞譯，上海市：上海書店出版社，1999年）或《馬可波羅遊記》（陳開俊等譯，福州市：福建科學技術出版社，1981年）、《伊本‧白圖泰遊記》（馬金鵬譯，銀川市：寧夏人民出版社，1985年）、《鄂多立克東遊錄》（何高濟譯，中華書局，2002年）。

2　筆者通過結合晚清以前西人記述福建的作品和中外學者的相關研究發現：宋元至清初西方人（特別是天主教傳教士群體）對於福建的記載和認識主要在兩大層面上進

　　晚清以降，西方殖民列強用武力叩開了中國古老的城門，中國社會開始逐步淪為西方資本主義殖民體系和世界市場的一個組成部分，一部近代中國的屈辱史和血淚史也由此而生。因著特殊的地理位置和戰略價值，近代的福建仍舊是中外關係史中的前沿陣地，首當其衝地再次成為中西文化的撞擊點和交匯點。如英國迫使清政府對外開放的通商貿易五口中，福建就占據了兩個；而林則徐、徐繼畬、嚴復等近代風雲人物「開眼看世界」與傳播西學精髓的思想與實踐，也正是在這裡發生和發展……。可以說，中國歷史步入晚清之世後，福建再次被推向時代舞臺的前頭，承載著接收全新的東西方文化交流的歷史重任。而正是在此時，西方人在資本主義全球化推進和世界性殖民擴張進程中積累起了文化優越論和自負心態，而中西之間原本平等交往的格局也已被打破。以此為基準，西人對華態度也發生根本性的轉換。他們不再對中國欽羨不已，而是開始以一種蔑視和否定的視界來看待

　　行。第一是在物質與制度文明層面的優越論，對福建及至中國景觀、器物及制度等讚譽備至、推崇有加；另一層面則表現為精神信仰之「落後」，如批判閩人乃至中國人迷信偶像崇拜、「異教」色彩濃厚和記述諸如溺嬰等社會陋習的存在等，不過這些「質疑」的聲音並不占主導地位（一般篇幅都很少）。有關這方面歷史文獻主要可見《馬可波羅行紀》、《中西交通史料匯編》（1-6冊，張星烺編，中華書局，1977-1979年）、《十六世紀中國南部行紀》（〔英〕博克舍編著、何高濟譯，中華書局，1990年）、《中華大帝國史》（〔西〕門多薩撰，何高濟譯，中華書局，1998年）、《耶穌會士中國書簡集——中國回憶錄》（〔法〕杜赫德編，耿昇等譯，鄭州市：大象出版社，2001年、2005年）等；學者研究情況可參考〔美〕麥克福著，金雲銘譯：《十八世紀前遊閩西人考》，載《福建文化》第2卷第2期（總第33期，1944年6月30日出版）、林金水、謝必震主編：《福建對外文化交流史》（福州市：福建教育出版社，1997年）、張國剛：《從中西初識到禮儀之爭——明清傳教士與中西文化交流》（北京市：人民出版社，2003年）、周寧：《天朝遙遠——西方的中國形象研究》（北京市：北京大學出版社，2006年）、〔美〕史景遷：〈十六世紀後期至今西方人心目中的中國〉，載《美國學者論中國文化》（北京市：中國廣播電視出版社，1994年）、Donald F. Lach, *Asia in the Making of Europe* (Chicago & London: The University of Chicago Press, 1965), Vol.1, Part III, "China". 等論著。

與審視中國社會[3]，同樣，他們也開始以這種眼光來打量福建社會。

　　十九世紀中葉，基督教傳教士憑著不平等條約的庇護接踵來閩。他們在福建宣播宗教的過程中，也傳來了許多代表西方「新式文明」的產品，並與福建社會各層面發生廣泛而深刻的聯繫，例如處理民教糾紛，創辦教育、醫療、出版、慈善等社會事業，對近代福建歷史發展進程產生重要影響[4]。

　　而同樣重要的是，在另一個維度上，他們也承擔了向西方世界傳遞福建社會文化各方面信息的任務和使命。西方傳教士對晚清福建社會的觀識和報導可謂不遺餘力，從十九世紀三十年代開始一直持續到清朝滅亡。他們所關注的對象，大到福建的總況概貌、小至閩人日常

3　根據學者研究，實際上西方人從十九世紀初（甚至更早在1750年前後）即已開始了這種認識觀上的換位。英國學者雷蒙・道森（Raymond Dawson）曾言：「十九世紀初，歐洲對中國的態度出現了明顯的變化。上一個世紀對中國的熱情被蔑視所取代」（〔英〕雷蒙・道森著、常紹民等譯：《中國變色龍——對於歐洲中國文明觀的分析》，中華書局，2006年，頁167）；周寧教授也認為，十九世紀西方塑造的中國形象「幾乎是完全不同的另一個異域——一個墮落的黑暗王國」（周寧編著：《二〇〇〇年西方看中國》，北京市：團結出版社，1999年，〈前言〉）、「十八世紀中葉西方的中國形象轉型，不僅是一個世紀的『中國潮』退潮，也是西方五個世紀持續不斷地美化中國形象的大潮退潮。此後有關中國的負面形象逐漸成為主流」（《天朝遙遠——西方的中國形象研究》，頁304）；美國學者布盧（Gregory Blue）專論歐洲人眼裡的中國傳統社會也指出：「任何研究西方的中國形象的演變的人，都會為西方十九世紀中葉中國形象的突變所震驚。一時之間西方關於中國文化的各個方面的印象都發生了激進的徹底的改變」（引見《天朝遙遠——西方的中國形象研究》，頁312）；又如，美國學者伊羅生在《美國的中國形象》一書和中國學者王立新在〈試論美國人中國觀的演變〉一文中皆認為，一八四二～一九〇五年美國中國觀是一種蔑視、否定的基調，等等。

4　對此，前人學者已給予相當的關注和研究，如林文慧：《清季福建教案之研究》（臺北市：臺灣商務印書館，1989年）、黃濤：《大德是欽：記憶深處的福建協和大學》（北京市：中國大百科全書出版社，2007年）、皮春花：《教會醫學與近代福建社會》（福建師大2007年碩士論文）、陳林：《近代福建基督教圖書出版考略》（北京市：海洋出版社，2006年）、崔軍鋒：《民國時期福州基督教慈善事業研究》（福建師大2006年碩士論文）等。

生活的每個細節，他們對福建進行了一場前所未有的全景式掃描和考量，可以說其廣度和深度遠遠超過了以往任何一次的中西文化交流，並形成了具有相當體系化的「福建印象」。著名中外關係史專家林金水教授有言：「近代福建走向世界，還具體表現在西方人對福建的記載與介紹。這些記載和介紹，無論在數量上還是在廣度與深度上，都遠遠超過歷代來閩西人所寫的遊記和報告。因而使西方對福建有了更全面、更深入的瞭解。這些材料一方面為列強侵略福建服務，另一方面也加強了福建與西方世界的溝通和聯繫，同時也為今日學者研究福建地方史，提供了難得的有價值的參考資料」[5]。林師所說的「西方人」主要包括傳教士、外交官、商人、旅行者等西人群體，而實際上傳教士在這些記述與介紹福建社會的西人群體中，可以說是最為用力和最具代表性的[6]。

　　基於以上所述，筆者認為：對晚清時期西方傳教士記述與介紹福建社會的作品進行系統梳理，並由此審視傳教士與晚清福建社會文化之間的關係，不僅有助於深化中西文化交流史的研究內容，對於福建地方史研究也能增添一些新的考察視角。所以，對這一選題進行系

5　林金水、謝必震主編：《福建對外文化交流史》，〈緒論〉，頁15。

6　美國著名漢學巨擘費正清先生曾有一段精闢論述：「就十九世紀中國與西方的關係而言，新教傳教士仍然是研究得最少、但又最為重要的角色。……只有他們尋求改變中國人的頭腦和心靈。他們對中國人的生活滲透得最深，在所有外圍入侵者中他們在地方事務中的介入最深。同時，為了維護國內贊助者的支持，他們還是在外國人中最全面地——如果也是有選擇地——向西方公眾報告中國情況的人。」（見《費正清集》，陶文釗編選，天津市：天津人民出版社，1992年，頁236）著名學者周振鶴教授也言：「晚清以後，商人與外交官的活動顯著加強，但傳教士來華的活動更加公開也更加深入，其影響程度依然遠在外交官與商人之上」（《〈基督教傳教士傳記叢書〉序言》，桂林市：廣西師範大學出版社，2004年，「叢書序」）等等。上述說明，傳教士群體因特殊的使命和目標，他們對中國的考察、認識、審視與報導更為犀利和不遺餘力。這種情況同樣也出現於福建，來閩傳教士群體不僅活動範圍廣泛和持續深入，他們所書寫的著述在數量與質量方面，都是十分突兀的。

統、專門研究，是一項頗有意義與價值的學術工作。更具體來看，有
以下幾方面：

首先，宏觀來看，就筆者視閾所及，對於晚清來閩傳教士的著述
活動及探討傳教士與晚清福建社會文化關係這一課題的研究，當前學
界還缺乏系統的專論，是一個研究較為薄弱的環節[7]。因此，選擇此一
論題，首先是有助於填充這方面學術研究的盲點，具有一定補闕意義。

其次，尚未見有專門對西方人記述福建社會的作品進行系統地搜
集和整理，筆者希望能在這方面做出一些努力和嘗試：即以傳教士為
中心主線，盡可能全面地查找和搜尋近代西人記錄福建之著述，以期
為後來研究者提供這方面的資料線索。

第三，對於以傳教士為主的晚清西方人群關注、記述和報導福建
社會文化的內容、特點、他們怎麼看福建（如何建構其「福建印
象」）以及體現出何種心態？等等，還鮮為人們所知。借助來閩傳教
士群體的著述及相關文獻，可以爬梳出基本的內涵與體系。這亦是一
項具開創性質的工作。

第四，西人著述對於福建地方史研究的資料價值，尚無專門的挖
掘和探論，此項工作也有待開展。福建地方文獻資源十分豐富，但無
法脫離閩人主觀視野的局限性，西方傳教士站在「旁觀者」的角度看
待問題，無疑具有一定客觀性意義。他們同樣「陣容龐大」的著述群
及相關材料正好可與中文史料參照使用，互補互證，頗具一種「二重
證據法」之意味。同時，這些西人著述和西文文獻也有助於瞭解晚清

7　目前為止，筆者僅見在林金水、謝必震主編的《福建對外文化交流史》中關有一節
　　介紹「西方人對福建的記載與介紹」，此節主要為概括性地提供了基本的研究線
　　索；朱峰《傳教士麥利和與清季福建社會》專闢一章「麥利和眼中的福建社會」進
　　行專門介紹；林立強所著《美國傳教士盧公明與晚清福州社會》（福州市：福建教
　　育出版社，2005年）和《晚清閩都文化之西傳：以傳教士漢學家盧公明為個案》
　　（北京市：海洋出版社，2010年）二書對盧公明所記述的晚清福州社會事象進行過
　　介紹和分析。

之世福建社會文化最常態化的表徵，能夠開拓史料的來源。

第五，有助於深化西方人中國觀研究的內涵。當前學界對西方的中國觀之研究蔚為大觀，但基本都還停留於宏觀層面的考察或資料譯介工作上。本書嘗試從微觀的區域社會文化角度對晚清西人中國觀（區域社會觀）進行考察，以期豐富該領域的具體案例。

第六，對於中國基督教史和中西文化交流史研究層面的意義。以往學者在此一領域偏重於從宗教傳播與東西方文化交流中的「西學東漸」層面進行論探，而對於「東學西漸」則相對薄弱。本書試以區域史視角勾畫傳教士傳播「東學」的具體案例，分析他們構建的地方社會形象。

二　學術史回顧

本書之選題雖尚無專門系統研究，但前人的學術探索業已積累一定的研究基礎，對於本書寫作不無裨益。

二十世紀八十年代，伴著改革開放的春風，學術界對福建基督教史研究開始起步。福建師範大學已故教授陳增輝先生的《福建基督教史稿》（未刊）為我們奠定了福建基督教史研究的基本框架和提供了基本的資料線索，該書以差會（Mission）為主線，分述各來閩差會的活動情況，並按專題介紹基督教教育、醫療、出版、慈善等事業，體例完備，惟因此書為草稿，錯誤之處不少。陳支平、李少明撰寫的《基督教與福建民間社會》（1992年）一書從近代基督教傳入福建後與民間基層社會關係的角度入手，探討了基督教與福建民俗、鄉族勢力的衝突、糅合，較早地從區域史視角分析基督教在福建民間社會的傳教活動；林金水、謝必震教授主編的《福建對外文化交流史》（1997年）由福建教育出版社出版，該書第六章敘述近代基督教傳入與西方文化對福建社會的影響，闢有一節「西方人對福建的記載與介

紹」，這不僅是本書寫作的動機之一，也為本書提供了基本的研究主線；朱峰博士的碩士論文《傳教士麥利和與清季福建社會》（福建師範大學碩士學位論文，1998）以清末來閩美國傳教士麥利和（R. S. Maclay）為研究對象，探索基督教與晚清福建社會關係，該書專闢一章「麥利和眼中的福建社會」，對傳教士如何看福建進行了初步的介紹，朱峰博士另一著作《福建基督教史鉤沉》（香港：匯美傳意，2002年）和林金水教授主編的《福建基督教史初探》（臺北：宇宙光全人關懷機構，2006年）也提供了這方面的相關信息。

　　國外學者對福建基督教問題也不乏關注，美國哈佛大學東亞研究中心於一九七四年出版的《福州教士》（*The Foochow Missionaries, 1847-1880*）[8]一書，是西方學者比較集中研究基督新教在福建傳播歷史的開拓之作，該書以晚清來閩傳教士的活動事蹟為考察線索，涉及傳教士與福建地方社會關係等問題，因為受客觀條件的限制，作者沒有能夠引用相關的中文資料，他的研究不可避免帶有片面性。二〇〇一年，耶魯大學出版社出版的唐日安博士（Ryan Dunch）所著《福州新教徒與現代中國的形成》[9]一書是北美學者研究福建基督教的一部優秀著作。唐日安曾在二十世紀九十年代（當時唐還是耶魯大學歷史系博士生）作為訪問學者在福建師大歷史系進行了為期一年的研究，他在福州參閱了許多珍貴的中文文獻，搜集了大量一手資料，突破了以往學者偏重外國傳教士活動的局限，進而關注到福建教徒群體的研究，該書對基督教與轉型時期福建社會關係所做考察部分，對本書寫作具有一定的參考價值。

　　近年來，西方傳教士的「福建觀」，即他們對福建社會文化的介

8　Ellsworth C. Carlson, *The Foochow Missionaries, 1847-1880*, Cambridge: East Asian Research Center, Harvard University: distributed by Harvard University Press, 1974.

9　Ryan Dunch, *Fuzhou Protestants and the Making of a Modern China, 1857-1927*, New Haven & London: Yale University Press, 2001.

紹與傳播逐漸受到研究者的重視。二○○五年，林立強教授《美國傳教士盧公明與晚清福州社會》出版，該書是在作者博士論文基礎上修訂而成，書中對於美部會傳教士盧公明（Justus Doolittle）所記述的福建社會文化事象進行專門論述，對於本書具有重要的參考價值；林氏另一部大作《晚清閩都文化之西傳：以傳教士漢學家盧公明為個案》於海洋出版社出版（2010年），該書是目前對西方傳教士引介福建社會文化所做研究最為系統豐富的一部專著，作者依然是以傳教士盧公明為個案，對盧公明所記之閩都文化的內容進行論述，但還未上升到傳教士群體研究的層面。

從研究生招生開始至今，在對近代福建基督教史研究過程中，福建師範大學高時良、林金水、謝必震教授等門下弟子進行了大量的基礎性開拓工作，他們從差會、地域、人物或專題等視角寫成了一篇篇專門的博碩士論文[10]，這些都為本書寫作提供了研究的參照。

綜上所述，當前在福建基督教史研究領域中，雖然現有成果頗為豐富，但對於西方傳教士群體對福建進行報導、考察的著述活動研究還顯薄弱，對於來華西方傳教士與晚清福建社會文化的整體關係及傳教士的群體文化觀照，還缺乏全面的梳理和系統的闡述。此一現狀，正是本書力圖作出突破的緣由之一。

---

10 其中代表性者如陳名實：《福建省基督教教會學校教育初探》，1988年碩士論文；李穎：《耶穌拯救中國？：倫敦會傳教士麥嘉湖研究》，2003年博士論文；陳林：《近代福建基督教圖書出版事業之研究》，2006年博士論文；張金紅：《胡約翰與福建安立甘會研究》，2007年博士論文；盧平：《基督教與閩西客家社會》，2002年碩士論文；王福梅：《莆田基督教會（新教）之研究》，2002年碩士論文；張鍾鑫：《本土化與信譽重建——泉州地區基督教會研究》，2003年碩士論文；周典恩：《福建新教教會醫院之研究》，2004年碩士論文；趙廣軍：《「上帝之笈」：信仰視野中的福建基督教文字出版視野之研究》，2004年碩士論文；李雙幼：《近代閩南基督教會研究》，2006年碩士論文；吳巍巍：《基督教與近代閩北社會——以美部會為考察中心》，2006年碩士論文；崔軍鋒：《民國時期福州基督教慈善事業研究》，2006年碩士論文；陳明霞：《近代福建基督教中學教育模式研究》，2006年碩士論文；陳新：《教會大學與近代福建社會》，2008年碩士論文等。

　　若從更宏觀的視野來看，本書選題屬晚近以來「西方的中國觀」這一研究領域。出於對本書寫作的理論指導和方法運用等方面考量，故有必要對該領域的已有研究成果與現狀等作一番回顧和考察。

　　學術界對西方的中國觀（或西方的中國形象）的認識，總體上比較傾向於認為十八世紀末十九世紀初是一道分水嶺。十八世紀末葉以前，西方人對中國形象的認知基本上是欽慕、讚歎、肯定甚至是美化的，從馬可波羅遊記到明清耶穌會士報告等，莫不如此；而在十九世紀後，西方人對中國形象的論調猛然來了個一百八十度大轉彎，開始轉向以負面報導為主流的認識期。尤其是在一八四〇年鴉片戰爭後，西方人的文化優越感臻至高潮，東方中國形象在他們眼裡顯得破敗而落後不堪，中國不斷遭致西方人的蔑視、否定和醜化，從美好理想的「中華帝國」變成了「野蠻」、「未開化」的「異教國度」，淪落為殖民話語肆意欺淩的對象，等等。這些都是我們需要首先明確的概念與觀點。

　　從國內學界來看，對西方人的中國觀（中國形象）之研究首先是從介紹性工作開始的。例如，忻劍飛的《世界的中國觀——近二千年來世界對中國的認識史綱》（學林出版社），該書出版於一九九一年，比較系統地介紹西方世界認識中國及其中國觀內容的歷史過程，偏重於整體介紹，對近代西方人中國觀有初步論述但未作深入探討；同時期還曾出版一部作為愛國主義教育叢書一種的《外國人的中國觀》（瀋陽市：遼寧教育出版社，1993年），該書是一部介紹性通俗讀物，簡明扼要地介紹了歷史上外國代表性人物對中國的認知（晚近部分亦很簡略）；等等。

　　繼上述介紹性著述之後，關於此一領域的叢書譯介工作相繼開展，並一直持續至今。一九九七至一九九九年，由中國人民大學清史所黃興濤和楊念群教授主編的「西方視野裡的中國形象」、「西方人眼中的中國」叢書付梓出版，該譯叢由時事出版社和光明日報出版社相

繼推出過十種著述，並於二〇〇六年由中華書局首次以十部匯齊方
式，以《「西方的中國形象」譯叢》為名修訂再版[11]，這是譯介近代西
人視野中的中國形象之研究工作至今仍具重要影響的著作群。此後，
以西方的晚近中國形象（中國觀）為主旨的翻譯叢書不斷問世：二〇
〇〇年，上海書店出版社推出「外人眼中的近代中國」叢書；同年，
張鳴、吳靜妍主編的《外國人眼中的中國》（1-8卷）這一資料譯編付
梓（吉林攝影出版社），該叢書從外國人眼中的中國社會、歷史、文
化、國民性、風土人情、革命與變革等專題，分八卷十三篇引介西人
對華認識，跨近代至現當代，摘引譯介了眾多近現代西人言論；二
〇〇四年，由復旦大學周振鶴教授主編的《基督教傳教士傳記叢書》
由廣西師範大學出版社出版，該叢書首次推出關於新教傳教士先驅或
著名人物馬禮遜、衛三畏和丁韙良三人之傳記性著作，後又陸續出版
李提摩太在華事蹟介紹、首位美國來華傳教士裨治文的傳記、醫療傳
教士伯駕在華經歷、著名教育傳教士狄考文的傳記、漢學大師理雅各
評傳和新聞工作者林樂知在華生平等[12]；二〇〇六年，南京出版社出

---

11 這十部著作分別為：〔英〕約·羅伯茨的《十九世紀西方人眼中的中國》、〔美〕
　　M·G·馬森的《西方的中國及中國人觀念》（《西方的中華帝國觀》、〔美〕何天爵
　　《真正的中國佬》、〔美〕哈羅德·伊羅生《美國的中國形象》、〔美〕明恩溥的《中
　　國人的氣質》（《中國人的素質》（全譯本））、《中國鄉村生活》、〔英〕麥嘉湖的《中
　　國人生活的明與暗》、〔英〕雷蒙·道森的《中國變色龍》、〔美〕E·A·羅斯《變化
　　的中國人》、〔英〕立德夫人的《穿藍色長袍的國度》。
12 這幾部傳教士傳記分別為：《馬禮遜回憶錄》、《衛三畏生平及書信：一位美國來華
　　傳教士的心路歷程》、丁韙良的《花甲憶記：一位美國傳教士眼中的晚清帝國》
　　（2004年）；《李提摩太在中國》（2007年）；《千禧年的感召：美國第一位來華新教
　　傳教士裨治文傳》（2008年）；《伯駕與中國的開放》（2008年）；《狄考文傳：一位在
　　中國山東生活了四十五年的傳教士》（2009年）；《朝覲東方：理雅各評傳》（2011
　　年）；《傳教士新聞工作者在中國：林樂知和他的雜誌（1860-1883）》（2014年）等。
　　在這些人物傳記、回憶錄中，有大量的內容涉及作為傳教士的他們對中國社會的認
　　識和見解，反映了他們的中國觀問題。其中丁韙良的《花甲憶記》一書對福建還有
　　專門的記述片段。

版了由張子清教授主編的「西方人看中國」文化遊記叢書；二〇〇七年，北京圖書館出版社又推出由李國慶與耿昇主編的「親歷中國叢書」（包括《帝國麗影》、《五口通商城市遊記》等七種，多為近代西方人作品），等等。應該看到，這些譯介工作的推展，表明我國學界對西方中國觀這一課題的興趣不斷升溫、不斷取得突破。這些，為學者的研究工作奠定了重要的資料基礎。

　　近年來，與本書選題較密切相關的學術研究進路主要集中於三大領域：第一，對晚清（近代）來華西方傳教士中國觀（或者說他們對中國問題的論述與認識）的研究；第二，比較文學視野中之西方的中國形象研究；第三，具體到近代某個西方國家、甚至某一西方人物所生成的中國形象問題和以「西方人看近代中國」為主題的通俗性或學術性作品。

　　第一個領域，也是與本書主題關聯最緊的研究路徑，有關成果頗多。例如，王立新《美國傳教士與晚清中國現代化》（天津市：天津人民出版社，1997年）一書論及傳教士對中國政治、教育與文化等方面認識，並試圖以基督教文明之力加以改造，王氏還撰有〈試論美國人中國觀的演變（18世紀-1950）〉（《世界歷史》1998年第1期）一文，分期系統梳理了美國人的中國觀；吳梓明、陶飛亞在〈晚清傳教士對中國文化的研究〉（《文史哲》1997年第2期）一文中認為，晚清傳教士不僅注意到了中國的古典文化，而且也留心那個時代的社會狀況；他們不僅看到了帝王將相，而且把目光投向了平民生活。他們人數眾多，來自不同的國家，用不同的眼光看中國。吳義雄《在宗教與世俗之間──基督新教在華南沿海的早期活動研究》（廣州市：廣東教育出版社，2000年）專闢一章詳細探討早期歐美新教傳教士的的中國觀問題，內容頗為詳實。王立誠《十九世紀德國新教傳教士的中國觀──關於文化間接觸和感知問題的一項個案研究》（〔德國〕馬堡科學出版社，2002年）一書還以德文的方式於國外出版，該書試圖通過

研究十九世紀德國新教傳教士的中國報導和由他們所反映的中國圖像，深入考察殖民擴張和現代化時代西方社會對中國和中國人的評估，剖析東西文化接觸的歷史經歷，批判西方社會的文化霸權；揭示中西文化交流和營造世界新文化的合適途徑[13]。對此，王立新教授還提出，薩義德等提出的後殖民理論研究視角和解釋框架，作為今後基督教在華傳教史研究的一個重要取向，其中傳教士對中國的話語書寫和認知語境是其中核心內涵之一[14]。上海人民出版社出版了《基督教在中國：比較研究視角下的近現代中西文化交流》（劉樹森編，2010年），該書第一部分即以「中國形象」為主題，其中收錄「十九世紀美國來華傳教士視閾中的中國形象」一文，表明此一研究路向已成為學界積極關注的話題，等等。這些研究的力度，已大大超過以往的介紹性論著。

　　第二個領域是近年來文學工作者涉獵最多也是最深的領域，可以說是成就斐然、成果迭出的熱門「顯學」[15]。這一領域內，北大樂黛雲、孟華教授和廈大周寧教授是其中領軍代表。樂黛雲是比較文學和跨文化研究的開拓人，自二十世紀八十年代開始就致力於探索西方文化對中國的認知及比較視野觀照，曾主編《獨角獸與龍：在尋找中西文化普遍性中的誤讀》和《文化傳遞與文學形象》，一九九八年與法國學者阿蘭‧李比雄合作，創立了《跨文化對話》期刊，至今已經出版二十多輯，是反映國內外跨文化研究最新成果的交流平臺。孟華是

---

13 參見蔣銳：〈「他者」的映像——讀《十九世紀德國新教傳教士的中國觀》〉，《史學理論研究》2003年第4期。

14 王立新：〈後殖民理論與基督教在華傳教史研究〉，《史學理論研究》2003年第1期；這一觀點亦是文學工作者所提倡的視角和思路，參見周寧等：〈後殖民主義文化批判與中國形象研究〉，《東南學術》2005年第1期。

15 有關研究綜述可參見楊秀媚：《「他者」眼光下的自我言說——近年來國內有關西方文學中的「中國形象」研究分析〉，《宜春學院學報》2006年第3期；馬婷：〈他者鏡像中的中國主體——西方的中國形象研究述評〉，《學術研究》2007年第10期等。

留法學者，致力於對西方形象學理論的引介和構建本國化理論的努力，主編《比較文學形象學》一書系統譯介法國學者巴柔等人形象學理論，並提出自身闡釋進路，具有很強的指導性意義，其中「文化形象」、「集體想像物」、「我」與「他者」等概念廣受學界關注和引用。周寧可以說是目前國內學界對西方的中國形象研究成就最大的學者之一。其宏著《天朝遙遠──西方的中國形象》一書以大量西方文本資料為基礎，建構出西方的中國形象的闡釋體系框架，辨析出西方中國觀的歷段分期和核心內涵，並頗具創見地提出「西方的中國形象是西方現代歷史中生成的有關現代性『他者』的一整套規訓知識、發揮權力的表述系統……黑暗的中華帝國形象將中國確定在對立面的、被否定的、低劣的位置上，這位帝國主義的擴張侵略提供了必要的意識形態」等觀點。其有關著述頗豐，還編著了《2000年西方看中國》（北京市：團結出版社，1999年）、《永遠的烏托邦：西方的中國形象》（武漢市：湖北教育出版社，2000年）等一系列著作和論文等。山東師範大學姜智芹教授的《文學想像與文化利用：英國文學中的中國形象》一書也是近年形象學重要著作之一，作者運用後殖民理論和東方學，揭示出英國文學中對中國形象的想像和利用，不管是正面的還是負面的，都反映了英國當時的社會性質、特徵以及所欲解決的問題[16]。福建師範大學葛桂錄教授的《他者的眼光：中英文學關係論稿》一書深刻討論和展示了英國文化視域裡的中國形象問題，對於西人醜化和扭曲中國形象的「黃禍論」「傅滿楚形象」等有專門論述[17]。他們都不約而同地關注到近代以來西方表述和審視中國所存在的「話語霸權」、「殖民文化觀照」、「他者的語境」等表現及其缺失，並力圖提出一些具有創見性的理論闡釋。

---

16 姜智芹：《文學想像與文化利用：英國文學中的中國形象》（北京市：中國社會科學出版社，2005年），頁16。

17 葛桂錄：《他者的眼光：中英文學關係論稿》，銀川市：寧夏人民教育出版社，2003年，「上編」。

　　在第三個領域中，當前文史學界工作者亦較多地將研究視野和取向投置於此。例如，二〇〇三年中國社會科學出版社出版了陳君靜《大洋彼岸的回聲——美國中國史研究歷史考察》一書，該書系統考察美國對中國研究的歷史進程，簡要涉及傳教士的中國研究；又如在二〇〇五年前後，國內學界對近代史上重要的西方人物——莫理循的中國觀之研究取得相當成果[18]。在專題研究之外，「西方人眼中的中國」亦是通俗著作青睞的課題，頗受研究者的歡迎，並湧現出相當多圖文並茂的作品：如徐有威主編《洋票與綁匪——外國人眼中的民國社會》（上海市：上海古籍出版社，1998年）、解本亮的《凝視中國——外國人眼裡的中國人》（北京市：民族出版社，2004年）、華少庠：《衝突與融合：圖說世界格局中的晚清》（成都市：四川人民出版社，2004年）、沈弘編著的《晚清映像——西方人眼中的近代中國》（北京市：中國社會科學出版社，2005年）等等。

　　有關晚近西方傳教士的中國觀研究還是博士研究生的熱門選題，如崔麗芳《被俯視的異邦——十九世紀美國傳教士著作中的中國形象研究》（南開大學博士論文，2005年），馬少甫《美國早期傳教士中國觀和中國學研究——以裨治文為中心的考察》（華東師大博士論文，2007年），倪文君《西方人塑造的廣州景觀——以旅行者、傳教士和使團成員的記述為中心》（復旦大學博士論文，2007年），翁偉志《他山之石：明恩溥的中國觀研究》（福建師範大學博士論文，2007年），等等。

　　值得一提的是，晚近西方的中國觀（中國形象）問題還常常與海外漢學發生關聯與纏繞，二者關係頗錯綜複雜，限於篇幅，這裡不具

---

18 沈嘉蔚編撰，竇坤等譯：《莫理循眼裡的近代中國》（三卷本），福州市：福建教育出版社，2005年；竇坤：《莫理循與清末民初的中國》，福州市：福建教育出版社，2005年；戴銀鳳：《莫理循的中國觀》，華東師範大學博士論文，2007年未刊稿。

體展開[19]。

　　與國內學界研究從蹣跚的起步到大踏步前邁之情況相比，海外（尤其是美國）學術界在晚近西方的中國觀（中國形象）研究這一領域上開拓較早，並構建了諸多理論之闡發和解釋的構架。其中不少理論、方法和觀點，至今仍對我國學術界有著重要影響。

　　西方學界對近代中國形象問題的研究從民國時期就已初現端倪。著名教會史家賴德烈於一九一七年出版《早期中美關係史》[20]，該書雖主要論述初期中美貿易和外交關係，但其中不時涉及美國傳教士、外交官等人對中國的認識的信息。賴氏的另一部大作《基督教在華傳教史》[21]是中國基督教史研究必備參考書，該書論述從唐代至一九二〇年間基督教各教派和差會在華傳播歷程，其中有相當篇幅講述了傳教士對中國的報導、認識和研究，這兩部著作奠定了賴氏在研究中美關係和基督教傳華史上開創性的學術地位，也是瞭解美國人與中國接觸和認知的早期參考作品。

　　在賴德烈之後，又一位美國學者泰勒‧丹涅特在中美關係領域占據重要一席之地，一九二二年，其宏著《美國人在東亞》[22]一書出

---

19 可參見周寧：〈西方的中國形象研究——關於形象學學科領域與研究範型的對話〉，《中國比較文學》2005年第2期。

20 Kenneth Scott Latourette, *The History of Early Relations between the United States and China: 1784-1844*, Yale University Press, New Haven, Connecticut, August, 1917,（此書已經有中譯本，見〔美〕賴德烈著、陳郁譯：《早期中美關係史1784-1844》，北京市：商務印書館，1963年）

21 Kenneth Scott Latourette, *A History of Christian Mission in China*, New York: The Macmillan Company, 1929. 此書中譯本見〔美〕賴德烈著，雷立柏等譯：《基督教在華傳教史》，香港：道風書社，2009年。

22 Tyler Dennett, *Americans in Eastern Asia, A Critical Study of the Policy of the United States with reference to China, Japan and Korea in the 19th Century*, New York: The Macmillan Company, 1922, 此書已有中譯本，見〔美〕泰勒‧丹涅特著、姚曾廙譯：《美國人在東亞——十九世紀美國對中國、日本和朝鮮政策的批判的研究》，北京市：商務印書館，1960年。

版，該書充分運用大量檔案資料，對美國與東亞尤其是與中國關係作了系統梳理和闡述，稱譽史壇近五十年，曾是美國大學生必讀課本。此書專闢一章對傳教士和美國的亞洲政策作了論述，並提出其著名的「在十九世紀的大部分時間，美國人是通過傳教士的眼睛來觀察亞洲」的論斷。

一九三八年，Hyperion 出版公司出版了馬森的名著《西方的中國和中國人觀念，1840-1876》[23]，此書從大量西方傳教士及其他西方人群著述中摘錄大量資料，分十餘章闡述西方人視野中的中國各方面情況，其中新教傳教士著作是他取材的主體部分，全書採取一種比較中性、客觀的論述筆調，對一八四〇年至一八七六年間西方人對中國和中國人的各種認識作了介紹和解說，但書中也流露出十九世紀西方人無法避免的對中國認識的種種負面基調。一九五八年，普林斯頓大學出版社出版了保羅・瓦格《傳教士、中國人和外交官：美國在華新教傳教士運動》[24]一書，該書主要研究的是十九世紀末美國國內開始掀起的海外（主要是對華）傳教的熱潮，書中，作者認為美國對華宗教播宣熱情高漲原因之一即為「美國傳教士視中國為一群異端的個人，而非一個民族」，這一觀念或許揭示出當時西方人看待中國的一種普遍心態。同年，哈羅德・伊羅生的大作《心影錄──美國的中國和印度之形象》[25]付梓，作者通過採用問卷調查的方式，對一百八十一位

23　Marry Gertrude Mason, *Western Concepts of China and the Chinese, 1840-1876*, Hyperion Press, Inc., 1938（此書已有中譯本，見〔美〕M・G・馬森著，楊德山等譯：《西方的中華帝國觀》，北京市：時事出版社，1999年，另見《西方的中國和中國人觀念》，中華書局，2006年）。

24　Paul A. Varg, *Missionaries, Chinese and Diplomats: the American Protestant missionary movement in China, 1890-1852*, Princeton, N. J.: Princeton University Press, 1958.

25　Harold R. Isaacs, *Scratches on Our Minds: American Images of China & India*, Connecticut: Greenwood Press, 1958（1973年再版），此書已有專門關於中國部分的中譯本，見〔美〕哈羅德・伊羅生著，于殿利、陸日宇譯：《美國的中國形象》，北京市：中華書局，2006年。

各種職業的美國人群進行訪查，從而歸納分析出美國人心目中的中國
形象和對中國的看法和觀念。書中認為美國對中國看法在一八四○～
一九○五年為輕視時期、一九○五～一九三七為樂善好施時期，中國
人是「令人惱怒的異教徒」等，這明顯是受到入華新教傳教士回國後
所作的宣傳的影響。

　　到了一九六○年代，美國學界出版了多部研究美國人尤其是美國
傳教士對中國的認識和對華印象的專著或博士論文。其中，劉廣京主
編的《美國教士在華言行論叢》[26]一書（該書也被常譯為《在中國的
美國傳教士》），精選七篇論述近代美國傳教士在華活動情況的論文，
並提出十九世紀標誌美國傳教士思想模式的看法。一九六九年，哈佛
和加州大學出版社分別出版克利夫頓・J・菲利普斯的《新教美國和
異教世界：十九世紀前半期的美部會，1810-1860》[27]和斯圖爾特・米
勒的《不受歡迎的移民：美國人對中國人的印象，1785-1882》[28]兩部
專著，此二書建構性地闡述了美國人（特別是傳教士）塑造的晚近中
國人形象與中國觀，二者的主基調都認為美國傳教士等群體渲染的是
一種負面的中國人形象，是與新教世界的西方文明精神在根本上對立
的，兩書對後來研究者及美國民眾對清末中國的認識和中國觀的形
成，有著相當重要的影響。

　　一九七○年，羅伯特・麥克里蘭的《異教的中國人：美國對華態

26　Edited and with an introduction by Kwang-Ching Liu, *American Missionaries in China,
　　Papers from Harvard Seminars*, East Asian Research Center, Harvard University Press,
　　1966.

27　Clifon J. Phillips, *Protestant America and the Pagan World: the first half century of the
　　American Board of Commissioners for Foreign Missions, 1810-1860*, East Asian Research
　　Center, Harvard University, 1969.

28　Stuart Creighton Miller, *The Unwelcome Immigrant: The American Image of the Chinese,
　　1785-1882*, Berkeley: California University Press, 1969.

度研究，1890-1905》[29]一書付梓，該書集中探討十九世紀末二十世紀初的十五年間美國對中國的認識態度，認為中國人的異教徒形象是此時期美國人看法中的一般觀念。一九七九年，本森・格雷森《美國的中國形象》[30]在紐約出版，該書較為系統地論述美國人對中國形象的認知。一九八七年，小羅伯特・麥克里蘭的與格雷森的同名博士論文《美國的中國形象，1890-1905》[31]，承襲了《異教的中國人：美國對華態度研究，1890-1905》一書的基本觀點，並將認識進一步推向縱深。

　　一九八九年，科林・麥克拉斯的名作《西方的中國形象》[32]一書於香港出版，此書分兩大部分，系統回顧了從中西初識到中華人民共和國成立以及一九四九年至一九八九年這樣一個長時段內的西方人的中國形象，其中對十九世紀和二十世紀前半葉西方的中國形象的考察頗具指導意義，該書於一九九九年再版，精簡了一些篇幅。一九九一年，Jonathan Goldstein 等合編的《美國人看中國：過去和現在美國人心目中的中國形象》（*America Views China: American Images of China Then and Now*, 1991）一書從大量未出版的遊記、新聞報導、傳記材料中選擇了從殖民時期至今，形形色色的美國人對中國的看法。二〇〇一年，大衛・馬丁・瓊斯的《西方社會和政治思潮中的中國形象》[33]一書出版於紐約，該書獨闢蹊徑，一反傳統的研究進路，從西方社會

---

29 Robert McClellan, *The Heathen Chinee: A Study of American Attitudes toward China, 1890-1905*, Ohio State University Press, 1970 (Columbus: Ohio State University Press, 1971).

30 Benson Lee Grayson, *The American Image of China*, New York: Frederick Ungar Publishing Co., 1979.

31 Robert F. McClellan Jr, *The American Image of China, 1890-1905*, Ann Arbor, Mich: University Microfilms International, 1987.

32 Colin Mackerras, *Western Images of China*, Hong Kong: Oxford University Press, 1989.

33 David Martin Jones, *The Image of China in Western Social and Political Thought*, New York: Palgrave, 2001.

與政治思想觀念出發，探討西方的中國形象問題。

　　值得注意的是，此一時期西方學者的這類著述也相繼在中國翻譯出版。除了前述馬森和伊羅生等人作品，一九九二年，澳大利亞學者麥卡林的專著《西方人看中國》（北京市：中國廣播電視出版社，1992年）在華出版，此書幾乎涉及西方所有同中國有關係的主要人物、歷史、文學著作和藝術作品，分析了西方人對中國、中國的歷史、現狀的看法演變過程和內在本質。英國學者約・羅伯茨（J. A. G. Roberts）編著的《十九世紀西方人眼中的中國》（*China Through Western Eyes: The Nineteenth Century*）一書最早由蔣重躍和劉林海在一九九六年譯出，並於一九九九年由時事出版社出版，該書與馬森之著作（*Western Concepts of China and the Chinese*, 1840-1876）的體例相似，主要也是從十九世紀傳教士等西人著述中採擷摘錄語句資料，分十一章詳細考察西方人眼中的晚清中國社會各方面相。此書至今仍被廣泛引用，是一部重要的資料彙編和參考著作。美國漢學巨擘費正清的《美國與中國》、《觀察中國》（北京市：世界知識出版社，2000、2001年）等名著，亦在文中不時涉及近代西方人如何看待中國的問題，其論述簡練到位，發人深思，非常具有指導性意義。漢學大師史景遷一九八九年曾應邀到北大演講，其講演錄彙編為《文化類同與文化利用──世界文化總體對話中的中國形象》（北京市：北京大學出版社，1990年），該書講述了從十六世紀到二十世紀四百多年西方理論學術著作和虛構文學中中國形象的歷史演變，精細地論證「自十六世紀以來中國對西方產生的巨大影響」這一命題。其第四講用了「十九世紀的擯棄」這一標題，論述了十九世紀中國在西方人筆下遭受的「不公正」待遇。此書附錄附有香港學者張隆溪的《非我的神話──西方人眼裡的中國》。史氏還撰有專著《大漢之國：西方人眼中的中國》和若干篇有關西方中國觀的文章，其中亦多有涉及晚近西方人對中國的看法和認識。

　　近年來，西方中國形象問題日益得到學界重視，正是在深入推進
研究的呼喚下，西方學者闡釋理論模式也開始被納入國內學者視野並
不斷成為熱烈討論的問題。其中最重要的莫過於薩義德的東方學和福
柯的權力話語理論體系。關於此，學界已有廣泛的討論和評述意見，
筆者在此想指出的是：東方主義理論[34]，引起了人們對西方的中心
觀、以往西方對待中國等非西方國家的殖民主義話語霸權等重新審視
和檢討，這其中西方的中國形象無疑是其中核心爭論問題，他也提醒
我們注意西方的中國形象和西方的中國觀背後所具有的深層文化語
境，並建構一種客觀中性的本土話語和理論闡釋模式；而福柯的權力
與話語理論則進一步從概念與詞彙上指明了西方人著述在書寫「他
者」時不可避免地扮演著話語統治者和主體詮釋者的角色，福柯最被
當代中國知識分子使用的熟語是：「話語即權力」[35]。不僅如此，兩位
學者還試圖通過批判西方的殖民霸權話語和揭示其文化統治意識形
態，指出非西方國家應該從本土話語出發，構建自身的話語權力和知
識譜系，並提出一些建構性的對策。正是從這一思想進路出發，這些
理論與方法，對於我們今天審視西方的中國形象和建構話語表達體系
等，不無啟示意義。

　　綜觀國內外學術界對晚近西方的中國觀、中國形象問題的研究成
果和現狀不難看到：中外學界對這一重要課題的研究都偏重於宏觀的

---

34 東方主義理論代表性的闡述，見於薩義德代表著作《東方主義》（*Orientalism*），此
　書1978年首先在美、英出版，後一版再版，被譯成數十種語言文字發行，具有較廣
　泛的全球性影響，此書中譯本由王宇根譯，書名作《東方學》，北京市：生活·讀
　書·新知三聯書店，1999年；薩義德另一部大作《文化帝國主義》也是講述西方文
　化霸權的專著，惟關涉中國內容似乎不多，影響未如《東方主義》大。

35 「話語即權力」的提出，最早是在福柯的《話語的秩序》（1971年版）一書中。他在
　此書以及1970年法蘭西學院的就職講座上第一次提到了話語與權力的結合：「話語同
　時也是爭奪的對象，歷史不厭其煩的教誨我們，話語並不是轉化成語言的鬥爭或統
　治系統，它就是人們鬥爭的手段和目的，話語是權力，人通過話語賦予自己權力」。

整體考察，並試圖廓清西方中國觀形成的歷史進程和提出一些有益的
建構性闡釋理論和解釋框架，其中對晚近尤其是十九世紀末這段時期
的研究和探討不少，也基本上確定了解釋的大框框。西方學界對此問
題主要是與中外政治關係和中國研究（漢學）密切相關，並注重研究
範式的界定和研究理論與方法的構建；國內學界對西方的中國形象問
題之研究起步較晚，但近年卻勢頭正猛，總體上亦偏向於整體視野的
考察和對具體國家或人物的中國觀研究，同時借鑒不少西方的理論成
果。應該肯定的是這些研究工作為學界奠定了良好的學術基礎，而且
在今後一段時間內，這類研究仍將會是學術界的常青樹。但是我們也
不可否定，有關西方的中國形象研究也難免存在其不足之處。

　　最為顯著的恐怕是在這項研究中區域研究的取向和考察還甚少出
現。前已述及，西方人對中國形象的塑造和認識實際上主要是對某一
特定活動區域的印象和認知[36]，因此從特定區域角度考察西方人對中
國地方社會的觀照及其視野中的地方形象，有助於我們更好地明確西
方人對中國的實際觀察與認識；另一方面，國內學界對西方中國形象
問題研究比較多從比較文學角度切入，注重從宏觀視角和詮釋學路向
對此一問題性質和表徵作出解釋，而缺乏一種從更實際的區域史實探
討西方人尤其是傳教士地方社會活動及其在此基礎上的地方體驗或經
驗的態度取向。質言之，學者對西方之中國觀的共性或通性給予了足
夠多的關注，也基本確立了主要的基調、闡釋的模式、路徑等（這些
無疑具有很強的指導性意義）；但是卻忽略了更為具體、鮮活而生動
的地方特性和區域個性，包括以傳教士為代表的西方人在特定地域的
群體性乃至個體性特徵。實際上，這種地方性的集合才是更為實實在
在的歷史真實面相。

---

36 例如，著名的反映西方中國觀的代表性著作——美國傳教士明恩溥的《中國人的氣
　　質》（或譯《中國人的特性》），就主要是基於對華北地區的民眾性格的考察而放大
　　至中國人整體的性格特徵。

　　另一個明顯的缺失表現在資料挖掘方面。從目前研究看，研究者所使用的資料，大體不離前述西方人研究成果以及一些老生常談的著名西方人物的中國觀的集合，如馬可波羅、門多薩、衛三畏、丁韙良、明恩溥、賽珍珠等，有些學者僅通過幾部，甚至是一部所謂「具典型代表性」的西人作品，就將之認定為西方整體性的中國形象塑造；或者僅僅從西方學者已有成果中歸納總結西方的中國觀概況。這些，都難以避免以偏概全和缺乏創新性之嫌。文風較空泛和缺乏更深入具體的史料支撐，恐怕是研究西方人視野的中國形象課題的又一大嚴重不足。

　　正是基於以上考量，本書嘗試改變以往傳統的宏觀審視的研究思路與方式，將考察視角拉伸、聚焦至更為生動、具體的「區域場」，即以晚清福建社會作為本書研究的敘述場域，從一種微觀的層面對晚近時期西方傳教士記述和認知福建社會，以及他們在此基礎上塑造、建構的中國地方社會形象作細緻的考察；從而檢驗以往學界所審視的西方人之中國觀在放置於特定區域背景中是否同樣具有解釋性，並嘗試將西方學者的理論闡釋模式與地方性區域特徵相結合，來解析傳教士對福建地方社會的文化體認與思想觀照。此外，本書還將在查考與參閱大量福建地方文獻資料基礎上，將中、英文材料互相比較、參照，探討傳教士對地方社會事象記述與介紹的特徵與得失，由此來看這一寶貴資源庫的利用價值。

　　選取福建作為研究的場域，一方面出於筆者對家鄉的熟悉和熱愛，更為重要的是：晚清以來的福建是西方傳教士最早涉足的活動區域之一，並在整個近代中國基督教史上占據舉足輕重的地位，傳教士在福建的活動較連貫而完整，他們還留下很多撰述福建社會的作品，為我們窺探當時他們對福建的認識提供了資料的支持；另一方面，福建作為東南沿海比較特殊的省域，封閉的自然環境和獨特的人文氛圍，使其社會文化在晚清之世呈現出頗具地方特色的表現形態，如宗

族勢力發達、節俗傳統豐富、宗教文化顯著、民間信仰盛行、陋習現象充斥等，這些都是傳教士在實際活動中，在觀察和體驗地方民間文化過程中不可避免要碰到的，而這些與傳教士發生著密切關係的社會事象，必然影響著傳教士們的觀識視野和考察角度。究竟他們書寫了哪些記載與介紹福建社會文化的作品，如何在著述中記載他們對福建的各種印象，作品的真實性與表現力如何，體現了怎樣的時代共性與地區特性，具有什麼意義與價值？等等。這些都是令人深感興趣和發人思考的問題，值得我們系統地探討。

三　基礎資料介紹

本書最為顯著的一個特色或許是在資料搜集和占有方面較為全面而詳盡，不僅大量、多方搜尋許多鮮為人知和甚少為人使用的英文材料，還廣泛查考地方中文文獻進行比照。茲將支撐本書寫作最為主體的基礎材料略作介紹：

（一）傳教士著述

由於本書研究對象為晚清時期西方傳教士之著述及其對福建社會的文化審視活動，因此，晚清來華傳教士撰述、介紹福建之作品可謂是本書最為基礎性的資料。這部分西文文獻主要分為兩塊：一是傳教士撰述的專著；二是相關文章。

專著方面，早在民國時期，由西方傳教士所撰寫的關於中國方方面面情況的著述即已為當時的教會大學、西方有關團體、教會機構等單位收藏和流傳。新中國成立後，這部分資料大多成為前身係這些教會大學的高校和有關單位與機構的館藏資料。筆者曾就讀的福建師範大學圖書館西文善本庫即藏有大量此類著作，據索引知其總量相當可觀，其中還有一些孤本。在這批傳教士著作中，專門撰述福建的作品

有十數種之多，例如盧公明（Justus Doolittle）的《中國人的社會生活——尤其是關於福州的宗教、政府、教育、商業習慣和觀念等的解釋》（*Social Life of the Chinese, with some account of their religious, governmental educational, and business customs and opinions, with special but not exclusive references to Fuhchau*）、陸一約（Edwin Joshua Dukes）《在中國的日常生活：福建水陸風光》（*Everyday Life in China, or Scenes along River and Road in Fuh-kien*）、Anti-Cobweb 的《福建省的研究》（*Fukien: A Study of A Province in China*）與《福建藝術和工業》（*Fukien: Arts and Industries*）、畢腓力（Philip Wilson Pitcher）的《廈門概述》（*In and About Amoy*）與《鼓嶺及其周圍環境概覽》（*A Sketch of Ku-Liang Mountain and Environments*）、陳安理（Annie N. Duncan）的《泉州城：在泉州的差會工作》（*The City of Springs, or Mission Work in Chinchew*）、Mary E. Darley 的《黎明之光——英國聖公會婦女布道會在福建省建寧府的工作和故事》（*The Light of the Morning: the Story of C. E. Z. M. S. Work in the Kien-ning Prefecture of the Fuh-kien Province*）及《一座中國城市的瑰寶：建甌城》（*Cameos of a Chinese City (Kien-Ning City)*）等等[37]。當然，其中更多的著作是以中國這一大概念為題，而在書中有專門記述、介紹福建內容的塊部，例如衛三畏（Samuel W. Williams）《中國總論》（*The Middle Kingdom*）、四美（George Smith）《五口通商城市遊記》（*A Narrative of An Exploratory Visit to Each of the Consular Cities of China*）、何天爵（Chester Holcombe）《真正的中國佬》（*The Real Chinaman*）、丁韙良（W. A. P. Martin）《花甲憶記：一

---

37 需要說明的是，其中不少著作是以中國這一大概念為題目，實際主要講述的為在福建省的情況，如麥利和（R. S. Maclay）的《生活在中國人中間》（*Life Among the Chinese*）、麥嘉湖（John Macgowan）《華人生活雜聞》（Sidelights on Chinese Life）和《中國人生活的明與暗》（*Men and Manners of Modern China*）等，這或許主要出於傳教士作者本人活動區域基本在福建境內之緣故。

位美國傳教士眼中的晚清帝國》（*A Cycle of Cathay*）和麥嘉湖（John MacGowan）《華南生活寫實》（*Pictures of Southern China*）等等。除了本校西文善本庫這一主要的館藏地，還有一些傳教士專記福建之作品散見於其他收藏機構，如國家圖書館藏有美國傳教士和約瑟（J. E. Walker）的《福建的植物》（*Some Plants of Fukien Province*），徐家匯藏書樓收有美南浸信會傳教士海牙西（J. B. Hartwell, 1835-1912）所著《福州雜記》（*The Foochaw Essays: A Statement*）等，這兩個機構所藏有關西方人撰述中國的作品亦是多不勝數[38]。從這些作品中，我們可以最為直接地看到晚清來華傳教士們是如何用筆著墨撰述福建社會方方面面情況，並透析他們記述福建的感情色彩和文化觀照。

　　論文方面難以勝計，自十九世紀西方傳教士入華伊始，他們就開始撰寫有關福建方面的文章。最早的一批載於一八三二年創辦的《中國叢報》（*Chinese Repository*）這一著名的資料庫中，如其中的《福建地理地形》（*Topography of the Province of Fuhkien*）、《對廈門及其居民的關注》（*Notices of Amoy and Its Inhabitants*）、《福州府簡介》（*Notices of Fuhchaufú*）等。據筆者統計，從一八三二至一八五一年《中國叢報》上刊載關於福建各方面文章約有二十餘篇，同時期《廣州記錄報》（*Canton Register*）也刊載有關福建的專文。從這些文章內容來看，記述還比較簡淺；另外像美部會主辦的官方刊物《傳教士先驅報》（*Missionary Herald*）也於來閩前後發表不少介紹福建的文章，不過較側重於傳教的輿論宣傳。繼《中國叢報》之後，美以美會於一八六七年在福州創辦的又一大教會「核心」期刊《教務雜誌》（*The Chinese Recorder and Missionary Journal*，簡稱 *The Chinese Recorder*，該刊最初創刊時名為 *The Missionary Recorder*〈傳教士紀錄〉翌年即

---

38 國家圖書館方面藏書可以從其檢索主頁中搜索；而有關徐家匯藏書樓所藏西方人（清代）記述中國社會作品情況，華東師範大學馬少甫在其博士論文中編制的《徐家匯藏書樓有關清代歷史英文著作提要（1911年前）》這一附錄，可資學者參閱。

一八六八年更名為 *The Chinese Recorder and Missionary Journal*）成為
傳教士發表論文的重要陣地（該刊後移師上海並一直持續到一九四一
年）。據筆者統計，該刊共發表有關福建的論文達上百篇，但大多為介
紹教會事務的文章（不過這大部分中也不乏關涉福建社會事象的知識
信息），約有二十多篇是專門介紹福建風土人情的文章，筆者對此已
作了專門歸納和收錄。十九世紀至二十世紀初，在幾份著名的西文刊
物，如《通報》（*T'oung pao*）、《北華捷報》（*North China Herald*）、
《中國評論》（*The China Review*）和《皇家文會北中國支會會刊》
（*Journal of the North-China Branch of the Royal Asiatic Society*）等報
刊雜誌上，也刊載了大量有關傳教士或其他西人群體發表的專門記述
福建的文章，這些報刊雜誌可以從國家圖書館、上海徐家匯藏書樓、
香港大學圖書館免費電子資源、福建師大西文期刊庫等平臺中查閱獲
取。這些論文與專著形成互補呼應，構成研究傳教士如何記述認識福
建的最主要的資料來源之一。

（二）傳教士回憶錄、傳記和書信日記等

研究傳教士著述活動，有必要瞭解撰著者的相關情況。為此，
筆者在力所能及的情況下，查閱了不少來閩傳教士人物的回憶錄和傳
記作品，而從這些著述中也可找到許多傳教士記述福建社會的片段以
及作者的中國觀和文化比較觀等。這部分資料國內尚無專門收藏機
構，筆者在國圖、廈門大學、本校西文善本庫和香港浸會大學、香港
中文大學不斷地發掘、查閱到一些。如國圖所藏的《婁禮華紀念集》
（*Memoirs of the Rev. Walter M. Lowrie*）、《雅裨理牧師回憶錄》（*Memoir
of the Rev. David Abeel*）等；本校善本庫的《懷禮主教專論》（*Bishop
Wiley: A Monograph*）、《打馬字牧師生平》（*Forty Years in South China:
the Life of Rev. John Van Nest Talmage*）；廈大所收的《石牌門後的世
界：福益華在中國生平事蹟）》（*Beyond the Stone Arches: an American*

Missionary Doctor in China, 1892-1932 /Edward Bliss Jr）；香港浸會大學、香港中文大學館藏的《前往福州的旅程和在榕生活：基於萬為的日記和書信集》（*"To Save their Heathen Souls": Voyage to and Life in Fouchow, China, based on Wentworth Diaries and Letters*, 1854-1858）、《賓為霖牧師紀念集》（*Memoir of the Rev. Wm. C. Burns*）、《杜嘉德牧師回憶錄》（*Memorials of Rev. Carstairs Douglas*）；美國漢密爾頓大學（Hamilton College）圖書館收藏的《盧公明日記、信件手稿》（*The Diaries and Letters of Justus Doolittle*）[39]等等。另外，在《中國叢報》、《教務雜誌》、《北華捷報》等刊物和國外一些網站上也刊載著一些關於來閩傳教士的紀念性文章、訃告等。透過上述這些有關傳教士的紀傳性質的文獻，我們不僅可窺探他們活動軌跡、生平事蹟，也可從中採擷不少記述福建社會的吉光片羽般的言論，更可進一步透視他們的思想心態和文化觀照。

（三）差會檔案、會議記錄、教會期刊

西方傳教士在福建乃至在中國活動過程中，還留下了不可勝計的檔案材料、會議記錄和各類報告，在這些檔案、會議記錄和報告中，散見著大量的他們記述福建社會文化的信息。差會檔案方面，華中師範大學東西方文化交流中心從美國哈佛大學等單位購買收藏了美國美部會、美以美會，英國聖公會等差會的全套在華檔案的縮微膠片（國圖、港大和港中大等機構亦有不少相關的縮微膠片），另有一套 "China Through the Western Eyes"（西人眼中的中國）檔案縮微膠捲，筆者專門對這些檔案資料進行了查閱。這些檔案主體部分為差會和所屬傳教士的報告、傳教士書信和會議記錄等，還間有一些傳教士的文著、日記、相片集、明信片、證件照和各種物件等，其中有不少地方

---

39 該原始資料由福建師範大學林立強教授贈閱，在此深表謝忱。原件無書名，標題為筆者所加。

記述的是福建社會方方面面情況，內容涉及近代福建的政治、經濟、
教育、宗教、文藝、社會問題等各方面，這些都是今天學者研究福建
地方史難得的第一手材料[40]。本校中外關係史資料室和西文善本庫收
藏著比較完整的在閩各差會的中、英文會議記錄和教會報刊，除了前
述《中國叢報》、《教務雜誌》外，還有如《美以美年會議錄》、《中
華基督教會會議錄》、《中華聖公會福建教區月刊》、《福州使者》
（*Foochow Messenger*）、長老會期刊《廈門差會》（*The Mission in
Amoy*）、倫敦會刊物《倫敦會編年史》（*The Chronicle of the London
Missionary Society*）、《閩南聖會報》、《奮興報》、《金聲》、《福報》等
等；另外在一些著名全國性中文報刊，如《中西教會報》、《萬國公
報》亦見載一些有關資料等。在這些第一手材料中，也記載著不少傳
教士觀識福建的片言碎語。

（四）福建地方文獻

　　本書不僅對傳教士著述及其所記之福建社會進行研究，還嘗試結
合查考地方中文文獻，將之與傳教士著述及相關材料進行比較，由此
探析傳教士西文文獻在福建地方史研究中的應用價值。故此，大量的
福建地方文獻亦構成本書主體性基礎材料之一。其中最主要的是福建
地方志和清代閩人文集、資料匯抄等。如明代何喬遠《閩書》、黃仲
昭《八閩通志》，清代道光年間由陳壽祺總纂的《重纂福建通志》、民
國時期陳衍總纂《福建新通志》等省志資料；地區性的府、市、縣志
則難以勝計，如乾隆《福州府志》、《泉州府志》、道光與民國《廈門

---

40 例如，筆者在查閱美部會檔案（Papers of the American Board of Commissioners for
　Foreign Mission，簡稱A. B. C. F. M. Papers）時發現，該檔案對屬下的傳教士的物件
　保存得相當細緻而完善。不僅有傳教士書信、報告、報表單、帳簿冊等，還有傳教
　士使用過的信封、名片、匯票存根等，甚至包括他們著述、發表的文章、拍攝的照
　片等等，可以說是應有盡有，豐富多彩。這些原始資料對於我們瞭解當時傳教士活
　動細節與再現地方社會歷史原貌等，有巨大的價值和意義。

志》、《閩縣鄉土志》、《侯官鄉土志》、《烏石山志》、光緒《邵武府志》、
乾隆《汀州府志》、《榕城紀纂》等等。明清至近代的個人文集、資料
匯集等也不少，如謝肇淛《五雜組》、周亮工《閩小記》、施鴻保《閩
雜記》、張集馨《道咸宦海見聞錄》、陳盛韶《問俗錄》、林紓的《閩
中新樂府》、梁章鉅《歸田瑣記》、里人何求《閩都別記》，還有如《福
建近代民生地理志》、《福州竹枝詞》、《福州歲時風俗類徵》等等。廣
泛查閱這些福建地方文獻和晚近閩人雜記、文集中的記載，不僅能明
晰晚清福建地方社會諸事象表現形態與西方傳教士所處的自然、人文
環境及其對傳教士認識、介紹福建產生的影響，還有助於我們在比較
的視野下詳細審視傳教士著述（西文文獻）的價值與缺失。

　　另外，本書也使用了海外網絡資料，查閱了十九世紀美國書刊的
數字圖書館（Making of America，簡稱 MOA），該館分設於康乃爾大學
和密歇根大學，網址分別為 http://cdl.library.cornell.edu/moa 和 http://
moa.umdl.umich.edu，從中查得十九世紀來閩傳教士的原始文獻和掃描
圖片；根據傳教士回國後任教於工作情況，查閱了這些學院網站中的
相關文獻，如美國迪金森學院萬為生平簡介 http://chronicles.dickinson.
edu/encyclo/w/ed_wentworthE.htm；還有如安立甘會網站 http://anglic
anhistory.org/asia/china/stewart/index.html 中關於來閩傳教士史犖伯的
資料，全球聯合圖書館（美加圖書館）國際檔案網站有關傳教士記述
福建的論著 http://www.archive.org/search.php?query=fujian。比較常用
的還有谷歌圖書搜索 http://books.google.com/；香港大學「西方人眼中
的中國 China Through Western Eyes」資料庫 http://xml.lib.hku.hk/gsdl/
db/ctwe/search.shtml；等等。

　　在多方查尋基礎資料的過程中，並不僅僅局限於傳教士群體，對
於其他西方人群體的著述及相關文獻，也在筆者的視線內和搜集範圍
內。這部分其他西人群體記載與介紹福建之著述的數量也相當可觀，
總數尚無法計算，僅目前所掌握的就有百數十種之多。例如英國海關

人員休士（George Hughes）《廈門及其鄰縣》（*Amoy and the Surround-
ing Districts*）、旅行家普萊斯（George Uvedale Price）《帶著相機漫遊
廈門》（*Rambles with a Camera: Or A Series of Photographs with Descri-
pttive Text Illustrating the Physical Features, Scenery, Temples, Types of
Native Life, Etc., Etc., of the Island of Amoy and Its Immediate Neighbor-
hood*）、英領事巴夏禮（H. S. Parkes）《福州府的紙幣和錢莊制度》
（*Account of the Paper Currency and Banking System of Fuchowfoo*）、費
笠士（George Phillips）《福建的橋樑》（*Some Fuh-Kien Bridges*）與
《剌桐研究》系列文章（*Zaitun Researches*）、莊延齡（E. H. Parker）
《福州方言聲調和韻母的變化》（*Tonic and Vocal Modification in the
Foochow Dialect*）、漢學家翟理斯（H. A. Giles）《鼓浪嶼簡史》（*A
Short History of Koolangsu*），美國領事壁洛（Edward Bedloe）《福建
勞工的社會生活》、旅行家約翰‧湯姆森（John Thomson，也被譯作
約翰‧湯姆遜）的《福州和閩江》（*Foochow and the River Min*）、比利
時領事法郎機（d'Emile Francqui）的《福建省》（*La Province du Foo-
kien*），等等，都很有代表性和具備相當有價值的信息內容。由於篇
幅和主旨關係，這部分資料雖在文中間有涉及，但無法具體展開和系
統使用，只得暫先忍痛割愛，留待今後另作專門探討。本書在附錄中
對這部分著述書（篇）目進行了初步的統計。

　　需要特別說明的是：大量的摘譯工作是本書研究最主要的特色之
一和基礎性工作。由於本書基礎資料幾乎全部是英文文獻，甚至包含
傳教士書信、日記與報告等手稿，對這些西文資料的翻譯與摘錄成為
本書研究的前期基礎性工作，而對此的歸納整理也是一項費時費力的
工程。對此，本書作了初步系統的梳理，力求在較為全面占有這些文
獻資料的基礎上，對傳教士記述福建社會文化的內容與表現形態進行
透析與論探。

四 研究方法與框架

需要說明的是，對於本書選題的兩大核心詞「來華傳教士」與「晚清」，在此應作進一步的解釋。本書所述的主要人物群體為來華西方傳教士，更具體來講，主要是英、美兩個西方大國的基督新教傳教士，因為在福建基督教歷史發展進程中，活動的主體主要皆由英、美新教差會及其屬下的傳教士所扮演，他們占據了來閩基督教傳教士群體甚至是在閩西方人的絕大部分。「晚清」目前在學術界是一個使用頻繁而頗有爭議的詞彙，傳統觀念主要是指一八四〇年鴉片戰爭至一九一二年清朝滅亡前夕這段時期。當然，這種劃分帶有一定政治色彩，也便於後來研究者行文表述。本書所指「晚清」，則主要從西方基督新教勢力進入中國大陸的時段算起，即從一八〇七年至一九一二年清朝滅亡，更進一步來看，則可從一八三〇年代傳教士步入福建區域社會開始推算。選擇這樣的時段劃分一方面是出於本書選題論述之方便，更重要的是筆者認為十九世紀初已是清朝走向沒落的一道分水嶺式的時間坐標（當然有學者認為應從一七九〇年馬戛爾尼使團來華開始甚至更早），選擇基督教勢力再次東來作為「晚清」時段開始的標誌，也蘊含著中西文明即將再次拉開相遇與碰撞的大幕的寓意。

研究方法：本書選題是一項跨學科研究的學術工作，多學科研究方法的運用是本書另一重要特色。除了採用傳統的歷史學、宗教學等研究方法之外，還借鑒並嘗試運用人類學、東方學、殖民主義理論、比較文學形象學、跨文化傳播學等研究方法與理論進行詮釋、分析和檢視。

文章縱向論述採用歷史學和宗教學等研究方法，對西方傳教士借助基督教差會這一傳教媒介來閩從事傳教活動、伴隨傳教工作所進行的對福建社會文化進行撰述的情況及其述閩作品的相關信息等，作一全面而系統的鉤沉和梳理，以使讀者對來華西方傳教士對晚清福建文

化的認識和透視，有著完整而明晰的認識。而在橫向上，則力圖充分借鑒和運用人類學、比較文學形象學、東方學、殖民主義理論跨文化傳播學等多學科交叉研究的理論與方法，對西方傳教士撰述、認識晚清福建社會文化的話語書寫形態、文化語境、文化觀照和思想心態等進行剖析和解讀，並在檢驗這些理論的基礎上，提出應對傳教士在華活動所含有的區域特殊性予以重視和關注的論點，由此對傳教士著述所表達的中心思想作一較全面而深刻的審視和評述。同時，本書還將傳教士著述納入與地方本土中文文獻對照比較的視野中進行審閱，通過對福建地方文獻的查考對照，在比較對照中挖掘以傳教士著述為代表的西文文獻的價值與不足。

本書論述框架和學術理路是：

緒論部分，介紹問題緣起及學術意義，對相關學術史進行回顧和分析，在此基礎上提出本書問題意識和論述解析的方向，並對基礎資料的選擇使用情況及研究方法、個別概念運用等加以說明。

第一章從整體上介紹晚清時期西方傳教士群體來閩傳教與著述活動的概況。在勾勒晚清基督新教入閩活動概貌的基礎上，特別是對傳教士撰寫的記述福建社會的論著按照時間順序進行系統地梳理和鉤沉，使讀者對西方傳教士述閩著作有一整體而細緻的認識，並為後來研究者提供此方面線索和信息。

第二、三章為本書主體部分，對晚清來華傳教士筆下的福建社會的各方面內容和表現形態進行具體論述，通過分門別類地歸納傳教士集中關注的主題事象，系統闡述西方傳教士對晚清福建社會之文化透視的真實圖像，並初步分析產生這些結果的大致因素。

第四章進一步對傳教士記述和審視晚清福建社會文化的基本特徵與表現形態進行歸納和剖析，從其觀察視角、寫作手法、表現形式、認識基調等多維的角度，總結出傳教士究竟是如何「建構」福建形象或凸顯其福建觀的。

　　第五章通過借鑒和運用多學科的研究方法和指導理論，對西方傳教士記述認識福建社會的文化觀照和深層語境進行透析和解讀，以期使讀者能對來華傳教士透視晚清福建社會文化現象背後的多元認知因素有基本的瞭解。

　　第六章結合查考大量的福建地方文獻，在此基礎上探討傳教士撰記福建的西文著述（簡稱「述閩文獻」）對東西方世界所產生的不同影響。一方面，闡述這些西文文獻對福建地方史研究有不容小覷的意義；另一方面，考察它們在西方社會所起的多方面作用。最後，探討傳教士述閩作品對西人中國觀研究的意義。

　　結語部分是筆者對全書寫作的一些思考和總結，包含三個層面意涵：第一，晚清來華西方傳教士建構的福建形象，對於當前的西方人中國觀研究，從區域案例的角度予以一定深化和拓展；第二，傳教士述閩作品在另一個時空維度中展示晚清福建社會文化最常態化的表現形態，通過它們我們可以看到另一種書寫模式的微觀區域史，這對福建地方史研究有著借鑒與拓展意義；第三，傳教士著述活動與近代東西方文化交流史之間存在一種雙向互動的關係，二者互為表裡，揭示的是中外異質文化在中國地方社會相遇與碰撞的經典主題。

第一章
晚清時期西方傳教士來閩傳教與著述活動

　　十九世紀三十年代初，個別西方傳教士即開始與殖民分子結伴而行，以搜集情報為目的，對東南沿海的福建城市進行探險考察，並留下文字記錄；在此後的十年間，陸續發表若干介紹福建概況的文章。第一次鴉片戰爭後，西方傳教士憑著不平等條約的庇護，以差會為行動單位，絡繹東來閩省傳教布道，如縷不絕。在傳布基督教的過程中，他們還擔負著向西方世界介紹和報導中國社會事況的任務。西方傳教士在傳教的同時，也開始了對福建社會各方面信息持續而深入地記述與播報。他們的記述與播報有的體現在傳教士傾力書寫福建社會產生出的一部部專著和一篇篇論文，有些則體現於他們的書信、日記、報告甚至是檔案材料中，這些傳教士著述文獻反映了傳教士群體記載與研究福建社會的成果與程度。本章所要做的主要工作，即是對十九世紀三十年代至一九一二年清朝結束這一長時段（即晚清時期），西方傳教士出產了哪些記述福建的作品及相關文獻等，作一番系統地梳理與概述。

第一節　差會的時代：晚清基督新教傳教士入閩傳教概況

　　按照史學大師陳垣先生的劃分，近代基督教入華傳播是中西宗教文化交流的第四波。但這次文化交流高潮期，卻是在不平等的局面下

發生的，同時也對中國歷史進程的發展印烙上深深痕跡。考察此一時期西方傳教士的來華活動，除了須關注他們與殖民勢力結伴而行和背負傳揚上帝福音的根本使命外，還應注重他們來華活動的組織與形式。從總體來看，這一時期基督教傳教士主要以差會（Mission）為單位，開始了持續而深入的傳教及其他各項活動。

十八世紀末至十九世紀初，英美各國基督教會為適應資本主義列強侵略和擴張的需要，紛紛成立各宗派的基督教差會，作為基督教向海外傳播的組織機構。通過這些差會，傳教士被派外世界各地的「異教」國家，去開拓「福音的工場」。十九世紀也因此成為了基督教向外擴張的「偉大世紀」。一八〇七年倫敦會傳教士馬禮遜來華，標誌著基督新教傳入中國大陸的開端。當時，中國在傳教士眼中被認為是還未皈化的最大的「異教」國度，他們急切想要將十字架插在中國社會的各個角落。一八四〇年鴉片戰爭後，西方傳教士在不平等條約的庇護下蜂擁湧入開始傳教。福建作為東南沿海最早開放通商口岸的省份之一，也較早地成為傳教士開展傳播福音工作的地區。

基督教會來華早期的活動區域主要集中於粵、閩兩省，這與兩地位處南方沿海及最早開放通商口岸城市不無關係；另外，閩粵兩省也是外國商人集中貿易的地方，有著與外國通商往來的歷史傳統。福建更是傳教士理想的工作場所，因為在中國門戶洞開之前，傳教士主要集中於東南亞一帶活動，那裡福建華僑眾多，不少傳教士在東南亞學會了福建方言，這為他們日後的傳教工作打下了基礎。因此，福建成為中國開放對外貿易和傳教活動之初，基督新教差會派遣傳教士最集中的省份之一。來閩傳教士的活動是從沿海向內陸推進的，他們最早立足的地點即首批開埠的口岸城市廈門和福州。從一八四二年美國歸正會傳教士（受美部會差遣）雅裨理（David Abeel）到廈門開始，英美等國差會組織陸續派出傳教士前往福建開展工作，試圖皈化這裡的「異教徒」的靈魂。正是在這樣的時代背景下，西方傳教士開始與福

建社會有了較為全面而深入的接觸和體認，他們對福建的人文風貌、社會事象等文化內涵進行記錄和報導，將福建社會的點點滴滴、方方面面信息再次傳遞給母國民眾，在自覺或不自覺間，架設著溝通東西方世界的跨文化「橋樑」。

新教傳教士們開始與福建社會的接觸始於十九世紀三十年代。鴉片戰爭前夕，西方傳教士們在與殖民勢力的結伴下，就頻頻通過間接或直接考察，開始涉足東南沿海的福建社會並獲取情報信息。一八三一至一八三三年，德籍傳教士郭士立（也作郭實臘，Charles Gutzlaff）在對中國沿海的考察活動中曾經過福建海岸，還進入福州城造訪，並對所見之情景做了簡要描述，郭氏是目前所知近代最早到達福建並作短暫停留考察的西方傳教士[1]。一八三四年十一月至一八三五年五月，郭士立又和英國鴉片販子戈登（G. J. Gordon）及美國傳教士史蒂芬（E. Stevens）一道，乘船強行駛入閩江進行兩次非法探險，並趨赴武夷山收集福建特別是武夷茶山茶葉信息，導演了一段不光彩的行徑。這兩次探險還留下了他們撰寫的兩篇報導文章[2]，並被西文文獻記錄在案。這一時期傳教士們還在基督教最早創辦的英文期刊《中國叢報》（*Chinese Repository*）中發表了若干有關福建的文章（見附錄一），體現他們急欲探索福建社會和推進傳教事業的「迫切」心情。

最早赴閩傳教的是來自美國的兩位傳教士——美國歸正會的雅裨

---

1 郭士立於一八三二年四月二十二日至五月十六日期間就已抵達過福州，並進入福州城，與時任福州海防同知的黃宅中打過交道。——參見Charles Gutzlaff, *Journal of Three Voyages along the Coast of China in 1831, 1832, & 1833*, London: Frederick Westley and A. H. Davis, 1834., pp.212-237.

2 有關此次探險，戈登撰寫了《茶山探險回憶》（*Memorandum of an excursion to the tea hills which produce the description of tea known in commerce under the designation of Ankoy (Nganke) tea*）一文，史蒂芬也撰寫了《武夷茶山探險》（*Expedition to the Bohea (Wooe) hills*）一文，兩篇文章同時發表於《中國叢報》1835年第4卷，前者還先刊載於在孟加拉出版的《亞洲學會雜誌》（*The Journal of The Asiatic Society of Bengal*）第4卷（1835年2月）上。

理（David Abeel）和美國聖公會的文惠廉（W. J. Boone），他們於一八四二年二月二十四日乘坐英國船隻抵達廈門鼓浪嶼，在英國占領軍的支持下，開始了近代基督教在福建傳播的歷史。歸正會是移居美國的荷蘭僑民組織的教會，奉行因信稱義和聖經權威至上，帶有濃厚的宗教改革色彩。一八五七年之前，歸正會海外布道組織接受美部會[3]的監督和指導，所以早期來華的歸正會傳教士均與美部會保持密切關係，他們的檔案也為美部會所保藏。雅裨理來廈門，就是在美部會的差遣下前來的。一八四二年六月，傳教士 McBryde 夫婦與醫士甘明（W. H. Cumming）加入雅氏一行。一八四二年八月三十日，與雅氏同抵廈門的文惠廉因其夫人去世，不得不早早離開廈門，而 McBryde 夫婦也因健康問題於翌年一月離開。所以，早期基督教在廈門的開教努力，主要是由雅裨理和醫士甘明共同進行的。所以，雅裨理可以稱得上是近代基督教在閩開教之第一人。雅裨理在廈門活動期間，逐漸將教務由鼓浪嶼拓展到廈門本島，建立了最早的布道場所，並對福建沿海進行了一系列的考察，他還與福建巡撫徐繼畬有過一段交往，徐所撰述的煌煌巨作《瀛環志略》一書就是參考了雅裨理提供給他的世界地理信息。正是在他的開創下，加之與甘明的配合，基督教在廈門獲得了立足之地。一八四四年六月，歸正會陸續派出傳教士羅啻（Elihu Doty）、波羅滿（Wm. J. Pohlman）等人來廈，進一步將教務活動推向縱深，一八四八年，建立了福建乃至中國的第一座正式的新教教堂——號稱「中華第一聖堂」的新街禮拜堂。歸正會是最早入閩且卓有成效的教會，它們在編撰辭典、教育、醫療等事業也有不錯的表現，對近代廈門乃至福建歷史發展產生一定的影響[4]。

3　美部會，英文全稱為American Board of Commissioners for Foreign Missions，簡稱A. B. C. F. M.；基督教早期來閩的一個重要差會，與美以美會、英國聖公會一道成為福州的三大差會之一（俗稱福州三公會），該會屬公理宗，在中國也常被稱作公理會。

4　有關歸正會在福建活動情況，可參閱Gerald F. De Jong, *The Reformed Church in China, 1842-1951*, Grand Rapids, Mich.: Eerdmans, 1992. 一書。

　　一八四四年和一八五〇年，英國倫敦會與長老會分別來到廈門開教。倫敦會屬英國獨立派教會之國外布道會，於一七九五年成立，首位入華傳教士馬禮遜即隸屬該會，是最早來華活動的差會之一。倫敦會前期來閩傳教士比較出名的有施敦力兄弟（Alexander Stronach、John Stronach）、麥嘉湖、養為霖（Young William）等人，在布道同時也從事教育、醫藥等事業，其中麥嘉湖等人還是近代中國反纏足運動的發起者和領導人，對婦女解放運動產生較劇烈的影響。長老會屬加爾文宗，該派由教徒推選長老與牧師共同治理教會，於十六世紀發端於蘇格蘭。長老會傳教士中較具代表者有第一個抵廈的用雅各（James H. Young）、傳教足跡廣闊的賓為霖（Wm. Burns），泉州地區教務開拓者杜嘉德（Carstairs Douglas），還有山大辟（David Sandeman）、宣為霖（Wm. S. Swanson）、倪為霖（Wm. MacGregor）等等。值得一提的是，長老會在閩傳教期間，還將教務拓展到臺灣，所以閩臺長老會之間實有著難以割捨的淵源關係[5]。另外，美國浸信會於一八七三年傳至福建南溪，於山都設教，並逐漸將傳教足跡朝閩西客家地區推展；一九〇五年基督徒復臨安息會也開始出現在廈門從事傳教活動，等等，不過這些差會在福建傳播的規模和影響相對較小，故略而不談。

　　上述閩南三大公會正是以廈門為中心基地，逐漸將教務延伸至周邊地區，在散播過程中，依託福建南部，西部的九龍江、晉江、龍溪等水系流域的交通之便，主要朝著泉州府、漳州府、龍岩和汀州府等地拓展，可以說它們的傳教區域主要集中在閩南和閩西大地。十九世紀五十年代，三大差會進行了傳教區域的地理分割，大致來說，歸正會主要方向為廈門－安溪－漳州龍溪、南靖、平和等地；倫敦會主要為廈門－惠安－漳州海澄、北溪－龍岩、汀州等地；長老會主要為廈門－泉州晉江、南安、永春－漳州南溪的漳浦、雲霄、詔安等地[6]。這

5　參見吳巍巍：《閩臺基督宗教關係研究》，福州市：福建教育出版社，2016年。

6　詳參許聲炎：《閩南中華基督教簡史》，閩南中華基督教會1934年、〈閩南長老會八

種差會內部的協商分劃，即筆者所概括歸納的「傳教區劃」現象[7]，是近代基督教在華傳教活動的一大特徵。通過地理區劃，各差會在特定的地域內進行活動，由此形成了各個地區同中有異的傳教格局，這是考察近代福建乃至中國基督教史必須明確的一個基本概念。

基督教在福建活動的另一個大本營是福州[8]。福州是福建省會（政治文化中心），也是省內最大內河——閩江交通的樞紐，傳教士對福州的重視甚至超過廈門。一八四五年，首位來華的英國主教四美在遊歷福州，就認識到該地的重要性和傳教價值，建議差會派遣傳教士來此工作[9]。不過，第一個來福州傳教的差會和傳教士卻又是美國人。

一八四七年一月，美部會傳教士楊順（Stephen Johnson）來到福州，拉開了基督教在福州地區傳播的序幕。美部會是以美國公理宗為主體的海外布道機構，是最早向中國派遣傳教士的美國新教差會之一，早期為跨教派組織，有歸正會和長老會的加盟，清教色彩較濃，實行民主管理。楊順來到福州後首要的工作是建立傳教的據點，開始時居住在中洲島，條件十分簡陋。翌年有摩憐（Caleb Cook Baldwin）、簡明（Seneca Cummings）、歷浹（William L. Richards）前來加盟。一八五〇年，盧公明的到來為傳教團增添新氣象，該年他們終於獲得在福州城內保福山（今吉祥山）居住的權利，由此將在榕工作基地定位於保福山，並在後來的工作推進過程中逐漸將教務沿榕城周邊和閩江上

十年簡史〉（載《神學志特號・中華基督教歷史甲編》，1924年，頁100）；周之德：《閩南倫敦會基督教史》，閩南大會1934年出版。

7　參見吳巍巍：〈近代中國基督教史上的「傳教區劃」現象探論——以福建為考察中心〉，《世界宗教研究》2015年第1期。

8　有關基督教各差會在福州傳教的具體活動情形，可參閱Ellsworth C Carlson, *The Foochow Missionaries, 1847-1880* (福州教士), East Asian Research Center Harvard University, 1974、Ryan Dunch (唐日安), *Fuzhou Protestants and the Making of a Modern China, 1857-1927*, New Haven & London: Yale University Press, 2001; 等專著。

9　George Smith, *A Narrative of An Exploratory Visit to Each of the Consular Cities of China, in the Years, 1844, 1845, 1846*, New York: Harper & Brother, Publishers, 1847, p.375.

游拓展，形成馬尾、長樂、永泰和邵武等幾處中心。美以美會與美部會同年抵福州，由傳教士懷德（Moses C. White）夫婦與柯林（Judson Dwight Collins）首先來榕，逐漸有麥利和（R. S. Maclay）、薛承恩（Nathan Sites）、武林吉（Franklin Ohlinger）等人前來工作。美以美會屬北美衛斯理宗，主張遵循聖經教訓，過循規蹈矩的生活，因此也被稱為循道派。美以美會雖稍晚於美部會來榕工作，卻在宣教、教育、出版等方面領先於美部會，特別是在出版事業方面，開辦美華印書局，印刷出版了一批重要的宗教刊物如《教務雜誌》等，他們還培養一批當時較有地方影響力的華牧與教徒，如黃乃裳、許氏三兄弟等。美以美會在榕主要活動中心為倉山，並逐漸以福州為中心，向福建乃至中國各地拓展其教務，在福建主要拓展方向為閩江中上游如古田、尤溪和延平府，閩中地區如福州周邊、莆田等地。在福州另一大差會是英國聖公會，聖公會是英國國教教會，也稱安立甘會，保留較多天主教傳統，採取主教制等形式。聖公會早期在福州傳教士主要有溫敦（Wm. Welton）、方理（Matthew Fearnley）等，一八六二年胡約翰（John Richard, Arch-Deacon Wolfe）到來後，逐漸成為聖公會的領導人，還有在震驚中外的一八九五年古田教案中遇害的史犖伯（Robert Warren Stewart）等，聖公會主要在福州城內烏山和南後街一帶活動，後逐漸將教務推展到福州周邊縣鄉如羅源、連江、閩安鎮、福清等地，並逐步延伸至閩北建寧府、閩東福寧府，甚至在延平地區和古田等地也有其蹤跡。此外，瑞典傳道差會也曾於一八五〇年來福州活動，但由於來榕不久遭遇海盜襲擊，傳教士一死一傷，很快就曇花一現；還有英國聖公會婦女布道會曾專門在建寧府開展工作等，不一一而足。

　　以上福州三差會共同的活動軌跡是：在早期以福州為根據地，營建傳教大本營。在福州打下基礎後，以閩江水系為交通動脈，如同血液般擴散出去。其軌跡是逐步向福州周邊各縣各村鎮拓展，並不斷向福州府以外的閩北、閩東和福建中部地區擴散，傳教士勢力漸次輻射

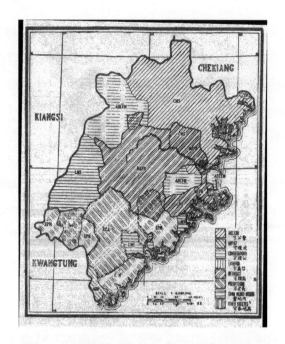

圖一　福建省基督教宣教地傳教區劃圖

圖片來源：《1901-1920年中國基督教調查資料·上卷》（原《中華歸主》修訂
　　　　　版）（北京市：中國社會科學出版社，1987年），頁220。

至閩江流域中上游周邊地區。特別是在一八六五年三差會召開「福州
會議」進行傳教區域分割後，各會傳教格局漸趨明朗，形成一定的地
域分布格局[10]。正如加拿大傳教士季理斐（Donald MacGillivray）在其
《新教入華傳教百年史》中所言：「福音傳播工作擴展到若干邊遠地
區的傳教站，劃分給在福州傳教的三個差會美部會、美以美會及聖公
會。進行了……傳道工作的區域分劃和預設」[11]。在傳教過程中，除

---

10 筆者曾檢閱了美部會、美以美會及英國聖公會檔案文獻，並在美部會檔案中發現了
　　提及召開此次會議及會後達成一致協定的簡要報告，參見*A. B. C. F. M. Papers*,
　　16.3.7 Vol. 4, "Foochow Mission 1865, Minutes"。

11 Donald MacGillivray, *A Century of Protestant Missions in China, 1807-1907*, Shanghai:
　　The American Presbyterian Mission Press, 1907, p.255.

了布道宣教的進行，三差會皆不同程度地開辦教育、醫療、出版及慈善等事業，培養華人牧師增強傳教效果，對福建各地社會的歷史發展進程產生頗為重要的影響。

綜上所述，我們對基督教在福建的傳播軌跡大致可歸納如下：基督教在福建傳播，主要是英美國家的新教差會為活動單位進行，而影響大者也正是這些新教傳教團體，天主教在福建活動的格局和影響是無法與之比擬的。英美新教差會派遣傳教士到福建活動一直持續而深入，綿亙一個多世紀之久。其中，從新教入閩到清朝滅亡這段時間，即學術界普遍認為的晚清時期，是傳教士活動最為典型和活躍的階段，他們在宣教布道過程中，開辦教育、醫藥、出版、慈善等各項社會事業，對福建社會歷史發展進程產生不可磨滅的深遠影響。特別是傳教士們在來閩初期面對地方傳統文化的拒斥，試圖採取各項措施消弭這種隔閡，即我們所說的中西文明文化之間的碰撞與對話。傳教士們在傳教之餘就福建社會各方面事象撰寫大量專著和文章，就是這種文明和文化的相遇與撞擊而產生的一個結果。

第二節　全方位審視：傳教士記述晚清福建社會之著述概介

基督新教傳教士們對福建社會的記錄和報導是一個持續漸進的過程，這是他們來華活動的一方面重要內容。雖然外交官、商人、旅行家、船員等西方人也有對福建進行介紹和研究，但卻相對零散和薄弱，只有傳教士能承擔這一持續而深入報導福建的任務。從整體來看，傳教士對福建社會的記述與認識十分全面，從自然景觀、建築交通等外在的物質文化，到老百姓日常生活習俗等微觀領域的精神世界，無所不涉；他們的認識也經歷不斷深化的過程，從一般性的印象到立足社會內部的觀察和審視，是他們撰述有關福建論著的總體趨

勢。質言之，傳教士記錄和研究福建社會有一定的動態發展過程。對此，下文將按時間線索對傳教士所撰述福建社會的論著，作一初步系統的梳理：

一　初步考察期（1831-1842）

根據筆者所掌握的材料，基督新教傳教士對福建社會最早的報導發生於基督教入華後和來閩前這段時間。眾所周知，基督教入華伊始主要集中在廣州一帶活動。一八○七年倫敦會傳教士馬禮遜率先揭櫫基督教在華傳播之歷史，隨後有米憐、麥都思（W. H. Medhurst）等人的前來。一八三○年二月二十五日美部會傳教士裨治文和雅裨理抵達廣州，是為美國傳教士來華活動之嚆矢。一八三一年，荷蘭傳道會宣教士德國人郭士立也乘船來華，對中國沿海進行第一次探險考察，又在隨後兩年連續進行兩次探查活動（在探險活動中，郭士立皆經過福建沿海海岸，並在其航性日記中記錄了他對福建沿海城市的觀察印象，這是目前所見近代傳教士最早對福建的記述。郭士立也是近代第一位到訪福建的西方傳教士）。此後，著名傳教士衛三畏、伯駕等人陸續來華，傳教士在華南沿海早期做了大量的準備和開創工作。其中一項重要內容是編撰報刊，介紹、研究中國社會和宣揚西方文化。在這些刊物中，《中國叢報》無疑是極為重要的一種，該刊創辦於一八三二年五月，終於一八五一年八月，標榜促進中西文化交流，實質則注重對中國進行全方位的報導的研究，欲使它成為西方研究中國的最權威的出版物和資料庫。在一八三二至一八四二年之間，《中國叢報》）刊載十篇左右介紹關於福建信息的文章，如最早的一篇發表在第一卷（1832）上，題名為〈福建民眾準備接受教導〉（Fuhkien people will disposed, and ready to be instructed），又如第四卷（1835）的《福建方言評注》（*Remarks on the Fuhkien Dialect*），第八卷（1839

年7月）的《茶園描述》（*Description of the tea plant*）中詳細介紹了福
建茶葉的信息；裨治文於第十一卷（1842）發表介紹福建地理的文章
等，體現了這一時期傳教士搜集有關中國社會狀況的色彩，為西方人
尤其是傳教士進入中國做好信息準備。另外，傳教士還在所編撰方言
辭典附錄中介紹福建的情況，如一八三二年麥都思編撰出版的《中文
之閩方言辭典》（*A Dictionary of Hok-keen Dialect of the Chinese
Language*）就附有福建歷史和統計方面等情況的記述[12]。

　　前已述及，新教傳教士們開始與福建社會的接觸始於十九世紀三
十年代。除了在《中國叢報》上撰述介紹福建的文章，他們還通過航
行探險直接對福建進行考察，並留下文字記錄。一八三一至一八三三
年，郭士立對中國沿海的進行考察探險，並就此撰寫了有關的三次航
行日記，這些航海日誌陸續發表在《中國叢報》上，後於一八三四年
被編撰成專書出版[13]。郭在三次航行途中都曾經過福建海岸，對廈門
優越的地理位置和潛在的商機大加稱讚，他還描述了在廈門海灘所見
福建的溺嬰習俗，這是近代西方人對福建溺嬰現象的最早報導。如前
所述，一八三四年和一八三五年間，郭士立偕史蒂芬和英國鴉片販子
戈登一道，對武夷茶山進行了兩次冒險考察，並留下兩篇報告文章，
說明傳教士早期與殖民分子一道並肩合作，為探查有關福建信息特別
是對經濟情報的搜集而不遺餘力。

　　這一時期對福建人文地理和歷史作介紹的還有一八三七年《廣州
記錄報》第十期上發表的系列文章：《福建省簡史和統計說明》（*A
short historical and statistical account of the province of Hok-Keen*）、《福

---

12 Alexander Wylie, *Memorials of Protestant Missionaries to the Chinese: Giving a List of
　Their Publications, and Obituary Notices of the Deceased with Copious Indexes*,
　Shanghai: American Presbyterian Mission Press, 1867. p.37.
13 Charles Gutzlaff, *Journals of Three Voyages along the Coast of China in 1831,1832 &
　1833*, London: Frederick Westley and A. H. Davis, 1834.

建行政區劃》(*On the division and sundrvisions of Hok-Keen*)、《談福建
的人口》(*Remarks on the population of Hok-Keen*)、《福建省概述》(*A
general discourse of the province of Fuhkeen*)，幾篇文章作者不詳，但
根據其中介紹，是由中西人士共同撰寫完成（極有可能是出自早期來
華傳教士的手筆），表明此一時期西方人全面瞭解中國各地的願望。
《廣州記錄報》發刊於一八二七年，是西方人在華辦的第一種報紙，
具有一定代表性。

　　總之，在西方傳教士來華後和最初的入閩前後的這段時間中，他
們已經開始了對福建社會信息的搜集和介紹，這些報導主要還停留在
較為初步和淺層次的階段，根據內容判斷，應多為通過在華南和東南
亞的熟悉福建社會狀況的本地人所提供，間有傳教士冒險性的探查舉
動而獲取的直觀認識。他們對福建社會介紹內容主要局限於對福建歷
史地理、行政區劃、民風、方言概況等較為一般性的知識，但這些記
錄和認識為他們進一步瞭解福建社會打下了情報基礎，為他們深入考
察福建社會做了鋪墊和準備。

二　認識推進期（1842-1860）

　　基督教勢力進入福建後，傳教士們與福建社會有了直面的接觸和
來往，他們對福建社會的認識無論在深度和廣度上，都與從前的任何
一個階段不可同日而語。在一八四二年到一八九〇年基督教第二次全
國大會召開的這段將近半個世紀的時間中，傳教士對福建社會的記述
和報導持續而深入，全方位立體地對福建方方面面的信息進行綜合考
察，並撰寫了大量的專著和文章，留下了豐富的文字記錄，對福建社
會形象的描繪更加豐滿和成熟。

　　雅裨理到廈門傳教期間，致力於對福建社會溺嬰陋俗的考察，並

在其日記和報告撰寫一系列有關福建溺嬰現象流行的文章[14]，這些日記和報告相繼發表於一八四二年九月至一八四四年五月《中國叢報》第十一卷到十三卷之上[15]。雅裨理是最早對福建溺嬰現象作系統性考察和研究的美國傳教士，他考察區域包括同安、安溪、晉江、惠安、南安、龍溪、漳浦、南靖、海澄等地，甚至涉及福州、汀洲和永春，並統計各縣溺嬰的數據和比例，得出在福建「至少有四分之一即百分之二十五的女嬰在剛出生時就被弒殺」[16]的結論。對此，曾經遊歷漳州的美國傳教士婁禮華（Walter M. Lowrie）也支持說到：「在廈門周圍地區，有五分之一或六分之一的孩子被他們的父母親手弄死，或經他們同意由別人這樣做」[17]。婁禮華還於一八四三年十月對漳州地區進行考察並撰述成文，記述有關漳州自然地理與人文景觀概況，該文發表於《中國叢報》第十二卷（1843年12月）上[18]。

　　一八四四至一八四六年，聖公會主教四美考察了鴉片戰爭後第一批開放的通商口岸城市，並寫下此次遊歷的報告性著述。在報告中記述作者於一八四五年至一八四六年間遊歷福州和廈門的見聞及認識，涉及福州、廈門兩地城市建築、居民生活形態、宗教信仰、社會習俗和基督教傳播情況等信息，書中專闢一章記述廈門溺嬰狀況，體現他

14　筆者曾對近代傳教士關注中國（主要為福建地區）溺嬰現象做過專門探討，參見吳巍巍：《近代來華西方傳教士對中國溺嬰現象的認識與批判》，《江南大學學報》（人文社科版），2008年第6期。

15　Re. David Abeel, "Missions at Amoy and Kúlangsú", *Chinese Repository*, Vol. XI、XII; "Notices of infanticide in Fuhkien", *Chinese Repository*, Vol. XII; "Journal kept at Kúlangsú and Amoy", *Chinese Repository*, Vol. XIII.

16　*Chinese Repository*, Vol. XII, p.542.

17　*Memoirs of the Rev. Walter M. Lowrie, Missionary to China*, edited by his father, New York: Robert Carter & Brothers; Philadelphia: William S. Martien, 1849, p.209.

18　W. M. Lowrie, "Narrative of a recent visit to the chief city of the department of Changchau, in province of Fukien", *Chinese Repository*, Vol. XII, p.523.

們對福建社會陋俗的集中關注[19]。四美主教還將在福州的訪問經歷撰
述成文《福州府簡介》（*Notices of Fuhchau fú*, being an extract from the
Journal of the Rev, George Smith），發表於《中國叢報》第十五卷上，
是對福州較早的一般性介紹。

　　傳教士入閩初期活動區域基本位於廈門、福州兩地，因此對兩地
的接觸與感受比較多，初期文章也多集中描繪兩地的概況。對廈門的
介紹有美國傳教士平文（J. C. Hepburn）於一八四六年所撰寫的《廈
門診療所報告》（*Report of the Dispensary at Amoy from Feb 1844 to July
1845*）和由兩位在廈活動的傳教士所撰寫的《廈門：新教差會備忘及
對該城和廈門島的關注》（*Amoy: Memoranda of the Protestant Mission
from their Commencement, with notices of the city and island*），兩篇文章
均發表於《中國叢報》第十五卷（1846）上，其中涉及介紹廈門社會
的文化概況及傳教士所遭遇的文化阻力。這一時期對福州及閩江的關
注比較多，除了前述四美介紹福州的日記文章，還有楊順於一八四七
年所寫的同題文章《福州府簡介》（*Notices of Fuhchau fú*）及由美以
美會傳教士麥利和撰述的《閩江上游的旅行》（*A Trip up the River
Min*）和傳教士漢學家衛三畏所撰的《福州的紙幣概述》（*Paper Money
among the Chinese, and description of a bill from Fuhchau*），三篇文章
分別刊於《中國叢報》第十六卷（1847）、十八卷（1849）和二十卷
（1851）上。楊文從閩江的描述、福州及其郊區、人口、福州周圍人
們興趣的事物、人民物質和道德條件、福州人對陌生人的行為、福州
方言、氣候、物產、商業的重要及作為傳教場域的重要性等十一個方
面對福州社會做了剖析；第二篇文章側重介紹在閩江航行的見聞，注
意採集地理信息；第三文詳細介紹在福州所見中國紙幣通行的情況。一

---

19 George Smith, *A Narrative of An Exploratory Visit to Each of the Consular Cities of
　China, in the years 1844, 1845, 1846*, London: Seeley, 1847，該書中譯本為：〔英〕施
　美夫著，溫時幸譯：《五口通商城市遊記》，北京市：北京圖書館出版社，2007年。

八五五年，《北華捷報》（*The North-China Herald*）刊登兩篇有關閩江
與福州鼓山的文章《閩江航行指南》（*Sailing Direction for the River
Min*）與《鼓山》（*Koo-San, or Drum Hill*）[20]，《北華捷報》創辦於一
八五〇年，上海第一家報刊，它是舊中國出版時間最長、發行量最
大、最有影響的外文報紙。在當時有很強代表性。前一篇作者不詳，
主要是針對閩江航行的危險為旅遊者進行指導和說明；後者是傳教士
麥都思（W. H. Medhurst）與福州領事李華達（W. T. Lay）所撰寫的介
紹性文章，該文對鼓山主要的景點如大頂（大鼓）、小頂（小鼓）、湧
泉寺、喝水岩等逐一進行描述，是近代西方人首次對鼓山所作的報導。

　　十九世紀中葉初期是傳教士在福建工作的初創階段，除了上述對
福建做介紹的文章，他們還在寫給本國差會秘書、同仁、親屬等人的
信札中，記述了有關福建社會的絲絲信息。筆者在華中師範大學查閱
美部會等差會檔案發現其中有大量傳教士與國內的往來書信和報告的
手稿，這些信函不僅介紹他們在福建工作、生活、經濟收支等情況，
還零散地介紹福建社會信息，為我們瞭解當時傳教士對福建社會的認
識和看法，提供了不可多得的第一手資料，茲舉幾例：著名傳教士裨
治文（E. C. Bridgman）在寫給基督教友人的一封信中就介紹到剛開
放不久的福州、廈門城市地理、人民概況，由此號召基督教同仁的關
注[21]；一八五〇年十二月底，福州傳教主力成員之一的摩憐在寫給美
部會秘書安德森（Rufus Anderson）的信中也介紹到他們所駐留之地
中洲島周圍的情況：「該城市（福州）通過南臺而達其主要的市
郊——中洲島，從閩江的南岸延伸出來，其長度距離有兩到三英

---

20 "Sailing Direction for the River Min", *The North-China Herald* (March 3, 1855); "Koo-
　San,or Drum Hil l," *The North-China Herald* (September 1, 1855).

21 "A Letter written by E. C. Bridgeman to Christian Friends 1844", *Papers of The American
　Board of Commissioners For Foreign Mission*（以下簡稱為*A. B. C. F. M. Papers*），Vol.
　1, Amoy Mission 1827-1846, Letters.

里，⋯⋯這附近有大量的人口，將會很快成為我們所希望建立基督教堂的場所」[22]。這類的信文和報告舉不勝舉，傳教士在到達福建後，對周圍的自然與人文景觀進行詳細的記錄，反映他們初步認識的福建的狀態。

此外，還有大量珍藏於國外各大機構中布滿灰塵的傳教士日記，由於條件限制已不可能一一得閱，但對異國景觀充滿新鮮好奇感和長期對周圍地區的觀察與融合，傳教士們一定在其中記錄有不少關於福建社會文化的見聞和認知，這些都有待於今後在條件允許的情況下進一步深入探究。

三　撰著高峰期（1861-1899）

如果說十九世紀四十至五十年代是傳教士在閩開教和穩固事業的階段，在這期間，為傳教之需，他們常常走訪城市大街小巷和周邊的郊區鄉村，通過這種走訪和親身考察，積累了大量有關於福建各地物質景觀和民俗風情等方方面面的知識和認識。那麼，從十九世紀六十年代開始，傳教士們則是一邊傳教、一邊積累描述福建社會的素材，經過一定時間的積聚，開始撰寫更為豐富和更專門化的著述，此一時期中，這種對福建社會進行撰述的專門性、系統性論著不斷湧現，從專著到文章，從報告到信札，無不包含著有關晚清時期福建社會的點點滴滴、方方面面的信息，成為這一時期記述福建的重要文獻總匯。

一八六一年，在福州傳教已久的麥利和利用回國休假的時間編撰出版《生活在中國人之間》一書[23]，該書是作者根據長期於福州生活與工作經歷及結合有關文獻而撰述的一部專著。此書從書名上看是介

---

22 "A Letter written by C. C. Baldwin to Anderson, 1850 Dec 31, Fuh-Chau", *A. B. C. F. M. Papers*, Vol. 2, Foochow Mission 1846-1859, Letters.

23 R. S. Maclay, *Life Among the Chinese*, New York: Carlton & Porter, 1861.

紹中國社會狀況的著作，但實際上大多記述的是關於福州社會的情況，包括福建民間社會文化、政治、軍事、械鬥、社會習俗、宗教信仰等方面，此書重點在於介紹福州美以美會傳教概況，當中對福州城市布局和城市建築特徵有較詳細述及。

　　一八六五年，盧公明《中國人的社會生活》一書於紐約出版[24]，此書是盧氏在首次回國期間根據在福州親身見聞和民間訪察過程中搜集資料的基礎上而成，書名大標題雖為中國人，但小標題注明是指福州人。這部煌煌巨作約六十餘萬字，全面介紹了福州地區農業生產、婚葬習俗、宗教信仰和崇拜、教育與科舉、年俗節日、迷信思想與社會陋俗等各方面國家及民間的社會生活慣常習俗，堪稱洋洋灑灑、蔚為壯觀。此書可以說是近代第一部系統完備記述福州社會和閩人社會生活的專著，為我們今人研究晚清福州地區社會面貌、民眾生活、社會慣俗及市井風情等歷史原生態等，提供了不可多得的珍貴資料。此書在國外漢學史上享有較高的地位，該書與衛三畏、明恩溥等人的著作一道，被美國各大學研究中國問題的機構奉為經典，還被不少高校列為學習中國的必讀書目，是研究十九世紀中國社會問題必不可少的參考書。盧公明本人也因在漢學方面的成就被列為十九世紀美國傳教士漢學家群體中的一員[25]。西方學者對此書評價很高，認為該書是同類作品中涉及中國人社會生活方面內容「取材最為豐富的一本書」、「是一部最好的最具綜合性的著作」[26]。盧公明還於一八七二年出版

---

24 Justus Doolittle, *Social Life of the Chinese, with some account of their religious, governmental, educational, and business customs and opinions, with special but not exclusive reference to Fuh-Chau*, Vol. I, II, New York: Harper & Brothers. Publishers, 1865.

25 何寅、許光華主編：《國外漢學史》（上海市：上海外語教育出版社，2000年），頁295。

26 〔英〕約·羅伯茨著，蔣重躍、劉林海譯：《十九世紀西方人眼中的中國》（北京市：時事出版社，1999年），頁90；〔美〕M. C. 馬森著，楊德山等譯：《西方的中華帝國觀》（北京市：時事出版社，1999年），頁40。

《英華萃林韻府》（*Vocabulary and Hand-Book of the Chinese Language,
Rozario, Marcal and Company, Vol. 1-2, 1872*）這部辭典，該辭典收錄
了大量福州地區的茶葉貿易、會館運作、寺廟楹聯、籤卜詩文、及社
會生活習俗和信仰崇拜的詞彙條目，一定程度上反映了晚清福州社會
各微觀的場景和真實面貌及福州作為通商口岸的經濟狀況，極具史料
參考價值[27]。

　　一八六七年，福州美以美會傳教團做了一件大事，他們於該年創
辦了《教務雜誌》（最初名為 *The Missionary Recorder*，翌年更名為 *The
Chinese Recorder and Missionary Journal*，簡稱 *The Chinese Recorder*）
這一期刊。該刊此後逐漸成為基督教一份重要的機關刊物，代表了主
流教會和傳教士群體的思想和見識，是當時辦刊時間最長和最有影響
的基督教英文期刊之一。正如民國時期北大著名教授羅文達所云：「它
是目前中國現存最重要的基督教英文期刊」[28]。《教務雜誌》不僅大量
刊載各差會傳教教務方面報告，還登載時政新聞、各地風光、社會民
俗等有關中國社會圖景的文論，其中就有不少介紹福建社會的文章，
尤其是早期在福州辦刊階段，此類描述甚多。例如，在一八六七年和
一八六八年，雜誌連續刊載了幾篇傳教士及福州領事等人對閩江、鼓
山和南日島遊覽考察的旅記文章[29]。據筆者統計，從雜誌創刊到清亡
期間，有二十多篇專門記述福建自然風光和人文社會的文章。

　　十九世紀六十、七十年代是傳教士積極拓展教務的重要階段，在

---

27 參見林金水、吳巍巍：〈傳教士・工具書・文化傳播——從《英華萃林韻府》看晚清
　　「西學東漸」與「中學西傳」的交匯〉，《福建師範大學學報》（哲學社會科學版）
　　2008年第3期。

28 羅文達（Rudolf Lowenthal）主編：《中國宗教期刊》（*The Religious Periodical Press
　　in China*), The Synodal Commission in China, Peking, 1940, p.77.

29 Nathan Sites, "Incidents of A Country Trip", *The Missionary Recorder* (Jan-Mar, 1867),
　　xiii；W. T. Lay, "Kushan", *The Missionary Recorder* (November、December, 1867); W.
　　H. Medhurst, E. Stevens, "The Island of Lam-Yit" (南日), *The Chinese Recorder*, (May,
　　1868).

廈門，歸正會、長老會和倫敦會順烏龍江等溪河流域逐漸將教務推展
到整個閩南地區和部分閩西地區；在福州，美部會、聖公會和美以美
會則沿著閩江流域使基督教勢力逐漸向閩中周邊、閩北和閩東地區甚
至與閩北相鄰的江西東南部滲透和擴散，逐漸形成格局分明有序的各
差會傳教區域分劃的「勢力範圍」。在此階段，傳教士持續深入考察
福建社會，並寫下不少帶有考察性質的文章。一八七〇年，《教務雜
誌》連續刊載了四篇對建寧府（建甌）考察的文章，記錄了美以美會
傳教士保靈等人對閩江上游建寧府的考察，敘述他們從福州經閩清、
古田、延平到建寧府的沿途見聞，特別詳細描繪建寧府的風土人情和
基督教傳播的情況；同年，《教務雜誌》還連續刊載來自美以美會九
江傳教團教友 N. G. Hollingworth 一行從九江到福州的遊歷文章，該文
對武夷山情況介紹甚詳，甚至還詳細考證出從九江到福州行程中每一
處地點和坐標，其準確性令人驚歎，這條路線還與琉球使團進京所經
的水路行程（閩贛部分）十分吻合，體現了當時來華外人沿著閩江行
進所必經的路線圖。

　　這個時期傳教士對福建的考察和描述愈益從地方社會內部鍥入，
觀察視角也更加微觀和深刻。一八七〇年冬到一八七一年初，麥利和
與另一位美以美會傳教士武林吉前往閩北延平教區巡視布道，途間他
們參訪了朱熹故里尤溪縣和樟湖坂鎮，並對兩地的歷史文化作了記
述，寫下兩篇頗具深度的文章[30]。關於樟湖坂，麥氏詳細記述該地蛇
崇拜習俗的外在表現和詳細過程，這一記錄深具社會人類學田野調查
的性質和韻味，是一份重要的調查報告和介紹文章，對今人研究樟湖
坂崇蛇習俗有很大史料價值；在尤溪，麥氏對該地的人文底蘊表現出
濃厚興趣，對於生長於此地的中國偉大哲學家朱熹的生平事蹟也有一
定述及，體現了傳教士對中國傳統文化的興趣。一八七六年三月二十

---

30 R. S. Maclay, "Serpent Worship in China", *The Chinese Recorder* (April,1872), p.307；R.
　　S. Maclay, "Birth Place of Chu-Hi", *The Chinese Recorder* (May 1872).

九日，美以美會傳教士李承恩（Nathan J. Plumb）前往海壇島考察教
務，回榕撰寫〈海壇島遊訪〉（A Visit to the Island of Hai-Tan）一文，
發表於該年《教務雜誌》（5-6月刊），該文對海壇（今平潭）地方文化
作了一定介紹。一八七七年，美南浸信會傳教士海牙西所著《福州雜
記》由上海美華印書館（American Presbyterian Mission Press）出版，
作者根據在福州教學經歷，記述在福州本地「神」所表達的意義及其
與基督教「上帝」觀念的關係，同時言說作者對中國人信「天」敬
「神」的理解。一八七八年，美部會傳教士和約瑟發表〈福建邵武：一
個農村教站〉一文[31]，作者是美部會在邵武傳教的開創人，對邵武

圖二　福州港的疍民

圖片來源：Photographs from the Yale Divinity School Library, New Haven, Connecticut,
　　　　　Ca.1880-1950; Smith Family Papers.

原圖題為 Boats in the harbor, Fuzhou, Fujian, China, ca 1910. 照片中，三艘中國小
船並排著停放在福州港的江面上。在船上可以看見身著傳統裝扮的中國男子與小
孩。在背後可以看到一大片密集的帆船。

---

31 James E. Walker, "Shaowu in Fuh-Kien: A Country Station", *The Chinese Recorder*, Vol.
　　IX, (September-October 1878).

的地方權力體制和歷史、方言、民情等概況進行了較詳細的介紹，說明作者對閩北地方文化已有一定透析；此外，和氏還著有《福建的植物》一書，對福建特有植物品種作了考察和介紹。

十九世紀八十年代，傳教士撰述福建社會的作品更加深入，這一時期有幾部專著從不同角度考察了福建的歷史與文化；還有不少文章對福建山區、少數民族等信息進行報導。

倫敦會傳教士陸一約的《在中國的日常生活：福建水陸風光》於一八八五年出版[32]，該書立足於廈門社會，詳細介紹晚清福建社會街市、道路、交通、旅舍、社會習俗、宗教崇拜、風水、學校等情況，此書語言簡明，語調較為輕鬆活潑，與其他傳教士作品的嚴肅深奧討論及對事象解釋性的言論有著明顯不同的風格。這一時期還有一部重要著作是施友琴（Eugene Stock）的《英國聖公會在福建的傳教故事》（*The Story of the Fuh-Kien Mission of the Church Missionary Society*），該書初版於一八七七年，但由於條件限制已難覓見。目前國內所存的多為一八八二年的第二版。此書內容完全是根據傳教士事蹟而撰寫，在第二版出書之前（1881年10月），恰逢福建聖公會傳教中堅胡約翰牧師在英國，作者曾就該書專門向胡徵求意見，並進行更正，所以從一定意義上講，此書可視為傳教士的傳記作品，而只是由施友琴筆述完成。該書主旨在於梳理呈現聖公會在閩傳教史，但其中有相當部分描述了福建各地（主要是聖公會傳教領域）如福州、羅源、古田、寧德甚至閩南等地的自然與人文概況，如胡約翰對古田地區停柩不葬習俗的描繪等。此書共出四版，其中第四版於一九〇四年刊印發行，由曾於一八九〇至一八九六年在閩傳教的傳教士麥克蘭（T. McClelland）進行大量的編改，不過仍保留不少對福建社會進行描述的零星信息。

---

32 Edwin Joshua Dukes, *Everyday Life in China, or Scenes along River and Road in Fuh-kien*, London: The Religious Tract Society, 1885.

　　傳教士還於十九世紀八十年代開始對福建山區和福建少數民族的
調查訪問，其中兩篇代表性文章為武林吉的〈訪福州附近的畲族人或
稱山宅〉與和約瑟的〈福建山區和山民一瞥〉[33]，在武文中，西方傳
教士首次對福州郊區的畲族村落進行考察，詳述了畲族的姓氏、婦女
裝飾、勞動生活、婚姻狀況、信仰崇拜、土地、畲民職業及語言等方
方面面信息，這是筆者所見西方人最早對福建畲族進行報導的文章；
和文則根據自己對閩北山區村落的考察，介紹了福建北部山區的地
形、物產、居民生活、姓氏宗族、宗教及地方事件等詳加考察，堪稱
深入山林的「傳教士人類學家」。這一時期傳教士還撰寫了中法戰爭
對福建社會之影響的文章等。

　　到了十九世紀九十年代，傳教士撰論福建的著述繼續對福建社會
內部文化信息進行關注，出現了探討福建文化與基督教之間關係的作
品。一八九二年八月，《教務雜誌》發表了美部會女傳教士唐爾雅
（Miss Ella J. Newton）的〈中國（福州）訂婚和結婚的習俗〉（The
Betrothal and Marriage Customs of China [Foochow]），該文對福州地區
民間婚俗進行細緻的考察，可與盧公明一書相互參照；一八九三年九
月，美以美會傳教士華雅各（J. H. Worley）〈福州及其近郊概況〉
（Foochow and Vicinity）一文描述了基督教與福州地方文化的相遇的
情況；同年歸正會傳教士畢腓力出版《在廈門五十年》（Fifty Years in
Amoy）一書，該書既是對基督教入廈傳播半個世紀的回顧，也渲染
了廈門社會文化與人文風情概況。九十年代末，在廈門工作的英國傳
教士山雅各（J. Sadler）在《中國評論》（The China Review）發表若
干有關廈門社會的系列文章[34]，分別介紹廈門罌粟種植、廈門自然地

33　F. Ohlinger, "A visit to the Dogheaded Barbarians or Hill People", *The Chinese Recorder*,
　　Vol. 17 (July 1886); James E. Walker, "A Glimpose of Fuh-kien Mountains and Mount-
　　aineers", *The Chinese Recorder*, Vol. 19 (April 1888).

34　J. Sadler, "The Poppy Growth about Amoy", "Amoy: Physical Features, Monuments,
　　Temples, & c", *The China Review, or notes & queries on the Far East*（以下簡寫為*The*

理特徵、碑石、寺廟及在廈門地區盛行的民眾日常慣俗與迷信等，比較系統地介紹廈門社會生活的概況。

　　一八九五年，長期於廈門傳教的麥嘉湖的專著《耶穌還是孔子？廈門差會的故事》在倫敦再版[35]，此書曾於一八八九年初版於倫敦（惜初版未能得見）。此書主要講述麥氏傳教經歷，但卻有不少筆墨用於描述廈門城市景觀和居民生活，還對閩南部分地區社會狀況作了介紹，從總體上看表現作者對廈門及周邊地區的嫌惡，是書還論述了中國傳統文化與基督教關係，認為基督教最終將戰勝儒教，福音將遍傳中國。兩年後，麥氏又出版了《華南生活寫實》[36]一書，該書有大量篇幅是對福建社會景觀進行描述的片段，其中第二章到第四章分別對福州、鼓山和廈門的風光與景致進行介紹。該時期還有一部題為 China and Formosa 的專著，作者是英國長老會傳教士仁信（Jas Johnston），此書不少章節和片段透過插配大量圖片，對廈門地區的自然景觀和民風民俗進行介紹。

　　同前所述，這一時期傳教士對福建社會的介紹與認識還散見於傳教士寫給本國國內的書信、報告和日記中。此外，不少傳教士或是其親屬撰寫的回憶錄和紀念文章等論著中，都記載一些有關福建社會信息的零星片段，這在後文還將詳細述及，此暫不展開介紹。

四　專業化研究期（1900-1912）

　　二十世紀初在中國基督教史上是一個重要時期，經歷義和團反教風潮的教會曾受沉重打擊，但隨後因教會傳教策略的調整和政府的關

China Review）Vol. 22, No. 5 (1897); "Chinese Customs and Superstitions; or, What they do at Amoy", *The China Review*, Vol. 22, No. 6 (1897).

35　John Macgowan, *Christ or Confucius, Which? or the Story of the Amoy Mission*, London: London Missionary Society, 1889；Second Edition: London, 1895.

36　J. Macgowan, *Pictures of Southern China*, London: The Religions Tract Society, 1897.

照，基督教反而迎來傳教的黃金時期，而華人牧師和教徒逐漸成為歷史舞臺的主角。這個時期西方傳教士逐漸退居傳教陣地的幕後，不過，他們的論著卻如雨後春筍般湧現，這也是許多人常年累積的一個表現。在福建，這一時期傳教士撰述福建的論著朝著更加專業化、多元化和細緻化的方向發展，而且出產頗多宏觀性作品，往往以福建為基礎而超越福建範疇，擴展為全國性的論斷。

泉州是基督教在閩傳播的重要區域，但與福州、廈門相比，傳教士記述這一地區的專門論著卻少之又少，英國長老會女傳教士陳安理所撰寫關於泉州的專著，彌補了這方面的缺失，其書名為《泉州城：在泉州的差會工作》[37]，該書在第一部分比較翔實地介紹了泉州歷史、街市、建築、官員和文學等情況，是筆者目前僅見對泉州進行專門介紹與記述的作品。

晚清時期，活躍在福建傳教舞臺的有一支特殊的女性隊伍，她們即聖公會婦女布道會，這支以女性傳教人員組成的差會團體，活動的主要區域就在福建，這是閩省基督教史一個特別現象，婦女布道會與聖公會關係密切，主要面向中國婦女傳道，他們活躍在閩江中上游地區，對福建地區盛行的禁錮女性的習俗和思想給予積極關注，並熱衷於婦女解放運動，希望將深受封建社會陋俗迫害的女性從「罪惡的深淵」中「拯救」出來。一九〇三年，出版了《黎明之光：聖公會婦女布道會在福建建寧府的工作故事》一書，該書主要講述差會傳教的經歷，實際上包含了很多對晚清時期福建地區根深固陋的女俗進行描述和批判的片段，為今人留下了一些寶貴的資料片段。

一九〇七年和一九〇九年，長期於廈門傳教的歸正會資深傳教士畢腓力相繼出版《鼓嶺及其周圍環境概覽》和《廈門概述》兩書[38]。

---

37 Annie N. Duncan, *The City of Springs, or Mission Work in Chinchew*, Edinburgh and London Oliphant Anderson & Ferrier, 1902.

38 P. W. Pitcher, *A Sketch of KuLiang Mountain and Environments*, Foochou, China:

前一本概括性地介紹了鼓嶺及周邊自然景觀的風光，是一本帶有導遊性質的小書，值得一提的是該書介紹外國人在鼓山的避暑山莊及夏季在山上的活動；第二部則是作者的代表性力作，畢氏是十九世紀末二十世紀初歸正會的傳教骨幹，曾撰寫不少有關教務的文章，與中外人士頗有交往，他通過工作的方便，對廈門地區的歷史與文化頗有研究。在《廈門概述》一書中，畢氏系統地介紹了廈門歷史上的海外貿易情況、廈門島和城市環境、居民、工業、建築、居民及習俗、信仰崇拜、出洋華工、鼓浪嶼概況、戰爭、鴉片貿易及廈門現代化等帶有地方志性質的通況，是一部研究晚清時期廈門社會歷史的重要參考資料書。此書於一九一二年再版，再版書本在章節編排和內容等方面做了較大的調整和改動，使之更趨專業化和科學合理，更符合通志性質的體例和敘述構架；增加的章節包括有廈門宗族械鬥等極具史料價值的內容，改動部分則如精簡廈門太平軍戰事、義和團運動等。這部著作中有大量的事例和具體數字，對於今人研究廈門歷史具有極為重要的史料價值和史學意義，受到學者們廣泛重視和不斷的引用。

　　一九〇七年出版的還有一部重要著作是麥嘉湖的《華人生活雜聞》[39]，在這部作品，麥嘉湖以其一貫深邃而系統的文風，此書對中國人性格、家庭生活、孩童生活、宗教力量及社會各階層民眾生產、娛樂、學習教育等方方面面做了闡述，該書名為中國人，實際多立足作者工作生活的地區廈門及周邊，結合自身見聞與感想將之放大為整個中國的論述，體現了作者一貫的風格。麥氏在民國初年還出版了《竹樹腳》（*Beside the Bamboo*）、《英國如何拯救中國》（*How England Saved China?*）等較為宏觀介紹中國人（實際上主要為對閩南地區的民眾之考察）社會生活及日常習俗等情況的文章，並著重探討中國人

Methodist Publishing House, 1907; *In and About Amoy*, Shanghai and Foochow: The Methodist Publishing House in China, 1909; second edition, 1912.

39 J. Macgowan, *Sidelights on Chinese Life*, London: Kegan Paul, Trench, Trbner, 1907.

當中存在的「敝陋」現象，由此論證基督教文化「拯救」中國及國人靈魂的言論。

　　清朝滅亡前夕是社會劇烈動盪與變革時期，新政、預備立憲、廢除科舉等政策措施無不反映了封建專制體制的奄奄一息和社會現代化已是大勢所趨。在這期間，傳教士們對時代變革和社會的進步發展，也給予積極關注。在莆田工作多年的美國傳教士蒲魯士（Wm Nesbitt Brewster），就是一位在地方教會中積極實踐推行現代化生產生活方式的導師，他也在一九〇七年出版《新中國的變革》一書[40]，該書從多個角度如政治、教育、工業、宗教及地方教會試驗區等方面論述中國變革的形式和概況，並極力鼓吹這種變革與進步是基督教帶來的結果，他在書中多以莆田地方的事例為證據，闡述他所謂的「基督教導致中國變革」的觀點；翌年，《教務雜誌》也刊登了〈福建的改革〉（*Reform in Fukien*）一文，該文由美以美會的華雅各所撰，比較有代表性地論述福建地方政治的變革及教會的應對。這一時期傳教士們在撰寫有關福建社會的論著一個明顯基調，就是敘述社會改革的趨勢和遞變的動態，並強調基督教在其中所扮演的重要作用，此類零星片語還有很多，不勝枚舉。

　　還有三部民國時期的作品值得一提。前兩部是由 Anti-Cobweb Club 編撰的《福建：中國一個省的研究》和《福建：藝術和工業》。Anti-Cobweb Club 是由外國僑民組建的一個團體，其中有很大部分是傳教士，有關該團體的具體資料不多，筆者僅在美部會檔案和有關著述查看到一些線索。前一本作者大多是於二十世紀初期在華生活的傳教士，書中對福建地理、歷史、社會宗教生活、物產、農工商貿產業、教育醫療等進行較為翔實的論述，雖然主要是講民國的情況，不過有不少內容是追述晚清的歷史；後一部則主要是介紹民國時期福建

40　W. N. Brewster, *The Evolution of New China*, Cincinnati: Jennings and Graham, 1907.

各項工業和美術藝術，深刻體現社會變革進步的氣息和色彩。第三本著作書名為《福建人：一項人文地理研究》，該書作者是衛理公會傳教士洪小姐（Miss Hurlbut Floy），於一九一三年來福州傳教，具體事蹟不詳。本書是作者博士論文（由本人自行出版），可見此書研究的力度。該書比較系統地論述福建自然環境、人口淵源分布、人民性徵與社會生活、人民生活的物質、經濟和心理特徵及變革的因子等，這是一部專門的具有歷史地理和人口學性質的著作，其中作者學者的成分重於傳教士的身份。

綜上可見，二十世紀初傳教士對福建社會進行撰述的作品與以往不同的是，作者們較為集中關注福建社會的變革、發展與轉型時期的情況和形勢，並流露出對基督教所扮演的作用美譽化的傾向，尤其是在一九○七年出版了多部偏宏觀性的專著，由此可見簡中之微妙，說明傳教士對福建社會認識的程度已經達到一個新的高度。另外，這時期著述多以專書形式出版，呈現出愈加專業化的趨勢，可以說是一個專著多產期；文章則較少，也表明此一時期傳教士日積月累的知識出現了一波較為集中的爆發。

第三節　小結

從新教入華伊始，直至清朝滅亡，傳教士對福建社會的記述與認識一直持續不斷。他們從一個全方位、多維立體的角度，對福建社會進行了全景式的掃描和綜合的報導，撰寫大量的介紹性和研究型論著，造就中西文化交流史上的一段高潮。可以說，他們的記述和報導，遠遠超過以往的任何一次中西交往。

總體來看，傳教士的介紹與認識經歷了若干階段：初期是對福建社會信息的搜集和報導，其途徑主要通過他人述聞和非法的探險，所以其認識停留在較為淺層次的概括性介紹，亦帶有為基督教和殖民主

義勢力打開中國大門採集信息情報的性質和目的。基督教勢力進入福建社會後，傳教士開始活躍於福建各地舞臺，通過親身的接觸體驗，他們的見聞來的更為真切，他們對福建社會的認識更加直觀，所以入閩初期傳教士對福建社會文化的記述已較為廣泛和深入，出現許多考察活動，準確性也大大超過以往，不過這一時期的記述還是以表層次的介紹為主。在福建進一步推展的傳教過程中，傳教士獲得的知識更加豐富，積累也更加深厚，這時期專門性的研究著作開始出現，甚至還是撰寫者的力作和代表作，這時期大量文章刊發於各種報紙期刊中，對福建社會文化的考察與報導的視角和區域更加豐富、多元，傳教士打造出的是一個更為完滿鮮活的福建形象，反映出傳教士撰述福建社會論著的高峰時期。步入二十世紀後，傳教士撰論福建社會的著述更加專業化和系統化，這個階段一部部專門的作品出現，很多專著提升到全國性的層次，反映傳教士認識品質的提升；同時，這一時期傳教士往往立足福建，剖析中國社會變革的形勢和社會的進步格局，並借此渲染基督教的功績和宣揚基督教普世主義的救贖言論，也反映了傳教士作品對中國區域社會文化認識的步步推進。

還有幾點需要說明的是：

第一，在各個階段中，傳教士對福建社會文化的記述和報導並非僅有如上所述的專門的著作和文章，各時期更為大量出現的是傳教士們所撰寫的有關教務進展的情況和報告傳教工作的論著，在這些作品中散布著傳教士們零星的隻言片語式地涉及對福建社會的介紹信息，難以勝數，這裡僅將之提出，後文將會有較多地引用和述及。

第二，基督教傳教士介紹福建社會事象並非只有在閩工作的傳教士，許許多多不在福建傳教的來華傳教士們，或多或少地在他們的論著中記述道有關福建的信息，如衛三畏的《中國總論》、丁韙良的《花甲記憶——一位美國傳教士眼中的晚清帝國》、美魏茶的《在中國的生

活》[41]、G. Currie Martin《在中國的一百五十天》[42]等等，都有不少段落和章節記錄了福建社會文化的情況，這方面內容也是舉不勝舉。

第三，各時期新教傳教士記錄福建社會文化的信息還散見於來閩傳教士的回憶錄書籍和紀念性文章中，如以美以美會傳教士萬為（Erastus Wentworth）書信為基礎編撰的《拯救異教靈魂：前往福州的旅程和在榕生活》[43]，又如婁禮華、雅裨理、賓為霖、杜嘉德和畢腓力等人的回憶錄等，都有不少內容涉及對福建社會的介紹。

最後，如前所述，在來華活動的各個階段，傳教士們與傳教團本國通信秘書、親屬朋友等人的報告、書信等，還有塵封於西方各大圖書館、檔案機構及傳教士家族中的傳教士日記等，都記錄有相當多零散的有關福建社會的文字片段。筆者曾在華中師範大學東西方文化交流中心查閱美部會、美以美會、英國聖公會等差會檔案中發現，大量的傳教士信件和一些日記中，如繁星點點般見載著有關福建社會文化的各方面信息和各領域狀況，很多的字跡已難以辨認，這部分內容可以說是汗牛充棟，不可勝計。

（關於晚清來華西方傳教士對福建社會文化進行撰述之論著的情況，詳見本書附錄一「晚清傳教士述閩主要作品一覽表」）

41　William C. Milne, *Life in China*, London: G. Routledge & Co., 1857.

42　G. Currie Martin, *One Hundred and Fifty Days in China*, London: London Missionary Society, 1910.

43　Polly Park edited, *"To save their heathen souls": voyage to and life in Fouchow, China, based on Wentworth diaries and letters, 1854-1858*, foreword by Francis West, Allison Park, Pa.: Pickwick Publications, 1984.

第二章
晚清來華傳教士對福建社會的文化透視（上）

　　晚清西方傳教士在來閩前與入閩後所撰述的文著中，記錄了有關福建社會文化的靜態與動態的各方面信息。來閩前的著述內容集中於對福建自然與人文概況的介紹；而在深入閩地工作生活後，除了延續對福建物質與人文景觀的記述和介紹，他們還進一步對福建制度文化、社會經濟、日常生產與生活等點滴狀貌進行渲染和描畫；另外，他們對地方時局、社會發展動態及世紀交替之際的變革局勢與社會氣象，亦給予了相應的關注和報導。

第一節　靜態景觀：自然形勝與物質特徵

一　福建地理、地形與水陸交通

　　前已述及，在傳教士尚未正式進入福建社會之前，他們就在各種刊物上撰述發表不少介紹福建概況的文章。這些文章最為重要的一方面內容，即介紹福建地理地形與水陸交通。如一八四二年裨治文在《中國叢報》第十一卷上發表的〈福建地理地形〉一文，對福建地理位置和地形特徵做了最初的系統介紹，他記述道：

　　　　擁有14777410人口，53480平方英里面積，福建可能會被認為是「不普通的省份」，它坐落於北緯23度30分到28度30分之

間，位於北京區間的西經1度到東經4度之間，氣候溫和，處於
便於國內和國外商業貿易的有利位置……福建省邊界在北方與
浙江接壤，西面為江西，西南連接廣東，南部和東部臨海。它
的海岸散布許多港口，其中不少規模大、寬闊和安全。它們還
離許多主要的島嶼如南澳、東山、廈門、金門及海壇等不遠。
閩江是主要的內河，其分支蔓延全省整整一半的部分，在匯合
所有水系後形成一條幹流下貫福州市，最後注入海洋……若干
次要的山脈和山峰使得這個省表明形成多樣性，呈現在旅行者
視野中很少水平的地面。福建省的一般性特徵是與美國的緬因
州相似但幾乎兩倍大於這個州[1]。

裨氏的記述大致準確，也反映了傳教士此時的認識水平還比較粗淺，
他還緊接著分別敘述了福建各府州（10府2州）[2]的地理坐標和下轄各
縣的地理及地形的概況，在介紹各府各縣情況注重敘述府與府之間及
縣際之間聯繫，以及府縣內大致的和有代表性的地理特徵。

　　傳教士足跡進入至福建社會後，伴隨著一次次的考察與走訪，他
們對福建地理和水陸交通的認識更為直接明朗，在其著述中也頻頻涉
及這方面信息。英國聖公會主教四美在一八四六年遊歷福州後對福州
地理信息描述道：「福州在五個對外貿易的港口中是第二大的。它位
於北緯26°7′，東經119°15′。由於缺乏一個真實的數據統計，它的人
口數目至多只能做一個不確定的推測。它表面的面積由房子覆蓋，大
概是寧波面積的二倍，是上海的三倍，大約是廈門的五倍。我聽過的

1　E. C. Bridgman, "Topography of Fukien; situation and boundaries of the province; its area and population; subdivisions, mountains, rivers, harbors, & c.", *Chinese Repository*, Vol. XI, pp.651-652.

2　分別為福州府、泉州府、建寧府、延平府、汀州府、興化府、邵武府、漳州府、福寧府、臺灣府、永春州、龍岩州。

最低的估計認為福州的人口超過五十萬。我本人傾向於六十萬這個數目，我們一想到它有八點五英里長的城牆範圍，以及沒有被樓房占據的小部分面積，這個數目就不會被認為過分」[3]。畢腓力在其著作中對廈門介紹道：「在中華帝國南部太平洋沿岸，西部海岸向西南方向綿延兩千英里，位於北緯24度和東經118度，坐落著廈門這個小島。其位置十分隱蔽，背後有一些更僻遠的小島嶼群，保護著廈門與大海隔離，這些島嶼如金門、烈嶼、大擔和星嶼，旅行者在臺灣海峽遊歷可能就容易會錯過看到它們……廈門城市位於同名的島上，在香港北上三百英里，福州（省會）以南二百英里，上海以南五百五十英里以及北京一千一百英里以南。這個島直徑有七到八英里，周長在二十五英里左右。因其西部深水海灣的海水，它幾乎失去了一半的部分。廈門表面十分粗糙崎嶇，大石頭和較高的岩石山漫布，在一個人處於一條直線視野中看見的完整形狀之前，是一片野生的和令人愉悅的風景畫面。……」[4]。來自英國長老會的仁信對漳州一瞥後記道：「我們永遠不會忘記從一座廟中俯瞰漳州城的情景，這座廟位於一塊高地上。我們往下看去，寬闊的街道和敞開的空間，覆蓋著繁茂濃密的熱帶樹木的樹葉，廣闊的平原延伸向遠方的山，平原上布滿了種植的莊稼，坐落於城鎮和鄉村之間，令人難以勝數」[5]。從傳教士這幾處對福州、廈門、漳州等城市的地理介紹，可以看到他們對福建地理地形的瞭解和認識的準確性和細緻程度，已初步具有現代地理學和地圖學的特徵。

　　福建在古代是一個道路交通十分不便的省份，所謂「閩道更比蜀道難」，總體來看，福建交通主要是水路與陸路的並行，而水路似乎更為發達，交通工具主要為各種船隻與轎子。長期在閩北傳教的和約

3　George Smith, "Notices of Fuhchau fú", *Chinese Repository*, Vol. XV.

4　P.W. Pitcher, *In and About Amoy*, Shanghai and Foochow: The Methodist Publishing House in China, 1909, pp.1-27.

5　Jas. Johnston, *China and Formosa: the Story of the Mission of the Presbyterian Church of England*, London: Hazell Watson & Viney, Ltd., 1897, p.20.

瑟對福建山區的道路交通有深刻認識：「福建省（北部）幾乎是一個
由連綿延亘的山脈組成的王國。唯一的道路是人行小道，唯一的交通
工具是轎子……」[6]；在福建足跡頗廣的陸一約在談到福建道路交通
時也說：「在我們對城市街道的描述中，我們要告訴讀者的是要發現
一條寬於5至15步的道路是相當罕見的，城鎮的郊外，情況則更為糟
糕。……在很多地方，如廈門、福州等地，有多一半的布道旅行是走
水路。在這種情況下，船隻就起到了轎子、旅館、接待室、小禮拜堂
和書倉的作用」[7]。正是由於福建陸路的不便捷，傳教士在外出巡迴
傳教的過程中，索性自主建造用於傳教的船隻，此即近代基督教區域
史上的「福音船」。關於福音船，其功能主要集中於兩個方面：一是
作為傳教士的交通工具，巡行於內陸江河，到達河流網絡分布的傳教
地點；二是直接作為教堂，在船上進行祈禱禮拜等宗教活動。對此，
倫敦會傳教士蘭成美（Frank P. Joseland）言道：「一八五六年開始，
在廈門的三個差會，每個都有自己所屬的福音船」[8]。當時福音船是
傳教士在福建沿內河溪流開闢傳教場域、從事宣教工作的重要手段。
例如一八五六年英國長老會傳教士杜嘉德將福音傳至安海，即以福音
船為工具。史載：「英牧師杜嘉德，於一八五六年，乘福音船到安鎮
（安海）布道。當時未有輪船，海行者皆賴帆渡。廈安相去雖僅百三
十裡，而帆渡常行數天，方得誕登，而且渡船污穢難堪，兼以種種不
便。故公會自造帆渡，稱之曰福音船」[9]。對於福音船的特點，蘭成
美是這樣描述的：

6　James E.Walker, "A Glimpose of Fuh-Kien Mountains an Mountaineers", *The Chinese Recorder*, Vol. 19 (April 1888).

7　Edwin Joshua Dukes, *Everyday Life in China or Scenes along River and Road in Fuh-Kien*, The Religious Tract Society, 1885, pp.39-51.

8　Frank P. Joseland, "The New Amoy Gospel Boat", *the Chronicle of the London Missionary Society*, May 1890, p.150.

9　許聲炎：《閩南中華基督教簡史》，閩南中華基督教會，1934年版，第三卷，頁1-2。

圖一　廈門新造福音船

圖片來源：Frank P. Joseland, "The New Amoy Grospel Boat", *the Chronicle of the London Missionary Society*, May 1890, p.151.

福音船是當時來閩傳教士重要的傳教工具，因為傳教工作時常要走水路或海路，福音船成為傳教士專屬的交通工具；同時，福音船還提供了休息、住宿、藏書、貯物甚至是布道、禮拜的場所。

　　船艙包含兩個錨位，每邊一個，用一種新的原理建造，以便使其在周圍環境下盡可能舒適；一個小的休息室、一張桌子和椅子，掛衣帽的架子，雨傘以及放牛奶和水瓶的固定架。船的外部顏色是深藍的，每邊有一條白色的邊線。我們用這種顏色與其他兩個差會的船隻區分開。……每邊的船艙有三個窗戶，漆著威尼斯式的藍色，並用玻璃窗戶以適應明亮而不透風的要

求。艙門只能從靠著船艙尾部一點的地方看到打開的一部分。
福音船建造的很好，既快速又安全。它比老式的船隻航行得更
快，證明就是從我的鄉村巡行到返回明顯地快了兩倍[10]。

　　總體來看，傳教士對福建水陸交通情況的一般性評價是道路情況
很不良好：陸路不發達，所以傳教士們深入各村鎮在很多情況下都要
靠步行或是苦力抬轎子前行；水路雖是重要的交通幹線，但存在很多
潛在危險。著名傳教士衛三畏在《中國總論》中說：「福州上溯，部
分河道受到礁石和淺灘的阻礙，航行困難，只能到達約三十英里的閩
清縣，再向前行駛水流湍急，到延平極為困難，即使高水位時靠拉縴
也很難」[11]。美部會傳教團對閩江上游邵武段水陸交通介紹頗詳，「從
這個省省會城市福州沿閩江直線方向朝上約一四五英里到達邵武。但
由於閩江的彎繞，或因為必須順著這些彎繞的道路交通，實際距離至
少有二百五十英里。過福州往上的前七十英里後，閩江遍布岩石，水
流湍急，其航行變得很慢和且需靠人工。通往既定目標的道路幾乎比
羊腸小道還小，這裡沒有挑運行李的苦工及缺少馬匹」[12]。福建內河
多峽谷險灘，頑石雜處，隨水位漲落而出沒無常。明王世懋《閩部
疏》中說：「邵武（閩江富屯溪）山多作石壁，下映澄江，⋯⋯故其
地有怒舟，而無怒馬。舟多三板薄裝，延津（指今南平）以下才有官
舟，紓行矛戟間，有觸立碎。」傳教士們可謂準確地描述了閩江灘險
的形態。

---

10 Frank P. Joseland, "The New Amoy Gospel Boat", *the Chronicle of the London Missionary Society*, May 1890, p.153.

11 〔美〕衛三畏著，陳俱譯：《中國總論》（上）（上海市：上海古籍出版社，2005 年），頁89。

12 Book Manuscript: "Shaowu Fu: or, one little corner of China", by J. E. Walker, 1908. I 1, *A.B.C.F.M. Papers* 16.3.7 Vol. 1, 179-192.

圖二　閩江上的雞公船

圖片來源：Edward Bliss Jr., *Beyond the Stone Arches: An American Missionary Doctor in China, 1892-1932.*

雞公船是閩江上常見的一種交通工具，因其形如公雞而得名，適於灘行。

圖三　閩江岸邊待客的轎夫

圖片來源：John Macgowan, *Christ or Confucius, Which? or, The Story of the Amoy Mission.*

清末由於福建道路條件不好，轎子是來閩傳教士經常使用的交通工具，他們也常在雇傭轎夫問題上討價還價。

　　福建自然地理地形特徵及水陸路交通狀況是近代入華（特別是來閩）傳教士首要切身關注的對象之一，這是為他們今後開展工作採集信息及為後人提供信息的需要。應該看到，隨著時代的發展，傳教士們對福建地理的認識愈益精準和細緻，特別是在深入福建社會立足內部進行近距離的審視後，他們對福建地理特徵的介紹更加多元，福建多山、岩石林立、水系發達等地貌表徵被一覽無遺地納入其視野和筆端；而面對福建尚不發達的交通狀況，他們這時也更多通過親身巡遊和考察，從水路、陸路兩大方面對福建道路交通進行介紹，說明傳教士逐步更為廣泛地在福建社會扎根和活動，亦是為其今後開展傳教工作鋪路。

二　閩江及其兩岸景觀

　　閩江是福建的母親河與交通大動脈，近代來閩傳教士在福建巡遊和開展活動，往往會經由或取道閩江，因此不少傳教士對閩江這一福建最大內河觀覽無遺，紛紛記述對閩江的初步印象和閩江兩岸風光和風景。

　　首位來福州傳教的美部會傳教士楊順在一八四七年記錄道：

> 閩江位於福州城的北岸，離入海口三十英里，是一條宏偉壯觀的河流，很適合體型較大的船隻通航，離出口處二十英里。江水恰到尺寸地穿過連接中州島和南台的橋樑。閩江出口位於北緯26度、東經12度的方位。當完全進入河流內部後，旅行者發現自己身處兩座山脈之間，其基礎甚至常常延伸至這條美麗河流的邊緣。這些山脈之間的峽谷盆地形成閩江的河床，甚至包括福州城本身，據說離城市還有一段長的距離。在城市和沿江山脈之間，有一些小村莊，但大部分通往山上的道路都挨近江

面，讓出更大更合適位置作為定居的場域。……哈德遜河是一條北美地區的大河流，其沿岸的景觀被許多旅行家讚美和美慕，稱其美麗、壯觀和莊嚴，但是跟閩江卻完全沒得比」[13]。

美以美會傳教士懷禮（I. W. Wiley）認為：

閩江的風景激發起全世界的讚美與美慕。旅行者經常把閩江與萊茵河的風景畫面作比較；但美國人找到一個更好的對比對象——哈德遜河引人矚目的風景。它相當莊嚴地穿越那美麗富饒的低地狀帶、肥沃的土地和交錯的溪流[14]。仁信也寫到：「閩江江岸雖不盡完美，但引人注目的山峰，有寶塔、寺廟和僧侶坐落於山的頂端。山巒造型優美，儘管有時候顯得奇妙和可替代的，卻表現著和平和虔誠的形態，而不是戰爭和流血」[15]。

麥利和也是較早記錄閩江水域的傳教士之一，他於一八四九年在《中國叢報》上發表的〈閩江上游的旅行〉一文中，對閩江水系地理交通和閩江流域物產等做了細緻介紹，「一次隨同柯林（J. D. Collins）短暫旅程後，我沿閩江上溯到達水口，它位離閩江口九十至一百英里。我們乘坐一條本地小舟，前行了將近四日，閩江主要的路程是往西北方向。離開福州七英里後，始抵達層巒的群山下，閩江的水道十分彎曲，你之前正朝北方行駛，但一會繞過一處斷崖絕壁後，你的船頭變為向西行駛，可能再過幾分鐘你又會發現自己正在朝南穿行。閩江在福州的部分超過○點二五英里寬，往上則寬度慢慢減少。離福州城十

13　S. Johnson, "Notices of Fuhchau fú", *Chinese Repository*, Octorber 1847, Vol. XVI.

14　Isaac. W. Wiley edited, *The Mission Cemetery and the Fallen Missionaries of Fuh Chau*, China, New York: Carlton & Porter, 1858, pp.17-18.

15　Jas. Johnston, *China and Formosa*, p.18.

英里之上，江水一分為二，兩條支流匯合於福州城下方十二英里處的
羅星塔島，環繞形成一個大島（即今日倉山區，常被傳教士稱為南臺
島）。在這個島的頂端一段短距離水域，閩江在此看上去比在福州的
部分更大；許多周圍山上的溪流紛紛注入（倉山島）兩端。這些在我
們的旅行中都只是一些小溪流。它們有些發源於很深的溝壑和溪穀，
流經綠油油的稻田土地後與閩江匯合，另外一些由白色岩石滲透出，
形成十分美麗的小瀑布。閩江水道的深度十分不規則，有些地方船隻
可以航行，而在更遠處則可能看到一隻在沙洲岸灘擱淺的小船。……
這條水道承擔著連接內陸與福州的龐大貿易網絡……運貨船承載著
糖、木材、煤炭、紙、水果、茶等物產，數量可觀的木材成排地通過
筏運在江中漂流。閩江水流緩慢流動，江水清澈味道怡人……」[16]。

　　衛三畏對閩江介紹頗為到位：「閩江由三條大溪在延平府匯合而
成，匯集了武夷山以東的水流，水流量約占全省的四分之三。長度超
過三百英里，由於深度穩定，是中國最有用的河流之一。江兩岸有二
十七個建有城牆的城市。江口處海潮高達十八或二十英尺，有許多島
嶼和礁石，行駛困難。離江口十四英里的閩安，三英里長的江面很狹
窄，寬度不及半英里，水深十二至二十五噚；兩岸山高一千五百到二
千英尺……閩江景色，雖然特點不同，可以和哈得遜河的雄奇壯美相
比，不過閩江兩旁的山高得多，田野沒有那麼豐饒」[17]。西方傳教士
在閩江流域的遊歷觀光過程中，往往被閩江兩岸迷人的風景所吸引，
有時還會不自覺地將之與西方著名的河流作比較。正如懷禮會督
（Isaac. W. Wiley）所言：「閩江的風光激發了人們普遍的讚美……美
國人將之與哈得遜河粗糙的景觀作了更好的對比。閩江莊嚴壯闊，富
饒的低地景觀交織、肥沃多產的田地和縱橫交錯的支流美麗得更勝一

---

16 R. S. Maclay, "A Trip up The River Min", *Chinese Repository*, Vol. XVIII, p.446.

17 〔美〕衛三畏著、陳俱譯：《中國總論》，頁88-89。

籌」[18]。又如丁韙良在一八五〇年五月偕同溫敦等入閩傳教士途經福
州時，也記道：「閩江風景如畫、宏偉壯闊，使人聯想到卡茨基爾山
脈附近的哈得遜河，不過閩江兩岸山巒突兀，而哈得遜河沿岸山脈則
要在不顯眼處才隱約可見」[19]。哈得遜河是美國一條重要內河，景色
優美，衛氏與丁氏等人紛紛將閩江與哈河作比較，說明他們對閩江自
然流露出的讚美之意。

三　鼓山風景

　　鼓山是福建最負盛名的山脈之一，許多來閩乃至來華傳教士往往
都會在其著述中記敘有關鼓山的概況介紹。一些傳教士通過親身遊覽
鼓山而寫有專門的遊記文章，特別是傳教士們後來發現鼓山（鼓嶺）
是一個避暑的天然勝地後，在山上購地建房，逐漸將鼓嶺營造為傳教
士避暑居留的住所，並形成活動與工作的交流社區和中心，這是近代
鼓山與西方傳教士互動關係的一方面重要內容。

　　一八五五年倫敦會傳教士麥都思隨同英國駐福州的閩海關稅務司
李華達遊歷鼓山，並撰寫介紹性文章刊載於當年九月一日的《北華捷
報》中，在文中，麥氏比較細緻地勾勒了鼓山的全貌以及具有代表性
大小景點，如「大頂」、「小頂」、「鳳池」、「靈源洞」、「喝水岩」、「忘
歸石」、「龍頭泉」、「白猿峽」等自然景點以及各種稱呼的山峰和岩
石；當然，他也沒有忘記介紹鼓山最具代表性的人文景觀──湧泉寺
的詳細情況。如他記述道唐代靈嶠和尚誦華嚴經鬥惡龍的歷史故事，
湧泉寺從閩國至清代的發展，提到開山祖師神晏方丈，還詳細介紹舍

---

18 Isaac. W. Wiley, *The Mission Cemetery and the Fallen Missionaries of Fun Chau, China*, pp.17-18.

19 W. A. P. Martin, *A cycle of Cathay: or, China, south and north, with personal reminiscences*, Edinburgh: Oliphant, Anderson and Ferrier, 1896, p.37.

利子的由來與如何形成等。讓筆者最感興趣的是，麥氏最後還提到著
名哲學家朱熹所題寫的「天風海濤」四個字及「更衣亭」的典故由
來，等等。由此可見，麥氏的記述十分老練到位，不像僅是出自一位
走馬觀花的遊山玩水者之筆，看來他對鼓山有相當的瞭解和研究，寫
到這裡，不由得讓人慨歎傳教士對地方典籍文化的精悉和考證。

　　鼓山對於西方人更為重要的意義不只在於其旅遊價值，其天然的
避暑勝地角色更引發傳教士的重視並最終在此開闢避暑山莊和教會
生活、工作交流場所，使鼓山（主要在鼓嶺）成為傳教士活動集聚的
樂園。

　　畢腓力於一九〇七年撰寫出版的《鼓嶺及其周圍環境概覽》（這
是該書的第二版增訂版，擴充了不少內容）[20]，書中不僅介紹鼓山自

圖四　湧泉寺外景

圖片來源：P. W. Pitcher, *A Sketch of KuLiang Mountain and Environments*（Sceond
　　　　　Edition），該圖顯示的是清末時期鼓山湧泉寺的建築外觀情景。

20　據林金水教授的介紹，該書於1896年美華書局已有出版，這應是此書第一版，可惜
　　筆者未能覓見。參見林金水、謝必震主編：《福建對外文化交流史》，頁414。

然及人文風景概況，更集中披露了鼓山作為傳教士酷夏時節生活及工作場地的情形。此書共分九個部分內容，分別為「鼓嶺」、「休養地」、「氣候」、「鼓嶺聯盟」、「公共設施改善委員會」、「鼓嶺苦力費用」、「夏季會議」、「鼓嶺福音工作」、「消遣地」等，可見，對於西方人（主要是傳教士）在鼓嶺活動的介紹是該書十分主要的內容。如他在書中記道：「將近一百座的房屋已經由傳教士建蓋，其他則屬於在沿海通商口岸和其他地方做生意的外國商人。每年有二百五十或更多的居住區的人們擁聚在這個令人心曠神怡的涼爽勝地，在這海拔甚高及更純淨的地方，恢復精力和鼓舞狀態。……鼓嶺是一個適宜休養的地方」[21]。

圖五　鼓嶺一覽

圖片來源：Edward Bliss Jr., Beyond the Stone Arches, *An American Missionary Doctor in China, 1892-1932.*

鼓嶺是近代著名的外國人僑居地，西方人在這裡興建別墅以供避暑居住，使鼓嶺成為當時中國的四大避暑勝地之一，而最早發現與開發鼓嶺為避暑勝地的正是一位美國傳教士。

---

21 P. W. Pitcher, *A Sketch of KuLiang Mountain and Environments* (Second Edition Enlarged), Foochow, China: Methodist Publishing House, 1907.（注：此書無頁碼）

通過畢氏一書，我們可以發現傳教士通過對鼓山的瞭解與認識，充分利用其良好的天然條件，為他們營建一個便於傳教和夏季生活的公共空間，說明鼓山在傳教士眼中並不僅僅是一個觀光遊覽地，更是一個適宜他們生活和工作的場所。這也從一個側面說明傳教士首先所表現出平凡人的身份，也怕酷熱天氣，需要優越的環境作為度假和生活的去處，這是人性中不可避免的現象。不過，傳教士由此而帶來的對鼓嶺的開發與利用，卻使得這裡充滿生氣和活力，為古樸靜謐的鼓山增添了一道可算是美麗的風景線。

四　福建城鄉建築

建築是藝術的史詩，來閩傳教士們在福建活動期間，面對首先映入眼簾的東方建築形態，無不充滿新鮮和好奇，在他們的著述中，也頻頻介紹到福建各地城鄉建築的面相；同時，對於建築的關心還來自傳教士自身立錐和生存的需要，誠如林金水教授所言：「教會建築在周圍福州民居『一堆密密匝匝無間斷的灰屋頂』中，以其鮮亮的筆觸對『福州人的信仰、思維及生活方式起到了潛移默化的作用』。在背後它也在告訴我們，一個中國基督教史研究上很少談及的問題，這就是傳教士也是人，他們來華的首要問題應該是要怎麼樣才能活下來，而不是傳教為先。只有當他們一個一個因環境惡劣而死去時，他們才開始回頭思考這個問題，才開始考慮要有一個生存下來的生活環境，要有一套舒適的房子。基於這種思維，我們對後來傳教士在福州古嶺建別墅，以避福州夏天之酷暑，也不會有任何異議」[22]。因此，我們在關注傳教士視野中的福建建築時，必須注意他們考察的兩大維度，一是實用性，即建築的結構及材料質地等；第二才是藝術審美即外觀性。

---

22 林金水等著：《福建基督教史初探》，臺北市：臺灣宇宙光出版社，2005年版，〈序〉（代前言）。

　　傳教士對福建建築外觀之觀察的開始階段，首先是通過遊歷見聞而得出大致印象。四美在一八四六年訪問廈門時對該地空間布局和建築得出初步印象是：「廈門市建成瘦長的形狀占據一處岬角，三面臨海。內城規模不大，城牆長不足三里，有四道城門，開向外城。廈門的街道狹窄、骯髒，除了少數例外，絕大多數房屋破舊不堪。偶爾可見一些外觀像樣一點的建築，在一片貧窮之中增添了一點異樣的景觀。眾多的寺廟之中，有些建築相當出眾」[23]，通過四美的記述，可以想見當時廈門還比較破敝的情況。丁韙良在福州逗留期間曾登上烏山鳥瞰全城，認為「並沒有什麼特別值得稱道的建築，但目光所及之處倒是有一座建築反映了中國文明最好的一面。這就是舉行科舉考試的貢院。那一排低矮的小屋足以容納一萬名考生，還有考官們住的大房子，以及高聳的、用以監考的多層瞭望塔——所有這一切都被高牆團團圍住，牆上還長滿了刺人的荊棘」[24]，同樣是貢院，麥利和的記載卻甚異其趣：「貢院，即鄉試舉行地，在福州城北部，是一座巨大的開闊式院落，四周為高厚的牆所圍，院內是一排排低矮的隔間，供考生考試期間使用。院子中心是一條南北走向的大道，約十二英尺寬，從唯一的主入口一直延伸到另一端為監考官和巡視官所設的房間。中心大道的兩側，與其成直角方向均是一排排的單人隔間，為考生應考的考場。排與排之間被高約十英尺的磚牆相隔，隔間前端到牆約有兩英尺寬的通道通往中心大道。這些單人房間入深約二點五英尺，寬四英尺，高八英尺，有遮擋的屋頂可防風雨。但是，因為每個房間的整個前部都不封閉，考生不得不忍受日曬、雨淋之苦。不足為奇，每次考試都有考生因不堪曝曬、過度緊張致死。據估計，這個貢

23　〔英〕施美夫著、溫時幸譯：《五口通商城市遊記》（北京市：北京圖書館出版社，2007年版），頁383-384。

24　〔美〕丁韙良著，沈弘等譯：《花甲憶記：一位美國傳教士眼中的晚清帝國》（桂林市：廣西師範大學出版社，2004年版），頁20。

院可以一次同時容納約八千至一萬名考生。其他考試場所與我們所描述的大致相仿，只是規模小很多，建築質量亦稍遜色」[25]。通過這些介紹，我們多少感受到晚清福建科舉的盛況及其神聖威嚴性。隨著入閩工作生活的需要，傳教士們對福建建築形態的觀察與記述更加細緻與精微。

　　衣、食、住、行是人類最基本的生存需要。對於一個初來異地的傳教士來說，「首要解決的緊迫問題就是為他和他的家人尋覓一處安身所在」，這就涉及到建築的問題。傳教士們在租賃營建自己安身立命的居住場所開始時，主要就是以福州等城市居民建築為參照系，站在西方文化的中心對當地建築形態加以審視，如早期在榕地活動的美以美會傳教士麥利和，就是這方面代表之一，他對福州建築有著細緻的考察和描述，他記道：

> 福州的房子通常只有一層。木製結構，輔以板條和灰泥，屋頂覆蓋瓦片，下層民眾的住房以及商店、鋪子等白天直接開向街道，到晚上關閉起來。室內光線來自前面和後面的窗戶，但更多時候這些窗戶被窗板遮住，以阻檔風雨。這些房子既沒有煙囪也沒有天花板，只有泥土的地面。由於這樣的構造，這些建築低矮、昏暗、悶熱、骯髒、不利於健康。在某些方面，較高階層的住宅會好一些，如前所述。但結構上仍很粗劣，昏暗，不舒適。它們被建於高牆之間，前後的天井被連綿的圍牆圍合，形成封閉的空間。天井鋪以平滑的石板，大多數情況下，會有一口小井，在天井中央或角落，上覆以石板保護。人們會在天井中種植花卉草木，放置頗具藝術性的石頭和柱子。通常，從街上走進來，會發現天井兩側靠牆都建有低矮的房間，

---

25 R. S. Maclay, *Life Among the Chinese*, pp.145-146.

向內出檐，連接庭院的前牆與主體建築。走過天井，就進入這幢建築的主廳堂。主廳堂與其他房間寬度相近，但進深更淺。在主廳堂的兩側各有房間，同樣進深但寬度較窄。與主廳堂一樣，這些房間的後面也有相對應的房間。後院與前院相似，但通常會小一些，趣味也稍差一些。大型住宅一般包括一系列的房間，中間插入天井，四周圍以高牆，前面臨街，自成一體[26]。

　　對於長期習慣於西式建築的麥氏來說，福州民居與西方房屋迥然不同的形態令其一時難以接受，他認為福州的房子在光線、空氣通風及衛生狀況等方面存在致命缺陷，對之頗無好感。首位入榕城的傳教士楊順也有同樣認識：「周圍房屋一般只有一層樓，街道過於狹窄以至於不細心則無法辨認，為了拓寬和清潔，它們採取很像在廣州或在廈門的方法。房屋的地基常不到一英尺，建在與街道毗鄰的水平線上，許多甚至沒有地基而是直接蓋在地面上。好一點的房屋也沒有第二層，只有不通風的頂樓和覆蓋著瓦片，在夏天它們肯定非常熱，稍好一點的建築的外牆很厚，由燒製的不是很好的石磚建成，或是混合著大量黏土的斷磚破瓦，內部的隔離物常由用於黏合的低次松木板組成，黏土之上，有竹製構架，覆蓋著石灰，使得外觀新亮而整潔美觀……更多數的居民住房十分不舒適，街道鋪以花崗岩，但通常很粗糙。在普通居民的房屋內，同樣有有序與整潔的需要。它們不透光、不通風，據此應可推斷，其住民在很大程度上難享白天的光線和淨氣清風……」[27]。長期於福州生活工作的盧公明也延續著楊順和麥利和的觀感：「中國人的房子常常只有一層高，是木製的。結實的磚房很少見。屋頂是用窯房裡燒出的土製瓦片，而不是木瓦、鉛或鋅。較貧窮階級的人們，房子的地面只是簡單地用泥土打平，用水泥鋪成的。

---

26 R. S. Maclay, *Life Among the Chinese*, p.158.

27 S. Johnson, "Notices of Fuhchau fú", *Chinese Repository*, Vol. XVI, p.486.

這種水泥是由黏土、沙子、石灰混合而成，如果配製合理的話，就會又硬又光滑。木製地板，甚至是在較好房子裡也是非常破舊、不平坦、無刨光的。人們沒有使用地毯，也很少在地上鋪東西，頭上常常無天花板，只有屋頂。許多家庭住在長約二十或二十五英尺、寬約六或八英尺的船上。他們在這兒結婚，生兒育女，直至死亡。住房通常有木窗，即便是富有的家庭也沒有使用玻璃。有時人們還會用半透明的薄殼巧妙地裝飾在窗戶上。人們需要光的時候，就會半開或全開著木窗。在夏季，為了通風，木窗也會開著。冬天，房內無壁爐、火爐、西方爐子等供熱設備。因為沒有裝牢，門窗只能勉強抵擋寒冷的天氣」[28]。

福州傳統民居主要是東方式木構合院的構造，適合家族和小家庭居住，加之傳教士們開始接觸還主要是下層民眾和普通百姓的住房，條件簡陋，因此不免在其印象中留下污點。在他們看來，福州民房最大的弊端顯然表現在光線、通風及衛生條件等方面。

隨著時間的推展，傳教士們通過更多地與地方社會接觸，對各地各種類型和不同功能的建築設施及布局等有了更為直觀和全面的認識。例如麥利和對福州公共建築和城市布局記述道：

> 公共建築包括政府公署、廟宇、學校或科場等。政府機構由總督府、福州將軍駐防營城、巡撫、布政使、按院、糧、鹽道、知府和知縣等官衙組成。這些建築皆一層高，木結構，用木板條支撐並覆蓋著大面積的灰泥膏，還由很高的防火牆圍起來。……這些建築由十分珍貴的材料建造，技藝通常是笨拙而俗麗的，由於建造大建築物的規劃，房間幾乎是恆定不變地缺乏光線、空氣不流通和不舒適。城市內外遍布著寺觀廟宇，在

---

28 Justus Doolittle, *Social Life of the Chinese*, Vol. I, p.42.

城內，著名的廟宇有孔廟、帝廟、道山觀、城隍廟以及烏石山和於山上的兩座廟宇。孔廟是座規制壯美的建築，大約八年前（指1854年）政府將其修繕一新，相形之下其他大部分廟宇建築則顯得骯髒、陰暗和毀壞的結構。……城內南門附近矗立著兩座高塔，皆有九層，一座稱為『白塔』，另一座為『烏石塔』（即烏塔）。它們都十分古老陳舊，尤以白塔為甚，由於毀壞嚴重，已禁止任何人登爬。……這座城市是按照一定的規劃布局的。城中的許多街道彼此平行或呈直角交叉。城市的主要街道成為南街。這條街道從南門垂直到北門，將市區分為兩塊面積幾乎相當的地區。南街街道乾淨，街面寬敞（按中國的標準），是全城最繁華的商業街區。市區最好的店鋪都集中在這條街上，這座城市西區的大部分居民是致仕的官員及其他有權有勢的人家。西區一些宅第的設計體現主人的生活品味和藝術氣質。南街以東約占城內八分之一面積的地區是韃靼人的社區……南部的市郊是本地人和外國人在福州最大的商貿中心，這兒毗鄰閩江，外國人在此建造商行及其住房。正對著城區的閩江南岸是一塊秀麗突兀的高地，外國人士已成功地在此購得大塊土地，用以建造他們私人住宅和辦公場所[29]。

可見隨著對福州城市景致更細的瞭解，麥氏得出了更為全面認識，對福州有代表性建築不乏讚美的筆調，亦仍有所貶損，總體來看是更為客觀。

---

29 R. S. Maclay, *Life Among the Chinese*, pp.144-147.

圖六　南太武寶塔

圖片來源：P.W.Pitcher, *In and About Amoy*, second edition.
南太武塔係建於南太武山（在今龍海市）上的宋代的延壽塔，用作航海的航標，
一九五八年被拆除，今僅存塔基和石額坊。

圖七　福州白塔

圖片來源：Willianc Edgar Geil, *Eighteen Capitals of China.*
福州白塔原名報恩定克多寶塔，是閩王王審知為其父母薦福，於西元九〇四年建
造。矗立在於山西麓，與烏山的烏塔遙遙相對。一五三四年塔被雷火梵毀，一五
四八年重建為七層八角磚塔，此式樣一直保留至今。

　　長期在泉州活動的女傳教士陳安理也對所見泉州建築及其藝術形態作專門介紹，內容包括泉州城的街道、商店、房屋、城市布局及公共廟宇等等。例如對於城市街道、商店與房屋的總體印象，她說：

> 在泉州的觀念中，對寬闊的大道、運輸工具的喧鬧聲、樹立有路燈柱的人行旁道及兩旁的高樓建築，還有閃耀著整塊玻璃窗光亮的商店等一無所知，所有這些都是在泉州所沒有的東西。相反，試圖描畫城市風景，無非是單層的房屋及比我們家庭旁的道路還要狹窄的街道。在夏季，用蘆草或竹篾編製的席子由竹竿支撐著，在各家屋頂上延伸張開，以遮擋太陽的曝曬。

　　陳氏還分門別類地詳細介紹各種商業活動場所和手工藝業的行為及表現，上至寬敞舒適的店鋪，下到簡易流動的貨攤，都成為這位女傳教士關注的對象，她還通過舉例認為「住在空間如此狹窄的街道是危險的」。又如對於城市布局和廟宇等公共建築，陳氏介紹道：

> 如果要從總體上準確地繪製城市地圖並不是一件難事，壯觀的環城城牆砌著四座城門，即北、南、東、西門，從這些門延伸出四條與各門名稱對應的街道。這些聚集構成城市的中心，並在交匯的點上形成一個十字路口。離十字路口中心幾分鐘路程，橫跨著在這四條主要大道之上的的像拱門一樣的高樓建築，被成為鼓樓，或鼓塔，分隔著城門和街道，在這四座塔以內的廣場被認為是城市的心臟地區⋯⋯關於廟宇，泉州自然有著完整的體系，比較各自愛戴的祀奉的神像，全然拒斥其他地方的其他神像。主要的廟宇是佛教寺廟，大堂十分宏偉壯觀富麗堂皇但內部則十分俗麗，不在一個等級。壯觀的孔廟相反則是莊嚴神聖，其獨一的牌區代表著對一位偉大的老師（孔子）

的紀念與追思的敬意，在這些充滿華而不實和難看的偶像的廟
宇面前，它就像是一種高貴的觀念。泉州擁有更具標誌性建築
的遺跡，即伊斯蘭教寺廟（清真寺）。在過去，它應該曾有著
美觀堂皇和突出的結構，現在，它的屋頂已無，牆垣有些毀
壞，只有基礎的石柱還在⋯⋯[30]。

　　通過陳的記述，不難看出她對傳統的東方建築總體缺乏好感，折
射出其西方文明本位的潛意識。

圖八　從烏石山鳥瞰福州城

圖片來源：Eugene Stock, *The Story of the Fuh-kien Mission.*
該圖是站在烏石山的角度對福州城市布局作一全景式的鳥瞰，烏石山的烏塔與對
面于山的白塔相對呼應，密集的房屋顯示出那個時代城市建築的風格。

---

30 Annie N. Duncan, *The City of Springs or Mission Work in Chinchew* (泉州), Edinburgh
　　and London: Oliphant Anderson & Ferrier, 1902, pp.26-40.

圖九　福建鄉村民居

圖片來源：John Thomson, *Foochow and The River Min, 1872.*
該圖展示的是清末福建鄉村民居的面貌。福建山區盛產木材，尤其是杉木，故而鄉村民居多以杉木為主要建造材料。一些民居至今仍沿用木作穿斗木結構，吊腳樓和大出簷瓦屋面。木材表面不施油漆，顯得樸實、簡潔、輕巧、實用。鄉村民居多傍山而建，房子周圍有田園菜地，呈現出一幅寧靜古樸的農家生活畫卷。

圖十　牌坊門

圖片來源：*China Through Westen Eyes: Manuscript Records of Traders, Travellers, Hisionaries and Dipiomats, 1792-1942.* "RG118, Boxl: Willard & Ellen Beard".

牌坊建築普遍流行於晚清中國各地的城市與鄉村，石牌坊亦是當時來閩外國人較為好奇和重點關注的中國建築式樣。

第二節　東方「專制」：地方政治體制與教育制度

基督教傳教士們在福建傳教期間，必須學會與地方政府和官員打交道，因此他們在傳教同時也頗為關注福建地方的政治制度和官方的政策措施及各方政事，反映在傳教士的著述中就是，他們通過親身觀察和認識，對有關福建地方政治的的各方情形進行了專門的審視與記述，並將之與西方政治體制進行諸多比較。

一　職官體制與地方防衛機構

明清之際天主教傳教士對中國地方各級官員及職官體制已有初步的認識，晚清來華傳教士不僅繼承了前輩的認識，並將考察與認識進一步推進。他們對清朝地方各級官員及相對應的職責做了詳細的考察。在這方面，盧公明的記述十分具有代表性，他在其著作中專闢兩章，對從總督到學政等各級行政職務和體制以及有關官場的各種事象等，做了十分翔實的介紹。他記述道：

> 總督掌握著對福建與浙江兩省的管轄權。他的榮譽頭銜是「軍事部部長」（筆者注：即兵部尚書，清代總督通常加署兵部尚書銜。）（President of the Board of War）。他有權先將海盜、造反者與叛徒砍頭，再把有關情況匯報北京政府。他有時還可以對府官高級文武官員以及職位較低的官員們行使降級或免職的權力。巡撫管理全省事務，即時常所稱「省長」。按照有關規定，他掌管當地的士兵與人民，即民間與軍隊事務，總督也是如此。總督與巡撫起著互相監督的作用，……布政使是一名十分重要的官員，他掌管著所有由全省各地區行政官員上交國庫的資金，並負責發放民間與軍隊官員的工資與合法津貼、士兵

工資、修補城牆以及管理並支付全省所有公共工程的費
用。……**按察使**負責對全省各地的普通罪犯進行審訊與懲罰。
法官有權對全省任何一處的高級官員以及職位較低的官員針對
罪犯或犯罪的平民所做出的決定進行修改或逆轉。……**知府**統
治一個轄區或一個縣——規模僅次於省的領土類別。他負責將
有關情況匯報給巡撫，並定期參與檢查民間與軍隊的府一級考
試。此外，他還是每年春季遊行中的主要人物。外國領事得經
常與知府打交道。……兩位知縣[31]分別管理各自地區的老百
姓。許多最後由更高級官員處理的事務必須先按照城市或相鄰
有關地區或當事人所在地的具體分管部門送交某位知縣，再由
他們向更高級官員匯報所受理的重要事務。知縣還分別主持各
自地區級別最低的一系列民間與軍隊的低一級考試，但不對考
生行使考試、管理或懲罰等權力[32]。

此外，盧氏還一一介紹了鹽運使、糧道（督糧道）、關道（海關監
督）、學政等各階級的官位品秩的概況。通過前舉犖犖大端所觀，可
見這時期傳教士對福建地方主要的官員建置及其行政職權運轉，已有
較為明晰的認識。

　　福州作為福建首府和閩浙總督的駐防地，加之臺灣與閩海海防之
關係，其戰略地位十分突出。清統治者為加強防患，專門在此設立旗
營，駐紮八旗軍隊以便對人口眾多的漢族民眾進行監視和統治。由此
形成旗營和旗軍專駐福州的軍事現象。八旗軍隊在福州享有特權，福
州將軍有很大職權，這種民族隔離的做法，顯然造成了滿漢之間的矛
盾等，這些都在傳教士的筆下有所體現：

31　由於盧氏長期生活和工作於福州，其記述的地區基本是以福州城為例。清末福州府
　　府治（即今福州市區）由閩縣與侯官二縣組成，盧氏所稱的兩位地方長官（知
　　縣），應指此二地而言。

32　Justus Doolittle, *Social Life of the Chinese*, Vol. I, pp.294-297.

城東和城南的部分地區，雖不作限制，確是旗人（滿族韃靼）
的居住地。他們隸屬韃靼中央政府，不受地方政府統治。雖然
沒有城牆將其與漢人分開，但有時兩者之間界限明顯。一些漢
人散居在原來旗人（韃靼）居住的地方……作為一個階層，他
們是懶散無知，傲慢自負的。旗人韃靼人的這一特點在漢人中
是出了名的，也是自然而然，無法避免的。因為他們高高在上，
老百姓是他們的臣民。旗人滿人和漢人刮臉和留辮子的方式相
近。大約兩百年前，滿人強迫漢人採用滿族的髮型裝束。滿族
女子，無須纏足，這一點頗受她們的青睞。他們的骨架寬大，
外表更高貴，行動也比較獨立。漢滿之間不能通婚。……[33]。

從這些記述中，不難看出清朝統治者在地方實施的民族歧視政策，這
種不平等的局面為滿漢矛盾無法從根本上調和埋下伏筆。

　　對於更為基層的廣大城鄉地區，隨著傳教活動的深入推進，傳教
士們也得以認識地方組織機構的建置和運作。例如長期於閩北地區工
作的和約瑟對邵武地方組織的聯甲制度，就給予詳加考察，蓋因其為
基督教在地方傳播所遇到的最大障礙。和氏記道：

主要的反對阻力是「聯甲」，一個由家庭和鄰里群眾通過軍事
和家庭防衛力量構建起的組織，由地方鄉紳指揮。它起源於太
平軍起義時期，惟閩省西北地區才有，反對任何嚴重的長毛叛
軍的侵犯。在福州的鄉村，這一組織在危險結束後即行解散；
但在內陸地區仍然存在。其實際工作在很大程度上依賴於領導
者。它使得鄉紳能夠迅速排遣地方民眾反對當局官員（如果他
們願意的話），對於地方官的勒索強取是一個強有力的監督和

---

33 Justus Doolittle, *Social Life of the Chinese*, Vol. I, p.21.

阻止，尤其在更為內陸偏遠的小鄉村表現特別明顯。但我常擔心的是，地方官與一些主要領導者合作，庇護他們，於是聯甲組織遂變成一個官員的鎮壓工具[34]。

聯甲是太平天國起義期間地方設立的保衛性組織，大部分地區在太平天國起義被鎮壓後皆已解散，和約瑟所觀察到的是十九世紀七十年代末閩北城鎮的情況，說明聯甲制度還並未完全消失。實際上，當時閩北地方許多排教輿論和打教揭帖，都是由地方聯甲局所發告的[35]。

二　司法與刑罰體制

清代的司法審判與刑罰制度是傳教士積極關注中國政治的一個重要維度。傳教士們在各地傳教更是常常要與中國法律打交道，例如治外法權、民教訴訟、經濟產權糾紛等問題，都是他們須直接面對的問題，入閩傳教士也不例外。尤其是在中西方法律體制不同背景的境遇下，觀念中充斥著西方近代法律思想的傳教士群體對中國司法審判體制表現出濃厚的興趣，在他們的視野中，清代的地方律法體制與西方相比，帶有東方專制性的「野蠻」與「落後」色彩。

著名美國傳教士外交官何天爵（Chester Holcombe）在其《真正的中國佬》一書中，講述了一例一八七七年在福建發生的庭審案件。該案是一起受賄案件，牽涉到一名滿族商人與美國領事館的一名翻譯及一批福州漁民，何氏根據條例會同福建省按察使審理此案，在詳細敘述過程細節後，何氏記述道：

34　James E. Walker, "Shaowu in Fuh-Kien; A Country Station", *The Chinese Recorder*, Vol. IX, (September to October 1878), pp.343-344.

35　參見王明倫選編：《反洋教書文揭帖選》（濟南市：齊魯書社，1984年版），頁124。

中國的法庭裡存在著多麼極端的不公正和多麼極端殘酷野蠻的行為。其中被判有罪的唯一當事人是一名中國商人和美國領事館的一名翻譯。前者根本沒有接受審判。他早已四處活動，按照自己的如意算盤打通了各個關節，與官員們勾搭成奸，配合默契。當審理此案時，那名滿人竟然神氣活現地出現在法庭上，成了按察使的親密朋友和心腹顧問！那名翻譯是中國土生土長，但早已歸化為大不列顛臣民。因此，他既不受美國法律約束也不為中國的法律負責。他最終只是被解除了職務而已。此案唯一的無辜受害者是當地三十名愚昧無知的漁民。至少從根據證據來看，他們之中根本沒有任何人觸犯法律。當時正值八月份，熱浪襲人。福州城內霍亂橫行，到處臭氣熏天。雖然如此，那些漁民還是被送進了陰森恐怖、條件差的無法形容的監獄。他們在那裡被毒打、遭受各種折磨，還要忍饑挨餓。就這樣過了幾個月後，他們才被帶上法庭。看上去他們一個個飽受了可怕的摧殘，令人慘不忍睹。事實上，三十個人之中只有二十三名還剩下一口氣，能夠或者在審判中作證；另外七人早已死在了監獄裡。其中有一名是被四名獄卒像木頭一樣抬進法庭。……應當說，許多年來我在中國的法庭耳聞目睹了很多各種各樣的事情，但唯有上述案件的審理過程充滿了慘不忍睹、鮮廉寡恥、令人髮指的野蠻行為[36]。

對於何氏而言，西方法律審判中那種陪審團、律師等角色在中國是不存在的，福建地方社會這種傳統而舊式的法庭審判充斥著「不人道的

---

36 〔美〕何天爵著，鞠方安譯：《真正的中國佬》（首譯本）（北京市：光明日報出版社，1998年），頁154-157；此書英文原本名為 *The Real Chinaman*, London: Hodder and Stoughton, 1895, 福建師範大學圖書館英文善本書庫有藏本。

劣行」，認為這是中國司法的黑暗之處，並對此表示出「憤慨」。何天
爵雖未在福建生活或工作，但其所述情況卻在當時的傳教士群體中有
一定的代表性，也就是說，近代入華傳教士們對中國司法審判體制從
整體上表現出了批判與妖魔化的態勢，這與明清之際西方人對中國法
律制度和司法審判的讚譽和美化以及積極宣揚和學習的基調不啻天壤
之別。福建是近代西方傳教士接觸較早也較多的窗口，其地方社會司
法體制不時受到他們的詬病。陸一約對福建地方社會司法體制有一段
概括深具代表性，他說：「統治階層司法審判的腐化墮落是中國人行
為方式的另一個方面。一個眾所周知的廣泛事實是法庭的裁決和判案
幾乎是可公開買賣交易的。不時地聽說一位公正的地方官員幾乎是被
百姓頂禮崇拜，他辦案公正，但卻是以犧牲自身舒適生活為代價的。
官員們的薪俸如此之低，以至於一位清朝官員若不採取非法的手段，
則將清貧的可憐」[37]。陸氏的指摘可謂十分到位而見解頗深，他能夠
捅破表層窗戶紙而直陳地方司法官場的黑暗根源。晚清福建官場的腐
化和官員貪污之風氾濫，致使地方司法審判腐敗墮落，從而導致諸多
在西人看來的司法不公現象。對此，時任閩浙總督的左宗棠也不無感
歎：「在事文武怠玩已極，……近閱閩省各案，多是虎頭蛇尾，刑名
先生結習，牢不可破」[38]，道出了晚清閩省司法判案之弊病積重難返
的現象。

　　刑罰體制也是來華傳教士普遍關注的對象。英國聖公會主教四美
在福州遊歷期間，就對城內四處可見的罪犯及其遭受的刑罰描述道：

　　　　每隔一里多路，就可以看到一些可恥的罪犯，頸中戴著沉重的
　　　　木枷，為所犯罪行受此懲罰。他們吹著一點炭火，想要以此抵

37　Edwin Joshua Dukes, *Everyday Life in China or Scenes along River and Road in Fuh-Kien*, p.118.
38　《左宗棠全集》，第12冊（書牘一），卷6，上海市：上海書店出版社，1986年。

禦刺骨寒風，或是想要睡上一覺，而又終究不能成眠。他們屬
於社會上的最底層……福州頸上戴著沉重木枷的卑劣罪犯比我
所去過的任何城市都多。他們之所以遭受這種慢性折磨，一般
都是因為犯了偷竊罪，而對他們懲罰的形式常常是稀奇古怪
的……日落後不久，一個衙役過來打開把木枷鎖在牆上的鐵鍊
上，帶犯人到牢獄裡過夜，第二天再把他送出去示眾」[39]。

從這段記述可以看到，在四美眼中，福州城市罪犯的眾多超乎其想
像，而地方社會對犯人的刑罰在他看來是很不人道的行為，沒有尊
嚴和權利，成為殘酷的司法刑罰體系中麻木和孱弱的犧牲者。

圖十一　福建刑堂審犯圖

圖片來源：J. Macgowan, *Pictures of Southern China.*
此圖片反映了晚清時期外國人在閩享有領事裁判權，可與中國官員共同庭審犯人
的一種特殊司法體制。這是當時外國人在中國享有治外法權及中國法律主權遭到
侵犯的表現。

---

39 《五口通商城市遊記》，頁265、282。

　　枷刑是地方社會常見的刑罰，這在傳教士著作中頻頻出現。長期
在廈門工作的麥嘉湖注意到：「通常對小偷或入室搶劫者的處罰是給
他戴上一個木枷或木製項圈，這是一塊三英尺寬、四英尺長的粗糙木
板，中間有一個供罪犯活動脖子的洞，木板可以從中間分開，使之能
夠戴在罪犯的脖子上，兩部分合在一起後再用掛鎖鎖住。有一根鐵鍊
固定在木板上，它的另一端銬在犯人的腳上、手上或是脖子上……儘
管木枷看上去是一種非常簡單的懲罰工具，但它對人的折磨卻是巨大
的。由於木板很寬，犯人們只能設法使其上臂彎過木板。他的手無法
觸及臉部，尤其是在吃飯的時候，就更不輕鬆了，因為他只能用雜耍
式的小花招，並將木板傾斜起來，才能把米飯送到嘴裡，在炎熱的天

圖十二　戴木枷的囚犯

圖片來源：J. Macgowan, *Pictures of Southern China.*
此圖展示的是清末獄警與戴木枷的囚犯，枷刑是清代犯人普遍遭受的一種刑罰，
在國人看來司空見慣，但在西人眼中卻另一番見解。

氣裡，各種各樣的蒼蠅都來圍攻他……」；麥氏還通過觀察對中國監獄進行描述，「中國的監獄是最悲慘、最骯髒的地方了，能夠想像得出，即使是人類在不得已的情況下所居住的山洞也不會再比這裡令人噁心和恐怖了。估計一個房間至多只有十平方英尺，牆上的一條窄窄的石縫起著窗戶的作用，微弱的光線透過它照射進來，即便是在陽光燦爛的日子，牢房還是十分幽暗。牆壁黑乎乎的，滿是塵土，在泥水匠最後一次觸摸過之後，就再也沒有人來打掃過它。地面是土質的，長時間的使用使得原本平整的地面布滿了坑洞，屋子裡擠著十至十二個犯人，沒有一件家具，由可憐的室友提供的幾捆乾草就是他們睡覺的床。這裡是如此的污穢、擁擠」[40]。

　　在麥氏筆下，中國的監獄可謂是一面折射中國刑法體制的鏡子，照出了中國司法刑法的「野蠻」和「黑暗」，這與明末葡萄牙人伯來拉在其著述中對於其被囚困期間對福建的監獄及地方刑法制度的高度讚揚已不可同日而語，反映了近代來華傳教士對中國監獄和刑罰制度的一種否定與批判的語調。

　　傳教士對存在於福建地方社會的私刑也有所認識。四美遊歷廈門期間，曾見一個乞丐經過一家糖果店，偷了一塊點心，被店主發現後動用私刑，將小偷痛打一頓後才放走。他認為「這種私刑體制在中國司空見慣，因為訴諸正常法律費用昂貴，而且還得賄賂法官」[41]，這一細緻的觀察深刻道出了晚清福建地方司法審判的腐敗潛流，以至於對付日常犯罪，人們往往採用私刑而放棄正常的司法審判程序。對此，麥嘉湖也有親身體會，他在廈期間曾目睹人們對一位在作案時當場被抓獲的小偷進行私刑的場景，「小偷的手被粗繩子緊緊地反捆在背後，這些繩子都陷進肉中去了，憑藉它們又把他吊在離地面好幾英

40　〔英〕麥嘉湖著，朱濤、倪靜譯：《中國人生活的明與暗》（北京市：中華書局，2006年），頁138-140。

41　《五口通商城市遊記》，頁342。

尺高的樹枝上。當我一看見那個慘兮兮的犯人時，那來自圍觀人群的、曾感染我的笑聲立即從我臉上、從我內心深處消失殆盡，同情心油然而生」[42]。對於這種民間私刑的普遍存在和圍觀者的冷漠，不知麥氏心中會作何感想，不過可以肯定的是，他對私刑的態度是不贊同的。

　　總體來看，近代西方傳教士對福建地方司法審判與刑罰體制的觀察和描述充斥著批判及醜化的筆墨與基調，這與幾個世紀前他們先輩的認識已無法等量齊觀。近代傳教士們在地方上重新審視中國司法與刑罰的時態，西方社會已走在工業文明的輪軌上，他們潛意識裡不可避免地用西方的律法制度來比照中國法律，並在滿懷西方文明優越感的殖民心態下對中國法律作出審判，認為其落後、黑暗和殘酷，由此為他們宣揚基督教文明打基鋪路。

三　官場腐敗與胥吏劣跡

　　晚清時期政府吏治腐敗，面臨極為嚴重的政權危機。封疆大吏庸碌無為，腐敗受賄，下級官員更是挖空心思，想辦法討好上屬，整個官場沆瀣一氣，到處充滿了潛流暗礁，這一點在福建表現尤甚。道光年間，曾於福建從政為官的地方要員張集馨，在其日記中揭露了福建官場的黑暗一面。他說：閩浙總督慶端「係公子出身，不肯究心公事，惟幕友之言是聽。」「與司道幕友宴會，太欠檢點，……較力唱曲，俗語村言，無所不說，不學無術，殊不自重」。鴉片戰爭期間任閩浙總督的顏伯燾在戰後被革職回廣東原籍，途經漳州，隨帶物品之多，排場之大，駭人聽聞。張集馨時任福建汀漳龍道，親見其扛夫搬運箱籠什物過境，每日多至六、七百名，一連十天才過完：「隨帥（指顏伯燾）差役、抬夫（轎夫）、家屬輿馬僕從幾三千名，分住考

---

42 《中國人生活的明與暗》，頁152。

院及各歇店安頓，酒席上下共用四百餘桌」，一住五天，「實用去一萬餘金」等。正是這些見聞，使其發出了「吏治之壞，至閩極矣」[43]的感歎。一八五三年左右爆發的閩南小刀會農民起義，即打出了推翻腐敗之官府的大旗，其告示云「清朝至今二百餘年，貪官污吏，殘害民生，是真氣運將絕之候」、「父老苦清苛法久矣。貪官污吏，政皆流為虎之苛，竭髓膗脂，民盡歎夫鼠之碩，以致山崩海溢，年凶歲饑……」[44]等等，藉此可見當時政治黑暗的局面。同樣地，這一歷史境況，也見諸於來華西方傳教士的記述中。

中國的這個地區（即指福建省）有一種盛行的風俗：新官上任時，與其官府有關的職員及下屬官員都要向他送禮。根據送禮官員所任職部門的不同利潤，這些禮物的價值也各不相同。每個部門的送禮數量都是既定的。除非他們在新官員到來時送上禮物，並表示這只是代表滿意與尊敬之情的一點心意，實際上是為了討好對方以謀取好感；不然的話，日後辦事情就沒那麼順利：上級常會找荏，讓他們返工等等。因此，新官員一上任，有關官員就立即按照傳統送上禮物以作賄賂，希望能得到他的善待。

每個地區、轄區或省域的所有頭銜低於新來官員、並受其領導的官員都得為他準備一份禮物。知縣與知府從所有下屬官員那裡收受禮物；布政使從管轄權限之下、向他匯報工作的官員那裡收受禮物；總督從所管轄的兩省主要官員那裡收受禮物。傳統風俗對這些以特定方式歡迎新來高級官員、來自不同官員的禮物的價值做出明確規定，並與下屬官員們的官銜及其任職部

43　〔清〕張集馨：《道咸宦海見聞錄》（北京市：中華書局，1981年），頁276。

44　洪卜仁主編：《閩南小刀會起義史料選編》（廈門市：鷺江出版社，1993年），頁15-17。

門的油水有關。那些沒有按照傳統送上禮物表示尊敬的官員的名字肯定會被記下，並承擔由於違背風俗以及對上級不重視、懷有惡意的行為所造成的一切後果。由下屬個人送給高官銜、高職位上級的某些禮物的價值高達幾百美元，特別是那些想獲得對方寵愛或打算通過對方的權力升官的官員。因此，總督或巡撫一到新的地方上任，在還沒執行任何公務之前，通常先收到數額巨大的金錢，這些禮物或賄賂來自在全省不同地區任職的大量下屬官員。此類現象十分普遍。頭銜較低的官員從下屬官員那裡收受數額較少、但相對仍然非常可觀的金錢[45]。

官府衙門的胥吏劣跡是值得我們關注的官場問題之一。這些人以官府為生存場所，成為地方吏治敗壞的一大罪魁禍首，這與官員對其之依賴無不關係。晚清福建地方胥吏問題也頗為突出，正如咸豐年間任閩浙總督的王懿德所奏：「吏胥一出，比戶騷擾，此又利未見而害先行者也」[46]；清代泉州舉人吳增在其《泉俗激刺篇》也專門記及「衙蠹」（胥吏）詩謠：「官為欺，民為誤，衙中著名惡胥吏，銅臭熏心變為蠹。謂汝蠹無角，勢能速我獄；謂汝蠹無牙，力能破我家。齧人骨髓吸人血，貪囊漲大欲破裂，無厭猶如古饕餮。豈知頭上有青天，蠹賊終歸化為煙」[47]。對此，我們也可以從盧公明之書著中略窺一斑：「新上任的官員在很大程度上必須依靠與其衙門有關的下屬官員，雖然他身邊常有大量的親戚與心腹隨時提供幫助，但還是頗受那些與政府機構有關的官員的支配或影響。新來官員一般對當地的風俗及方言一無所知，他有時會發現好幾十名屬於衙門的人員都是陌生的

---

45 Justus Doolittle, *Social Life of the Chinese*, Vol. I, pp.321-322.

46 《(民國)福建通志》，〈通紀〉卷十七。

47 〔清〕吳增：《泉俗激刺篇》，載泉州市民政局、泉州市編纂委員會編《泉州舊風俗資料匯編》，1985年，頁104。

面孔，當他們用本地話相互交談時，他一個字也聽不懂。新來官員在很大程度上受這些與衙門有關的下屬官員的支配或影響」；而這些胥吏往往仗著官府這張保護傘，做出一些無恥的勾當，「行政長官的下屬經常參於那些對無辜當事人不公平的勾當，於是會出現這種情況：仇敵或惡棍趁夜間將死人屍體秘密地放在某人的房屋附近（如家門前或店門前）來陷害他，或進行敲詐勒索。比如，把街上發現的乞丐屍體放置在有錢人家的住處。第二天早上，惡棍就前來誣衊該富人在與他的兄弟或表兄弟或其他親戚吵架之後將對方殺死，並威脅說要訴諸法律。那人故意裝出一副對在街上發現親人的屍體感到十分震驚的樣子。如果他真正只想勒索錢財，最終就會同意私了此事……。要是富人認為自己沒有犯下謀殺罪行，並知道事情的真相，就會拒絕以給錢的方式封住對方的口。這時，惡棍就會糾集一些某官員的下屬們前來支援，並私下承諾與他們共同分享戰利品。於是他們來到富人的家裡或店裡大肆滋擾，表現出一副是大人派他們來調查此案詳情的樣子。這時，富人也許會意識到如果對方真正起訴的話，他要付出數量相當的開支，同時也明白了一點：盡快私了此事要比等待更多殘忍貪婪者或對他不利的虛假控告的到來更省錢省力，於是，他決定同意對方所提出的條件，或主動提出對方能夠接受的條件，這樣，事情總算得以了結。還有一大群邪惡用心的人經常參與此類事件，老百姓對他們既畏又怕。這類人極其膽大、殘暴，並與官府最低層的走卒來往密切」[48]。這些現象，不能不令人感到憤然。

四　教育與科舉考試制度

清代教育制度承襲明朝，「是繼承前代最為完全的一個朝代」[49]。

---

48 Justus Doolittle, *Social Life of the Chinese*, Vol. I, pp.305-322.
49 劉海峰、莊明水：《福建教育史》（福州市：福建教育出版社，1996年），頁171。

在政府的重視和推廣下，明代以來形成的府、州、縣學校一體化系統
格局逐漸得到完善，地方教育得到長足發展，科舉考試步入成熟和完
善的時期。福建作為傳統的教育強省，教育水平在有清一代亦是位列
於全國前茅。這種人文景觀，更是引起了傳教士群體的高度重視。他
們對福建地方教育體制、學校的類型與數量、學堂的授課場景和科舉
考試制度及相關細節等，都作了具體的考察和介紹[50]。

　　筆者透過閱覽大量傳教士所著西文文獻發現，傳教士最集中關注
的是廣泛存在於閩省各地的書院學堂與科舉考試的細節。對於學堂書
院在福建各地的存布及社會人群上學的情況，傳教士的關切比較全

圖十三　　私塾或學堂授課場景

圖片來源：E. J. Dukes, *Everyday Life in China, or Scenes along River and Road in Fuh-Kien.*
陸一約曾對閩南地區的私塾進行過詳細考察，該圖即反映了陸一約筆下私塾學堂
老師授課與學生上課時的情景。

---

50 詳參吳巍巍：〈西方傳教士對晚清福建教育與考試的關注及認識〉，《教育與考試》
　　2008年第2期。

面。例如，在廈門從事傳教工作達四十年之久的麥嘉湖曾對廣布於福建地方的學堂學校的印象深刻：「學校屋舍覆蓋於整個大帝國中，在所有的鄉鎮、城市和所有大的村莊都有著，為了使本地小孩能接受教育，人們甚至建立公共學校〔筆者注：應指府州縣的儒學、鄉村社學與書院等體系〕」[51]；盧公明也言道：「在中國（福州地區），小學數不勝數。學校是由附近一帶的人們資助的，他們想讓自己的孩子去念書。學校沒有校舍，學生一般都是在私人所屬閒置的大廳或房間裡，或者是在鄉村廟宇的某個地方上課。村稅和政府沒有給予這些學校任何支援。家長必須支付小孩的學費給老師。此外，還有一些私人或家庭學校，學生不多，且多是由富貴家庭中精心挑選出來的。在這個城市沒有免費學校，學生沒有支付學費就不能進入學校」[52]，等等。

不僅如此，他們還對福建地方學校教育制度中存在的缺陷與弊病關注有加。傳教士們注意到，還有許多人群尤其是底層邊緣階級與女性缺乏受教育權，沒有上學的經歷。如陸一約通過在福建地區實地考察曾言：「中國有一半人口為女性，在整個南方地區沒有一所女子學校，……大量的男性階層群體從未上過學校，例如大部分的漁民、船戶（蜑民）、農業勞動者、做粗活的工匠、轎夫、挑夫、伐木工以及乞丐（這一群體有數百萬），這些人至少構成男性總人口的一半，無論老少」，他認為，「該省只有百分之一到百分之二的人群有足夠的知識能夠閱讀」[53]；盧公明也說道：「家長幾乎不會送女兒去學校或是讓她們在家中念書。教育被視為與她們身份地位不相符」[54]。應該說傳教士們所觀察到的現象是真實存在的，當中反映了中國學校教育制度對於女

---

51 John Macgowan, *Sidelights on Chinese Life*, London: Kegan Paul, Trench, Trbner, 1907, p.250.

52 Justus Doolittle, *Social Life of the Chinese*, Vol. I, pp.376-377.

53 Edwin Joshua Dukes, *Everyday Life in China or Scenes along River and Road in Fuh-Kien*, pp.195-199.

54 Justus Doolittle, *Social Life of the Chinese*, Vol. I, p.377.

性階級和社會底層邊緣人群的忽視和拒斥，這在有著西方思維的傳教士眼中是有違教育公平原則的。正是基於這一社會現實，入閩傳教士在宣教工作中將創辦教會學校、為那些無法獲得教育權利和無力上學的人群免費提供教育機會作為一項重要工作內容，以獲求社會認同和推銷基督教義，由此肇開近代福建教會學校興起與發展這一歷史景觀。

　　對於科舉考試制度在福建的運作情況的介紹，盧公明的記述是其中的典型代表。他對晚清科舉考試制度記述相當細緻，在其筆下，科舉考試主要呈現著三個方面特徵：層級上遞進、程序的複雜以及規則的繁多。由於盧公明所介紹的基本上是發生在福州的情況，因此他所論述的主要是關於童試和鄉試的整個過程和具體內容，而對於會試則未作詳細的介紹。另外，傳教士們還認識到科舉考試過程中存在的諸多弊端，及至揭露科舉考試制度中的一些不正常因素，為我們掀開了清末福建科舉之不良風氣的面紗。例如科舉考場中各種防止作弊的方法寓以反襯作弊惡行、考生賄賂主考官與考官受賄現象、嚴重的還有請「槍手」替考的行為、考試前請人寫文章以求答案等[55]。借助他們的記述可以知道：在晚清科場中，考生們採用的各種「非法」手段可謂五花八門、千奇百怪，令人瞠目結舌。另外，傳教士還對科舉考試體制只重視文學（也即儒家經典著作）而忽略更為實用的數學、科技等其他學科表示不認同，「這兒最重要的是學習的動機——所有能夠達到考試規定成績標準的人都可以獲得榮譽和報酬。可惜這個標準是有缺陷的，因為它只涉及文學，而把科學排斥在外，而且文學也只是指中國文學，任何外國文學都不包括在內。更有甚者，他引導學生完全模仿古代的範本，從而為進步設置了障礙。這個教育體系是在幾千年的時間裡緩慢發展起來的」[56]。不難看出，傳教士已經注意到晚清

---

55 有關盧公明對清末科舉考試之記述和介紹的詳細內容與特點，可參見林立強：《美國傳教士盧公明與晚清福州社會》一書中頁118-128的論述，此不贅言。

56 〔美〕丁韙良著，沈弘等譯：《花甲記憶——一位美國傳教士眼中的晚清帝國》，頁20。

福建科舉考試作弊現象嚴重和枯燥的「八股」內容之缺失，這是他們後來引入西式教育內容的前提之一。總的來說，他們對晚清福建省的科考制度作了十分真實完備的報告，這為今人瞭解那個時候中國科舉考試的全貌，提供了不可多得的第一手資料。

第三節　田園詩意象：社會經濟與民眾日常生活

　　傳教士們在福建遊歷和工作，尤其是長期生活於福建社會期間，對地方社會的經濟形態與民眾的生產生活等關乎經濟方面的場景給予不少關注。福建作為明清以來在社會經濟發展方面執中國之牛耳的沿海區域，以及近世以來最早開放通商口岸的地區，地方經濟運作及普通民眾經濟生活的最常態化等，都成為傳教士悉心關注的對象。在他們的著述中，福建地方的農業生產、手工製造、茶葉貿易等經濟現象；閩江兩岸穿梭如織的船隻、繁忙的碼頭工人的身影、江上船民捕魚的情景等直觀的映像，無不被納入他們的視野。來華傳教士們用一段段緊散有致的語言碎片，拼就出一幅幅令人遐邇貫思的晚清福建地方社會經濟生活的歷史畫卷，充滿著對東方田園詩般之意境的渲染，頗令人尋味。

一　農業生產概況

　　中國是農業文明發達的古老國家，西方人在關注東方文明的悠長歷史不免對東方的農業生產概況表現出濃郁的興趣，這從東西方開始接觸時期即已萌發。同樣，近代來閩傳教士對福建農業生產的概況也表現出獵奇的趣意，在他們的著述中，對福建地區農業生產情況的記述是一塊十分重要的內容。

圖十四　水牛耕田

圖片來源：J. Macgowan, *Sidelights on Chinese Life.*

水牛耕田是晚清福建鄉間常見的農業耕作景象，這與福建地處丘陵地帶而水田多的地理條件息息相關。

圖十五　鄉間種稻（插秧圖）

圖片來源：Edword Bliss Jr., *Beyond the Stone Arches: An American Missionary Doctor in China, 1892-1932.*

該圖生動地再現了清末閩北鄉村農民在田間插秧勞作的情形。

　　麥利和在閩活動時期，對福建農業生產概況曾有大致的介紹，他說：「在福建省，農民在一年內從同一塊土地種植三批穀物。他們的耕作順序大致如下：約於四月中旬，一批稻米就已播種到田地上。福建農民的耕作方式與美國農民種植甘藍、甜菜等蔬菜的辦法類似。到六月間，第二茬穀物也播種在第一批穀物各排之間。這兩批穀物一道生長直至七月間第一批穀物被收割，之後，第二批穀物迅速生長，直到九月間再收穫。此時，土地被重新耕耘，以備十月初播種冬天的小麥。這季小麥生長到來年的四月初才能收成。然後，田地被用來種植夏季的稻穀」，他還認為，「如今的中國農業生產仍然十分原始，農具也較美國落後。作為一個階層，農民們既不富於資財，更無多少影響力。一般而言，他們愚昧無知，迷信偶像，勤儉節約，順服官長。他們也是我們說遇見的最為誠實的人們」[57]。對於這一狀況，在閩生活長達二十餘年的盧公明也做了細緻的介紹，他在著作中寫道：「福建山谷裡的土壤非常肥沃，很適宜於耕種。中國人把糞便小心地貯藏在城裡或郊區，然後賣給別人運到附近鄉下做肥料使用。在一些低地上，一年可收成兩季水稻和一季小麥；而其他的田地一年只能收成一季水稻和一季小麥。年復一年種植的許多菜園至少可種上六至八季蔬菜。在同樣土地上可耕種兩季的愛爾蘭或其他國家的馬鈴薯，一季在十二月份成熟，另一季則在四月份。水稻、小麥、紅薯是最常見的莊稼。大麥、煙草、豆類植物也大量種植……」[58]。可見，晚清來閩傳教士們對福建農業生產的大致印象是：認為處於傳統而原始的形態，依靠土地的自然生長力和輪耕的形式進行農業的運作。

　　對於福建鄉村農業的生產工具，傳教士也有較為詳細的介紹，盧公明觀察道：

---

57 R.S. Maclay, *Life Among the Chinese*, pp.23-24.

58 Justus Doolittle, *Social Life of the Chinese*, Vol. I, p.43.

田地是用水牛拉著的犁、耙開墾的，還有長柄鋤和輕鶴嘴鋤。鐵鍬和手推車在當時是沒有的。高大或手腳正常的女人與男人一樣耕作。這樣的女人與男人同樣承擔負荷。耕地的時候，只用一頭牲畜，鼻子上繫著一個環圈，環圈上繫著一條線，靠這條線牽引著。普通的犁既簡單又輕便，能犁出一道道窄淺的溝。水稻、小麥等常常是用鐮刀或砍刀收割的。沒有配手器或機器可用來割稻穀，也沒有任何可用來打穀，就像美國和英國那樣。稻穗、麥穗必須從田間的一頭運到另一頭時，不管是什麼目的，都得像運其他的東西一樣，用一根扁擔杆子橫跨在肩上挑著，從來不用貨車或手推車。大米、小麥通常是放在板條框上敲打出來的，有時放在地上用連枷敲打。一個人雙手拿著一小把未打的穀子，使勁地在板條上敲直到穀子被打掉，然後把稻草放一旁，再拿一把，用同樣的方法繼續打穀。穀子被甩起來，在風中揚起，或者用一個靠由軸操作，構造粗糙的揚穀機，除了篩子以外，外形大體上與西方的揚穀機相似。現代美國使用的揚穀機，無疑只是中國揚穀機的改進版。人們用一種由兩部分組成的手工磨去稻殼。上面的那一部分重量不大，由一個人推拉一根柄使它慢慢地繞著下面的石臺轉動。手柄的一頭用一根繩吊著，綁在房間頂上的某處。只要用一種方法推拉這根手柄，上面這一部分就會轉動。未去殼的穀粒放在手工磨能轉動的部位，通過一小孔流到手工磨上下兩部分之間，大米則從一邊流到一籃子裡。通過這道工序仍沒被去掉穀殼的穀子要放在一個大石臼裡舂，這樣就能完全去掉穀殼。碾米的磨都非常粗糙和破舊。有一些用水力轉動，尤其是在山區，因為那裡有很多水流湍急的小溪。在城市和鄉村，通常用一隻蒙上眼睛的水牛推磨。水牛被綁在一根和磨的上部相連的柄上，繞著磨轉圈，使磨的上部轉動。大米要反覆磨幾次，直到磨出來的

麵粉夠細，供烘烤之用。接下來還要手工篩粉，這樣才算完工。但是通常磨出來的麵粉還是很粗糙，歸咎於石磨質量不好或上下兩部分不契合，沒安裝好[59]。

在傳教士眼中，這種依靠人力、簡單鐵製工具、自然力和畜力的勞動方式，十分古樸，充滿原始農業的形態。

二　種植與養殖業

福建是一個種植和養殖業發達的省份，尤其是其依山傍海、內河溪流眾多的自然環境，孕育出福建地方社會依靠山田及江河湖海種植農業經濟作物和養殖禽畜魚蝦等農副業的生產形態。這在閩江流域及福建沿海地區表現甚為明顯。

茶葉是福建的特產之一，福建茶曾遠銷歐美，馳名於世，尤其是武夷茶可謂中國茶葉的總代表。由於英人嗜好紅茶，而武夷山是當時世界紅茶的主要產地，因此，在對外茶葉貿易中，歐洲人「且以武夷茶為中茶之總稱」[60]，稱作 Bohea（武夷的訛音）。現在世界上許多國家茶字的發音，就明顯受到了閩方言 te 的影響。可見，在當時歐洲人眼裡，「福建」可謂是茶葉的代名詞，是他們與中國進行茶葉貿易的最重要區域。傳教士步入福建土地，很自然地對福建茶葉生產狀況表現出濃厚的興趣。

前已述及，西方傳教士最早與殖民者一道，對武夷茶山進行探險，收集這一重要的經濟信息。他們通過多次非法的探查，雖未最終到達武夷山，卻親身接觸到了閩江兩岸茶山茶葉生產的狀況，並留下

---

59 Justus Doolittle, *Social Life of the Chinese*, Vol. I, pp.50-52.
60 劉超然等修：《崇安縣新志》（1942年版），武夷山市市志編纂委員會整理，1996年12月，頁585。

文字記錄。其中對茶山的茶葉種植有如下記載:「我們十分震驚地看到茶樹的形狀各異。一些只比地面高出四十五至五十六公分那麼一截,這種茶樹生長十分茂盛,以至於我們用手都不能撥開枝葉,且樹枝上的葉片很密但很小,大約只有四分之三英寸長。在同一塊地裡我們還看到了有四英尺高的茶樹,這種茶樹樹枝不多,葉子大約有一點五到二英寸長,據說葉子越小產量越高。兩棵樹中心之間距離大約有四點五英尺,樹的直徑一般有二英尺。雖然土地沒有被整成梯田狀,但還是形成了規模相同的一壟壟。這些園子裡的茶樹被照料得很好,每棵樹都用石柵欄圍了起來。雖然沒有遮蓬,但耕種的地方通常都選在山谷中,兩邊都有不少天然的遮蔭處,而且有一點輕微的坡度。我計算了一下,我們參觀最高的茶園大約高出平地七百英尺,但一般的茶園都在三百五十英尺或更低的地方,且長勢甚至更茂盛,可能是土壤稍好,而最好的只是沙子相對少一些」;對於茶葉的採摘和生產製作,傳教士與西方商人們也查探得知:「當茶樹長到第三年就可以摘茶葉了,在這兒一年最多可以摘四次。不需要施肥,不需要沃土,也不需要灌溉。每株茶樹每年大約可生產一兩乾茶葉(約十二分之一磅)。一畝地可以種三、四百株茶樹。耕種和採摘茶葉都是由家庭成員來完成,不需雇請幫手,也就沒有工資可言;但是加工茶葉是一項要求技術的工序,這需要雇請許多人,他們的工資是每擔新鮮茶葉一美元,也就是每擔乾茶五美元。烤爐是臨時搭的,所有的器具和燃料由茶主提供。他們聲明茶葉需被加熱和晃動七八次。新鮮茶葉能產出的乾茶葉是其自身重量的五分之一……」[61]。這是近代傳教士最早對福建茶葉種植、生產與粗加工進行記載。

　　諳熟閩人社會生活的盧公明對福建茶葉生產與製作也充滿興趣,

---

61 G. J. Gordon, "Memorandum of an excursion to the tea hills which produce the description of tea known in commerce under the designation of Ankoy (Nganke) tea", *Chinese Repository,* Vol. IV (1835), pp.78-80.

他於一八六一年五月隨同一位美國朋友來到距福州北部十二至十五英里的北嶺（Peiling）山上的茶園進行參觀，對於茶葉的生產與採摘，他敘述道：

> 茶樹如果只讓長到大約一英尺半的高度時，那麼在某些方面與一種較低級的黑果很相似。有人把茶樹比作無核小葡萄樹，只是無核小葡萄樹長得太高太密了，根據我們的觀察，其實這個比喻是不恰當的。如果條件允許的話，茶樹實際上會長得比我們所見的更高。而把長得較高的葉子摘掉，把長得最高的枝條剔除，茶樹就只能保持較矮的狀態。較高的茶樹經常會受到山間的強風暴的破壞，而且，高的茶樹葉子不如矮茶樹的葉子來得值錢。茶種應在農曆十月份（相應的陽曆十一月份）種植，在接下來的秋季移植。這些樹苗三至五株種在一起，種成排，每叢三至五英尺，就像在美國種的印度玉米一樣。大約需要四年的時間，這些茶苗才可以採摘，才能不受損害。這些樹苗雖

圖十六　茶山和稻田（一）

圖片來源：*The Anti-Cobweb Society, Fukien Arts and Industries.*
該照片是晚清時期福建鄉村茶山與稻田交錯成片的真實寫照。

圖十七　茶山和稻田（二）

圖片來源：Eugene Stock, *The Story of The Fuh- Kien Mission of the Church Missionary Society.*
此圖是反映福建茶山與稻田風光的圖畫。

然不用施肥，但是也不能有雜草叢生。樹苗在十月份開花，花是白的，外表大小極像橘子花；之後就會形成莢，每個莢含有三個種子，大概有小豆那麼大……一株茂盛的茶樹每年會產出三至五盎司的茶葉，靈巧的採摘工一天就能採摘八至十磅的綠葉。採茶的時節是農曆三月份、五月份和八月份。這時所有的茶株每隔十至十五天，根據其自身特點及市場上對乾茶葉的需求，採摘兩三次或更多。如果賣茶葉賺不到錢的話，茶葉就不再摘了。一磅的綠葉只能製成大概三或四盎司的乾茶葉。第一次摘下來的質量最好，且要價也最高[62]。

鴉片是令人切齒痛恨的事物，但吸鴉片卻是普遍流行於近代中國的陋習，福建也不例外。我們今天在譴責鴉片貿易和吸鴉片行為，殊不知近代福建也曾有過鴉片種植，這在傳教士著述中亦有體現。傳教士山雅各曾撰寫〈廈門的罌粟種植〉一文，介紹有關情形：「幾年前，這些地區的罌粟種植還不為人知，現在，無論從哪個方向看，都十分引人注目……一八九六年，由於連續的下雨，罌粟種植減少，總值僅一八二萬美元。但這一地區平地的種植量卻增加了。出產於上述地方的鴉片與孟加拉煙草多少有些相似，但在味道和煙土方面較差，不過，中國人能夠更自由地消費它們因其更便宜的價格。這兒的鴉片由來自印第安的罌粟種子生長。據說一位中國商人與中國官府簽訂合同，中國舢板運進口或經陸運進廈門的每夸脫本地鴉片付給政府十五美分。有人認為，中國鴉片將逐漸使孟加拉煙草在這個港口和鄰近地區的消費量減少，因其每年巨大的產量及其能夠以更便宜的價格獲得」[63]。山雅各所見現象或為廈門本地煙草種植情況，並不一定即指

62　Justus Doolittle, *Social Life of the Chinese*, Vol. I, p.47.

63　J. Sadler, "The Poppy Growth About Amoy", *The China Review*, Vol. 22, No. 5 (1897).

鴉片，卻也說明隨著近代吸食鴉片蔚為成風，煙草種植逐漸躋身於經濟作物生產的行列。

　　漁業是福建傳統的養殖業項目，福建優良的內河水系帶來眾多的河塘養殖的便利。對此，傳教士觀察道：「在福州和閩江之間的大路兩旁有許多人工池塘和水庫，是用來蓄水灌溉和養魚。池塘一般不大，占地不超過兩三畝。魚卵來自位於福建西邊的省份——江西。小魚只以一種單一的植物為食。這種植物長在水面上，夜晚時分能以驚人的速度繁殖。大魚以一種又長又粗的，長在潮濕的地方或池塘邊的水草為食。這種水草大量投入池塘以供魚群自由食用。人們一般每年把池塘的水抽乾一次，用網捕魚。當大部分的魚都撈上來，魚網用不上時，大人、小孩就淌在泥沼裡，把剩下的大魚、小魚都抓起來。經營這些池塘通常可以獲得很高利潤。有些年頭，一年一度的洪水使得池塘的水面漲高，人們不得不用竹條編織的籃子或魚網把池塘圍住，不然魚就跑光了。就算這樣，還是有很多魚在這個時候游走。池底肥沃的淤泥通常被挖出來，施在附近的田地裡當作肥料，當然，這得在水被抽乾後才行。池塘底沒被挖走的泥沼則用於第二年的護水養魚」；禽畜養殖也是福建農副業生產的一塊重要內容，在傳教士看來，福建的環境適合養殖家畜和家禽，「閩江南岸地區，人們在春季利用人工加熱鴨蛋的辦法孵出大量鴨子。於是街上就有人叫賣才幾天大的雛鴨。鄉下人買了很多，帶回去讓小孩放養。在河岸或是橫穿閩江流域的各條水道邊，有船夫慢慢地撐船前行，人們則經常可以看到裝著幾百隻半大的鴨子的船隻。等到餵食的時候，看鴨人用一塊厚木板，一頭橫在岸上，一頭橫在船上，再把鴨子趕出來。這些鴨子被訓練得能聽從看鴨人的號令從木板走上岸或是走回船。河岸和水道邊滿是些無名的小生物，藏身於淤泥中，在淺水處隨處可見，鴨子就是靠這些小生物來繁衍的」[64]；畢腓力在廈門農村也觀察道，「農民們飼養母牛、水

---

64 Justus Doolittle, *Social Life of the Chinese*, Vol. I, p.54.

牛、小型馬、山羊、豬、雞、鴨、鵝、鴿子、貓和狗等各種牲畜」[65]。

傳教士們對福建社會種植業與養殖業內容還有很多，諸如經濟作物、水果、蔬菜種植，沿海貝類養殖等。畢腓力對閩南、閩西地區的一段記載頗具代表性：「漳、泉兩府廣泛種植甘蔗。該地區西部多種植煙葉，尤以汀州府為多。大量的煙葉從陸路運到上海。竹子種植是汀州府的另一項重要產業。還有些土地種著大麥、小麥、地瓜、馬鈴薯、瓜類、洋蔥、大蒜、芹菜、茄子、豆莢、豌豆、捲心菜、萵苣、蘿蔔、芥菜、花生及芋頭。棉花種植在漳州谷地發展很快……該地區果樹繁茂。橘子、香蕉和柚子在成熟的季節產出美味可口的果實。一年四季都出產水果。番石榴、柿子、菠蘿、無花果、芒果、梨子、桃子、石榴、酸橙、荔枝、桑葚、梨子和紅色的楊梅大面積地種植著，產量豐富」[66]。這裡也可透見在傳教士視野下福建農副產品種類之豐富的狀況。總之，傳教士對福建農副產業的介紹多停留於過去觀念的階段，即認為這些種植養殖仍延續傳統的做法，具有很強的粗放型副業的特點。

三　手工業生產

製茶業是福建地區歷史悠久、最具代表性的手工產業之一。宋代閩北建甌龍鳳團茶製作即技冠全國，清末製茶核心工藝焙茶方法已為福建各地製茶手工業者掌握，「武夷焙法，實甲天下……學其焙法，以贗充者，即武夷山下人亦不能辨也」[67]，說明製茶業的興盛發展。如前所述，傳教士對福建茶葉種植與生產表現出濃厚興趣，同樣地，

---

65 P. W. Pitcher, *In and About Amoy*, p.46.

66 P. W. Pitcher, *In and About Amoy*, Shanghai and Foochow: The Methodist Publishing House in China, second edition, 1912, pp.141-142.

67 〔清〕梁章鉅撰：《歸田瑣記》，「品茶條」（北京市：中華書局，1981年），頁145-146。

對於製茶業這一福建傳統的手工業生產，他們也欲究其竟，例如，關於烏龍茶的製作工序，盧公明就詳細記述道：「新鮮的葉子只曬一小會兒，不等到枯萎，但是要等到所有的露水或者水或外部的濕氣都消失為止。把葉子放在鐵器裡，然後放在小火或溫火上烘焙，而不是放在太陽底下曝曬。要不斷地用手攪動茶葉以防止燒焦、變脆。不能完全烘乾而只是半乾。打著赤腳的男人踩著茶葉，把茶葉捲起來，然後在太陽下曬乾或空氣裡風乾。之後經過篩選，在鐵鍋裡加熱，這樣手工製作的烏龍茶的茶葉就算好了」；由於盧公明曾在瓊記洋行工作過，有較多機會瞭解茶葉的加工製作程序，故其介紹較為精確。製茶業的發達表明晚清時期茶葉貿易的興旺，利用閒暇時間參加打工的製茶手工業者也因此能得到一定的經濟收入，「在福州郊區，許多企業在茶季雇佣了大批年輕小伙子、婦女和兒童。他們辛勤地篩選葉子，婦女和兒童每天可賺三至六分，這依他們的技術和知名度而定。他們自己管吃住，而男人們一天能賺五至八分，包括食宿在內」[68]；通過這些敘述，也可從一個側面反映清末福建製茶業的興隆。

　　製糖業是福建傳統的手工業的代表之一，對此，傳教士也觀察甚細。一八四九年一月間麥利和與柯林雇船上溯閩江考察，途徑閩清縣時，他們考察了當地的一家製糖工廠：「我們途徑一大片甘蔗地。在閩清縣下行不久，我們來到一家正在開工的製糖作坊。這座榨糖廠房是簡易的木結構單程建築。屋頂覆蓋茅草。作坊內有一台碾壓甘蔗的磨碾，一個糖漬收集甕缸，一個熬糖用的水壺。他們的磨碾和美國人釀製蘋果酒工藝中榨壓蘋果汁的磨碾很相似。他們用小公牛拉動磨碾，儘管原理和簡單，構造粗糙，這套機器看上去運行有效……我們考察的工廠只生產粗糖；在福建省內尚有不少生產白糖、圓錐形糖塊，冰糖的精細加工廠」[69]。麥氏所察看到的製糖廠採用的是當時中

68　Justus Doolittle, *Social Life of the Chinese*, Vol. I, p.49.

69　R.S. Maclay, *Life Among the Chinese*, pp.183-184.

圖十八　蔗糖磨坊

圖片來源：P. W. Pitcher, *In and About Amoy* (second edition)
用牛車榨糖是晚清時期福建鄉間社會常見的製糖方式，反映了民間生產製造業的原始粗放。

國比較先進的磨蔗煮糖法，對於這一技術，明末宋應星在其《天工開物》曾有詳細說明，晚清時期的福建「當時糖的品種主要有烏糖（亦作青糖、赤糖）、漏斗糖（半白糖）、白糖和冰糖諸種」[70]，麥利和在文中介紹的粗糖實際上就是烏糖。對此，盧公明也印證道：「有一種甘蔗，由於只以插條方式繁殖並可製成質量較差的紅糖（即烏糖），人們大量種植。福州人用的最上等的糖是從本省較南部地區引進的，是用其他種類的甘蔗製成」[71]。不管糖品級如何，傳教士們都注視到福建蔗糖手工業生產的一些細緻的狀況，實為難得。

　　城市手工業匠人是晚清福建社會生活場景之一，傳教士對此有較

70　參見唐文基主編：《福建古代經濟史》（福州市：福建教育出版社，1995年版），頁424。

71　Justus Doolittle, *Social Life of the Chinese*, Vol. I, p.43.

多記錄。四美在遊歷福州時期，記敘了福州城街道上手工業匠人繁忙
工作的景象，「我們繼續向前走，穿過唯一的街道。這條街大體上是
相當典型的中國街道，至多在商店的文明和潔淨程度方面有點差別。
在街上，可以看到當地各行各業的手工業工匠在辛苦繁忙地幹活，並
銷售他們製造的勞動產品。一間房有三種用途，既是工作間，也是倉
庫和櫃檯。在他們窄小的住處充斥著鍛爐和鐵鎚震耳欲聾的聲音，拉
金屬線的，銅匠，做紐扣的和鐵匠等小群體四個人輪流在鐵砧上快速
捶打。這裡還可以看到製作雕像的，製作燈具的，製作櫥櫃的，木
匠，製作箱子的，木材車工，製革工人，鞋匠，裁縫，金匠，銀匠，
傘匠，彈棉花的，百貨商，藥商，玉石切割匠，雕刻印章的和裝裱
匠，各種手工藝為中國人的生活提供了必須品和奢侈品」[72]；陳安理
在泉州傳教期間也目睹泉州城手工業藝人工作場景，如其中對紙錢手

圖十九　木匠工人

圖片來源：Lilias Graham, *The Album of
　　　　　Lilias Graham.*
　　　　　http://digiallibrary.usC.edu/asset
　　　　　server/ controller/ view/IMP-
　　　　　SOA-PCE-03-12-04-72.
該圖反映的是清末泉州木匠工人在製作
建房木料時雙人拉鋸的情景。

圖二十　打鐵匠

圖片來源：Annie N. Duncan, *The City
　　　　　of Spring, or Mission Work in
　　　　　Chinchew.*
該圖描繪的是民間傳統的打鐵匠人的
工作情形。

---

72 George Smith, "Notices of Fuhchau fú", *Chinese Repository*, Vol. XV, (April 1846).

工業的描述「很多人被製紙店所雇用，製作使用於偶像崇拜的紙錢，如薄紙錢，剪成圓形狀仿製得像銅錢一樣，用於祭拜墳墓的靈魂。每年都有許多虔敬的子孫後代前往家墳掃墓，拋撒大量這樣的紙錢。還有用粗糙的黃紙製作的金銀紙錢，用來焚燒給死者享用……」[73]。

晚清福建社會較具代表性的手工業生產遠不止以上所述，傳教士所關注到的還有諸如造紙印刷業、採礦業、產油業及陶瓷業等。不過這些記載卻比較簡略和零星，往往語焉不詳，甚至連福建較盛名的絲織業、木材業、造船業等，更都付之闕如。這不能不說是令人感到遺憾的，說明傳教士的記述也並非那麼到位，難免會因自身觀察的旨趣和角度各異，而有其視野的局限性。

四　商業貿易

福建是一個商業貿易網絡較為發達的省份，沿海對外商貿傳統更是自古以來即馳名於世，省內的府縣之間的貿易網也四通八達，尤其以閩江流域和九龍江流域兩大內河經濟體為依託，形成以福州和廈門為中心基地的山海聯動的商業貿易體系。在傳統的農業生產和手工業發展的刺激下，形成獨具自身特色的貿易往來格局。傳教士入閩伊始，即已注意到福建（尤其是以福州和廈門為代表）的商業貿易箇中狀況，並在他們的著述中多有體現。

前已述及，茶葉生產和製作是福建最具特色的種植和手工業之一。晚清以來隨著中外貿易的廣泛進行，茶市得到很大發展，茶葉貿易成為福建出口貿易的大宗，成為商業市場中一塊重要內容。這一景況，在傳教士的著作中有較詳細的反映，可謂頗具代表性。

眾所周知，英國要求清廷開放福州一個明顯的目的就是要更為便利地從事茶葉貿易，因為西方所飲之茶多為武夷茶。從武夷山到福州

---

73 Annie N. Duncan, *The City of Springs or Mission Work in Chinchew* (泉州), p.30.

比到廣州，運費和轉手費可大大降低，因此英國十分覬覦這個市場，不過福州剛開埠後對外貿易市場幾乎一片沉寂，主要是由於福建主政官員的暗中阻擾，福州民眾未敢與「夷人」貿易[74]。直到一八五三年情況才發生轉折，該年，太平天國運動和上海小刀會起義切斷了武夷山運往廣州的舊茶路及運往上海的新茶路，福州成為武夷茶區唯一能保持出口路線暢通的口岸。這樣，中外商人只得在福州一口從事茶葉貿易，從而使福州一躍成為國際茶葉貿易的中心之一[75]。

　　盧公明一八五〇年抵榕至一八七三年返美期間，正處於福州茶葉貿易迅速發展的階段，由於他常深入民間社會調查，後來又擔任瓊記洋行的翻譯，直接參加了茶葉貿易的全過程，因此對福州茶葉貿易盛況有直觀的認識和深刻體會，並在其巨著《英華萃林韻府》中留下了有關此方面的豐富記錄。書中記載：由於福州成為福州茶葉對外貿易的重要港口和茶葉的重要產地，在福州從事茶葉貿易的人逐漸多了起來，當時茶行裡的分工已經非常細緻，計有「看更，理茶工人，打藤人，裱箱人，買辦，幫買辦，管帳先生，報稅人，茶樓人等，秤手，裝茶人，篩茶人，焙茶人，鏟茶箱人，打鉛箱人，做茶箱人……」等林林總總達五十、六十種之多，可見茶市的繁榮景象；此外，在福州銷售的紅茶中，「最上等的品種如工夫和小種，主要來自下列地區：它們大都位於福建武夷山，如星村，赤石街，侶口，邵武……；福州的青茶，如烏龍和寶春，大部分來自下列地區，如沙縣、高橋、高沙、洋溪、尤溪、永安、福安、寧洋；最好的白毫則大部分來自邵武、梨源、將口、小湖、麻沙、仁壽、屏南、坦陽、白琳」；《英華萃林韻府》中還列舉了一八六九年至一八七〇年茶季期間在福州銷售的

---

74 詳情可參見中國第一歷史檔案館（鄺永慶編選）：〈第一次鴉片戰爭之後福州問題史料〉，《歷史檔案》，1990年第2期。

75 參見〔美〕馬士著、張匯文等譯：《中華帝國對外關係史》第一卷（上海市：上海書店出版社，2000年），頁406；程鎮芳：〈五口通商前後福建茶葉貿易商路論略〉，《福建師範大學學報》（哲社版），1991年第2期。

茶葉名稱，其中以吉慶祥瑞語詞命名的居多，也有依其色香味、形狀、採制時期不同等命名的，共有如「芝蘭、芝蕊、紫纓、紫芝、紫桂、紫蓮、長春、長生、貞利、真味、真妙、秋香……」[76]等三百種之多，令人眼花繚亂。書中還詳細輯錄了「買賣茶問答」條目，從中可窺見當時茶葉貿易工作的大略情形。

更為直接的是，盧氏還詳細記錄福州茶葉貿易的數據統計情況，他說：

> 有數據表明，福州的茶葉貿易是快速發展的，「1856-1857年間，從4月30日算起，廣州出口茶葉21,359,865磅，上海是36,919,064磅，福州34,019,000磅。此間上海的茶葉貿易才開始其第三個年頭。1859年7月起，廣州向美國出口了3,558,424磅的茶葉，廈門是5,265,100磅，上海是6,893,900磅，福州則達11,293,600磅。福州出口的茶葉總數比廣州和上海的總和還要多一百萬磅。同期，運往英國的茶葉，廣州是41,586,000，上海12,331,000磅，福州達到36,085,000磅，相當於上海和廣州總和的三分之二。1863-1864年間的茶葉旺季,截止到5月31日，福州運往英國的茶葉額達43,500,000磅，到澳大利亞的是8,300,000，美國7,000,000磅，總計超過5800萬磅。從這些數據中，我們不難看出福州在商業上的重要地位。由於紅茶貿易的緣故，福州已經大踏步地成為中國最重要的領事港之一。目前有報導說，1850-1851年間英國政府考慮到福州微不足道的商業地位，曾打算放棄福州或考慮起用其他的港口。茶葉是福州的主要輸出品，作為交換，它進口了鴉片，棉花，木製品，白銀和一些其他小物品。截止到1863年12月31日，福州進口貨物

---

76 Justus Doolittle, *Vocabulary and Hand-Book of the Chinese Language*, Vol. 2, pp.559-562.

總值超過1050萬美元，其中500多萬元是用於購買鴉片的。與
廣州上海不同的是，福州無絲綢可出口」[77]。

上述這些輯錄和記載，真實地為我們再現了十九世紀中葉福州茶
市的繁忙景象和茶葉貿易的興盛狀況。

相比之下，晚清時期廈門的茶葉貿易在傳教士著作中卻是另一番
景象。畢腓力在其書中有記：「廈門的茶葉貿易並沒有大幅度地增
長，最主要是因為受臺灣製造的影響。從廈門港的船舶運輸逐漸縮
水，自從臺灣被日本占領後幾乎就直接從臺灣船運至日本。廈門茶葉
貿易過去是重要項目。但這一產業因為過高的稅收受到嚴重損害，工
人們必須尋找其他工作來保證生活，成千的移民每年都背井離鄉到外
地謀生」[78]；當時的著名英國刊物《中國評論》亦有云：「廈門是最早
的茶葉貿易的中心，這一貿易在過去幾年十分廣泛和有利可圖，但現
在其前景十分令人沮喪。由於受到來自國外市場印度茶和錫蘭茶葉的
排逐，廈門茶葉現在僅出口到美國，還得與日本和臺灣茶葉競爭。臺
灣現在日本統治下，受到日本商業公司強勢聯合和現代化影響，在不
久將來無疑會使廈門茶葉受到毀滅性打擊。因為茶市的萎縮和貨幣市
場併發的通貨緊縮，中國移民前往臺灣、爪哇、蘇門答臘島和英屬海
峽殖民地人數大增」[79]。可見，廈門茶葉貿易曾經是較為繁榮的，降
至十九世紀九十年代由於受政治形勢和國際茶葉市場競爭的影響，茶
葉貿易逐漸衰落，由此帶來了苦力貿易的興起，導致廈門移民南洋和
海外的人數增加。美國著名學者馬士對此亦有述論：「貿易在一種健
全的基礎上發展，但是並沒有得到茶的助力，出口貨主要是糖；但是
進口貨始終是超過出口貨的……為補償這種貿易的不平衡，從廈門主

---

[77] Justus Doolittle, *Social Life of the Chinese*. Vol. 1, "Introduction", p.20.

[78] P. W. Pitcher, *In and About Amoy*, p.47.

[79] T. A. W. S., "The Trade of Amoy", *The China Review*, Vol. 22, No. 6 (1897).

要的出口經常是勞工」[80]。這些論述，對於今日福建經濟貿易史和移民史研究，具有重要的參考價值。

　　在福建各城市城區，商業貿易的興盛還表現在街道商店和做生意人群熱鬧嘈雜的場面，傳教士在閩期間就頻頻目睹這樣的景象，如福州城「有許多肉店、魚攤，用船從山東地區運來的風乾的羊腿，還有奢侈品，像蔞葉堅果、海蚝蝓，這些都是給海外移民的美味。很快，我們再一次經過通常比較擁擠的中國店鋪，製作煙斗的，茶葉商，米店裡各種商品上都貼有明顯的價格。還有紙張和錫箔製造商，織布機，一些珍品店，絲綢商人，製作小裝飾品的，人造裝飾花，最後是一些書店，表明在那些滿足物質世界人們根本需要的行為中，知識也有很多支持者，精神可以在這兒得到恰當而理智的食糧」，就連萬壽橋（解放大橋前身）兩邊也擺賣了攤販，做著生意，「橋上被商販占據，有點像舊時代的倫敦橋，窄窄的通道通常擠滿各種各樣忙著趕路的人。」[81]「我們站在（萬壽）橋上並穿過這種方式的中國街道，放眼望去視野開闊，各種各樣景象盡收眼底。一派多麼繁忙和混雜的景象！熙熙攘攘的人流快速湧動，很少衝突，也少有爭吵，……在這我們發現顯而易見的混亂無序卻尚未有騷亂——一群擁擁嚷嚷的貪婪的商人們使出渾身解數向那些圍繞在他們周圍的人們推廣他們的生意。」[82]又如在廈門，「許多中國街道坐落著僅提供某種產品的商店。相比像廈門，這種情況在大的市鎮更常見。在廈門，也有製靴街、籃子街以及被賣米店占據的街道等。商店通常處於混亂無序狀態，如同建造一般……商店製造各種級別的展示品，也混合著平常的工藝和程

80　〔美〕馬士著、張匯文等譯：《中華帝國對外關係史》（第一卷）（上海市：上海書店出版社，2000年），頁409。

81　George Smith, "Notices of Fuhchau fú", *Chinese Repository*, Vol. XV (April 1846).

82　Eugene Stock, *The Story of the Fuh-Kien Mission of the Church Missionary Society*, London: Seeley, Jackson, & Halliday.1882, 2nd edition. p.5.

序。這裡有一種五金商店，櫃檯挨著路面，懸掛著各式各樣混在一起的生銹的鑰匙、鎖、銅線、螺釘、鐵錘及其他各種工具……」[83]；再如在泉州，「兩邊的商店十分有意思，可能在很多情況下應稱之為貨攤，而不是商店。店鋪活動門板在早晨即卸下，店主擺放好各種腳手架和平板，在面上堆滿和展示他們的器皿。店主還必須讓木製招牌掛得顯眼，讓大家都可看見。這種超出通常界限的做法使得街道空間受到嚴重限制……但在靠著點心店旁邊的煎鍋在街道上油炸著食物，看起來嚴重地髒亂，發出嘈雜的炸得吱吱響的聲音並散發著味道，香氣從沸騰的大油鍋中傳來，在熱天傳至經過的路人鼻中，十分令人難忘……」[84]。

　　傳教士還關注到福建對外貿易輻射的情況。作為閩江商業交通樞紐和閩江流域下游通商貿易中心基地的福州，其貿易輻射網不僅上連閩北上三府，還經由海路擴散至北方和閩南、臺灣及鄰近國家和地區，這在傳教士著述中也能窺見零星片語，如四美在著作中云：「福州的貿易繁榮，儘管面臨著這些束縛，在各種生活必須品方面與其他地方仍有大量的貿易往來。福州人從相鄰的江西省進口瓷器，也從遙遠的陝西省進口皮毛。帆船從山東、天津及其他沿海地方運來蔬菜和藥品。從寧波進口棉布，琉球群島來的進貢船隻也運來魚乾、燕窩、酒、海參，以及日本鑄造的金錠，年價值在一萬大洋左右。本省西北部鄉村提供日常家用物品，如茶葉、茶油、大米、竹筍、香木和牛皮。本省南部各地，尤其是廈門和泉州附近，從陸路運來藤條、辣椒、布匹、毛料、海參、燕窩、檀香以及其他香木、食糖和水銀。水銀等是南部富有冒險精神的人從其他國家進口到南部港口，然後從陸路運到省城，牟取暴利。作為交換，福州出口毛竹、茶葉、原木材、

---

83 Edwin Joshua Dukes, *Everyday Life in China or Scenes along River and Road in Fuh-Kien*, p.25.

84 Annie N. Duncan, *The City of Springs or Mission Work in Chinchew* (泉州), pp.27-29.

圖二一　南台島與外國人在福州
　　　的僑居地

圖片來源：John Macgowan, *Picture of Southern China.*

該圖展現的是晚清時期位於福州南臺兩岸商業貿易活躍與外國人安居於此的景象。

圖二二　萬壽橋上的攤販

圖片來源：R. M. Gwynn, *"T. C.D." in China, A History of the Dublin University Fukien Mission.*

該圖為我們展示了晚清時期萬壽橋上布滿攤販和人來人往的熱鬧場景。

柑橘以及燒香拜佛用的錫箔紙」[85]。從四美的這段精闢敘述，不難看出傳教士對當時福州處於福建經濟貿易網絡體系的中軸核心地位，有著深刻的認識。

　　作為最早一批開放的通商口岸城市廈門，傳教士也注意到其在對外貿易方面的地位。第一個到廈門探險的郭士立就記道：「我們途經福建的主要商貿中心廈門。這裡居住著為數眾多的商人，他們擁有超過三百艘的大船，並與中國的各個港口甚至遠至印度群島地區的港口都有大量的商貿往來。儘管進出口商品都須徵收高額的關稅，當地的商人還是設法繞開了滿清官員們所設置的重重阻礙，維持著他們的貿易活動。但凡探尋到有任何商機同歐洲人做生意，他們都會歡呼雀

85　《五口通商城市遊記》，頁289。此處譯者將琉球（Loo-choo Islands）譯為瀘州，將泉州（Chinchew）譯為晉州，皆為誤譯。參見原文George Smith, *A Narrative of An Exploratory Visit to Each of the Consular Cities of China*, in the years 1844, 1845, 1846, p.319.

躍。正因為如此，這裡的商貿活動毫無疑問要比廣東更加繁榮……廈門是一個自然條件十分優越的海港，因此自古以來，這座城市已經是中國最重要的商貿中心之一，同時它亦是亞洲的一個重要市場。在廈門的港口，船隻可以直接駛近房子，裝卸各種貨物設備。正因港灣深入陸地，這裡的避風條件甚好，來往進出的船隻都無須擔心擱淺。毗鄰的鄉村土地貧瘠，迫使當地的居民不得不另謀生計」；他還關注到廈門與臺灣之間貿易關係，「臺灣島有一些寬闊的深水良港，但是所有的港口入口都很淺，因此商貿活動多在來自於廈門的小船上進行。這些小船穿梭於廈門與臺灣島西部的各個港口，要麼從大陸滿載大米而歸，要麼將本地出產的蔗糖運往中國北方地區」[86]。

　　晚清福州城市商業的繁榮還體現在城市錢莊票號與貨幣體系制度的發展。盧公明在《中國人社會生活》中專門論述福州銀行（錢莊）業務、票據現金及借貸、商會組織等現象，為人們展示了一幅生動鮮活的晚清福州金融商業發展概況，例如述及銀行票據業務的情況，他記道：「在一八五〇年，這裡的銀票或現金的一元相當於一千四百個銅錢，在一八五四年相當於一七五〇個銅錢，現在（1863年8月）則相當於一〇五〇個銅錢……幾年前，因普通銅幣的極度缺乏，福州的滿清官員本著清政府的利益發行了紙幣。政府也發行了鐵幣。鐵幣最初與銅幣是等值的。但很快出現了很多偽造的鐵幣，而且生起了鏽。而政府紙幣，本來可以用鐵幣支付並與銅幣等值，變得不受歡迎並大幅貶值。在一八五八年一元曾相當於一萬八千或二萬個政府紙幣或鐵幣。政府最後從流通領域收回鐵幣並撤回紙幣，讓私人銀行像從前一樣提供銀票」；福州擁有一些歷史悠久的地方銀行（錢莊），其所有者以非常富有和誠實而聞名，它們的銀票通常用在商業交易中，「這些銀票採用不同的單位，代表銅錢、元或白銀。其面值不同，從四百個

86　Charles Gutzlaff, *Journals of Three Voyages along the Coast of China in 1831, 1832 & 1833*, Second Edition, London: Frederick Westley and A. H. Davis, 1834, p.92.

銅錢、五百個銅錢、六百個銅錢、一千個銅錢不等，到高達幾十萬個
銅錢；從一元到幾百或上千元；從一兩到幾百或幾千兩銀子。經驗證
明來自偽造者的風險較小。人們更喜歡用銀票代替現金，除非賣主想
將錢用來購買小物件，或付給不同的人。真正的風險來自於銀行突然
倒閉的可能性」[87]。

　　銀票業務是晚清福州商業活動最為顯著的一項特點，一八四〇年
以前，當鋪、錢莊、票號等舊式金融機構在福州即已存在並十分發
達，它們「大部分擁有較大的資本，這些錢莊都收受存款，簽發票
據……由於錢莊信用卓著，中外商人對錢莊簽發的票據視與現錢無
異」[88]。英國領事巴夏禮曾對一八五〇年左右的福州紙幣和錢莊業務
有過專門研究，他發現：「在福州，紙幣被廣泛應用於流通領域，很
受人們關注；銀行（錢莊）系統從事有關的業務，這是該地區商業貿
易最為顯著的特徵之一」[89]；衛三畏對福州票據業也有一定描述：「福
州發行的票據甚至比英國銀行發行的紙幣板式更大，把邊緣部分包括
進去，約長十英寸、寬四英寸，但票據四周邊沿部分相較紙幣更短而
窄。票據右邊部分戳蓋著各式各樣的印花、圖章和刻寫的標誌，所有
的票據都一分為二，另外一半由錢莊留存，作為票據於某時已支付的
憑證；從這裡我們可推斷紙幣可能產生於銀行（錢莊）在印刷書籍
時，填之以票據內容以應人們所需」[90]。傳教士的記述不僅真實再現
了舊式商業和金融業的運作和慣例，也反映西式商業對傳統的滲透和
衝擊所帶來的影響。

---

87 Justus Doolittle, *Social Life of the Chinese*, Vol. II, pp.139-140.

88 George Smith, "Notices of Fuhchau fú", *Chinese Repository*, Vol. XV (April 1846).

89 H. S. Parkes, "Account of the Paper Currency and Banking System of Fuchowfoo", *Journal of the Royal Asiatic Society of Great Britain and Ireland*, Vol. 13 1852. p.180.

90 Samuel W. Williams, "Paper money among the Chinese, and description of a bill from Fuhchau", *Chinese Repository*, Vol. 20 (June 1851).

五　百姓日常生活場景

　　農工商固然是傳教士悉心關注的考察對象，大量更為細微的普通民眾的日常經濟生活場景和城鄉街角的文化圖像也被他們記錄在筆下，為今人審視晚清福建老百姓日常生活的狀況提供了不少細節描寫與真實的面向。

　　地處閩江最下游的福州南臺兩岸地區是福建經濟貿易的樞紐，無論是閩省內地與沿海地區的山海貿易還是晚清開埠後的中外通商貿易，都在這裡交集匯聚，造就了閩江最下游地段船舶輻輳聚集、江上碼頭工人辛勤勞碌、兩岸商行店鋪林立，商業貿易一派繁忙興盛的景象。正如時人所言：「南臺距省十五里，華夷雜杳，商賈輻輳，最為閩省繁富之地」[91]。這些業已逝去的昔日生活場景，卻能在傳教士著述中找到一段又一段的文字描述。例如四美在福州逗留期間對閩江兩岸尤其是船上居民經濟生活的細緻觀察：

> 天不亮就被吵醒，新鄰居都是船民，喧喧嚷嚷地在水上忙碌著。我走到陽臺上，靜靜地觀看下面混雜的人群。許許多多的船被貧窮的船主當作居家，一條一條沿著江岸兩邊排列了三里路長，最主要的聚集點就是小島（中洲島）四周……我在福州逗留的後半期，一般都住在南臺郊區兩橋之間的小（中洲）島上。這個郊區的主要部分在閩江兩岸，有二十萬居民。大多數人都是船民、水手、寧波籍及其他地方坐商船來的人。這個地方盛產魚、水果、蔬菜，到處擺著出售。水果和蔬菜是體格健壯的鄉下女人送到這裡來的。她們身板結實，步履矯健……[92]。

91　〔清〕張集馨：《道咸宦海見聞錄》，北京市：中華書局，1981年版，頁298。
92　《五口通商城市遊記》，頁262、283。

圖二三　萬壽橋近觀

圖片來源：《晚清碎影──約翰・湯姆遜眼中的中國（1868-1872）》，北京市：中
　　　　國攝影出版社，2009年。
該圖為今人展示了晚清時期萬壽橋及周圍建築的真實場景。

圖二四　修補器具

圖片來源：《晚清碎影──約翰・湯姆遜眼中的中國（1868-1872）》，北京市：中
　　　　國攝影出版社，2009年。
該圖為今人展示了晚清時期福州民間修補日常生活用具的真實場景。

　　這些記載雖樸實平淡，卻真實反映當時人們日常經濟生活的狀態。當中，對閩江江面船舶擁雜繁多的記述、閩江兩岸碼頭工人忙碌的身影、鄉下菜農婦女挑運貨物進城販賣等情景，都可謂是清末福州闢為通商口岸後百姓日常生活的圖照與縮影，讓人深刻感受閩江船民和底層苦力及各行業勞動者等工作生活狀態的艱辛。

　　由於水路交通的緣故，閩江疍民（船戶）的水上生活是傳教士來閩後常見的景觀之一。美以美會的懷禮有記：「在接近福州的航途中，江的兩岸都排滿了船——數以百計的小舢板船，還有些更大隻的船舶則永久地停泊著，它們是船隻主人的住所。水上住所是中國人生活中最顯著的特色之一，在這個帝國各地皆可見此習俗。福州水上居民的人口有數千人之多，他們生於斯，長於斯，終其一生都在這些小船上度過。河道上也擠滿了樣式各異、大小不同的平底帆船，從龐大笨重的山東船到優雅輕巧的黑漆寧波船，無所不有」[93]。麥利和也注意到：「福州船民構成了一支龐大而有趣的社會階層。閩江兩岸的淺灘，還有橋面與橋墩，都是極佳的停靠碼頭，停滿了各式各樣無以計數的船隻。較大的船用於運輸商品，往返於城內外，或是用於裝載從駛入福州港的鹽船和米船上卸下來的貨物；而較小的船隻被用作渡船或漁船。出海的舢板船停泊在橋下，常常擠滿了江面」[94]。晚近以來閩江內河流域水上貿易十分發達，船民們以水為家，平時以裝卸貨物、運貨、載客及捕魚等船上生活為謀生手段。傳教士也發現，閒暇之餘，這些疍民常無所事事，美部會福益華（Edward Bliss Jr）在從福州到閩北的途中就發現「船夫們整天都毫無變化地排列於江面……沒事的時候，他們一整天都在賭博」[95]。傳教士們對閩江疍民、船戶

93　I. W. Wiley edited, *The Mission Cemetery and the Fallen Missionaries of Fun Chau, China*, p.25.

94　R. S. Maclay, *Life Among the Chinese*, p.149.

95　Edward Bliss Jr, *Beyond the Stone Arches: An American Missionary Doctor in China, 1892-1932*, New York: John Wiley & Sons, 2001, p.7.

的生活面貌的記載，給西方人留下了對中國水上居民階層較為直觀的印象。

　　鸕鷀捕魚是中國一種古老的漁業生產方式，福建閩江上也常見漁民豢養鸕鷀捕魚。對此，身為西方人的傳教士充滿好奇並紛紛記錄在案，「漲潮的時候，閩江橋上可能擠滿了觀看鸕鷀捕魚的人。從遠處看，鸕鷀是一種黑色的、羽毛不乾淨的像鵝那麼大的鳥。馴養鸕鷀的漁夫站在一隻寬約二點五英尺，長約十五至二十英尺的竹筏上。竹筏是用五根一樣尺寸的竹子緊緊紮在一起做成的，重量不大，用一只漿來划動。竹筏上放著一只用來裝魚的籃子，旁邊站著三四隻鸕鷀。不捕魚的時候，它們就呆呆地蜷縮在竹筏上。漁夫要讓鸕鷀捕魚時，就推（或扔）一隻到水裡去，如果它沒有馬上潛水抓魚，漁夫就用漿拍打水面，有時候還直接打在鸕鷀身上，這樣，它就只好鑽進水裡。鸕鷀抓到魚了，就會銜著魚浮上來，看起來像是要把魚吞下去一樣。然而一個鬆鬆地綁在它的脖子上的線或鐵環讓它無法將魚吞下肚去，除非是極小的魚。一抓到魚鸕鷀通常馬上向竹筏游去，而漁夫也很快向它划去，以免讓魚跑掉。有時候，鸕鷀捕到的魚個頭很大，顯然是經過一番工夫才抓到的。漁夫划到足夠近的距離時，敏捷地用一隻網狀的繫在一竹竿上的袋子罩住魚和鸕鷀，再讓鸕鷀把魚吐出來。為了獎勵這隻鳥，他還把它脖子下端繫著的鐵環往上拉一點，讓它吃一口食物。如果鸕鷀已經精疲力竭了，漁夫就會允許它在竹筏上休息片刻，不過之後它就又得去捕魚了」[96]；法國人老尼克也在其書中記錄在福州的見聞：「我目睹了一支船隊的出征，共七艘漁船，帶著四十五隻機智靈敏的鸕鷀。看著這些鳥兒猛地扎入水中，爾後銜著滿口獵物地鑽出水面，真是一大享受。漁民給鸕鷀的脖子上套了大小適中的項圈，能夠自由呼吸，但無法吞下捕到的魚兒。除了項圈，一隻爪子上

---

96 Justus Doolittle, *Social Life of the Chinese*, Vol. I, p.55.

圖二五　鸕鷀捕魚

圖片來源：Justus Doitte, *Social Life of the Chinese*.
鸕鷀捕魚是晚清時期閩江漁民常見的捕魚方式，這在傳教士著述中多有記錄。

繫著細繩。如果鸕鷀在水中嬉戲忘了回船，主人可以將它拉回來。要是它停在甲板上偷懶，主人會用一支小竹棍輕輕地打一下，這樣無聲的警告後，『潛水員』就會立即投入工作。如果疲憊了，鸕鷀會回到船上休息幾分鐘」[97]，等等。現在，這種傳統的捕魚方式在福建已難覓蹤影，傳教士的這些記述對於我們瞭解其中細節不無幫助，也反映晚清時期閩江漁民日常生活狀態的一角。

　　隨著傳教活動從沿海向內地的延伸，傳教士對福建內陸地區百姓經濟生活場景也有所著墨，如和約瑟在走訪邵武的山區村莊時，對身處窮鄉僻壤的村民的經濟活動和日常生活觀察道：「這裡的人們辛勤

97　〔法〕老尼克著，錢林森等譯：《開放的中華——一個番鬼在大清國》（濟南市：山東畫報出版社，2004年），頁96。

勞動，日復一日從事生產……在此次旅程中我們發現，這兒的人民在
品德上比一般的中國人更高尚。他們通過不間斷的持續苦幹和勞累工
作從他們所依賴的山裡謀求生活，珍視每一分錢和每粒米穀，他們十
分好客，友善地招待我們，拒絕我們所給的補償」[98]；「邵武民眾十分
安靜、平和……直到今日當地人多避免從事絕大多數的買賣貿易；木
匠、泥瓦匠、鐵匠、商店主等，這些工商業者都來自其他地區。商店
主通常帶著其家庭在此居住有年，工匠們則常常於春季的早期前來
而於冬季中期返家，為的是給家裡送去一年來所賺的錢及過農曆新
年」[99]。可見，通過長年累月在閩北地區的工作與生活，和約瑟對邵
武本地人生產生活及到此打工與做生意的外地人的生活習慣和形態，
有著較為細緻的探查，也由此為其開展宣教制定針對性措施。

　　關於傳教士對晚清福建百姓日常經濟生產與生活場景進行敘述的
片段碎語還有不少，在此無法一一盡述。正是通過他們的渲染和記
載，有助於我們加深對先輩們基本的、常態的生產生活圖景的認識，
也從中折射出傳教士福建觀中最為生活化與日常化的時代內涵。

六　民眾性格與精神特徵

　　在傳教士對福建社會文化進行審視的視野中，福建民眾的性格特
徵與精神狀態也是他們悉心關注的對象，並十分注意細節的觀察和
記錄。

　　對於福建人整體的性格特徵，不少傳教士著墨記述。婁禮華說：
「福建人就是中國的『新英格蘭人』，他們的船隻能夠進行長途航

98　James E.Walker, "A Glimpose of Fuh-Kien Mountains an Mountaineers", *The Chinese Recorder*, Vol. 19 (April 1888).

99　Book Manuscript: "Shaowu Fu: or, one little corner of China", by J. E.Walker, 1908.I2, *A. B. C. F. M. Papers* 16.3.7 Vol. 1, 179-192.

行，到達中國沿海的所有地區，能到達馬尼拉、婆羅洲、新加坡和爪哇；但不經常遠至印度探險」[100]，杜嘉德也認為，「奮鬥與冒險的精神和開拓的力量，一直是福建人突出的性格。在這些性格方面他們可能跟廣東人差不多」[101]。這裡說的是福建人的拓墾精神，實際上更確切而言是沿海地區的居民。洪小姐在其論文中對福建人的體質和性格特徵進行歸納論述，他把福建人身體特徵總結為：體型小巧、黝黑的膚色、迷人的外表、堅強的忍耐力、對疾病的抵抗力等五個方面；而把福建人精神特徵歸納為：有戒備心、保守、和善溫厚、迷信的、虔信宗教等五方面。例如，關於福建人外表，她說：「福建人一般都被公認外表好看。女孩們小巧而優雅，手臂修長而苗條，裹著小腳。她們優雅的舉止增添了外表的吸引力。婦女們總是小心翼翼地梳理著她們的頭髮，以及平時的裝扮。她們能夠負擔的是講究得體的衣服。可能世界上沒有其他地方比這兒絲綢更寬大，或更適合被用於這片文化程度頗高的土地上。男人們也像婦女一樣，在他們自然習慣中充滿吸引力地穿著絲織品。窮苦的人們買不起絲綢，但總是展現出整潔乾淨的衣服，這些衣服是用粗糙的水洗布料所製。碎布是不被容許和認可的，只有在乞丐身上才看到，儘管衣服常常打上補丁，直到難於辨認是哪種原始布料。總之，福建民眾比中國其他地方的人民表現出一種更具吸引力的外表特徵」；精神層面則是：「迷信和其他許多原始的神靈信仰仍然盛行於福建人中間，對於他們來說所有自然現象都充斥著靈魂。這些神性中有些是惡的、可怕的，有些則是和善的。前一組屬於狡猾的惡魔，它們總是接近於受恐嚇的。死者的靈魂是一種友善的靈魂，如果他們能得到合適的埋葬以及用被認可的儀式崇拜的話；否則他們也有可能回歸到痛苦的生命。在任何地方都能看到這些迷信

---

100 *Memoirs of the Rev. Walter M. Lowrie, Missionary to China*, p.208.

101 J. M. Douglas, *Memorials of Rev. Carstairs Douglas, Missionary of the Presbyterian Church of England at Amoy, China*, London: Waterlow and Sons Ltd., 1877, p.58.

圖二六　廈門的婦女

圖片來源：《晚清碎影——約翰・湯姆遜眼中的中國》。
圖中人物為兩名正在閒談的廈門婦女，照片中人物的表情真實、自然，體現出拍攝者對晚清福建普通民眾的觀察和審視。

的觀念的證據。迷信和一種對疾病明顯的抵抗力是民眾的基本特徵，它們看上去讓人們沒有對自然現象的科學解釋，以及沒有科學的醫藥」[102]；等等。

　　傳教士在介紹福建民眾性格與精神特徵，更多地是以具體的地區為對象，尤其是沿海的廈門、福州兩地。

　　例如，郭士立在其航海日誌中對廈門民族性格的記錄：「廈門本地人生來就富有進取精神，對財富孜孜不倦的追求促使他們踏遍了大中國帝國的各個角落，從英勇無畏的船夫做起，他們逐漸在沿海各地發展商業並定居下來。他們將臺灣開拓為定居地，自那時起，臺灣就

102　Floy Hurlbut, *The Fukienese: A Study in Human Geography*, Published Independent by the Author, 1939, pp.56-62.

開始成為他們的糧倉，不僅如此，更有人涉足印度群島、交趾支那（即越南）和暹羅（泰國的舊稱）等地，在那裡定居。日益增長至過剩的人口需要源源不斷的物資來滿足生存需求，而移民地恰恰可以提供這些物資，填補這一需求」；「廈門人儘管在其他方面還算通情達理，但總是不時地顯示出他們偏執的一面；很多人都是異教徒，不管身處家鄉還是異域，他們都在各處興建富麗堂皇的廟宇，主要用來膜拜媽祖女神。他們將媽祖女神視為『天后』，篤信媽祖女神能夠庇佑他們，賜予他們更多的財富。驕傲、自私和頑固使得他們拒絕接受宗教，拒絕進入以謙虛為訓的基督教大門……由於對故鄉懷有深厚的感情，他們要麼在賺取資產後回鄉，要麼就是常常往家鄉匯回大筆的錢。一些商人儘管已經在中國北方定居，還是每年都會帶著所賺的錢回到故鄉。富有膽識，驕傲自尊和慷慨大方是當地人的性格特徵。對於政府的侵犯，他們頑強抵抗；面對韃靼人的篡奪，他們也是抵抗到最後；許多人寧願背井離鄉遠至臺灣甚至印度也不願意遵從征服者的風俗習慣或者是向異邦人歸順」[103]。在這裡，郭氏頗為準確地概括了廈門人開拓冒險、敢於闖蕩、崇敬神靈和回饋鄉梓的性格品質，也指出其偏執、自私和頑固等缺陷。四美在遊歷廈門時觀察道，「廈門人性情友好，嚴格遵守國家律法的公認原則，家庭緊緊團結在一起，勤奮節儉，見識開明。這就是這個民族這部分民眾的一般特性」[104]。與四美觀點不同的是，長期於閩南工作生活的麥嘉湖認為：「廈門及其周邊的人不僅勇敢、獨立，而且身心都充滿活力。因為許多閩南人為貧困所迫移民他國，去尋找自己的故鄉無法提供的生計，他們的名聲因此遠揚中國各地。他們談吐粗俗，直言不諱，往往處事野蠻。如果有人不瞭解他們的個性，常常會因他們的坦言而感覺自己受人冒犯而

103　Charles Gutzlaff, *Journals of Three Voyages along the Coast of China in 1831, 1832 & 1833*, Second Edition, pp.173-174; pp.190-194.

104　《五口通商城市遊記》，頁387。

發怒。他們不像國內其他地區的人那樣優雅謙和」[105]。畢腓力通過長
期考察發現：「在廈門和其他地方一樣，中國人的生活有一個典型的
特點或習慣，那就是所謂的『面子』。這個詞語最合適的定義解釋一
下就懂。人靠它樹立聲望或者因它身敗名裂，社會地位也依它而定。
西方人難以理解『面子』這東西的重要性……一個人寧肯丟掉其在世
界上的幾乎所有東西，也不願意失去面子」、「廈門地區的人民都是吃
苦耐勞、和平善良的人們……廈門人一貫秉持這個民族向外拓展的本
性，他們移民到新加坡、檳榔嶼、馬尼拉和荷屬東印度群島。就像善
良而真誠的美國人與歐洲人一樣，許多人到這些地方，保持他們的國
籍和品行，發家致富後回來廈門享受。廈門人的體格看起來不是很強
壯。中國南方人比北方人體力要差一些、身材矮一些、體型也輕巧一
些。但他們是吃苦耐勞的人民」[106]，等等。這些都很好地含括了廈門
人體質、習性與品格。

對於福州人的身體與性格特徵，傳教士也不乏論述。四美在遊歷
過程中觀察到：「福州人的性格中缺少活力和進取心，而這些一般是
福建人有別於中國其他省份的特徵。福州人住在省會，由於地處偏
僻，河道難於航行，因而與其他地方的海上往來十分有限。所幸的
是，這裡物產豐富，大多生活用品都能自產自足。人們安土重遷，對
外國所知甚少。他們對待歐洲人的行為舉止一般相當持重謹慎，不苟
言笑，幾乎都是陰沉著臉」[107]。而工作生活於福州更長時間的麥利和
對福州人性格考察更全面：「總體來講，福州人精力充沛、堅毅不

---

105 J. Macgowan, *Christ or Confucius, Which? or the Story of the Amoy Mission*, London: London Missionary Society, 1895, p.40.

106 P. W. Pitcher, *In and About Amoy*, pp.89-90; P. W. Pitcher, *Fifty Years in Amoy, or A History of the Amoy Mission*, The Board of Publication of the Reformed Church in America, 1899, pp.34-38.

107 George Smith, *A Narrative of An Exploratory Visit to Each of the Consular Cities of China, in the years 1844, 1845, 1846*, p.321.

拔；但是，人與人之間的稱呼方式自由隨意，常使人感覺粗俗草率，有不雅之嫌。無論是在福州人之間，還是福州人與外國人之間的交往中，都表現出以上行為特點。與我們所熟知的中國任何其他地方的人民相比，福州人似乎顯得更粗獷、陽剛、心直口快，而少了一些奸詐、卑躬屈膝及趨炎附勢之態。福州本地人很明顯非常傲慢，這一點或許是由於他們從未感受過外敵入侵的恐懼，亦或是由於體質與性情方面的天性使然。事實上，福州人有著十分真摯崇高的人生價值觀，個體與群體都表現為此」[108]。

　　除了關注沿海民眾性格體徵，傳教士還逐漸將視野轉向內陸地區。例如，倫敦會山雅各對汀州婦女特徵的描述，頗具代表性。其記錄如下：「在廈門傳教區，我們注意到關於汀州婦女的明確事實有：一、在許多場合婦女決不會大聲說話，她們習慣於改變自己，所以比較容易使得她們變得更容易開放思想和變得使自己熟悉新的事實、教學和實踐。二、她們在經商和農業方面走在前頭。對於男人們來說是恥辱的，他們是比較懶惰的，而讓女人從事如此繁重的工作；但這賦予婦女更多的權威。因此，如果她們希望聆聽福音或加入教堂，她們能自由地中個人的意願。三、汀州區域相當的貧困。因此對於穿著、奢侈生活以及對於世俗和肉欲的渴望等事物之關注，相對於其他地方要少。因而，在她們簡單的生活節奏中，對神聖事物的思崇，就更為可能實現。四、再有，作為一種準則，她們不裹腳，因而自然地能夠靈活移動並獲取更大量的關於生活的知識。」[109]這些記錄，可謂較準確地概括了客家婦女的基本徵貌。

108　R. S. Maclay, *Life Among the Chinese*, p.150.

109　J. Sadler, "The Women of Ting-Chiu", *the Chronicle of the London Missionary Society*, 1902, Vol. 11, p.44.

第四節　突發與漸變：社會動態及變遷局勢

一　變亂時局期間的福建

　　晚近時期，西方傳教士往往還是福建地方時事政治發生及發展動態的目擊者和觀察者，他們悉心關注所處環境和身邊的突發事件。在他們的著述中，不乏對晚清時期福建動亂政局及軍事形勢的記載。這些記錄，有助於加深我們對福建地方史的發展與演進的認識。從總體上看，他們的記錄較為直觀，一般採用平鋪直敘的寫法，對晚清時福建發生的大小事件進行概括性介紹。

　　十九世紀五十年代是中國政局動盪不安的年代，太平天國起義席捲大江南北，各地反抗政府的起義此起彼伏，綿延不絕。處於傳教事業初創階段的傳教士們對時局保持一定的關注，並對太平軍運動時期福建各地區動盪局勢和突發事件加以考察。

　　閩南小刀會起義是太平天國革命時期福建發生的最重要的革命事件之一，此時期身處廈門的傳教士對此關注有加。打馬字（John Van Nest Talmage, 1819-1892）是美國歸正會傳教士，他於一八四七年抵達廈門，在廈從事傳教工作長達四十多年。期間曾親眼目睹廈門小刀會起義實況，同時他還擔任翻譯工作，與中外官員頗有交往，通過親身的經歷，有機會瞭解小刀會起義的一些真實詳細的狀況。這本書保留不少打馬字信件，在信中提到不少關於廈門小刀會起義的細節信息，為我們瞭解這一歷史事實提供了一些寶貴的第一手資料。

　　例如，書中記錄有起義爆發階段的情況，身處當時當地的傳教士幾乎把它等同於太平軍的同夥，「正當太平軍擾亂著清王朝的統治中心時，另一支勢力在其他周邊省份活動。一八五三年（咸豐三年）的廈門周圍地區，正醞釀組織著一場起義」，對此，打馬字在一八五三年六月三日的信件中還詳細介紹道：「（五月）十七日夜裡漳州爆發了

起義。起義者出自一個活動多年的秘密組織，由於成員一般持有小刀，這個組織就被人們稱為小刀會。在海澄和石碼起義後，老百姓似乎是支持這些起義者的，後來他們北上到漳州，南下到廈門。與此同時，在同安和安溪也發生了起義。今天下午，我們得到消息，我們的傳道被抓起來砍頭……六月十日，廈門已經被收回，並且廈漳兩地之間地區已得到控制，起義者試圖重新奪回漳州城」[110]；等等。有關小刀會爆發初期中文記載較模糊，打馬字的描述顯然有利於我們進一步瞭解小刀會起義的進程，同時也使我們看到小刀會起義軍在進入廈門初期與當地居民關係及其對戰局的影響等。這些具體的細節描述，一定程度上彌補了中文文獻記載的不足之處，有助於今人對這一問題的深入研究。相比之下，此一時期在廈門海關稅務司任職的英國人休士在其著述《廈門及其鄰縣》中，對小刀會的起義則記述更為準確而詳細，他在書中細說了小刀會的肇端、發展及失敗的具體過程。如關於小刀會領導人，休士記道：「一八四八至一八四九，天地會的分支之一由新加坡華僑陳慶真傳入廈門，陳慶真是一位受雇於英國怡和洋行（Messrs. Jardine, Matheson & Co.）的買辦。這個支會迅速生根，到一八五七年（此處明顯係印刷之誤，應指1850-1851年）已聚集數千成員；引起了在福州的巡撫的懷疑和緊張，總督派遣官員到廈門調查和鎮壓……小刀會的領導人現在落到一位出身地位較低但有強大的能量和武力的人物身上，此人名曰黃位（實應為黃威）。與此同時，居住於廈門的本地商人黃德美，曾擁有不俗的財富。此人因施善行和救濟而享有很高地位，在窮人階層很受歡迎和崇戴……」[111]。休士還較

---

110 John Gerardus Fagg, *Forty Years in South China: the Life of Rev. John Van Nest Talmage, D. D.*, New York: Anson D. F. Randolph & Company, 1894, pp.132-140.

111 George Hughes, *Amoy and the surrounding districts*, De Souza & Co.1872., pp.27-29. 另休士還專門將書中對小刀會的記述章節撰整成文，發表於《中國評論》上，見 George Hughes, "The Small Knife Rebels", *The China Review*, Vol. 1, No. 4 (1873 Feb).

為翔實地記敘了小刀會與英國殖民勢力、與南洋華僑及地方士紳等複雜糾纏的關係，該書在細節的介紹方面頗具參考價值。著名日本學者佐佐木正哉所撰寫的〈咸豐三年廈門小刀會叛亂〉（載杜文凱主編：《清代西人聞見錄》）一文，就詳細參考了休士的著述，全文多處引用休士所撰有關廈門小刀會的記錄，由此可見是書之重要性。

就在閩南小刀會起義爆發期間，莆田黑白旗爭鬥事件也演變成地方武裝衝突，對此傳教士也予以一定關注。如麥利和在其著述中就對此記道：「一八五〇年到一八五三年期間，黑白旗兩派似乎又陷入不斷的械鬥中。一切處於混亂狀態，當地政府完全喪失了控制局勢的能力。在這非常時期，巡撫徵調一支軍隊開往動亂地區。這支軍隊經過約四個月的戰鬥，凱旋而歸，他們宣稱交戰的黑白旗民眾已完全平息。但不久人們紛紛傳言，官軍的勝利是靠不光彩的手段獲得的……一位紳士瞭解到這問題的全部真相後，向朝廷奏報了這一情況，皇帝立即派遣了一名欽差前來調查此事。欽差一到福州，立即受到巡撫的款待，巡撫還四下張羅布置，使欽差的調查完全處於其控制之下。接著，巡撫用賄金威逼利誘奏報者寫下自供狀，稱其先前的上奏中對巡撫的指控完全是虛假的，而巡撫實際是最正直最高尚的官員，他在奏章中列舉的那些惡毒的謠言完全沒有根據。因此，他現在伏請皇上從重治罪。奇怪的是這份所謂自供狀的內容竟然充分反映在欽差呈給皇上的報告上。朝廷迅速降職免去有關對巡撫的指控，而那位奏疏的作者則被判充軍北方邊境」[112]。在此，麥氏通過太平軍時期發生在莆田的案例，以極為細緻的筆觸對福建地方軍事和政治的腐敗無能、官場上下互相欺瞞的現象給予了揭露和諷刺，也從一個西方人的視角折射出當時政府的黑暗及缺失。

清末福建地方社會的械鬥屢禁不止，愈演愈烈，甚至成為社會動

112　R. S. Maclay, *Life Among the Chinese*, pp.83-84.

盪不安的因素。清人吳增曾對泉州械鬥作詩云：「蔑天理，無人心，械鬥禍最深。彼此同一鄉，既分大小姓，又分強弱房，東西佛、烏白旗，紛紛名目何支離。械鬥禍一起，殺傷數十里，死解屍，冢發骨，鄉里毀成灰，田園掘成窟，傷心慘目有如是，不知悔禍不講理」[113]。《溫陵風土紀要》說：「郡屬械鬥最為惡習，有大小姓會、東西佛會，勾結數十姓，蔓延數十鄉」。美國歸正會傳教士畢腓力對閩南地區械鬥的情況，也有切身的體會和深入的論述。他記道：

> 宗族械鬥是福建、廣東兩省的特色。相比之下，福建省發生的械鬥和騷亂可能更多。在福建，雖然開戰原因可能有大有小，卻鮮有不存在敵意的情形。如果可以用一句話來表述，這樣的事態就意味著：人們不通過公正（或者不公正）法庭、面對官員這樣的常規途徑，而是選擇在血淋淋的戰場解決他們的爭端和誤會。國民生活中存在著這樣的狀況也許表明中央政府軟弱無力、漫不經心，或者人民道德水平低下，或者兩者兼而有之。福建和廣東能獲得的最大經濟利益和最好祝福將是鎮壓宗族械鬥及建立能夠保證真正公正的公正法庭。
> 包括北部、南部和西部在內的廈門各地、惠安、泉州、同安，以及平和縣小溪村地區是宗族械鬥頻繁發生的中心地帶；有些事件，械鬥的種子多年前早已播下。經常有傳教士在內陸地區遊歷，就遇上這些宗族械鬥。在路邊或者有時在道路兩邊，敵對雙方擺開陣勢，嚴陣以待，中間僅一路之隔。有外國人經過時，對抗通常停止，讓其不受阻撓，順利通過。有時，對陣雙方在窄窄的河流兩岸開仗，河岸可能很高，這種情況下，外國

---

113 〔清〕吳增：《泉俗激刺篇》，載泉州市民政局、泉州市編纂委員會編：《泉州舊風俗資料匯編》，1985年，頁111。

人經過時，對抗也依然繼續。我們當中有些人聽著子彈從頭頂
呼嘯而過時，感覺一點兒也不舒服，不過他們都毫髮無傷。

這些宗族械鬥的起因總是微不足道的小事，讓人覺得荒謬可
笑。七年多前，同安附近的一個村子瘟疫肆虐。為了拯救倍受
煎熬的村鎮，人們抬出神醫的神像遊街，神像經過的幾個村子
都住著某個宗族的族人。不幸的是，抬神像的隊伍擅自進入了
屬於另一個宗族的領地，後者沒有神像遊街儀式。這一舉動激
怒了被侵犯領地的宗族，騷亂即刻爆發，後來事態擴大，其他
宗族也捲入了這場衝突，葉姓和盧姓兩大宗族間爆發了激烈的
械鬥，還有另外十個宗族——都是擁護或支持其中一方的人，
他們在別處接到支持者的指示而來。一方損失三十多人，另一
方有二十多人被殺。自從敵意達到白熱化的程度，葉姓宗族只
要有人在毫無保護的情況下出現在盧姓家族的地盤，必會遭
殃，反之亦然。為什麼不尋求官府保護呢？關於這個問題，我
們還將另闢章節對政府進行討論，但事實上，整件事情的原則
與求助政府相悖。只有當事情太過棘手，無法控制時，才允許
政府有發言權……有時，械鬥的起因比上面舉的例子還要微不
足道、荒謬可笑。幾年前，一隻老母雞擅自闖入了鄰居的院
裡，然後極不明智地下了個蛋。就這個蛋的歸屬問題，立即引
發了一場爭論，兩個宗族用持續兩年半的血腥戰爭才解決了這
件雞毛蒜皮的小事」。

對於械鬥的處理，地方政府雖發文告禁止，但卻鮮少採取鎮壓的
做法，致使政策成為空文，有時候官府甚至還藉機從中漁利，政府威
信也大大降低。關於此一現象，畢腓力也發現：「官府的政策似乎是
走最小阻力路線，如果可能的話，對這些小叛亂不予理會。其次，人
們顯然支持這樣的政策，即使出現重大命案，各相關宗族都採取一切

預防措施，以免引起官府注意，竭盡全力把事情掩蓋住，不予聲張。
不過有時，通過某種方式，就引起官府的注意了，主要是那些拒絕被
捲入衝突卻被迫因此而受苦的人，他們覺得走投無路時，希望官府介
入，進行調查。通常到最後，這是官府最恰當也是最有利可圖的時
機。……我們得知，在興化地區有兩個稱為『黑旗和白旗』的組織，
這兩個組織實際上構成了當地政府，對地區事務顯然可以全權控制。
它們不是根據宗族路線組織起來的，有時是因為兄弟反目——人們發
現同一個家庭的成員自相殘殺——一方打著『黑旗』的旗號招兵買
馬，另一方打著『白旗』的旗號拉幫結伙。他們是提供服務、獲取收
入的職業鬥士，把自己租出去，為別人打鬥。他們擁有一套自己堅持
執行的法規，操練，徵稅，進口最現代的武器，無視政府，無法無
天」。可見，對於械鬥問題的解決，地方官員的處置是很不得力的，
由於宗族勢力過於強大，這也是械鬥難以根治的重要原因之一。對
此，身為西方人的畢腓力也深有感觸：「宗族制度或氏族制度是亟待
解決的大問題，它不僅僅是政治領域的主要因素，還是任何一個國家
可能為之苦惱的最令人不安的因素，因為它是騷亂和械鬥的長期根
源，繼而常常導致生命財產的重大喪失。況且，對於傳教工作而言，
它也是個讓人煩惱的因素。在一些地區，這類爭鬥進行的時候，倫敦
會的工作實際上不得不停止，教堂被迫關閉」[114]。

太平軍攻入福建後，地方社會一度陷於恐慌與動亂的局面，我們
可以從傳教士的言論中發現此一情況。例如萬為在一八五七年寫回國
內的一封信中，記載了當時的時局情況：

> 我們上游的鄉村匪徒氾濫成災，城市慘遭劫掠和焚燒。商業處
> 於停止的狀態，由於沒有法紀的掠奪者的侵擾，所有的民眾四

---

114 P. W. Pitcher, *In and About Amoy*, pp.101-118.

散逃潰、無家可歸。福州城現在戒備森嚴、布滿軍隊。他們途
經之處所見到的景象皆是破毀，總督本人連日內開始為了這場
軍事行動而動身。許多怯弱的不幸的年少者，攜帶著弓箭和竹
製的盾牌及火繩槍等武器，每日列隊排陣於街上，到達指定的
集合點。百來名全副武裝的外地人將被安置於這萬人隊伍中。
我相信更為老練的叛亂者將很容易地將他們擊潰。如果你看到
布萊克的地圖或任何中國全圖可以發現福州或上溯閩江，下一
個江流上游的城市到達延平，乘船需要一些時日。據報告，每
個地方或福州城上游的所有鄉村都被控制在起義者手中。他們
在閩省域內，數量相當可觀地從山脈這頭延伸至另一端。如果
延平淪陷，隨時都有可能使得叛亂者毫無阻攔地來犯福州。他
們說他們的目的是搶劫，而不關心去占領除了滿族人和舊衣服
外一無所獲的城市，他們聽說有富有的外國人在福州，他們希
望能夠輕易地占有其財產和鴉片。謠言總是被誇大，它們像水
中波紋一樣擴散開來，以至於我們不知道什麼該信而什麼不
該。商人提前進入一種防衛保護的狀態。他們的財產被裝進船
上，前往上游鄉村購買茶葉的全部撤回（傳言害怕小偷），以
致沒有人在茶葉產區買賣或運送茶葉。半數茶商精明地使廣東
人的運輸工具停止下來而製造警報，由此抬高來年茶葉的價
格。在寶塔錨地（馬尾羅星塔周圍）十英里以下停泊著兩艘全
副武裝的鴉片船，一艘英國的作戰單桅帆船，一旦此地淪陷，
足夠保護所有外國人[115]。

---

115 "A Letter from E.Wentworth to His Friends, Fuh Chau April 25, 1857", Polly Park edited,
*"To save their heathen souls": voyage to and life in Fouchow, China, based on
Wentworth diaries and letters, 1854-1858*, Allison Park, Pennsylvania: Pickwick
Publications, 1984, pp.69-70.

太平軍入閩後，福建上游各地逐漸被起義軍所控制，這一史實在朱維幹先生《福建史稿》中多有記述[116]。通過萬為的記載，我們可對一些細節情況有更清楚瞭解，其中提到省城福州商業的停頓也是實況，根據研究，當時市面很不穩定，省城就出現「錢鋪停支，典鋪止當，米鋪乏米，人心惶惶」[117]的局面，前述畢腓力是對福建地方政局情事觀察得較為深入的一位，他在其著述中對太平天國起義、義和團事件及相關事件在福建的發生發展也有專門的論述。例如，他在撰寫太平軍一章中，對廈門小刀會起義進行較為詳細的敘述：「在廈門地區，經歷一段『小刀會起義（1853）』的時期，可以肯定的是，這些起義者沒有讓其頭髮長長，但卻是太平軍運動的一一個組成部分。或許其領導者及唯一的目標就是推翻滿族政府的統治，雖然它不關注或極少關注從本土上消滅偶像，但在主要的目標上是一致的，結局也相同。不過其過程更短，從興起到消亡僅一年時間。以『小刀會起義』之名而為人所知是因為那些應募者佩帶短劍或小刀，他們也用長矛和火繩槍武裝自己。開始階段，小刀會在這整個地區得到民眾的支持和同情，從廈門到漳州和漳浦，整個地區看上去都群情高漲，就像一位要驅逐韃靼和復興明朝的人物。當地的官吏由於狂怒而變得十分野蠻，帝國的軍隊普遍士氣受挫。廈門和漳州落入起義者手中，然而整個農村地區卻遭到劫掠，村民房屋被焚燒。在一段時期內這兩個城市處於攻戰狀態。每一位本地人都能給出一個好的理由，負有保衛責任，失敗則其性命不保，一些人最終死於這條道路上……廈門被勢不可擋的軍隊奪取，起義領導者卻逃跑了，政府官員們將怒火發洩在那些無助和無抵抗力的城鎮居民身上，大量男女被殺害，由此以『一場盲目殘忍的

---

116 參見朱維幹：《福建史稿》（下冊），福州市：福建教育出版社，1986，頁591。

117 劉存仁：《屺雲樓文鈔》，卷四，「復鄭錫侯書」，引見連立昌著：《福建秘密社會》（福州市：福建人民出版社，1989年），頁219。

屠殺」結束了叛亂」[118]。畢氏還介紹太平天國軍隊在廈門的餘波、外國人參加廈門小刀會起義的不為人知的細節及太平天國起義的影響等有關的情況，為研究小刀會歷史提供了一定的參考。不過，畢氏的敘述還只是泛泛而談，為一般性概述。

　　一八八四年爆發於福州馬尾港的馬江海戰是近代中法戰爭期間一個重要事件，這也成為傳教士關注福建戰事的一方面內容。丁韙良曾言：「作為物質革新和進步的一個標誌，我應該提及在寶塔錨地（羅星塔島）的對岸……一八八四年，就在閩江的這一段發生了一場血腥的戰鬥，而這場戰鬥的傷亡全部由一方所承受。由五艘軍艦組成的一支法國海軍中隊在敵對行動開始之前強行駛入港口，並占據了有利的位置，意圖立即開戰。中方的指揮官是一位淺薄而自負的官員，我跟他曾經有過一面之交。他派了十二艘炮艇前來迎戰，並且讓法國軍艦未受挑戰地通過了要塞，以為他們都成了甕中之鱉。但是法國人船堅炮利，先發制人，搶先用全部艦炮進行齊射。中方炮艇回擊微弱，而當硝煙散去之後，中方的炮艇都開始下沉，水兵們在江中拚命掙扎，兵工廠被摧毀，九艘炮艇被擊沉，有一千人陣亡」[119]。丁的記述雖然老調，但卻不得不讓人感歎近代中國軍事科技的孱弱、落後以及西方人由此而來的驕傲心態。

　　發生於世紀之交的義和團運動是讓每位傳教士魂飛膽散的重大事件。雖然主要的戰場在北方，但這種影響也波及至福建，不過程度相對輕微，傳教士對此也不乏記載。如畢腓力說：「就在運動或多或少流行於其他各地時，廈門地區卻沒有受到什麼損害……廈門及周圍沒有大的暴亂發生。但在更為內地一些的區域，各傳教點的傳教士都因遇上麻煩而提前撤退，尤其是在漳州府和龍岩州（Leng-na Chiu）（筆者注：此處是閩南方言發音的羅馬字拼音，係指龍岩）及汀州府（Teng-

---

118 P. W. Pitcher, *In and About Amoy*, pp.158-160.
119 《花甲記憶——一位美國傳教士眼中的晚清帝國》，頁22。

chiu），位於廈門西面與北面」；教會方面也受到一些損失，如畢氏所在的歸正會「在嶺上（Leng-soa）的一座新禮拜堂遭搶劫，被一夥流氓當作集合點而侵占了一個多月。除此外還有三座禮拜堂（租賃房）被毀壞。沒有傷亡的報導，甚至還出現異教徒為受迫害的基督教提供保護的事例。但在其他的案例中，本地基督教飯依者被無情地劫掠一空，包括房屋、田地、財產契約、莊稼及各種衣物。在一些案例中，小孩被擄走當作人質，贖價在三十到八十五美金之間……」[120]。由此看來義和團運動期間廈門只是發生一些趁火打劫的現象，並無大的動亂發生。接著畢氏還解釋了義和團在廈門發生的原因和最後的解決之道。庚子教難期間，福建各地民教衝突和教案時有發生[121]，給教會帶來一定損失，各地的傳教士對這段形勢也有零星的記載，此不贅述。

二　晚清末葉福建的變革氣象

步入二十世紀後，晚清政府已是奄奄一息，各種改革、變革勢在必行。隨著科舉制的廢除和預備立憲等一系列破舊立新的做法，標誌民主進步的所謂「西式文明」的氣息已成為歷史進程不可阻抗的潮流所趨；中國社會在經歷了一次次大小事件和一輪輪振興國力的探索後，逐漸發生了一些結構性的變化，傳統的解構和現代化的建構、社會的轉型成為當時歷史的主色調。尤其是工業化的進程，使近代地方城市與農村的面貌得以為之一新。對於這種變革的趨勢在福建地方的發生面貌，來閩傳教士們也給予了積極關注。

長期於莆田工作的美以美會傳教士蒲魯士可以說是這方面典型代表，他在莆仙地區活動期間，積極發起實業宣教活動，創辦一系列現

120　P. W. Pitcher, *In and About Amoy*, pp.142-144.

121　有關近代福建教案的詳細情況，可參閱林文慧撰：《清季福建教案之研究》，臺北市：臺灣商務印書館，1989年。

代化的教會工廠和公司，為莆田近代公共事業發展注入一定活力，同時他也極力鼓吹是基督教帶給中國變革氣象，正如他在著述中說：「變革必須是發生在四條明確的主線之上：政治、工業、智力和道德」，因此，他結合其主要活動區域福建莆田（興化府）的情況，從中國政治、教育、工業化及宗教四個層面，較為細緻地展開論述變革的歷程。他舉了一個教育方面的例子說明：「一九〇三年十月，在我們即將離開興化前往美國的一天，一群學生尾隨我們走了十二英里多路。大約在十英里開外，我們看到朝我們走來一群身著明亮制服的士兵，由一個樂隊引導，緊跟著一頂很新很好的轎子，蓋著紅布。在轎子裡，我們獲悉是一位從福州載譽歸來的新舉人。在我們的學生中有一位聰慧的年輕人，他是一個數學天才。他曾指導這位『大人物』進行現代化的學習以對付考試。在中國有一個很好的習慣，即新的畢業生必須找到所有他們的先師，對他們逐一進行拜訪和贈送禮物，每種方式都顯示了他們的感恩和尊敬之情。這位舉人在我們的學生群中看見他的數學老師後，恭敬地請其上轎。……這類流傳於中國的學習工作當然無法使這些中國學生皈依基督教，但卻使他們不能不尊重西方文明的知識，並使許多人毫不懷疑地接受之」[122]。從中可見，處於科舉尾聲的考子們已無可避免地要學習所謂西方文明的「現代化」知識，而這在蒲看來正是社會變革進步的一個徵兆。

地方的陋習惡行也逐漸得到整頓。一九〇八年《教務雜誌》刊登一篇由美以美會傳教士華雅各所撰寫的〈福建的改革〉一文，講述了地處閩中的古田縣的改革氣象：「古田知縣對改革表現出濃厚的興趣，並提出美好的服務措施和理想目標……我自然認為盧知縣（指時任古田縣知縣的盧家駒）在其公共場所將譴責鴉片及賭博，但我必須承認我絕沒有更多地懷疑他如此明白地宣稱反對各種教會所譴責的惡

122　W. N. Brewster, *The Evolution of New China*, Cincinnati: Jennings and Graham, 1907. pp.77-78.

習和迷信。在其毫不留情地公開譴責吸鴉片、賭博、纏足、溺嬰、偶像崇拜及風水或占卜等陋行後，我說道『您誠懇的講話很像一位布道者，如果你給您的信條加入一些積極的原則，我將十分高興推薦您參加下一屆的大會。盧回答他知道許多關於信條的情況，因在過去的十五年中參加過福州召開的基督教青年會會議……不到一個月後，在我們參訪的第十七個鎮包括二十多個村莊，所有的鴉片煙館和賭博場館都關閉了，警戒會命令他們關閉……」[123]。

　　晚清社會風尚與風俗變遷是轉型時期的顯著痕跡，人們日常生活中的衣食住行開始悄悄地發生著巨大的變化。在這方面，我們或許也可從傳教士著述中略窺一二。辮子是滿清政權統治中國的標誌之一，到了清末政權鼎革之際，在福建一些地區出現了剪辮的風尚。對此，畢腓力有記：「區別中國人與其他種族最主要的一件束西就是辮子。眾所周知，一六四四年滿族人占領中原以後，就強迫漢族人留下這個屈辱的標誌。直到一九一〇年，任何時候剪掉辮子都會被認為是大逆不道，要受到殺頭的刑罰。然而，風俗正在發生變化，時間也改變了許多風俗，剪掉辮子不再被看作是造反的行為。實際上直至今日對這個問題也未正式頒布過法令，但普遍認為剪辮是得到皇帝默許的。因為心神領會，廈門及閩南地區相當多的人已經剪掉辮子，他們這樣做並非完全都接受了西方的服飾。儘管西方的服飾還未在閩南地區普及，但毫無疑問它將會成為現實」[124]。清末福建城市建築已經出現許多「西化」的現象，除了外國人興建的教堂、領事館、學校、醫院、禮堂、住宅外，中國人居住的房屋也開始受到西方文化影響，呈現出變革的趨勢。主要表現在西式洋樓和中西結合的建築風格的流行。例如位於福州吉庇巷與南后街交义處的民國海軍總長藍建樞故居，是一座清末建築物，主座在吉庇巷北側，花廳為南后街六號。藍建樞故居

---

123 J. H. Worley, "The Reform in Fukien", *The Chinese Recorder* (Octorber 1908).

124 P. W. Pitcher, *In and About Amoy*, p.86.

在吉庇巷、南后街均開有大門。主座二進，坐北朝南，正廳面闊三間，進深七柱，穿斗式木構架，雙坡頂，鞍式山牆；前後天井，左右廂房。花廳坐東朝西，採用青磚與木料混合結構，為中西式結合的古建築。又如在廈門，「受到現代化和文明化的影響，如今那些華人富裕階層的房子都裝上玻璃窗戶了。這是前進道路中邁出的一個腳步，而對於如此密切關注著每一個腳步的我們來說，它表明廈門向著文明化和基督教化邁出的一個大步伐，雖然不快，但卻清晰而明顯」[125]。

　　鐵路建設也是晚清民國鼎革之交出現的文明因子與現代化氣息。關於此，傳教士也有所著墨。畢腓力論道：「鐵路時代已經來臨，一九〇七年七月開工的漳廈鐵路將在不久的將來完工，總算看到一絲希望。一九〇七年海關關長的報告中提道，修建該鐵路線及在全省進一步擴展，所認繳的股本為六百萬美元，每股五美元。管理權授予三位董事：主席陳寶琛，副主席鬍子春，和司庫葉叔樂。……據稱，漳廈鐵路可能設想只是廣州到福州這條直通線路的支線，它連接著廈門這個都市；還有另外一種設想，其線路輪廓已經在出版的地圖上標注了出來，根據這一計劃，將漳州作為一條線路的終點站，該條線路貫穿福建省，最遠到達延平，在此，向兩個方向分岔，一條岔道沿著海岸線，途經浙江，通往上海，另一條穿過江西，到達長江上的九江。這條主幹線上，幾條最短鐵路線，如漳廈支線，將廈門和福州連接起來。……這些鐵路無論從經濟角度、還是社會和政治角度來看，都可以說是意義重大，影響深遠」[126]。實際上，除了鐵路，公路上和水路上車船馬等交通工具的改進也是傳教士經常關注的對象，尤其對是水上汽船的描述，屢見於傳教士著述之中，這大概也與他們經常往來於福建各地進行傳教布道工作有密切關係。

---

125 P. W. Pitcher, *Fifty Years in Amoy, or A History of the Amoy Mission,* p.104.
126 P. W. Pitcher, *In and About Amoy,* pp.265-267.

圖二七　三一學院

圖片來源：R. M. Gwynn, *"T. C. D." in China, A History of the Dublin University Fukien Mission.*

此圖是由都柏林大學福建布道會（隸英國聖公會）創辦的三一學院（福州九中前身校）教學樓。

圖二八　聖教醫館

圖片來源：*The Fifty-fourth Year of the Foochow Mission of the American Board, 1901.*

聖教醫館是晚清時期福州較早創辦的西式醫院，是今天福州協和醫院的前身。

圖二九　廈門到漳州的火車站

圖片來源：P. W. Pitcher, *In and About Amoy* (Second Edition).
該圖反映了晚清與民國交替時期廈門火車站建立的事實，說明當時福建社會之變
革和趨新的發展態勢。

圖三十　陶淑女中數學課場景

圖片來源：「福建基督教會圖照集」（福建師範大學中外關係史資料室翻拍收藏）
陶淑女中是一八九〇年英國聖公會在福州創辦的一所女子中學，開創了福州地區
女子教育的先河。圖為該校女生在上數學課時的課堂情景。

　　教育制度革新是晚清社會變革氣象表現最為顯著的層面之一，而一九〇五年科舉考試的廢除顯然是教育革新之根本性標誌。在來閩傳教士的視野中，鼓吹地方教育變革的高潮相應地發生於一九〇〇年之後。例如，一九〇一年福州美部會的年度報告中，記錄了當時差會女學學校教育的發展情況：在婦女學校工作上，「學校目前因容納過多的人而過度擁擠，但是當如此之多的人要申請入學資格和傳教士與本地幫手總是經常地認為這是為了今後找到好工作而通過特例尋求入學資格，要限制學生數量卻不是一件易事」，而女子學校和幼稚園等也得到很大發展，「……除了女子日校和幼稚園，巨大的提高和進步也發生在主日兒童學校，既有定期常規的加入，也有求學的申請」[127]；畢腓力也對一九一〇年代廈門接受新式教育的近況寫道：「這個地區（廈門）的民眾已經逐漸適應新的（西方的）教育方式，在新的體制下開辦了許多學校。目前雖尚無完全的統計，但在一九〇八年作者得到的報導是有八十三所初級學校及其三一八八位學生，有八所中學和七百六十三位學生，三所師範院校和一百五十六名學生，這些學校都建立在這一地區的政府和鄉紳的支持下」[128]，等等。此類傳教士報告、著述不勝枚舉，其中不少地方都述及基督教創辦學校教育及其為福建教育帶來的變革進步氣象，或是在西方的影響下地方學校教育的發展變化，深刻反映了傳教士對福建教育變革氣象的描述，不可避免地烙有基督教「拯救」論的印痕。

　　清朝尾聲時期，改革的曙光已臨，傳統社會面貌也在諸多方面逐漸發生著破舊與趨新的氣象。不過這種變革的初曙之光一開始還較微弱，因為政治的推廣還不是大面積和徹底地進行，傳教士所鼓吹的

127　*The Fifty-Fourth Year of The Foochow Mission of The American Board*, Compiled from the individual reports by Rev. Geo. W. Hinman, Romanized Press, Foochow, 1901. pp.14-15.

128　P. W. Pitcher, *In and About Amoy*, p.86.

「基督教帶來社會進步」的論調，亦只是在這時發出最初的信號。真正體現出明顯的變革趨勢是在民國新型政府建立以後，時代的發展迫切要求改革朝向全方位和深層次推進。這種分水嶺式的氣象，在民國時期傳教士的著述中有著十分深刻的印記，這也是我們考察民國時期在閩傳教士視野中的福建社會必須明確的觀念。當然，這是後話，有待於今後另作進一步專門的研究。

第三章
晚清來華傳教士對福建社會的文化透視（下）

　　在傳教工作深入展開的過程中，來閩傳教士們也不斷融入福建社會內部、深入百姓日常生活之中，考察民間基層社會的文化表現形態、窺探閩省民風民俗，並體量民眾慣常性的行為與心理，這些構成他們認知視閾裡極為重要的一部分內容。在他們的筆觸下，福建社會這個曾經充滿東方神秘色彩的異地如今正被完整而真實地呈現在他們眼中。晚清之際，福建社會上流行的各種風俗習慣、節日慶典、宗教信仰與民間崇拜、街市文化，甚至包括許多盛行於地方的陋習惡俗事象等，都一一見諸在他們的記載中。晚清來華西方傳教士群體對福建民間社會文化進行了一輪相當具有深度和廣度的考察與透視。

第一節　民間傳統習俗：節慶、婚喪及其他

一　傳統節慶

　　中華民族在長期的歷史發展進程中積澱下各種獨具特色的年俗與節日，構成中國人社會生活最為重要的表現形式之一；福建社會也在漫漫歷史長河中將傳統的農曆節慶較為完整地傳承下來。在傳教士筆下，對於這些傳統節日及其有關習俗不厭其煩地記述說明了西方人對於東方文明日常文化的好奇與感到新鮮。

　　對於福建社會傳統節慶活動和習俗記述最詳細和最有代表性者，

當推被譽為社會人類學漢學家的盧公明，他在著作中對福州地區流行的中國人傳統農曆節日和節日期間的歡樂慶祝活動以及相關的禮儀習俗等，作了深入的考察和記錄，頗具人類學田野調查意義。盧公明對榕地農曆節慶的記述非常全面細緻而不失準確。例如，對於中國傳統節慶中最重要的節日——除夕和春節（是傳教士們最為關注的對象），盧公明在福州工作和生活期間，對有關中國人除夕（年三十）、新年（即春節）與年節期間的歡慶場面，作了如下細緻的描述：

除夕當天自天黑算起直至午夜，稱『年三十』，雅一點稱之為『圍年』。能夠料理完生意上的事物的人都得回家。這天由一家之長，要麼父親、要麼母親、要麼兄弟姐妹中最長者主持祭拜祖宗及神明的儀式。祖宗香位前要用松木升起篝火來，升火的當兒，家中年紀小的就去放鞭炮，他們也會將鹽撒到火焰上，嗶剝有聲，這可是來年吉祥如意的象徵。過不久大家坐到一起，分享食物，天下一同。

年夜宴（飯）結束後，也快到午夜了。家人就換下舊衣裳，換上嶄新乾淨的衣服，一家老小，主人僕人，全都換上。如今，很少有人家能夠全家都換上全新的衣服。換好衣裳後，一家之長就給晚輩，僕人、親信、外甥、侄女等等，反正有來的都發上一份壓歲錢。錢的數量差別很大，這要依主人家的財力，也要看是給什麼歲數的，什麼樣身份的人。有時候家主人錢包會被塞進幾個銀子或是幾張銀票，這樣做自然是為了圖個吉利。若給家人的壓歲錢是銅板，那麼那些銅錢須得用一紅繩串起圖個喜興。萬不可用白繩子吊，白色不吉利。新年一到，壓歲錢就可以花了，大多是用來買糖或是甜食。

發壓歲錢就像是西方國家大受孩子歡迎的傳說中的聖誕老人——聖·尼古拉斯發禮物一樣。聖誕老人是悄悄地把禮物送

到，但在中國，長輩、上級、主人於除夕夜發壓歲錢給年輕
人，給晚輩、給下屬或僕人，也是一個理兒。吃完『圍年
飯』，換完新裝，發完壓歲錢後，就得忙著準備正月初一祭拜
天地要用的東西了。

新年的慶祝活動從正月初一的一大早就已開始，與這些節慶相
關的準備先前（指上一年臘月）業已完成。據觀察，新春的歡
慶活動一般在每個大家庭舉行，老百姓一般將這一系列節日分
成五部分：一、準備祭拜『天地』的祭品；二、禮拜供奉於家
中諸神；三、祭祀祖先；四、拜謁尚健的祖父母、父母等；
五、拜年。（其後是有關這五項敬拜活動的細節描寫，此不一
一摘引）……通常，在新年春節的頭幾天，所有的行、店、雜
貨鋪都閉門休業。許多大型的行店休業五至六天，有些甚至直
到過了第十五天才開業……當地中國人有一種迷信的說法，在
新年頭三天，除了買糖、甜食、花生及一些茶點外，花錢或是
做買賣都是不吉利的。大年初一舉國歡騰，除開必須做的活兒
之外，人們都休息享受，非得有人幹活時，雇主得花上雙倍或
三倍於常時的價錢請一個勞力（或稱苦力），街上賭鋪生意紅
火，亦有人在家中賭錢。中國法典嚴禁賭博，然而在過年的時
候，官方對人們參與賭博都睜一眼閉一眼。在中國大人們幾乎
都曉得若干賭博方法。習慣上，人們要給那些在大年初一上門
拜年的鄰居小孩福橘……。估計有百分之九十的家庭在大年初
一這天不吃肉，以示其對天與地的敬意。這一傳統也稱作「吃
齋」，並以之為美德……達官貴人們整個一月都用來休息、狂
歡、宴客、互訪、看戲，除非涉及職責的緊事要件，他們都放
下公務不理。士紳之間互相宴請，戲班子此時亦相當繁忙，在
官方場所或鄰近廟宇上演戲劇。新年頭半月的各種節日活動經
常包含有晚間的煙花炮竹，紛呈多彩。要燃放鞭炮的場合很

多，例如祭拜天地、禮拜神佛、家逢喜事、立誓許願，大家庭
於宗廟或自家裡祭祀祖先，或是大官家的下屬請來戲班子謝神
時，或是有錢人家有貴客臨門時都要大放鞭炮……[1]。

　　通過以上描寫不難看出盧公明對中國（實際為福州地區）農曆節
慶重頭戲春節及正月期間有關歡慶活動等十分關注並有深入的考察，
甚至關注到人們年前的準備、在新春期間做買賣的慣俗、賭博的氾
濫、好彩頭的給討、吃齋的習慣及祭拜演戲活動等，這些習俗有的直
至今日依然盛行不衰，體現了中國老百姓日常文化延續貫穿下來的傳
承性和穩定性；有的習俗隨著社會環境變遷和人民生活水平提高及習

圖一　過年前的忙碌準備

圖片來源：George Simith, *A Narrative of an Exploratory Visit to Each of the Consular
　　　　　Cities of China.*
該圖片生動地描繪了中國人過年期間忙碌熱鬧的景象。

1　Justus Doolittle, *Social Life of the Chinese*, Vol. II, pp.23-29.

慣改變而消失了。當然，由於各地習俗的差異和自身視野的局限，年
節期間一些重要的活動內容在其筆下也付之闕如，如大年初二出嫁女
兒回娘家、春節期間的禁忌等，不過這並不影響其記述的價值。

　　眾所周知，農曆新年是一個有系統、有傳統積澱的民眾休閒娛
樂、狂歡慶祝的「假期」，其活動時間不僅包括正月初一到十五的休
閒歡慶期段，還要回溯頭一年十二月即臘月尾日的準備期段，尤其是
大年三十除夕節日的歡慶活動。民俗學學者認為，年節雖定在農曆正
月初一，但年節活動卻並不止於正月初一這一天。從臘月二十三（或
二十四）小年節起，人們便開始「忙年」……所有這些活動，有一個
共同的主題，即「辭舊迎新」[2]。同樣地，在傳教士著述中，對新年
的主題也比較成系統化地介紹，《中國人的社會生活》一書中還詳細
記述了元宵鬧花燈猜燈謎，春節前的「小年」節俗、祭灶習俗等，體
現出傳統節日活動的形式之系統而豐富。

　　除了詳細描繪除夕、春節等最為重要的節日外，盧公明還按農曆
月份逐一對清明、端午、七夕、中秋、重陽等傳統節慶進行記述，此
不一一贅述。值得一提的是，盧氏對重陽節福州人「登高放風箏」的
記載，有一定參考價值，「福州這裡每到九月初九這天就有登高放風
箏的習俗……每一年市鎮長官都會就放風箏一事發布公告，警示人們
在九月初九那天不得在烏山過分喧嘩。通常每年派有九品芝麻官帶一
大批人或治安人員到烏山維持秩序。因為九月九那天若天氣晴好，大
約有四、五萬人到烏山遊玩放風箏」[3]。重陽節放風箏在清代福州是
一項傳統的風俗，地點主要在今烏（石）山，地方文獻對此多有記
載。例如，福州風土詩有云：「游絲百尺入雲端，烏石山頭賽紙鳶。
巧奪天工看不厭，阿儂最愛九連環（所謂九連環者，形如蜈蚣，剪綵
為頭，身具百四十四節，互四十五丈，以大繩繫於山石，乘風而上，

2　鐘敬文主編：《民俗學概論》（上海市：上海文藝出版社，1998年），頁145。

3　Justus Doolittle, *Social Life of the Chinese*, Vol. II, p.71.

則用數十人挽之）」[4]。據福州市民間文藝家協會主席方炳桂先生介紹，福州人放風箏，過去是在農曆九月初九重陽節前後，老人帶小孩登山放風箏，意在祝願「步步登高」。放風箏的地點主要集中在南臺大廟山、市內烏山、于山和南教場（今五一廣場）。借助傳教士的記錄，對於今日探究先人當時活動情形及傳說來由等頗有裨益，亦可佐證學者們的研究或提供參考和注腳。

二　婚姻禮俗

在福建人日常節俗生活中，成年後的婚姻禮俗恐怕要算是最重要而又繁瑣的禮俗之一了，誠如近人胡樸安先生一言所蔽：「閩省婚嫁之禮極繁……」[5]。但婚姻作為人生的頭等大事之一，寄託著人類謀求幸福生活的美好寓意和希望，老百姓對此的重視程度可想而知，於是一系列一套套的禮儀習俗隨之衍生，不斷發展演變和傳承，形成許多慣俗和儀式。對於這方面重要現象，傳教士們給予了充分的關注。

衛三畏對福建婚俗有一段概述：「在福建，子女才在襁褓之中，父母往往提出誓約，寫明名字和算命詳情，交換婚約證據。辦好這些手續就不能退約，除非有一方患痲瘋病或殘疾……在福建，婚禮的吉日一到，客人聚集在新郎家裡慶祝，轎子、樂隊、搬運工都已做好準備。嚮導作為轎夫的引路人，在前面帶路。抬了一隻烤豬或大塊豬肉走在前頭……（新娘）這樣打扮好了，塔座上鍍金的結婚轎子，叫做花轎，完全關閉起來，由四人抬。轎門由她的母親或親戚鎖上，鑰匙交給男儐相，到達時有他交給新郎或他的代表。這時候，隊列重新安排，加上許多紅箱和托盤，有衣櫃、廚具，還有筵席……新娘一進

4　鄭麗生輯：《福州風土詩》，1963年手抄本，頁39。

5　胡樸安：《中華全國風俗志》（下編）（石家莊市：河北人民出版社，1986年），頁303。

門，新郎要躲藏起來，媒人帶領一個小孩前來迎接她，然後去找關在房裡的新郎。他走出來，以相當嚴肅的神情打開轎門，牽出新娘，她仍戴帽披斗篷，兩人走到祖宗牌位面前，三跪拜致禮。他倆在桌邊坐下，桌上有兩杯酒，由媒人捧酒，新娘的臉被大帽遮住，她只能做出飲酒的動作。他倆很快退進房間，丈夫為妻子取下帽子斗篷，這時，很可能是他一生中第一次見到她。他端詳著她一會，賓客朋友進房來看她了，允許每個人發表看法，婦女的批評最為嚴厲……這樣殘酷的考試過去之後，她被引到公婆面前，單獨行禮。以上所述就是福建人的習俗」[6]。

　　美部會女傳教士唐爾雅對福州地區訂婚和結婚習俗作了專門考察並撰述頗具代表性的一篇文章，在文中，唐氏對福州婚俗一開始就給

圖二　新娘和新郎

圖片來源：Edwin Joshua Dukes, *Everyday Life in China or Scenes along River and Road in Fuh-kien.*
此圖反映的是晚清時期福建民間婚禮的裝束。

圖三　拜堂成親

圖片來源：Justus Doolittle, *Social Life of the Chinese*, Vol.1.
此圖係盧公明所描繪的福州民間拜堂成親的儀式場景。

6　〔美〕衛三畏著，陳俱譯：《中國總論》（上），頁547-549。

予批判，直陳婚姻禮俗中的種種不良現象：「首先，對於那些即將結合為夫妻生活的雙方沒有互相認識的機會和權利。婚姻大事由年輕人的父母或親屬媒人說媒，而媒人常常把對方的家境和條件進行惡劣的欺騙。當新郎掀開厚厚的頭蓋，第一眼看到其新娘，他的失望和痛苦如同雅各[7]一樣沉重；第二個錯誤是請算命測字先生決定男女是否適合的問題，不是根據任何男女雙方個人情況，但卻是通過比較雙方門戶和地位及對照雙方生辰八字和星相來決定；再者，當地風俗是需花費一筆龐大的訂婚禮金，往往超出男方家庭的承受能力，可能導致他們此後負債多年；另外，訂婚儀式常常在童年時就已安排……女方如同牛、豬一樣是丈夫家庭的財產，在家庭事務中被認為沒有個人意志；關於舉行婚禮的儀式，觀察者目擊到的是從開始到結束的場面都充滿著迷信和崇拜行為。日子要選在算命先生測定的黃道吉日，女方家庭成員不能隨女方來男方家……新娘和新郎在婚禮會客過程中被要求祭拜天地、廚神和祖先牌位，敬拜健在的長輩，貫穿於各種細小禮俗儀式的迷信活動被視為很重要，十分繁瑣而愚蠢地反覆進行」[8]。唐氏這裡還只是作大體上的介紹，較為概括，但卻一開始就鮮明直接地為婚姻禮俗定下基調，認為福州婚俗充斥不合理現象，甚至充滿迷信與偶像崇拜、是令人震驚的「異教教義的新發現」，透射作者強烈的西方中心主義評價觀念，認為這些不好的習俗是基督教文明評判標

7　雅各是《聖經》人物，傳說他曾投奔其舅舅拉班，為拉班操持家務做了很多事。拉班有兩個女兒，大女兒叫利亞，長相較醜。小女兒叫拉潔，秀美可愛，雅各對拉潔一見鍾情，一心想娶她為妻。拉班與雅各約定，讓其在家幹滿七年活就將拉潔許配給他。七年期滿，拉班雖答應，可到了婚禮那天，拉班卻命人把雅各灌醉，偷偷把大女兒利亞送進新房。雅各一早起來，發現身邊躺著的不是拉潔，而是利亞。他非常憤怒，就去找岳父評理。拉班卻狡辯地說：「姐姐沒有出嫁，妹妹卻要先嫁人，在我們這裡沒有這樣的規矩」。唐氏引用這個故事，意在通過借喻方式，諷刺中國父母包辦婚姻對年輕子女的傷害。

8　Miss Ella J. Newton, "The Betrothal and Marriage Customs of China (Foochow)", *The Chinese Recorder* (August 1892), pp.376-377.

準和改造對象。唐氏所述在傳教士群體中具有很大代表性，雖在細節
上不甚著墨，卻體現了當時傳教士對福建地方婚俗一種普遍的定調和
體認。

　　麥嘉湖通過對廈門地區婚俗的宏觀考察，也得出與前述唐爾雅相
同的論斷。他寫道：「當結婚年齡到後，婚禮便被安排籌劃，在大量
的典禮儀式中，女孩就像是世界上最美的女人嫁到丈夫的家中……一
位年輕男子準備結婚時，父母為其決定這一問題，他們先請一位媒婆
選定可能的人選，媒婆往往耍詭計和報謊言，聲稱即將成為男子新娘
的女孩是其絕對人選，不久後當新娘來到男方家庭時，他們卻發現年
輕女子沒有任何吸引力，對其感到失望……新郎新娘第一次見面是在
結婚當天，在嘈雜的鼓樂聲中、在鞭炮劈裡啪啦燃放場面下，新娘坐
上大紅花轎被抬到新郎家中……年輕的男子和他的妻子在互相毫不知
曉的情況下開始婚姻生活」；他還精闢地一針見血地指出：「在婚配被
細心地觀察之前，所有使用和典禮儀式都已在早先就被認可了。正如
中國人所堅信的那樣，任何對已建立起來的眾所接受的習俗的背離反
動，將蒙受一場隨之而來的巨大災禍」[9]。可見，在麥氏眼裡，年輕
人對於婚姻毫無自主權，完全按照「父母之命，媒妁之言」定立終身
大事，成為受支配和操縱的工具，這與西方追求婚姻自由並在戀愛基
礎互相結合的理念可謂相去甚遠；不僅如此，中國人婚姻約定俗成的
典禮儀規也充斥著傳統與落後的觀念，這也是鼓吹用基督教文明改造
中國的傳教士集中批判的矛頭和對象。

　　傳教士還記載了客家婚禮習俗。他們通過考察閩西等地客家生活
習俗，對客家婚俗亦有記述，從問名、合八字，到結親、過小禮（行

9　John Macgowan, *Sidelights on Chinese Life*, London: Kegan Paul, Trench, Trbner, 1907,
　　pp.21-23；*Remarks on The Social Life and Religious Ideas of the Chinese*, tailed Donald
　　Matheson, *Narrative of The Mission To China of The English Presbyterian Church*,
　　London: James Nisbet & Co. 21 Berners Street, 1866, p.90.

小定）、請庚帖，再到過大禮、拜帖、報日，最後到拜堂、鬧洞房等一整套一系列的流程，都被他們一一記錄在案，頗具人類學田野考察性質。例如對客家婚俗高潮階段即拜堂和鬧新房禮俗的過程，其記述如下：「新娘花轎走近時，新郎官點燃鞭炮。新娘由男方甚親的老婦人攙扶著走下花轎並由其挽著跨過門檻，門檻上放著一把用醋浸泡過的赤熱的犁刀。這時男方家庭一位男孩上前迎候（拜轎），新娘拿給他一件小禮物，然後由兩位好命婆帶進她的新房。在新娘的新房中有兩根豎在米碗中燃燒的蠟燭（米斗火），新娘和新郎同時和著曲調（由點燃蠟燭的老者歌唱）對著火焰鞠躬敬拜，歌曲內容是『長命百歲、富貴盈門、百子千孫』。此儀式被稱為『合巹』（交杯），但沒有杯子出現，這在現代成為一個問題……新娘和新郎開始到男方祖先堂祠敬拜，很快返回。客人們在晚上開始享用盛宴，那些相同年紀結過婚的客人這時開始鬧新娘洞房（攪新婚）……」[10]。這段生動的細節描寫為我們提供了不少晚清時期客家人結婚禮俗的情景，特別是其中一些有趣的現象如點蠟燭老者唱歌的曲調是否就是客家人婚禮音樂中特有的客家山歌？「合巹」（喝交杯酒）為什麼沒有杯子，這是傳教士考察失誤，還是確有其事？等等，頗值得今人探究尋味。

三　喪葬習俗

與婚姻相對的另一件人生重要大事便是死亡，閩人自古「信巫好鬼」，對死亡的恐懼和神秘感以及對靈魂的崇拜衍生出許多為死去的人操辦的喪葬習俗，誠如胡樸安先生又謂：「（閩省）喪葬之禮，則更繁雜。人死之日，凡來弔者皆哭之，死者子孫亦哭，否則不祥。至入殮之時，則以麵含於死者之口，謂之吃麵。於是置棺於後廳，日必供

---

10 "Hakka Marriage Customs", *The China Review*, Vol. 8, No. 5 (Mar. 1880), pp.318-320.

飯，事之如生。必三年後，始擇地而葬，甚至有數十年而不葬者，意謂不忍其親之死也……」[11]。在對死事更重於生俗的觀念下，喪葬之俗可謂豐富曲奇，每每令人絕倒。這些喪葬習俗也被一些傳教士記錄在案，並往往被他們跟迷信和偶像崇拜等量齊觀，被視為「異教徒」的行為。

　　衛三畏在概述福建婚俗的同時，也記下了喪葬方面的禮儀習俗。他說：「福建居民將一塊銀放在死者的口中，仔細地遮蓋鼻子耳朵。彌留之際人們在屋頂上揭個洞，為了使靈魂便於逸出身體……他們對命運的一般觀念形形色色，難以作為民族的信仰加以描述；或多或少都相信輪迴，但善惡靈魂在被佛陀吸引前所應承受的變化詳情，幾乎全憑人們的幻想……埋葬之前要先找吉地，如果家族已從父系墓地遷走的話，死後不久屍體就要裝進棺材，盡家中能力，穿上盛裝。中國棺材形式像一棵樹幹；板有三、四英寸厚，頂端圓形（稱棺材為『壽板』），做成很結實的容器。放進屍體時，底下鋪石灰或棉花，或者蓋上生石灰，棺蓋的縫上填灰泥，不會有氣味溢出；如果埋葬前還放在家裡，就要塗油漆。中國人往往在生前花一大筆錢買棺材……有時，死者放在家裡或附近好幾年，早晚燒香。放的地方，有的在門邊的支架上，有的在大廳裡遮蓋起來，或者放在祖宗房，一直等到家裡運氣好轉，有能力埋葬，或者是等到尋好吉地，也可能找到機會能夠買進祖宗留下的墓穴。喪事的訃告發給同一世系的親屬，這樣有盡可能多的人前來弔唁和幫助……拿來水為死者洗淨身體，而後穿衣。屍體放進棺材後，在埋葬之前，如果是窮人，兒子們到親戚朋友家裡請求捐助，為了買墓地、雇請送葬人、準備祭品……埋葬那一天，要在棺材旁邊擺好煮熟的供品。主要送葬人身穿粗麻衣，上前跪下磕頭，頭要完全碰到地上；兩個人身穿送葬的服裝，拿香給他們插進香爐中。男

11　胡樸安：《中華全國風俗志》（下編）（石家莊市：河北人民出版社，1986年），頁303。

性送葬人跪拜之後，女性也按照同樣儀式進行，然後是朋友親戚；在整個過程中，樂隊在演奏。送葬隊伍有樂隊、牌位、僧人，等等」[12]。衛氏所述雖較籠統和不免疏漏，卻大致記下了福建地區喪葬禮俗基本儀式和步驟，如搬鋪、報喪、小殮、服喪、大殮、出殯、下葬[13]等傳統的程序，甚至隱然提到福建地區存在的特殊的「停柩不葬」、延請佛道僧侶送葬等俗例。

　　盧公明對福州民間的喪葬習俗有較多的渲染，其記述更為細緻具體。他在其著《中國人的社會生活》中專闢兩章介紹福州人死亡、哀悼與埋葬等一系列有關喪葬禮俗的全程表現形態。在其筆下，中國人的喪葬習俗充斥著異教迷信色彩和靈魂觀念，是佛教、道教儀式匯集

圖四　送葬隊伍

圖片來源：Justus Doolittle, *Social Life of the Chinese*, Vol. 1.
此圖係作者描繪的福州民間送葬隊伍的場景。

12　〔美〕衛三畏著，陳俱譯：《中國總論》（下），頁752-753。

13　參見方寶璋：《閩台民間習俗》（福州市：福建人民出版社，2003年），頁179-181。

的舞臺。例如為死者做法事儀式，他注意到「所有這些場合都由幾個
請來的道士主持，常備有肉、菜、酒；有時還有一瓶鮮花、香、蠟燭
與紙錢。總的說來，這些儀式由吟誦經文組成，以減少死者在陰間可
能遭受的災難或困難……道士們吟誦叨念與主題有關的經文或儀式
文……；還有一個儀式，由請來的佛教和尚異口同聲地反覆誦讀包括
一千個佛的名字在內的《千佛寶懺》，其目的一般是為了讓念到名字
的佛能大發慈悲、運用法力超渡亡靈」；面對著這種在盧氏看來是
「異教」色彩與迷信行為雲集的場面，他顯得頗為感慨，認為中國人
「除了自己所擁有的之外，他們不再需要其他任何宗教」[14]，而這正
是基督教必須加以改造的局面。

WHITE COCK ON A COFFIN LURING HOME ONE OF THE SPIRITS OF THE DEAD.

圖五　棺材上的白公雞

圖片來源：Justus Doolittle, *Social Life of the Chinese*, Vol. 1.
晚清福州民間喪俗特色之一即在死者棺材上放置一隻白公雞，據說白公雞能引導
死者的靈魂回到家中，也傳聞白公雞即代表死者靈魂。

---

14 Justus Doolittle, *Social Life of the Chinese*, Vol., p.197.

　　更具史料價值的是盧公明對福州地區特色喪俗——在棺材上放白公雞的行為的描述。他記道:「中國的這個地方（福州）有個獨特的、關於將那些死在異地的人的屍體運送回家的風俗。在離家還有一段距離時，家中的一些成員就帶著活的白公雞或白公雞的模擬像（用竹片和紙做成與真的公雞一般大小，再著上顏色使它看起來比較自然）前往迎接棺材。他們把公雞的腳綁在一起，讓它站在棺材上面，隊伍就在哀悼者的哭聲中往家的方向行進，公雞始終都站在原處……據中國人說，在迎接遺體時，死者的三個靈魂之一會附在公雞身上，然後由它引回家……人們從來不把作為亡靈暫時停留之處或護送亡靈回家的白公雞殺掉吃，而是加以悉心飼養照顧，直到自然死亡。有人解釋說，這種場合中使用純白的而不是其他顏色的公雞是因為白色是哀悼的標記;有人說白公雞是『神雞』，中國人無法解釋這一風俗的由來，也無法通過任何辯論形式證明它能達到預期目的的合理性……除了將這些解釋為『祖先們繼承了以前的風俗習慣，並一代一代地傳授下來』之外，再沒有其他更合理、更令人滿意的答覆了。他們好像並不在乎去研究迷信的根源，在看不出預期目的與習慣採用的追求方式有任何聯繫時，也不會摒棄這些傳統的儀式與禮俗」[15]。

　　傳教士更發現，中國人對喪葬極為重視，他們在福建的鄉村郊區的旅行和實地考察途中，常常看到這樣的景象:「墳墓到處都是，看來像是布滿整個鄉村。你可以看到遠處山上首先映入眼簾的許多碑刻，看上去周圍樹木都被砍到，僅留下樹樁;當你走進一看你會發現你所認為的樹樁其實都是墓碑。無論我們到哪，經過它們發現許多墓碑靠近房屋」;他們也時有觀察到葬禮出殯場面的儀式過程，「當送葬出殯的隊列排好組成時，一名男子手執一幅掛上白布的長旗，名曰『靈幡』，行走在隊伍的最前列，緊隨著兩位男子扛著幡旗，旗上標

---

15 Justus Doolittle, *Social Life of the Chinese*, Vol. I, pp.214-216.

記的字句意味著一種希望死者能夠享有帶給他的祝福的願望。緊接著一名男子舉著一隻被認為是靈魂附體的白公雞，該男子身後緊隨著兩頂轎子，第一頂運放著死者的祖先牌位和靈臺，第二頂放著其肖像。抬著轎子軸杆的兩位主要親屬哀嚎悲切，拖曳著它們緩慢前行。在隊伍前進過程中，路的兩邊撒滿了散落的紙錢，為了安撫滿足那些可能出沒在路上的貧窮饑餓的鬼魂。伴隨棺材埋葬進墓穴，要放一碗米飯在裡面，還要撒上稻穀和茶葉。挖墳土者在地面鏟土時，僧侶捧著白公雞，站立在墳墓下方，讓這隻神鳥向著棺材鞠躬三次。這一奇特的習俗儀式由死者主要的親屬們重複地進行，這時靈幡也被燒成灰燼」[16]，這與前述盧公明的記錄頗為相似。

英國傳教士山雅各在廈門期間，也對當地有關死亡的習俗與迷信作了介紹，「當家庭發生大事（有人去世），接下來就要備好棺材舉辦典禮儀式，在鼓樂聲夾雜中以預定的方式放置。一件至今仍更為重要的事情是墳墓的選擇。這一事務最為精心操辦和廣泛，並認為是保持家庭財運能夠長期延續下去的做法。運氣因而可以興旺。同時，死者屍體被放在外面的屋子，或者隨家庭的改變。葬禮出殯在盛大榮耀儀式下進行……在一場葬禮中，要穿麻衣（孝服）和嚎啕哀哭，現在葬禮仍必須以最為壯觀和隆重地舉行。此後，那些有經濟能力的還要雇請佛教和尚和道教的道士排列在遊行隊伍中，反覆念誦各種宗教樂歌，以使死者的靈魂精神能夠通過這些經文在冥界地府得到祝福。如果害怕靈魂會下地獄，還要精心安排和舉行典禮儀式以保護靈魂免遭地獄審判。為死者所作的祈禱儀式是一種重要的慣俗和制度，對於那些不快樂的靈魂、讓它們像餓鬼一樣遊蕩，始終沒人關照。有一種像萬聖節一樣的安排，當後代的關照能夠給予他們時，他們因此可以免

---

16 Irene H. Barnes, *Behind the Great Wall: the story of the C. E. Z. M. S. work and workers in China*, London: Marshall Brothers, 1896, pp.16-18.

受那樣的生活」[17]。可見，在山雅各筆下，廈門地方喪葬習俗也與各地一樣盛行傳統儀式，特別是佛、道宗教氣息的瀰漫。

倫敦會傳教士陸一約在福州鼓山湧泉寺遊歷期間，恰好觀察到寺廟中舉行一位僧侶的火葬儀式（荼毗儀式），對此，他描述道：

> 有一次，當我們造訪鼓山湧泉寺時，在我們攀登陡峭的石階的時候，我們看到在我們前面有一支不同尋常的遊行隊伍。當我們獲知這是一位僧侶的屍體將要去火葬時，我們便緊跟在這支隊伍後面，以便盡可能完整地觀看整個火葬儀式。該棺材的形狀使我們十分的困惑，它並非長而淺的，而是短而深的。我們發現原因可能是，這一特殊形狀的棺材是為了讓屍體能在短深的棺材裡保持一種坐姿。四個男人把它抬在肩膀上，看過去就像一頂轎子。整個棺材和抬杆被一張漂亮的棺罩所覆蓋，這張棺罩以大紅色為背景，並附著藍色、銀色和金色的圖案。隊伍前有一個人邊走邊將紙錢散落在地面上。這些紙錢是直徑約二點五英寸的圓形方孔錢，顏色是白黃色的，象徵著白銀和黃金。這些紙錢被稱為「買路錢」，是為了購買從陽間到陰間的過路權。這一說法雖說虛假而荒誕，但用假錢來欺騙靈魂卻是自然而合理的。
>
> 在寺院下方約四分之一英里的一塊平地上，遊行隊伍停了下來。從這兒有一條向右邊去的此起彼伏的小路。棺材被放在地面上，轎夫和和尚們懶洋洋地先聊著自娛自樂。有幾個人過來和我們聊天。他們很友好地詳細地為我們解釋了一些我們所不知的葬禮的目的和意義。一個年輕人對我記筆記用的普通的戴金屬帽的鉛筆非常感興趣，當我送給他的時候，他高興得就像個孩子。

---

17 J. Sadler, "Chinese Customs and Superstitions; or, What they do at Amoy", *The China Review*, Vol. 22, No. 6 (1897), p.756.

一會兒，就有一百一十多個和尚緩緩的朝我們這邊聚攏過來。當然，這些和尚全都剃著光頭，但有一人除外。為了表示哀悼，他們都穿著淺紫色的長袍，一塊黃色的袈裟寬鬆地搭在背上，袈裟的一頭從右手臂下穿過，繫在了左肩下的扣子上。這種黃色的袈裟只有在宗教儀式上才會穿。其中一些人顯得出奇的安靜，顯然，他們對所參加的這種法事活動漠不關心。而另一些人們卻又有著強烈的虔誠之心，當他們相遇時，均低下身子，互相鞠躬、敬禮。同時嘴裡說著「阿彌陀佛」，在我們看來是對於佛陀的讚美之詞（「贊佛偈」）。但這使我想起在中國的基督徒在見面或者離別時所說的「祝你平安」之類的問候語。主持法事的僧人，身穿紫紅色的長袍，看起來就像方丈的袈裟，已經到來。我們並沒有列隊而行，而是和那些和尚一起，悠閒地走到距離僅有一百碼左右的火葬場。這是一個荒蕪的地方，我們所站在平臺是由山坡的陡峭面挖鑿而成的。從寺院的一邊望去，這塊小山平地拔起了一千多英尺。平臺的四周被杉樹所圍繞，從其外緣往下望去，深處是一陰暗的幽谷，雖然這山谷被樹叢所掩蓋，但依舊不禁讓人感覺有一千七百英尺之深，在樹叢掩蓋的下方是山谷和閩江。在葬禮舉行的過程中，風颯颯而鳴，燃燒的樹枝發出哀號聲，與那圍繞在火葬場旁表情各異的僧侶們，組成一幅異常協調的畫面。[18]

可見，作為西方思想文化的一員，陸一約對佛教文化充滿好奇心態，同時也不乏對其他宗教的揶揄和「異化」。

---

[18] Edwin Joshua Dukes, *Everyday Life in China or Scenes along River and Road in Fuh-kien*, pp.230-232.

四　其他民間習俗舉隅

　　福建各地民間社會存在豐富多彩的風俗習慣，正所謂「百里不同風，十里不同俗」，甚至「一鄉有一俗」。面對著形形色色的福建地方習俗，傳教士們自是無法面面俱到，不過在他們的論著中，卻往往能發現對閩地社會各種傳統的、具有地方特色的習俗活動進行記述的片段，這些記述不可勝計，茲例舉一些較具代表性的場景以窺觀其貌。

（一）普度習俗與儀式

　　普度是在福建頗為盛行的一種社會習俗活動，尤以中元普度場景最為熱鬧宏大。據研究，普度（又稱普渡），源於佛教「慈航普渡」，即普遍超度無祀的孤魂野鬼之意。閩臺民間習慣上把普度、中元節與佛教盂蘭盆節（此二節日期為農曆七月十五）三者合一，統稱「中元普度」。中國民間宗教信仰儒釋道合一在歲俗節慶上反映很突出的就是中元普度[19]。實際上，福建地區普度習俗活動最根本表現即為以各種食物祭祀遊蕩的孤魂、餓鬼等，進而表現為民間社會的節慶狂歡，在時間上倒沒有嚴格規定，各地不一，但多在農曆七月間（即傳統觀念中的鬼月）。這種場景一俟進入傳教士視野中，頓時成為充滿迷信色彩與異教氣息的現象。麥嘉湖對普度的節俗有一段描述：「值得注意的是當地（指廈門）於秋天為餓鬼靈魂舉行的節宴，這一節俗起源是為了滿足所有鬼魂的需要，即普度眾靈。他們認為這些鬼魂為了尋找食物而四處遊蕩，甚至一些孤魂野鬼也享受人們提供的這些慈善。這一習俗的儀式慣例（在當地）十分普遍地保持著，也是與其同時持續眾多狂歡活動的源起」[20]；美國傳教士葛惠良（Frank T. Cartwrigth）

19　參見方寶璋：《閩台民間習俗》，頁252-253。
20　John Macgowan, *Sidelights on Chinese Life*, pp.21-23；*Remarks on The Social Life and*

也記道：「在福建，最美妙、最繁縟、也可能是最獨特的慶祝儀式就是普度──在英語中找不到它的替代詞。它是一種特別專為痛苦而死的靈魂進行的祈禱……在整個普度期間，有時祭壇的數量竟高達四十個之多。與此同時，寺廟的戲臺上演生動的戲劇，其內容或為地獄的景象，或告訴人們普度儀式產生的歷史背景。儀式中，佛道二教的法師們混雜在一起唱經，他們的宗教儀式也雜糅在一起。群集的人們擠滿了街道和寺廟，普度因此為佛道二教提供了最好的宣傳和教育」[21]。

（二）治病除疫之習俗

明代《八閩通志》云「閩俗好巫尚鬼」，傳統的治病醫療也充滿鬼神觀念和求神信巫等現象。晚清來華傳教士對此亦有記載，一定程度上可補中文史料不足。如他們記道：「我們見過巫師在偶像崇拜靈魂力量控制下誦念咒語的特殊方法，當通過使用占卜板，為一位確定的病人的提供列出藥方。病人在這樣的治療方法下病情就被耽擱拖延了，也因這種不科學的治療方法，當不衛生的條件看起來欺騙了人們醫治的觀念時，人們容忍了對失去生命的恐懼。在傳染病流行的時候，有時就從老遠的地方抬來一尊著名的神像。盲目的偶像崇拜的隊伍宏偉而壯觀的場面是十分普遍的，神像巡遊展示為使因冒犯和觸怒神靈而導致的瘟疫得以結束。火藥以各種形式（尤其是鞭炮）得到使用，震聲喧天，令人血脈賁張，疾疫神靈被驅擋，他們降臨的壞影響隨之轉移」[22]；又如美部會的醫藥傳教士們在閩北鄉村注意道：「一旦有人得病，除了以草藥治療外，只好求助於迷信鬼神，請巫師做法驅

Religious Ideas of The Chinese, tailed Donald Matheson, *Narrative of The Mission to China of The English Presbyterian Church*, p.103.

21 The Anti-Cobweb Club, *Fukien: A Study of A Province in China*, Shanghai: Presbyterian Mission Press. 1925, p.33.

22 J. Sadler, "Chinese Customs and Superstitions; or, What they do at Amoy", *The China Review*, Vol. 22, No. 6 (1897), p.756.

除邪魅，往往導致延誤時機而白白送命，而對於天花、瘧疾、寄生蟲等病更是束手無策」，當時建寧縣「好長時間都沒有醫館診所，一般的人士，凡患著瘟疫和疾病的，都沒有得一個好的外科醫生來醫治，故因延誤死於疾病的很多」[23]。這裡記到福建民間百姓採用巫術治療的陋習、民間在流行病時期採取請神驅瘟的迷信儀式以及缺乏專業的醫療場所等，這些都是當時社會真實記錄，也是傳教士集中批判的現象和試圖加以改造的目標。

（三）敬惜字紙習俗

敬惜字紙是古代中國一種良好的風俗，是對文字和文化尊崇的表現。據研究，將廢棄字紙妥善收藏，整理乾淨，焚燒，埋於淨處或流入江河湖海，是人們敬惜字紙的重要內容。舊時代文人相互組織惜字會、敬字社等，主要的活動也是搜集字紙集中焚燒[24]。敬惜字紙習俗活動今日已難尋覓，而晚清之世福建的敬惜字紙習俗是否曾盛行一時？關於此，中文史料記載較為零星模糊、語焉不詳。不過，我們可以從傳教士的著述中發現這方面的詳細記載片段，由此探尋此一習俗之實際表現。

例如，從盧公明的記述中可以得知晚清福州城鄉社會敬惜字紙風氣的興盛，「福州城和郊區的牆上、房子的四處都貼有大量的五、六英寸長的小紙條，紙條上寫有四個字號召人們『敬惜字紙』。在路邊的房屋或商店都懸掛有可裝約一配克東西的小籃子，籃子外貼著這種小紙條，以便讓附近的人將印有字的廢紙扔進去。在繁華的街道或隱僻的小巷，都設有能裝半蒲式耳到幾桶的形似房屋或寶塔的火爐，其上也像那些籃子一樣刻有字，火爐用於將投入的廢紙燒成灰。小一些的火爐通常是與房屋建在一起，大些的火爐就用磚頭砌在地上，常常

---

23 "Letter from Representatives of Kienning", *A.B.C.F.M Papers*, 16.3.7 Vol. 1.175.
24 參見孫榮耒：〈敬惜字紙的習俗及其文化意義〉,《民俗研究》2006年第2期。

圖六　惜字爐

圖片來源：Irene H. Barnes, *Behind the Great Wall: the Story of the C. E. Z. M. S. Work and Workers in China.*

惜字爐是晚清福建城鄉時常可見的神龕建築，反映了時人對知識文化的崇敬、尊重，當時來閩傳教士筆下也不乏這方面的記載。

被塗上華麗的顏色」；從中還可得知當時士子文人組建惜字會或敬字社等組織來統一籌劃安排敬惜字紙習俗活動，「這裡有許多稱為『字紙社』（Lettered-paper Society）的協會，成員從八或十人到上百人不等，目的是保護漢字不被無禮使用。每個協會都雇有一人或更多人，幹的活就是到街道或小巷去收集每張掉在地上或鬆鬆地黏在房子或商店牆上的有字碎紙片……收集的廢紙拿去爐中焚燒，紙燒出的灰燼被小心地存放在陶器裡直到積存了很大的量，然後被裝入籃子，由身著最好的衣服的協會成員形成的隊伍攜帶，穿過城市或郊區的主要街道，來到河岸邊，被倒進河水裡，飄入大海，或裝上船順河而下幾英里後或到了河口後，被倒入水裡」[25]；又如麥嘉湖通過在福建乃至他

---

25 Justus Doolittle, *Social Life of the Chinese*, Vol. II, pp.167-169.

省城市的觀察，也發現此一習俗之盛，「人們在各大城市都能看到有人肩挎竹筐，竹筐上相當醒目地寫著『敬惜字紙』字樣，這些人是被雇來走街串巷拾撿寫著字的碎紙和甕片的。人們認為，這些記錄帝國偉業的漢字如果被踐踏在路人腳下有失體統，他們應該被撿起來，舉行適當儀式，體面地焚燒在專門建造於公共場所的高爐裡」[26]。

（四）客家赦罪儀式

來閩傳教士們考察道，「在閩西南地區的客家人中（閩江上游的山區居民中也偶有發現），有一種習俗使人很鮮明地聯想到猶太人的逾越節。人們以特定方式殺雞，將流出的血撒到門柱和門面，以此向魔鬼精靈表明『已經付出過了血的代價』，它還意味著可以驅除整年魔鬼精靈的邪惡影響」[27]。

（五）降童與扶乩

麥利和有記：

> 降童是一種非常奇特的求教於神靈的方法（在有些方面和美國的降神術相似），在廟宇中使用，但更常見於家中。該活動通常於夜晚舉行，更多的是出於人情考慮，而非謀取錢財之道。施行者通常會得到一些食物或其他物品作為謝禮。求教於神靈的人需要有甲、乙兩名操作者在其身邊。甲坐於桌前的椅子上，桌上焚香，點著蠟燭，後方放著神像或代表著神像的物什。乙手握一枝鉛筆，在一張黃紙上畫了一個咒符，用其中一根燃燒著的蠟燭將紙點燃，同時在甲面前緩緩地上下移動著紙張。此舉旨在驅散其周身的污濁之物，使其成為所祈求的神靈

26　《中國人生活的明與暗》，頁306。

27　The Anti-Cobweb Club, *Fukien: A Study of A Province in China*, p.32.

的臨時化身。甲從椅子上站起，從乙手中接過一枝焚燒著的香，雙手握著香平靜地舉於胸前，雙眼緊閉、背對著桌子站著。乙雙手抱拳，做出某種特定的姿勢，據說可以取悅於所祈求的神靈。同時，向他的同伴走去，突然將雙手向其臉部伸展，雙手抱拳，彷彿欲擊打對方。之後，鬆開拳頭。然後，再次抱拳向夥伴的臉部送去。此舉需重複數次，據說非常靈驗，可以邀請神靈到訪。甲的眼睛依然緊閉，突然表現出神靈附體的確切徵兆，表示他已被某種超自然的、不可見的力量附身。他的身體前後異樣地搖擺著，香從手中墜落。他開始以該神靈的步姿行走，有著該神靈的神態。人們認為此景確切無誤地表明他已被神靈附身。但是，據說有時神靈會派他的侍者前來；此時，被附身之人會表現出該侍者的儀態。如果求教於神靈之人堅持請神靈本人前來，被附身之人通常會很快持有被祈求之神靈的儀態，以示他已來臨。此時，求教之人向前走去，手持三根焚香，雙膝跪於被附身之人面前，祈求他坐下。他落座之後，求教之人表明他為何請求與神靈謀面。之後，雙方會就此話題展開對話，一方給予回答，一方心懷敬畏與感激地聆聽著，十分謙恭。然而，神靈有時借助其所附身之人狠狠地批評求教之人不該因瑣事或不正當之事勞煩於他，有時會斷然拒絕給予所期待的回復。談話結束時，被附身之人很明顯昏睡數分鐘。醒來時，會給他喝些茶水，數分鐘後他會很快再次變回自己。據說，很多人使用這種方法，以求祛病之方，或祈求如何在某種賭博或獎券活動中作出抉擇。

扶乩，即請神在沙盤上寫下神諭。筆由兩根木棍組成。稍大的一根通常長度在兩至三英尺之間，總是為柳樹木、桃樹木或桑樹木。形如農民用來拖拽的農具，或呈大寫的「V」字型，通常由一根非常彎曲的枝條或與樹幹相連的一根枝條雕刻而成。

木棍前端通常是，或許總是按照中國龍的龍頭形狀雕刻。前端右角處嵌著一小根以上提到的三種木材質地的硬木棍，約五至六英寸長，使得整個器具看上去像一只有一個前齒小耙子。……在神像或代表神像的物什前立刻擺放一張桌子。桌上，蠟燭與香前面擺放一些鮮花、茶水或酒，會適時焚燒一些冥幣。桌前，離神像一定距離處擺放著另一張桌子，桌上有一個裝滿乾沙的木製淺盤，約三至四英尺長，二英尺寬，數英尺深。香與蠟燭點燃後，求教之人如在平常儀式中一樣跪下表明所祈求之事。站起來後，一些畫著咒符的紙會被點燃，燃燒時置於筆、沙子和握筆的兩個人上方揮舞，旨在使他們都得到淨化。這些人圍著放沙盤的桌子站著，背對著神像，靜靜地、心懷敬畏地握著乩筆分杈的一端，讓拐頭上的筆尖落在沙面上。之後，點燃一種特殊的咒符，將其放入桌上神像前的香爐內，旨在使其得到淨化。在附近可直接被天光照耀的地方，點燃另一個咒符。此舉旨在使得神靈下凡，進入筆內，寫下神諭。如未有任何跡象表明神靈出現，則另外一個咒符會被點燃。如筆尖可在沙上緩緩地寫字，則表明神靈顯現了。在沙上寫下一兩行字後，則活動停止，所寫下的字被轉寫至紙上。之後，如果神諭尚未表述完畢，則會再寫一行字，直到筆完全停下，意味著神靈已離開了筆。現在，需要做的就是分析神諭的意思，這也常是件不容易的事情。有時，神諭隱藏於詩歌中，暗指古代名流，或以當前不用的古體漢字書寫，或以草書縮略語書寫。有時，神諭，正如在古代的希臘一樣，有雙重意思，或有幾重模稜兩可之意。求教之人只得絞盡腦汁探明他所祈求的神像給予的回復為何意。據說，文人階層與其他階層相比更偏愛此法來求教於神靈[28]。

---

28 R. S. Maclay, *Life Among the Chinese*, pp.268-272.

　　綜上所述犖犖大端者，可以對傳教士所記述晚清福建社會傳統的節慶與習俗有大致的認識。需要一提的是，傳教士記述的內容十分豐富繁雜，僅盧公明《中國人的社會生活》中就有大量的篇幅渲染福州人從出生到死亡、從春節到年三十、從官員到底層船戶蜑民等等形形色色、鉅細備至甚至有些拖沓冗長的各種風俗習慣，儼然一個攬括大量福建民俗風采的巨型資源庫。在傳教士群體的著述中，對福建民俗風貌的記錄還包括不少民間俗諺詩歌、民間工藝、民居建築布局風俗、畬族習俗……都有或多或少、或詳或略的涉獵，不一一而足。上述所擷取的幾項傳教士視野中的節慶與習俗的介紹，主要是眾多傳教士論著中比較集中記述的、給他們留下印象最深的和極具代表性的場景與片段，說明傳教士們共同關心的對象亦有趨同的特徵，更多的散見於其著述群中有關民俗習氣的述論，反映了西方傳教士視野的宏大且不乏細膩的筆調。

　　還需指出的是，通過傳教士們對福建傳統節慶習俗的記述，可以看到在他們的筆墨下，中國地方所流行節日慶典儀式和習俗活動充滿東方農業文明的神秘情調，而他們卻忽略了福建（尤其是沿海地區）所具有的海洋特質和開放性的人文特徵。對古樸的農業社會民眾生產生活節俗的渲染，實質上從深層次反映的是傳教士固有的西方中心本位的文化觀照和殖民語境。在他們看來，福建這一異邦土地上人民的習俗節慶保持著千百年來的傳統與積澱，與當時已然是世界主流的資本主義文明（或是其標榜的基督教文明）的習俗風氣格格不入，於是他們筆重墨濃地把這些根深蒂固的節俗描畫成充斥「異教」氣息、迷信色彩和偶像崇拜的「盛宴」。而這些正是宣揚所謂文明、進步的基督教及其福音使者傳教士們需加以拯救和改造的對象，於是他們對此總體上持否定和批判的態度。這種批判，在他們對福建社會存在的陋俗惡習的記述與評論中，表現得更為猛烈和集中。

第二節　「異教徒」的「罪狀」：地方陋俗事象

　　中國社會在漫長的歷史發展進程中，夾帶著許多落後陳腐、荒誕、醜陋的社會舊習，我們稱之為陋俗。其表現也是五花八門，諸如纏足、溺嬰、冥婚、賭博、卜卦等等。在古代封建社會時期，各種陋習惡俗長期活躍於歷史的舞臺，上演了一幕又一幕令人驚心動魄的場面。誠如學者所言：「這些陋俗，可以說是一種歷史積澱，一種面目可憎而又根深蒂固的文化沉渣」[29]。晚清以降，封建社會步入尾聲，各地陋俗現象大有愈演愈烈的跡象，社會上普遍存在著諸如纏足、溺女、抽鴉片、賭博等不良習俗，它們蔓延在中國社會中的各個角落，使本來就「病入膏肓」的晚清社會更顯得窘態百出。福建也是當時各種陋俗積重較深的地區之一。與此同時，來閩傳教士通過深入民間社會活動，獲取了有關閩地民間習俗的基本情況和第一手素材，其中就包含大量記述介紹福建社會盛行的各種陋俗行為。傳教士們在遊訪與考察過程中，對於福建民間種種陋俗惡習的存在甚至氾濫感到震驚，普遍認為是「異教」行為，甚至是罪惡的淵藪。這恰恰為近代來華傳教士批判中國人的「野蠻」和「異教」形態提供了「最好的」口實，為他們宣揚基督福音「拯救」中國增加了一塊重重的砝碼。

一　纏足陋習

　　纏足是一種摧殘婦女身心健康的行為，反映舊社會男權對女權的壓迫和奴役。福建在有清一代是纏足現象比較嚴重的地區之一。近代反纏足運動發起人麥嘉湖就是從廈門拉開解放婦女、提倡天足運動的序幕；著名反纏足領導人立德夫人也將福建作為反纏足是否取得成效

---

29 徐鳳文、王昆江：《中國陋俗》，天津市：天津人民出版社，2001年，〈前言〉。

的重點考察對象。這些都源於傳教士來閩後，發現福建民間社會存在著殘酷的女子纏足裹腳行為，這種聞所未聞、見所未見的景觀讓他們感到極為震撼。

對福建社會盛行纏足陋習關注最多和最著名者當推麥嘉湖。他不僅因首倡天足會而聞名[30]，其還是一位多產的著述者，他在所撰寫的多部論著中，都詳略有致地介紹到福建的女子纏足行為和現象。麥氏在華活動歷五十年，對中國社會風俗民情十分通曉熟諳，其中四分之三又是在福建土地上度過的，所以他的所見所聞和考察所得知識，主要是來自福建的經驗和事例。他對纏足在福建乃至在整個中國流行的程度感到驚訝：「在中國，只有兩個階層不纏足：女奴和船民，除此以外非常流行，在這個國家裡，最貧窮的人家和最富有的人家一樣，每個婦女都纏足」[31]；麥氏這裡提到船民，主要指的即沿江沿海地帶的福建船戶，女奴和船民屬於社會的最下等階層，她們並非不願纏足，而是沒有資格和條件纏。他還進一步敘述道：「在每個稍值得尊重的家庭，對於家中的女子來說，纏足被認為是一件絕對必要的事情。如果不這樣做將會把她們與女奴（婢女）搞混，女奴的雙腳是從不纏裹的，有小孩的社會地位十分低等的階層若迎合這種「文雅」的習俗，將不會被認為是貧窮的。通過大量的經驗事例可以發現，女孩必須在八歲（在她們雙腳尚能忍受巨大的痛楚前）就開始實施纏足，結果是使天足的自然生長受到破壞」[32]。由此可見，在麥嘉湖的視野中，纏足習俗已經滲透進上至達官貴人、下至平民百姓的家家戶戶，蔚然成為遍及福建社會的一種風氣。

四美主教在遊歷榕地、廈期間，就在城市中見到不少纏足女子的

---

30 參見李穎：〈基督教與近代中國的反纏足運動──以福建為中心〉，《東方論壇》2004年第4期。

31 John Macgowan, *How England Saved China*, London: T. Fisher Unwin, 1913, pp.15-16.

32 John Macgowan, *Sidelights on Chinese Life*, p.59.

場景，「福州城裡很多一步三搖的嬌小女子，這裡從小纏足的習俗雖不
像北方城市那樣普遍，但也十分常見，不受這種酷陋習俗傷害的女人
為少數，主要是滿族女子、江上的船戶以及下層社會的女人」[33]；盧
公明也言說：「據說這個城市（福州）有超過十分之九的本地婦女都
是小腳。有人認為，如果不是因為貧困，所有這一代和上一代的婦女
都會是『三寸金蓮』……關於女童纏足，中國沒有相應的法律規定。
纏足不過是一個習俗，卻有其驚人的普及力」[34]。一位英國僑民講述
他在福州的觀感，對女子小腳印象頗深：「任何人在描述中國婦女時
都會寫到她們蹣跚搖晃的小腳，所看到不纏足的是福州鄉村農婦，挑
著超過一百磅的擔子也能健步行走」[35]。英國聖公會婦女布道會在建
寧府傳教時，也發現閩北地區纏足現象頗為嚴重：「在六歲的時候差
不多每個女孩就要經歷將兩隻腳裏綁起來的痛苦，就是為了要將雙足
縮小到『正確』的和『流行』的尺寸。女鞋大小只有兩英寸半長！為
了讓它們能夠穿得下這樣的小寸鞋，雙腳被束縛得緊緊繃繃的，四隻
小腳趾被摺捲在腳底部，一段時間後變成一個部分，腳後跟於是向前
突出。這種折磨行為要忍受極大的痛苦，兩年後腳被壓迫得粉碎變
形，停止生長（實際已壞死），這些難以用語言形容，只能通過想像
去體會」[36]；英國長老會傳教士仁信在描述自己所處活動區域——閩
臺地區（主要是廈門和臺灣）民眾與社會習俗等情況時說：「纏足這
一愚蠢的行為之盛行是另外一個解釋中國婦女為什麼極為缺乏潔淨的
明顯的原因。一個跛足的民族很難被期待會成為潔淨的典範」[37]。

33　〔英〕施美夫著：《五口通商城市遊記》，頁283。

34　Justus Doolittle, *Social Life of the Chinese*, Vol. II, pp.201-202.

35　*Twelve Years in China, the People, the Rebels and the Mandarins*, by a British resident, Edinburgh: Thomas Constable and Co., 1860, p.22.

36　Irene H. Barnes, *Behind the Great Wall: the story of the C .E. Z. M. S. work and workers in China*, pp.12-13.

37　Jas. Johnston, *China and Formosa*, London: Hazell, Watson & Viney, 1897, p.35.

　　纏足使女性身心遭受巨大的迫害，給舊時成千上萬的女子帶來了折磨、桎梏、災難和痛苦的回憶。近代著名閩籍翻譯家林紓曾作詩歎道：「小腳婦，誰家女，裙底弓鞋三寸許，下輕上重怕風吹。一步艱難如萬里，左靠嬤嬤又靠婢，偶然蹴之痛欲死，問君此腳纏何時，奈何負痛無了期……」[38]，可謂真切地道出晚近中國婦女的悲慘境地。對於纏足行為的過程給女性帶去身心兩方面的痛苦和折磨，傳教士們有更為細緻的描繪。

　　如前述所，聖公會女傳教士認為「（纏足）這種折磨行為要忍受極大的痛苦」，而這種痛苦更為具體的表現究竟如何？我們可通過盧公明的下述描繪進一步體會：「纏足必定是疼痛的。腳的肌肉和皮膚常常因此而綻裂。由於腳必須時刻用繃帶緊纏著，因此，除非對腳進行適當的料理與照顧，否則，纏足引起的腳傷是很難治癒的。若為了讓腳更快地變小而太過心急，過緊地纏綁雙腳，將造成劇烈疼痛。女孩子如果在十二至十五歲仍未纏足，則很難讓她們的腳達到理想的外形。因此，為達目的所付出的努力將使女孩痛苦萬分。此時腳骨已經長硬，而且幾乎已不能再長。儘管如此，年齡較大的女孩，腳指頭也要緊壓著，腳的其餘部分在很大程度上保持原形，腳尖強行擠入鞋內，再用一塊木頭支撐腳跟，其他部分則按一般方法纏繞住。穿上這種鞋，這些纏了腳的女子看上去就特別顯高。正如上述所言，她們在很大程度上靠腳尖站立和行走，這使她們顯得比別人高出很多。小腳女子無法紮紮實實地行走。因為她們走起路來搖搖晃晃。她們的步子小而快，很少能大踏步行走。即使身體十分強壯，她們仍拿不動重物，也不能輕鬆自如地從事需要來回移動的體力活兒」[39]。可見，纏足不僅在生理、身體上摧殘女性的自然生長，導致行動的不便，還從

---

38 林紓：《閩中新樂府》，〈小腳婦，傷纏足之害也〉。

39 Justus Doolittle, *Social Life of the Chinese,* Vol. II, pp.199-200.

幼兒時代就給女孩們製造了痛苦的回憶，成為女性心中揮之不去的遭
受迫害的夢魘。

　　傳教士們還觀察到，纏足還容易引起疾病的發生。麥嘉湖本人曾
經經歷過許多因纏足致死的個案；布萊森夫人（Mary Isabella Bryson）
在描述中國的兒童生活時也說，「裹腳時失去一兩個腳趾是很平常的
事」[40]；福州美以美會婦女大會的會議記錄和報告提到，在福州的美
以美會開辦的婦幼醫院，也發現不少病人因纏足導致腿部潰爛[41]。從
醫學和生理學的角度而言，纏足是絕對有害的。

圖七　纏足圖　　　　　　　　　圖八　三寸金蓮

圖片來源：J. Macgowan, *How England* 　圖片來源：Edwin Joshua Dukes, *Everyday*
　　　　　Saved China. 　　　　　　　　　*Life in China or Scenes along*
該照片真實地反映了纏足的可怕情景。　　*River and Road in Fuh-kien.*
　　　　　　　　　　　　　　　　　　該圖片直觀地描畫了古代女子的三寸金蓮
　　　　　　　　　　　　　　　　　　樣貌。

---

40 約·羅伯茨編著、蔣重躍等譯《十九世紀西方人眼中的中國》（北京市：時事出版
　　社，1999年），頁114。

41 *Minutes of the Tenth Session of the Foochow Woman's Conference of the Methodist*
　　Episcopal Church, Foochow, 1894, p.13.

　　透過傳教士的視界，可以看出他們對福建的纏足陋習有著直觀的見識和較為深刻的瞭解，他們在檢視和聲討這種戕害女性身心健康與壓迫女權的行為的同時，進一步用西方文明和文化的標準來衡量這種「不文明」的「野蠻行為」，為他們宣揚基督教倡導婦女自由權利等觀念，提供反面的批判證據，更進而激發了他們改造這種陋俗的實踐行動[42]。

二　溺嬰惡俗

　　溺嬰，意指將初生兒投置水中淹死，往往擴大解釋為一切侵害初生兒生命的行為。這是一種古老的封建惡俗。福建在歷史上是一個溺嬰現象較為嚴重的地區。有清一代，溺嬰現象在福建甚為熾烈，溺嬰主要表現為溺棄女嬰，一般也稱溺女。據統計，清代福建有十九縣及六府廳記錄了溺女之事，情況是相當嚴重的[43]。對於溺嬰這一令人髮指的惡陋習俗，傳教士給予了最為集中的注視和關切。

　　最早發現福建存在溺嬰現象的是德籍傳教士郭士立，他在其一八三一至一八三三年的航行記錄中記述了他在廈門海岸的見聞：「在廈門人當中有一種普遍的習俗，就是將剛生下來的女嬰溺死，這種有違天理的犯罪在他們中間是如此普遍」[44]。郭氏所目睹的是其偶見之現象，並據其聽聞作出簡單的推斷。真正對福建溺嬰之俗有較深刻認識並最早進行調查的是雅裨理。雅氏在廈門傳教期間，經常到廈門城及周圍地區進行考察、布道並派送宗教書籍，並主要在下層群眾中傳教。

---

42 詳參李穎：〈基督教與近代中國的反纏足運動──以福建為中心〉，《東方論壇》2004年第4期。

43 汪毅夫：〈清代福建的溺女之風與童養婚俗〉，《東南學術》2007年第2期。

44 Charles Gutzlaff, *Journals of Three Voyages along the Coast of China in 1831, 1832 & 1833*, Second Edition, p.173.

在長期與普通老百姓及其他社會階層的交往過程中，他通過一系列的
走訪和交談，記錄了福建沿海地方社會存在著的溺嬰陋俗現象，通過
對廈門周邊地區以及泉州、漳州府各縣份溺嬰現象所作的考察情況，得
出了「若這些地區的被訪者所言屬實的話，有理由擔心至少有四分之
一即百分之二十五的女嬰在剛出生時就被溺殺」[45]的觀點。雅裨理可
以說是最早對福建溺嬰現象進行調查且最為深入細緻的一位。近半個
世紀後，這種局面依然沒有改觀，畢腓力在其著述中再次記道：「溺嬰
在這個地區流行的程度有多大還很難確定。但許多小女嬰在出生時就
被扼死，即不被允許存活在這個世上是確定無疑的」[46]。

圖九　嬰兒塔

圖片來源：W. S. Pakenham-Walsh, *Twenty Years in China.*
嬰兒塔是封建時代民間社會上盛行的溺嬰惡俗的產物，晚清福建鄉村野外時常可
見這類景象，反映了當時福建社會溺嬰陋俗的普遍存在和屢禁不止。

45 *Chinese Repository*, Vol. 12, p.542.
46 P.W.Pitcher, *In and About Amoy*, p.42.

　　此外，盧公明也對福州地區溺嬰情況有所記載：「在福州及其附近地區弒女嬰現象十分盛行，而政府卻採取的是姑息的態度……一八六一年春，一位傳教士家的女傭承認其丈夫曾殺害過她兩個剛出生的女兒；另一家的一位女傭她自己也差點剛生下就被殺死，後來因為沒有成功（鄰居勸說這是上天預示不能殺她）才逃脫厄運；還有一個傭人的親戚親手殺害了八個孩子中的七個女兒……」[47]。麥嘉湖除了對纏足有深刻認識，也對溺嬰作了相應介紹。他通過與各類民眾交談瞭解溺嬰的狀況，「這裡，有一種比纏足更為嚴重的災難發生在小孩身上。我們震驚地發現摧毀小女嬰生命的行為在每個社會階層廣泛地發生」[48]。著名傳教士漢學家衛三畏在其巨著《中國總論》亦言：「興化府在泉州和福州之間……這裡人們有個不好的名聲，流行溺斃女嬰，比其他地方更為嚴重」[49]；英國長老會傳教士們在閩西客家地區傳教時曾對當地社會進行考察，在一次訪問歸途與婦女交談，「一位家庭主婦告訴我們說她殺害了兩個女嬰；另一位說殺害了三個；第三位婦女伸出五個指頭說她殺死了這個數」[50]；等等。總之，傳教士論著中記述福建溺嬰現象的言論舉不勝舉。

　　傳教士們在高度關注福建溺嬰盛行之現象的同時，對於溺嬰行為所產生的原因也作了一定的調查和論述。在傳教士眼中，溺嬰是有違人性的逆行。但為什麼這種行為會在福建這一東南沿海地區頻繁發生，氾濫成風呢？通過考察，他們認識到如下幾個因素：

　　一、貧窮。傳教士們發現，當他們問到被訪者為什麼會忍心將女嬰溺死，很多人都以貧窮為藉口，這部分人主要是經濟拮据的窮人。

47　Justus Doolittle, *Social Life of the Chinese,* Vol. II, p.205.

48　J. Macgowan, *How England saved China?*, p.107.

49　〔美〕衛三畏著，陳俱譯：《中國總論》（上），頁94。

50　Band. Edward, *Working His Purpose Out: the History of the English Presbyterian Mission, 1847~1947*, London: Publishing Office of the Presbyterian Church in England. 1947. p.272.

雅裨理在一八四三年十二月二十八日的日記中記道:「今天有一個來自十二至十四英里外的村民前來……他坦白自己曾殺害四個女嬰,只有一個留活了下來。貧窮是他的藉口」[51];四美認為「殺死女嬰的比例完全取決於個人的貧困狀況」[52];盧公明也認為,窮人殺死女嬰是因為貧窮,「有時父母為了避免蒙羞或過貧困的生活寧願將女兒殺害」[53]。貧窮可謂是溺女行為最為直接的原因,康熙《松溪縣志》記:「凡貧民生子不能畜者,多溺不舉,而女尤甚」[54];道光《福建通志》也記:「貧家溺女之風尚未盡革」[55]。晚清時期福建人口增長達到歷史高峰,人口增長過快與耕地不足的矛盾突出,導致民眾貧困狀況的普遍出現[56]。「窮而俗敝」,這也是傳教士認識福建溺嬰現象緣何發生的第一反映。

　　二、嫁妝(彩禮)過重。福建婚俗有一個不良現象是女子出嫁的嫁妝耗費巨大,這成為溺嬰流行的一個重要原因,這在清代地方文獻亦提及最多。如乾隆年間勒石的〈(廈門)普濟堂碑記〉有文:「閩人習俗,凡女子遣嫁,夫家必計厚奩,故生女之家,每斤斤於日後之誅求,輒生而溺斃」[57];又如乾隆《長泰縣志》記:「重門戶,侈妝奩,中人家行嫁,無明珠翠羽之屬,卒以為恥,故愚拙之民生女多不舉」[58];又有「婚姻以資財為輕重,或至溺女傷骨肉之恩」[59]等等,不一而足。傳教士也敏銳地觀察到此一重要因素。雅裨理在調查報告中

---

51 *Chinese Repository*, Vol. 13, p.234.

52 《五口通商城市遊記》,頁355。

53 Justus Doolittle, *Social Life of the Chinese*, Vol. II. p.206.

54 康熙《松溪縣志》,福建省松溪縣地方志編纂委員會1986年7月整理本,頁268。

55 道光《福建通志》卷55,「風俗志」。

56 參見趙建群:〈清代「溺女之風」述論〉,《福建師範大學學報》(哲學社會科學版) 1993年第4期。

57 民國《廈門市志》(北京市:北京方志出版社,1999年5月),頁465。

58 乾隆《長泰縣志》,福建省長泰縣地方志編纂委員會,1990年2月整理本,頁268。

59 道光《建陽縣志》,福建省建陽縣地方志編纂委員會,1986年7月整理本,頁112。

提到：「我問他（被訪者）一個如此富足而能夠撫養子女的人為何也有如此殘忍的行為（指溺嬰），他說這樣的人要花費相當大的一筆錢於嫁妝、飾品和彩禮，他不願意奉送這樣一種有去無歸的損失」[60]；盧公明也認為一般家庭「到了女兒出嫁，父母會給她們一定的家具和衣服作嫁妝」，窮人往往因「很難培養一個女兒直到讓其出嫁」而採取溺嬰行為。可見，在傳教士看來，不論窮人或富人，婚資嫁妝亦是導致他們溺嬰的一大原因。

　　三、**重男輕女思想**。傳教士們還認為，溺女現象的發生還因為中國家庭瀰漫著男尊女卑、重男輕女的觀念。盧公明記道：「兒子是父母年老時的依靠，他保留了這個家族的姓氏，而且，更重要的是，父母死後他可以在父母的供壇前點一炷香，為父母掃墓並供奉父母……女孩則可以因為一個簡單的原因『家裡不需要女孩』而遭到溺殺，多麼冠冕堂皇的理由！」[61]麥嘉湖在通過與一位中國婦女交談也發現了百姓家庭中這種封建思想，麥氏對婦人所言記錄道：「我們女人想要男孩兒不是女孩，因為我們的丈夫和婆婆渴望要男孩。我們若生男孩將更受寵愛，在家裡的地位也會提高。我們的尊嚴和威望也會增加」[62]。可見，傳教士們對這種典型的封建家庭倫理思想也有一定的認識。

　　四、**地方官員與知識分子的漠視**。盧公明觀察到，在福州及其附近地區弒女嬰現象十分盛行，而政府卻採取的是姑息的態度。人們對這一罪行的盲目、冷漠與輕率令他震驚。他說道：「雖然『實際上溺嬰不被政府直接認可，也不與法律精神相一致的』，但清朝官員的態度還是容忍與默許的。他們沒有採取任何措施查找和懲罰那些罪犯，官員雖時不時發一些禁止溺嬰的布告，但這類犯罪行為仍廣泛、不受懲罰地進行著」[63]；英國長老會傳教士倪為霖（W. McGregor）也認

---

60 *Chinese Repository*, Vol. 13, p.545.

61 Justus Doolittle, *Social Life of the Chinese*, Vol. II. p.207.

62 J. Macgowan, *How England saved China*, pp.110-111.

63 Justus Doolittle, *Social Life of the Chinese*, Vol. II. pp.208-209.

為：「（在同安）儘管官員有時會發布法令禁止溺嬰，但他們從不採取任何措施來保護對這些禁令的關注」[64]。而文人士紳亦表現出默認和習以為常的態度，麥嘉湖對於儒家知識分子對溺嬰現象所持態度感到失望：「最有才智、擁有最高文化水平的人以及那些浸淫於儒家倫理道德的人對於殺害嬰孩毫無感覺，麻木不仁」、「公眾意識已經完全泯滅了」[65]；倪為霖也認為：「受過教育的中國人雖然在言論上譴責溺嬰行為，但在實際上並未將此事視為道德的缺失。還有可能實踐之，或者允許其家庭實施這一行為」[66]。正是這種權勢階層的姑息和忽視，加劇了溺嬰行為的盛行。

　　五、其他原因。通過訪談，傳教士還瞭解到福建溺嬰流行的一些其他因素。如英軍的入侵。雅裨理在一八四三年四月十五日與廈門海防官員的交談中得知，在英軍侵占廈門之前，溺嬰行為較少，英軍入侵後，棄嬰收養院關閉，貧窮增加，溺嬰在更大範圍流行[67]。廈門育嬰堂碑文記：「廈門之有育嬰堂，自乾隆年間始。洎道光二十年，英夷內擾，蕩然者久矣」[68]，由此似可證之。又如父母不願將女嬰賣出或送人而寧願將其溺死，因為他們擔心「小孩會受到虐待，或被不良的企圖養大成人。日後還要付出一定的費用和遇上麻煩」[69]；再如傳教士還發現溺嬰行為還摻雜諸如靈魂轉世等許多封建迷信思想；等等。

　　對於溺嬰現象在福建廣泛存在，傳教士們在震驚之餘無不對之表示憤慨和批判。在雅裨理、盧公明、麥嘉湖等人的論著中，充斥著

64　Geo. Hughes, "Female Infanticide", *The China Review*, Vol. 2, No. 1 (Jul. 1873).

65　J. Macgowan, *How England saved China?*, pp.110-114.

66　Geo. Hughes, "Female Infanticide", *The China Review*, Vol. 2 No. 1 (Jul. 1873).

67　*Chinese Repository*, Vol. 13, p.543.

68　民國《廈門市志》（北京市：北京方志出版社，1999年5月），頁465；又見〔美〕丁荷生、鄭振滿主編：《福建宗教 碑銘匯編》（泉州府分冊），北京市：福建人民出版社，頁1259。

69　*Chinese Repository*, Vol. 13, p.547.

「殘忍」（cruelty）、「野蠻」（barbaric）、「異教的」（heathenish）、「非人道」（inhumanity）等詞彙，似乎用再激烈的字眼來形容也不為過。由此引發近代來華傳教士對溺嬰惡俗的猛烈批判，並提升到對女性的性別壓迫與桎梏的層面，進而提出標榜男女平等思想的基督教文明作為根本的拯救之道云云[70]。

三　吸食鴉片問題

　　十九世紀中葉，西方鴉片如潮水般湧入中國，鴉片煙毒的氾濫幾達無孔不入的地步。抽鴉片遂成近代社會史上一大陋俗現象，並像一顆毒瘤一樣，蔓延在中國社會各個角落，腐蝕著晚清帝國龐大的身軀。晚清時人吸食鴉片人數之眾、範圍之廣，幾乎遍及社會各階層和各省份。晚清時期福建是受鴉片毒害最深的省域之一，著名禁煙領袖林則徐就是因在家鄉福州目睹吸食鴉片氾濫成風而呼籲禁止販煙吸煙和痛下決心嚴禁鴉片的輸入。當時鴉片流毒在福建氾濫成災的程度究竟如何，有關中文史料並不乏記載，不過恐怕鮮為人們所知的是西方傳教士也大量記載了福建社會瀰漫著吸食鴉片的惡習，這些記載多從微觀細節的視角，為今人提供了一幅幅晚清時期閩人吞雲吐霧、煙館林立和鴉片給人們帶來種種災難的社會圖景。可以說，晚清來閩傳教士在步入閩地社會開展工作的過程中，首先直接映入其眼簾就是人們吸食鴉片成風的真實狀況。

　　四美主教於一八四五至一八四六年在榕、廈兩地遊歷考察期間，親眼目睹兩個城市吸食鴉片盛行的狀況和煙館明的暗的開設的場景。例如，在福州期間，他見識到：「目前，相當大量的鴉片從福州流往內陸各地。福州城內每日零售的鴉片也有四至八箱，城裡一半人口染

70　參見吳巍巍：〈近代來華西方傳教士對中國溺嬰現象的認識與批判〉，《江南大學學報》（人文社會科學版），2008年第6期。

上鴉片癮，甚至貧窮的苦力和乞丐都寧願節衣縮食，享受這一昂貴的奢侈品。城裡各處開設鴉片館，有上百家之多，外屋為私人住宅，內屋則為吸鴉片者者提供各種便利和用具。這些鴉片館常坐落在政府官員的住宅附近，警察和軍人也常常前去光顧」；而在廈門，情況也差不離，他說：「我在廈門逗留期間，多次詢問過抽鴉片的普遍程度及其影響，我們最先去的那爿鴉片屋，坐落在道臺府邸大門處不遠。一座四合院裡，有四、五間屋，人們躺在簡陋的長椅上，頭著枕頭，旁邊放著煙燈、煙管，以及其他抽鴉片的用品。屋主站在上房的一邊，用精確的提秤，稱量準備好的鴉片……那群人（癮君子們）中形形色色的人都有，個個面黃枯瘦，目光呆滯，眼淚汪汪，呆呆癡癡，頻頻乾笑……後來，我參觀了城裡各處三十幾爿鴉片館，有一爿鴉片館開在一個狹窄、陰暗、骯髒的地方，幾乎不適宜任何人進入，這爿鴉片館與棺材鋪相連，地方選的甚為適當」[71]。這最後一幕，真可謂黑色的幽默和諷刺。

　　長期在廈門傳教的麥嘉湖在其著作中也不止一次地描述吸食鴉片煙的氾濫現象以及鴉片給人身體與精神造成巨大傷害的細節場景：「如果一個有錢人染上了毒癮，當他需要吸食鴉片時，這種欲望便無法抑制……吸食鴉片的強烈的欲望使他的生活布滿了陰影，使他忘記了陽光、月亮和星星，使他忘記了家庭老婆和孩子，唯一的印象便是只知道一個可憐的自我……只要他的生命不止，他就不會成為一個自由人。如果吸鴉片者是個窮人，對於許多家庭來說都是巨大的災難。不論付出什麼代價，他都必須按時抽煙，而不顧其他人是死是活，他的老婆孩子可能衣食無著，但他的煙卻照抽不誤。為了抽煙，家裡的東西一件件被賣掉，直至家徒四壁。最後，他的孩子老婆都賣給了別人，這時，癮君子成了真正的孤家寡人」[72]。可見，在其筆下，無論

71　《五口通商城市遊記》，頁288、345。

72　John Macgowan, *Sidelight on Chinese Life*, pp.343-345.

富人還是窮人，各階層都難以擺脫鴉片的誘惑，一個個淪為癮君子，更導致妻離子散、家敗人亡的結果。

　　而吸食鴉片給人更直接的傷害是對身體與精神的折磨，他對癮君子的描述是：「暗灰色的臉好像他的血液經過化學反映滲入別的顏料一樣，以至於我們無法辨認出他本來的面目⋯⋯他的臉十分消瘦，鉛灰色陰暗色調遍布羊皮紙般的皮膚，雙眼呆滯無光，遲鈍不堪，一幅無精打采的樣子」[73]；「吸鴉片的惡習對生命中那些原本美好而高尚的東西造成了越來越壞的影響。他弱化了人的道德觀念，使人在對毒品的瘋狂渴求中忽視了人的親情，從而變得極端自私」[74]。

　　據統計，一八八一年廈門大約有四二〇家鴉片館，每天有一千四百四十人在鴉片館服務[75]。參考傳教士的這些記述，我們可以更加肯定當時吸食鴉片的普遍程度。

　　盧公明通過長期在福州的工作生活和深入民間進行田野調查，對福州鴉片煙館林立、吸食鴉片氾濫的現象也深有體會，他說到一句很經典的話：「這裡的中國人有一句流行話叫『煙館比米店還多』。三、四年前，在某個居民區裡就有十二家鴉片零售店，賣米卻只有七家，而米在中國這個地方是百姓的主食。在城市和郊區的煙館數量據估算達幾千家之多。而當地人在細節上的估計則有很大的不同，他們大部分認可通過列出有大量的人變成了鴉片的奴隸來證明這一點」，作為奢侈消費的鴉片大煙卻比作為日常生活須臾不離的大米更為暢銷，以致出現煙館比米店還多的怪現象，這不能不令人慨歎。由此，他更進一步認為，「吸鴉片這種惡習成為這裡的人民在追求財富和幸福上的障礙已經有很長的時間了。這個城市的鴉片消費和帝國的其他地方一

73　John Macgowan, *Sidelight on Chinese Life*, pp.196-197.

74　《中國人生活的明與暗》，頁232。

75　廈門市志編纂委員會、《廈門海關志》編委會編：《近代廈門社會經濟概況》（福州市：鷺江出版社，1990年），頁242。

樣增長迅速，它所帶來的破壞也變得越來越明顯和越來越可怕」[76]。
衛三畏亦言：「據推測，（福州城）男性居民中有一半吸鴉片成癮，這
一有害的嗜好每年浪費了幾百萬元」[77]。

　　是什麼吸引人們跑來煙館消費？傳教士在觀察的同時也介紹人們
在鴉片館抽大煙情景，例如陸一約在描述鴉片館的情形時說：「房子
很長，供躺著的小屋子就在主要大廳中，並排於左右兩端」，他繼而
觀察到，「房子裡到處都是吞雲吐霧的吸食鴉片者，在一些房間中，
有兩到三個人肩並肩地躺在床上吸大煙……」[78]；盧公明也進一步記
述解釋說：「鴉片煙館裡有床榻可供購買製好的鴉片的客人吸食時使
用。在煙館裡經常會有兩個朋友相逢，面對面斜躺在榻上，在他們中

OPIUM-SMOKERS.

圖十　煙館抽鴉片者

圖片來源：Justus Doolittle, *Social Life of the Chinese*, Vol. II.
此圖是清末盛行於福建社會的鴉片煙鬼在煙館抽鴉片的情景。

---

76 Justus Doolittle, *Social Life of the Chinese*, Vol. II. p.355.

77 〔美〕衛三畏著，陳俱譯：《中國總論》，頁92。

78 Edwin Joshua Dukes, *Everyday Life in China or Scenes along River and Road in Fuh-
Kien*, p.164.

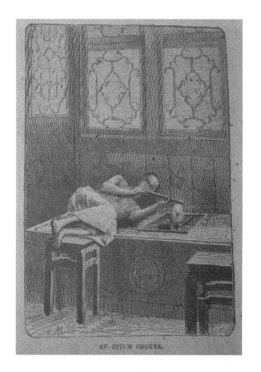

圖十一　鴉片煙鬼

圖片來源：J. Macgowan, *Christ or Confucius, Which? Or the Story of the Amoy Mission.*

晚清時期福建社會上抽鴉片風氣氾濫成災，不管富人窮人、男女老少，都深陷鴉片煙癮不可自拔。圖中的男子雖然已經因為抽鴉片而把身體搞得枯瘦嶙峋，仍然要不顧一切地抽鴉片煙。深刻地表明當時鴉片煙毒已經深入大清帝國的每一寸肌體，無數人因此病入膏肓，無藥可救。

間有煙燈和吸鴉片的用具。通常，他們的頭靠在枕頭上，互相為對方準備供他們共同使用的煙槍來吸鴉片。許多人為了方便的緣故，喜歡在賣鴉片的煙館裡吸煙」[79]。

　　據地方史志記載，「由於鴉片的大量輸入，隨之而起的就是煙館林立。當時福州的煙館，以南臺為最多，城內、倉前山也不少。大型

---

79 Justus Doolittle, *Social Life of the Chinese*, Vol. II, p.355.

的煙館，在南臺的有塢尾臥雲樓、上杭街亦桃園、橫街紫竹林、茶亭登雲天等……至於小型煙館，更是不可勝計」[80]。煙館的遍布和生意興隆說明吸食鴉片人群的龐大以及吸鴉片作為一種社會風氣，已經逐漸深入到成為人們日常生活的一部分，這個部分甚至比人們賴以生存的基礎「吃食」來得更為重要，無怪乎時人會發出「終日無事只燒煙」、「熒熒一燈，卜晝卜夜，吞吸無厭」、「上下床間聚鬼魔……買煙人比買糧多」的感慨。

抽鴉片作為一種氾濫成災的惡習陋俗，不僅表現在人們趨之若鶩，更在晚清福建社會演變為一種待客之道甚至是人際關係中的一項重要內容。對此，傳教士也有敏銳的覺察，「在談生意的過程中，或者在平常的聊天中，朋友之間經常會互相請抽鴉片。在一起抽抽鴉片已經變得很流行（用鴉片「招待」客人已經變成很流行的方式）。在上層社會裡，請客人或朋友抽鴉片可能已經達到和美國三、四十年前請朋友喝葡萄酒、朗姆酒、白蘭地等傳統的待客之道一樣普遍了。大多的當地商行有時會為他們的顧客或他們能找到的私人朋友隨時準備一些。病人經常會邀請最好的中醫在家裡抽上幾口，否則會被認為是招待不周（如果不這樣招待的話會被認為不禮貌）。清朝衙門裡的官員如捕快、皇家侍衛等人數眾多。這些人到誰家裡去辦事，如果不先招待一下鴉片的話總是會拖延或者是拒絕辦事，也不管這事有多急或有多麼的重要。許多富裕的家庭總是準備好煙槍和其他的鴉片用具以備應付這種風氣的要求」[81]。可見，在受西方人際交往觀念支配的傳教士眼中，吸食鴉片在福建社會的流行，已經深入到日常生活當中，滲透於人們的日常待客之道與處理人際交往關係等層面，這使他們深感吃驚。

80　《福州地方志：簡編》（上），福州市政協文史資料工作組，1979年刊印，頁147。
81　Justus Doolittle, *Social Life of the Chinese*, Vol. II, pp.351-353.

四　賭博成風

　　賭博是一種有著悠久歷史的固陋習俗，體現了中國人性格中好玩懶散、僥倖投機的灰暗一面。美國傳教士明恩溥在其名著《中國人的氣質》中指出，「中國人以飲（飲酒）、食（飽食）、男女、賭博為四大惡德」[82]，其中賭博可以說是這四項醜惡品性中最為頑劣者。晚清時期，賭博之風在福建社會各階層氾濫蔓延，無論男女老少，都「群然好賭」，如閩南一帶「賭風盛行……自膏粱貴介、赤兵腳夫至儒冠，亦不免焉」[83]；又如福州在晚近時期「賭風甚盛，自上流以至下流莫不皆然」[84]。可以說賭博風氣瀰漫在社會各個角落，隨處可見。晚近傳教士步入閩地社會，這方面景觀也逐漸呈現在其眼前，在他們著述中也留下許多關於賭博陋俗的記載。

　　一八四六年一月底，時值中國農曆新年（即春節）的歡慶時期，在此舉國狂歡期間，四美恰在廈門作考察逗留，目睹了年節期間慶祝熱鬧的場面，其中就含有地方民眾聚眾賭博的場景，「在這個普天同慶的節日裡，所有人的時間都分別花在大吃大喝、燃放爆竹、聚眾賭博之中。這是這個國家的歡慶節日。不過，接下去的半個月當中，賭博成了最主要的事。法律暫時停止實施，五天之內顯然對這一惡習予以寬容。因而，整條街上都擺滿了賭桌。有些賭桌只有孩童看管著，根據雇用時間長短，付給他們賭注的百分之幾。大聲的爭吵聲，在其他時間相對較少，現在到處可以聽到。即使是寺廟，在這個季節也不能倖免於人們的這種狂熱」[85]。

82　〔美〕明恩溥著、佚名譯，黃興濤校注：《中國人的氣質》（北京市：中華書局，2006年），頁46。

83　乾隆《馬巷廳志》，卷11〈風俗〉。

84　〔日〕野上英一著、徐吾行譯：《福州考》，1962年手稿本，頁185。

85　《五口通商城市遊記》，頁331。

　　麥嘉湖通過幾十年在閩南地區的工作生活，對閩南人尤其是廈門地區賭博之風印象深刻，並在其著作中屢屢描述這一現象，記載他在廈門等城市街頭巷尾所見到的賭博行為，如其所記：「我們再往前走，見一個男人坐在一張低矮的圓桌旁，桌上有一只白瓷碗，一群人蹲在他的周圍，正以焦急的目光盯著這個負責把三四個骰子擲入碗中的人。一眼就能看出他們是一夥賭徒，他們陰沉沉的臉上露出了極強的占有欲，眼裡則反射出一種病態的被壓抑的光。他們看著骰子落下，並以最快的速度算出上面的點數，這是一種最有吸引力的賭博方法。賭徒們可以用最快的速度把骰子一次次擲入碗中，神態自若地數出上面的點數。賭博時，這夥人聚在一起，不出一聲……」[86]，在麥氏筆下，賭博者所呈現的面貌讓人不免感受到作者對社會和人群面相極盡詆毀與妖魔化書寫的文化心態，這是他們西方中心本位的文化觀照的常態流露。不僅如此，麥氏還進一步認識到禁賭法令、官員與賭博三者微妙複雜關係，他說：「地方統治者完全認識到中國人賭博具有毀滅性的趨向，他們『適宜地』制定最嚴厲的條文來加以禁止和限制。僅僅有道德上的成果說教並不能阻止人們心中對賭博的熱情，人群每次都能在官兵來之前以瘋狂的速度散開並毀壞賭具證據。無論一位官員多麼有精力來施行規則條例，無論禁止賭博的法律被多麼嚴格地執行，無論人們多麼擔心公開地陷入這種全國性癖好。然而，當碰到的是一位懶散的官員且其本人也是一個賭徒，人們就會感到像解脫韁繩一樣，沉浸在狂熱的興奮的賭博爭吵聲中，完全忽視任何其他的事情，恨不得整個人都鑽進紙牌和骰子中去」[87]。

　　在省城福州，賭博現象在傳教士筆下更是無孔不入、無奇不有。這方面可以盧公明的記錄為代表。由於長期深入福州民間社會進行觀察和訪談，盧公明對福州民間形形色色的賭博現象有著深入細緻的瞭

86　《中國人生活的明與暗》，頁202。

87　John Macgowan, *Sidelight on Chinese Life*, pp.327-328.

FRUIT-SELLERS GAMBLING.

圖十二　　水果攤小孩的賭博

圖片來源：J. Macgowan, *Sidelights on Chinese Life*.
熱衷賭博是中國人固陋積習之一，晚清福建社會的賭博之風亦十分興盛。該圖顯示的是賣水果的小孩們用賭博來打發時間的情景，表明當時賭博現象可謂是隨處可見。

解和認識，在他的筆下，我們可以深刻感受到一股瀰漫於福州街頭巷尾各個角落的賭博成風的氣息。通過走街串巷的觀察，盧公明發現福州民間的賭博手段是花樣百出、氾濫成風。為此，他選取了幾種常見的民間街頭賭博方式進行了詳細的介紹，這些賭博方法包括：字謎賭博、抽籤賭博、轉盤賭博、竹筒賭博與彩票賭博等等；賭博者包含大量社會各階層人群，就連許多整天在街上叫賣各種甜點或醃製的水果的男孩子也常用賭博來賺錢或賭他們所賣物品，由此可見賭博行為之「興盛」。關於盧氏對這些賭博的細節描寫將在後文展開，總之，在盧氏的筆觸下，為世人展現了一幅晚清福州民間社會賭博成風的社會圖景。作為一個外國人，盧氏對各式各樣的賭博行為一一收納於筆尖，雖然只是表面的觀察和描述，但細細一想，這些形形色色的賭博

方式直至今日不是還很熟悉麼？原來我們的老祖宗早就懂得各種賭博的玩法，並流傳至今。傳教士這些不厭其煩的記錄，往往是中國人司空見慣不屑記述的，卻為我們瞭解當時賭博的細節和時人的社會娛樂生活提供了不可多得的第一手資料，亦可彌補中文史料之不足。

五　蓄婢現象

　　蓄婢現象在中國封建社會中廣泛存在，反映等級社會窮苦女子沒有人身自由，完全歸屬主人家庭的悲慘命運。婢女在主家常遭受非人道的欺凌和壓迫，過著牛馬不如的生活，是社會最底層的勞苦階級。晚清來閩傳教士亦發現到這一現象，這種景觀一旦進入他們的視野，在標榜女權和人人平等自由的西方人觀念比照下，傳教士們無不認為買賣和蓄養婢女（或稱女僕、女奴）行為堪稱社會一大陋俗現象，需加以改良。

　　汪毅夫教授曾論述晚清閩臺地區婢女的幾種命運：「（1）婢作夫人（男女奴婢結合），執役依然；（2）野合生子，去子留母；（3）身屬君（主人）家，去母留子；（4）為女不為婦、未嫁若未亡」[88]。種種慘境，說明在封建社會中婢女階層毫無人身自由，只有任意聽隨主人家庭的擺布和支配。

　　在傳教士的筆下，也印證了婢女、女僕在主家沒有人身自由權，完全聽任其家主支配使喚的命運。盧公明考察發現：「富貴人家、官吏家中的奴隸多為女性。據說很富有的家庭擁有幾十個女奴。這個巨大的數字並非尋常；但據報導許多有錢人家有六、八、十個女奴是不足為奇的；或者，一般說來，所有付得起錢的人家，若需要幫助就要

---

[88] 汪毅夫：〈赤腳婢、奶丫頭及其他——從晚清詩文看閩臺兩地的錮婢之風〉，《福州大學學報》（哲社版）2007年第1期。

一個或更多的女奴。人們認為，買一個女奴比花錢雇一個女工來照看孩子做家務合算得多。儘管是花錢買來的，然而主人待她們倒很像西方人對待雇來的女傭一樣，所不同的是這些女奴沒有工錢，但衣食由主人包辦。她們被視為是一項安全的投資，因為主人一旦變窮就可將其轉賣給他人為妻或為奴。女奴到了適當年齡，主人就會將其許配給一戶人家，也就是必須把她送給或賣給另一男子為妻。到了一定時候，主人將不再讓她們服務。女奴一旦出嫁就不再受人控制，包括她將來可能有的孩子。到那時她就不再是奴隸，而是丈夫的妻子，與丈夫平起平坐。儘管如此，只要她同意，她還是可以賣給別人作妻子。有時男人從女奴的父母或他人處將其買來，娶其為妾。經過約定俗成的公共典禮後，她將成為這個家的妻子或小妾。有時，買主很喜歡女奴，就收為女兒。出嫁時，請柬、結婚蛋糕、新娘椅等一應俱全，不像嫁親生女兒一樣，但與出嫁尋常女奴大為不同。自然也不會讓丈夫出錢買」[89]。可見，在盧公明筆下，婢女就如同一件商品一樣，被其所屬家庭任意買賣、許配甚至是贈送，這些記載進一步加深了我們對蓄婢這一現象的直觀認識。

　　婢女的險惡處境引起傳教士們的高度關注，正是在對婢女的悲慘境遇表示同情和批判的文化觀照下，傳教士們認為這樣不人道的行為應該被廢止，要在上帝與教會之愛的照耀下得以改觀，他們認為：「我教會自昔及今視居奴蓄婢殊為殘忍之事，論買人為奴婢、賣人為奴婢或蓄奴婢如同財物，實違上帝之律法，逆天理之自然，悖救主所命愛人之法」[90]。正是基於這樣的理念，他們積極組織發動「廢婢運動」。到了二十世紀初，這種運動的呼聲逐漸形成一定的規模和體系，至民國時期福州美以美會頒布《廢婢運動決議案》明確指出要嚴

89　Justus Doolittle, *Social Life of the Chinese*, Vol. II. p.210.

90　《美以美會綱例》，福州美華書局活版，光緒二十一年，頁20。

格取締婢女制度，勸誡蓄婢人放棄蓄婢，要求「換其姓名，常視其為己女使其衣食飽足，使其受自己兒女所受同等之教育，輟學後年齡達到婚配時當求其同意為之擇配」[91]；還有擇配時不能賣之為妾、索要嫁妝等。這些措施，表明教會在強烈譴責蓄婢惡習的同時，從提倡女權平等的角度進行解放底層女性桎梏的實踐活動，這是具有一定進步意義的。

六　女性桎梏與停葬舊俗

在長期的生活和考察過程中，傳教士們還觀察到福建民間社會在婚姻、喪葬等日常習俗層面，存在著各種禁錮女性自由平等權利和其他方面的固陋現象，這些時人見慣不怪的風俗習慣，在他們眼裡卻是充滿蒙昧與罪惡，這些婚葬陋俗在其筆下有較多方面內容，茲舉述如下：

(一) 父母包辦

如前所述，美部會女教士唐爾雅揭示道，「婚姻大事由年輕人的父母或親屬決定和安排」；另一位女傳教士洪小姐也認為，「婚姻是由父母安排的，在兩位相關人的父母同意下，通過一場無趣的會面而談成。不僅兩位有婚約的男女互不認識，連他們的父母之間也從未曾謀面。測八字先生的肯定和滿足條件的財禮是兩個最基本的條件。父母包辦安排一切，在結婚那一天，兩位完全陌生的人根據婚俗慣例而結合。看起來這種結合的成功和幸福機率很小。一些事例表明，這樣的婚姻導致後來夫婦持續的吵嘴和不開心；至今未已，新婚夫婦適合於

---

91 《廢婢運動消息》，美會福州年議會宗教教育部基督化家庭與兒童年事業委員會編印，1936年出版，頁1。

另一方生活要採用一種不平常的和諧方式」[92]。在她們看來，這種婚姻不能帶給結婚的夫婦幸福，是極不科學和不可取的。

（二）童養婚

來閩傳教士發現，童養婚（即童養媳）現象往往表現為「由於過早地被許配，以至於一個八歲的男孩就有一個妻子——一個僅六個月的女嬰成為並不鮮見的事象，被選配的新娘子由她未來的婆婆帶走並與之生活在一起」[93]；「窮人家裡生了女孩，無力撫養或不願撫養，就往往會在女孩只有幾個月大或一兩歲的時候就送給（或賣給）生了男孩的親友家庭作為童養媳」[94]。

（三）守寡婚（冥婚）

「通常對於未婚喪夫之事，做父母的往往瞞不過女兒。在此情況下，大多數女子都願意再找一個男人，因此，也沒有人會反對或阻撓她。但也有人堅決不再嫁，寧願和未婚夫父母住在一起，為死去的未婚夫守寡，如果她心意已決，那家裡就必須為她準備好必要的家具和衣物，就好像張羅嫁妝一樣。東西都準備齊全了，就差人將她的整套家具和其他東西搬到夫家。家具上必須貼有白帶子，或裹上白布。連送婚隊也必須與她丈夫若在世應有的情況不同。儘管她前面也有支樂隊，也有提燈籠的人，她也穿紅衣服，但她不能坐四個人抬的大紅轎子，而要坐普通黑轎子或藍轎子。一到夫家，就要拜天地和家裡的祖先牌位。然後就換上喪服，到喪夫棺材邊痛哭悼念他，之後在約定俗

92 Floy Hurlbut, *The Fukienese: A Study in Human Geography*, p.117.

93 Irene H. Barnes, *Behind the Great Wall: the story of the C. E. Z. M. S. work and workers in China*, pp.13-14.

94 Justus Doolittle, *Social Life of the Chinese*, Vol. I. p.98；〔美〕盧公明著，陳澤平譯：《中國人的社會生活》（福州市：福建人民出版社，2009年），頁48。

成的期限內為喪夫弔喪，並繼續留在婆家，讓自己和外界相隔離，並像兒媳婦一樣服侍公婆直到去世，這就是封建倫理」[95]。根據汪毅夫教授的研究，晚清閩臺地區冥婚舊俗盛行，其中就不乏上門守貞（即守寡婚、「嫁於殤」〔未婚女性生者同未婚男性死者執行婚約〕），這在乾隆《福州府志》中有多例記載[96]。

（四）寡婦殉夫（貞潔牌坊）

晚清時期妻子殉夫的現象仍不時見於社會，盧公明發現，「有些寡婦在丈夫去世的時候決意自盡殉夫。中國寡婦殉夫，有的吞鴉片後躺在丈夫屍體旁邊，有的絕食而亡，也有投水的、服毒的，但從來不用印度人那樣自焚的方式。福州的地方風俗是在家裡公開上吊，事先通知別人，讓願意前來見證的人看著她投繯自盡……」、「按風俗如果

圖十三　一位中國妻子的殉節

圖片來源：W. S. Pakenham-Walsh, *Twenty Years in China.*
妻子殉節是中國封建社會固陋習俗之一，在傳教士筆下的晚清福建社會仍然可以見到這種現象，說明此一陋俗一直頑固地延續於近世。

95　Justus Doolittle, *Social Life of the Chinese*, Vol. I. p.103.
96　參見汪毅夫：〈閩臺冥婚舊俗之研究〉，《臺灣研究集刊》2007年第2期。

圖十四　貞節牌坊

圖片來源：《晚清碎影——約翰・湯姆遜眼中的中國》，北京市：中國攝影出版
　　　　　社，2009年。

貞節牌坊是為了表彰遵循封建禮教的婦女，就以國家的名義，對守節不嫁，且能
孝敬公婆、悉心撫育幼兒的婦女樹立貞節牌坊。在明清兩代最為盛行。如今，這
些貞節牌坊更多地成為古代社會禁錮女性自由平等權利的象徵物。

那些寡婦們和貞潔的未婚女子喪夫後殉情自盡，後人都會為之立牌
坊，前提是其朋友或親戚能申請到國庫的捐贈並願意自己再出一些錢
以籌集立牌所需經費。事實上，很少人能得到立牌坊的待遇，儘管那
是她們應得的」[97]。英國聖公會傳教士萬拔文（Wm. S. Pakenham-
Walsh）也注意到福建社會的寡婦殉夫問題：「我認為另一種有害的殘
忍的習俗（基督教信仰所完全制止和反對的）是中國人的活人祭
（suttee），或謂寡婦的殉夫」[98]。丁韙良也記道：「當一位妻子在丈夫

97　參見〔美〕盧公明著，陳澤平譯：《中國人的社會生活》，頁54；Justus Doolittle,
　　Social Life of the Chinese, Vol. I. pp.108-112.

98　W. S. Pakenham-Walsh, *Twenty Years in China*, Cambridge: W. Heffer & Sons Ltd., 1935,
　　p.92.

逝世時選擇自殺，她就會被譽為賢惠的榜樣，而且我已經聽說了按古
老的印度習俗殉夫自焚的兩個最新例子，一例發生在福州，另一例在
溫州」[99]。據學者研究，清代人們重視科第和旌表節孝，福建人尤其
嗜好，希望族女殉夫，把墓碑建在通衢要道上，異於他處的風俗[100]。

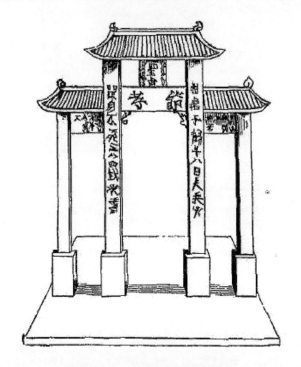

圖十五　貞節牌坊素描圖

圖片來源：Justus Doolittle, *Social Life of the Chinese*, Vol.1.
此圖係西方人根據自己對貞節牌坊的認識而作的素描畫，其圖案與文字形象生動，
頗為確切，從一個側面反映了晚清時西方人對中國文化的認知程度。圖中的「聖
旨」、「節孝」等字眼，準確地標識出貞節牌坊的關鍵內涵。舊時封建統治階級為
旌表節孝婦女，為其設立祠堂，稱為節孝祠。清代在各省、府、州、縣各建節孝
祠一所，祠外建大坊，凡節孝婦女由官府奏准旌表的都入祀其中，春秋致祭。

---

99 〔美〕丁韙良著，沈弘譯：《花甲憶記：一位美國傳教士眼中的晚清帝國》，頁81。
100 馮爾康、常建華：《清人社會生活》（天津市：天津人民出版社，1990年），頁474。

　　對於寡婦殉夫這一陋俗，福建省地方官員也深刻認識到這一問題給社會風氣造成嚴重危害，因而明確頒布法令禁止。《福建省例》記載：「閩省有等殘忍之徒，或慕殉節虛名、或利寡婦所有（當婦女不幸夫亡之日），不但不安撫以全其生，反慫恿以速其死；甚或假大義以相責，又或藉無倚以迫脅。婦女知識短淺，昏迷之際，惶惑無措；而喪心病狂之徒，輒為之搭臺設祭，並備鼓吹輿從，令本婦盛服登臺，親戚族黨皆羅拜活祭，扶掖投繯。此時本婦迫於眾論，雖欲不死，不可得矣。似此忍心害理，外假殉節之說、陰圖財產之私，迫脅寡婦立致戕生，情固同於威逼，事實等於謀財。」[101] 藉此也可印證傳教士對該問題之認知的敏銳性和時代意義。

（五）休妻

　　傳教士注意到，中國社會還存在休妻這一陋俗，男人可以以各種理由休妻，而妻子完全沒有反抗的餘地，處於失語的境地。盧公明記道：「根據古代的標準，中國的丈夫有七種理由可以休妻，但他的妻子卻沒有任何理由可以離開丈夫。權力都在男人手中。男人虐待妻子、做賊或是通姦，都不足以作為妻子要求離婚的理由。事實上，女子根本就沒有任何可以要求離婚的合法理由。如果你問一個中國人，婦女是否可以因為丈夫通姦或什麼理由要求離婚，他會覺得這個問題荒謬可笑。做女人就是要一輩子服從丈夫，任由他反覆無常，還要服從公婆的管束，除非死了或是被丈夫賣了，或就是被他休了。

　　男人休妻的七種理由是：一、（對公婆）不孝；二、通姦；三、妒忌；四、饒舌；五、偷盜；六、嚴重的疾病（如瘋癲）；七、不孕不育。據說如今受過教育的男人不會使用最後兩項作為離婚理由。除非是極端的例子，也有三種情況不允許男人休妻：第一，妻子曾與他一

起侍奉父母直至他們去世；第二，貧賤夫妻在丈夫變得富貴之後；第三，妻子的父母都已去世且沒有兄弟可以依附，她離婚後無處可去。

男人要休妻不必有政府官員在場作為證人，只要在自己家裡寫一張休妻文書就算合法。寫休書經常是在妻子的娘家、當著女方父母的面寫。但總的說來，中國人很少離婚」[102]。可見，在古代社會，這種「夫為妻綱」的封建倫理思想牢不可破，沿襲未已，嚴重束縛了女性在婚姻上平等的權利。

（六）納妾

古代男尊女卑和女性缺乏婚姻平等權利的又一表現為古人的納妾行為，盧公明觀察道：「富有的男人家中經常有一個或者多個妾，或叫『小老婆』。當然很多男人是因為沒有孩子，他的妻子才會同意他再娶第二個女人。生個兒子傳宗接代、繼承香火的願望在中國人的頭腦中是極為重要的大事。一般說來，只有身為丫頭『義女』的女孩才願意嫁給已有妻子的男人做小老婆，體面人家是不會同意女兒去給人家當妾的。妾必須服從正妻，要把正妻當作女主人對待，嫁過去的時候要給正妻下跪磕頭。婚禮當天她無權與丈夫一起拜天地，但要拜祖宗牌位」[103]。在傳教士眼中，妾的地位是比較低下的，在許多層面無法與妻子享受同等的權利，是為了滿足家族或男人的某種欲望或特定目的的衍生品。

（七）典賣其妻

福建歷史上此一陋俗甚為嚴重，明代馮夢龍在壽寧任上即記載了該現象：「或有急需，典賣其妻，不以為諱。或賃於他人生子，歲僅一金，三周而滿，滿則迎歸。典夫乞寬限，更券酬直如初。亦有久假不

---

102 〔美〕盧公明著，陳澤平譯：《中國人的社會生活》，頁53。

103 〔美〕盧公明著，陳澤平譯：《中國人的社會生活》，頁54。

歸，遂書賣券者」[104]；此俗至清代仍不絕如縷[105]。對此，晚清來閩傳教士也觀察道：「父母把可以孩子賣做奴隸，或賣給人收養。丈夫可以將妻子賣給別人為妻而非奴隸。丈夫若欲將妻子賣給另一個男子需先徵得妻子的同意。買主會得到一份注明買賣目的的文書」；「向活人購買他的妻子，購買者必須從賣方得到一份自願轉讓妻子的證明文書……轉賣妻子的事不算普遍，城內很少見，發生在農村的比較多些」[106]。

（八）停柩不葬

　　婁禮華在剛到達漳州時，就恰逢一例停柩不葬現象：「一對裝著死屍的棺材被擺在岸上，在一些樹影遮擋下，就這樣躺在露天的空氣中。他們將一直被放在那兒直到一個『吉日』的出現，屆時一個合適的埋葬地點將被尋得。死人的屍體常常要拖延數年不被安葬。其中的一個棺材已經暴露了過長的時間，以至於年久失修。但是中國人的迷信又不允許他們埋葬死者，除非是在一個吉利的時間和在風水先生指定的地點才行」[107]；英國聖公會教士胡約翰（John Richard Wolfe）在古田縣巡視教務時，也難免為城裡居民的停葬行為留下深刻印象：「數以千計的棺木占據著城牆內的空地，還有許多小屋建在棺木的上方，用來為死人們遮陽避雨」[108]；傳教士們還發現：「在葬禮儀式結束後，不能馬上進行埋葬，要一直等到『吉日』來臨；這時棺材就常常被放置在一間多年前就已建好的小型的『壽房』中，等待『吉日』

---

104 〔明〕馮夢龍：《壽寧待志》（福州市：福建人民出版社，1983年），頁52。

105 參見汪毅夫：〈性別壓迫：「典賣其妻」及其他──閩臺兩地的部分證言、證物和案例〉，載氏著：《閩臺地方史研究》（福州市：福建教育出版社，2008年），頁55。

106 Justus Doolittle, *Social Life of the Chinese*, Vol. II. p.210；〔美〕盧公明著，陳澤平譯：《中國人的社會生活》，頁54。

107 *Memoirs of the Rev. Walter M. Lowrie, Missionary to China*, p.217.

108 Eugene Stock, *The Story of the Fuh-Kien Mission of the Church Missionary Society*, 1882. 2nd edition, pp.184-185.

的到來」[109]。實際上，傳教士們所觀察到的現象，是福建民間盛行的在下葬儀俗中講究風水迷信的觀念，停柩不葬雖然還因財力不足和盡孝思想等原因，但其根本和最主要原因就是惑於風水之說，誠如時書所云：「人無智愚，惑而信之，俗稱為地師，聽其指擇。又拘年月日時……往往停柩不葬」[110]。

第三節　「偶像崇拜」的舞臺：宗教與民間信仰

福建是宗教文化的「博物館」，各大世界性宗教和本土民間信仰於此匯聚交織，可謂眾神狂歡的「宗教大舞臺」，演繹著數不清的神靈信仰與儀式崇拜之劇目大戲。早在元代，馬可波羅在福建遊歷期間，即被盛行於閩地的繁雜的宗教與信仰崇拜所深深吸引，驚歎福建乃是「宗教的王國」，是「異教」的「棲息地」。其看法一直延續到明末清初而未變。降至晚清，西方傳教士們通過其多方見聞，當然更多的是來自實踐經歷（即在閩遊歷和工作生活期間的實地考察），對晚清福建社會盛行的各種宗教信仰現象進行大量地描述與評論，為世人勾畫出一幅反映近代福建宗教信仰盛況的歷史圖卷。在他們眼中，晚清福建之宗教大省的形象依舊十分突兀，遍布各地的宗教場所和難以勝計的各類信徒反映著福建社會充斥「罪惡靈魂」的形象，是「異教」的淵藪、「異教徒之邦」，而這些正是基督教的上帝福音亟須予以拯救和改造的對象，是基督教普世主義的征服目標。

一　佛教與道教

福建佛教歷史淵遠流長，省內佛寺廟宇林立，信徒眾多。來閩傳

---

109 The Anti-Cobweb Club, *Fukien: A Study of A Province in China*, p.27.
110 道光《廈門志》，卷15，〈風俗記・俗尚〉。

教士對此一主要的「競爭對手」甚為關注，並將其作為「他者」的形象和角色納入「自我」的文化觀照體系中。他們注意到佛教在福建社會盛行的狀況和具體表現，並對佛教義理及宗教儀式活動、教徒日常行為生活等各方面作了介紹，並不時流露出基督教和西方思維的文化比較心態。

　　在來閩傳教士論著中，大多都含有記述佛教情況的有關篇幅和片段碎語，說明在他們的視野中福建各地都流傳著佛教的蹤跡，這是閩地宗教獨特的文化景觀。例如英國傳教士哈迪（E. J. Hardy）在廈門、福州訪問遊歷期間，記錄了所見之兩地佛教寺廟情況，在廈門他參觀了萬石寺，「萬石寺，坐落於眾多的巨石中間，殿中有三尊精美的鍍金佛像（三寶如來）以及十八尊如來佛門徒（十八羅漢）的塑像。在神像底下是常見的枝狀大燭臺和大香爐。一縷青煙從正在緩慢燃燒的塊塊檀香中或插立於爐中的香中冒出，環繞在空氣裡」；而在福州他則拍攝到了烏塔與白塔寺廟相對遙望的景致[111]，反映出其視野下福建城市中佛教興隆的真實圖景。盧公明筆下也展示了福州城佛教興旺發達的景象，「在福州，佛教要比道教更盛行，城市及郊區有數百名佛教和尚。他們居住在為推崇、敬拜佛祖而建的某種寺廟裡，英語稱之為『monasteries』（修院）以與其他廟宇相區別。這些建築常設計成大量和尚居住的場所，有廚房、餐廳、睡房與藏書樓。當地總共有三十座這樣的寺院，包括那些位於城市東面與西面幾英里處的地方。有幾處寺院還保存得很好，有些是由居住在裡面的和尚負責管理」[112]。陳安理在泉州也對城內佛寺建築的宏麗繁多有著墨，如對開元寺東西塔的記述「兩座巨大的多層的東、西塔，是這個城市最引人注目的建築特徵。它們矗立於西門後的一段距離，看上去就像一座大

111　Rev. E. J. Hardy, *John Chinaman at Home, Sketch of Men, Manners and Things in China*, London: T. Fisher Unwin Paternoster Square. Mcmv, 1905, pp.66-69.

112　Justus Doolittle, *Social Life of the Chinese*, Vol.I, p.236.

型佛教寺廟的兩端的巨型守衛者……談及寺廟，泉州有較完整的套式，大多數的廟宇都是佛教的。進門的殿廳明顯富麗宏偉，但內部則是俗麗、不上檔次」[113]等等。

對於佛教寺廟建築地理、內部狀況、相關儀式活動及和尚的宗教生活等各種情況，傳教士比較集中以廈門和福州的佛教寺廟為例來說明，他們對這兩處福建代表性寺廟所表現出的宗教形態給予最多的渲染。

廈門是歸正會、英國長老會和倫敦會等差會的傳教中心基地，來自這些差會的傳教士中很多人都記述了對當地佛寺廟宇及其相關情況的表現與認識。麥嘉湖記道：「散布於這些山上的是數量眾多的秀美的寺廟，與白鹿寺（即白鹿洞寺）的特徵相似，未受教育的不識字僧侶，缺乏強烈的責任意識，他們的生活局限約束於修院的日常……這些寺廟當中有的對於廈門外國人來說很出名，被認為是冬季的一日遊的良好去處。最為著名的是萬石寺、太平修院（太平岩寺）和南普陀寺。從建築形態上看，南普陀寺是這個島上所有宗教建築中最傑出秀美的，到目前為止它是保存得最好的佛寺中規模最大的，但因建造在平地上，其地理位置並不獨特，因此並不像萬石寺或白鹿寺那樣受歡迎」[114]；與稱讚佛寺建築外觀宏美的基調相反的是，麥氏還談及他在白鹿寺廟內所見情景，尤其值得注意的是他對廟內和尚的描述：「寺院內部的狀況卻令人失望。地板未打掃，牆壁表面凹凸不平，裂縫處積滿了灰塵，彷彿從未有人打掃過，在整座建築中，供奉神像的地方也許是灰塵最多的，同時也是最容易被人忽視的……在這裡負責的和尚迎上前來，他的模樣嚇了我們一跳，他形象枯槁，帶著一臉熬夜留下的倦容。他個子高挑，身體十分單薄……雙眼仍是暗淡無光，這一

113　Annie N. Duncan, *The City of Springs or Mission Work in Chinchew*, p.39.

114　J. Macgowan, *Pictures of Southern China*, p.174.

切向我們昭示這人肯定是個鴉片煙鬼」；他還觀察到廟內香客信徒的
拜佛行為，一位老太太「只停了片刻，喘了口氣，就從和尚手裡買了
一堆香籤，逕自走到那尊觀音菩薩面前，她站在那一動不動，就像是
一尊塑像，雙手合抱，高舉過頭，一副祈求的姿式……只是希望得到
觀音的旨示。她一退下來，跪拜的位置立即被另一人占據了，求神者
一個接一個地來許願」[115]。由此可見，麥氏對寺廟內部的情景的觀感
印象不甚良好，尤其是對和尚齷齪醜陋的形象作了相當負面的刻畫，
映射出其內心對「異教」及其代言者充斥反感情緒。

　　畢腓力對廈門佛教寺廟的描述也很具代表性，他說：「當某人在
這些山上漫遊時，他將發現大量風景如畫的中國寺廟『隱藏在低垂的
菩提小樹林中』，風景如畫是因為其顯眼的風格，大量的巨石被利用

圖十六　南普陀寺全景

圖片來源：John Macgowan, *Picture of Southern China*.
南普陀寺是廈門著名古剎，居於鷺島名山五老峰前，背依秀奇群峰，面臨碧澄海
港，風景絕佳。始建於唐代，為閩南佛教勝地之一。在晚清來閩傳教士著述中，
經常可以看到有關南普陀寺的圖照。

115　《中國人生活的明與暗》，頁128-132。

來裝飾和美化建築物構造和花園。對於參觀者來說很難指出這些寺廟的準確位置,只能從其所隱藏在的巨石凹處搜尋到它們」,畢氏在此也指出廈門寺廟特徵,繞山遍布、巨石為伴,他還對最具代表性的南普陀寺、白鹿洞寺、萬石岩寺、太平岩寺等廟宇作了大致介紹,其中尤以南普陀寺為詳,認為其最大最美,並描述了該寺內部概況,神佛聖跡、佛像名稱、數目及分布位置等情況[116]。

　　福州則是美部會、美以美會和英國聖公會三大差會的大本營,傳教士們在工作之餘,特別是閒暇避暑的常去處就是鼓嶺,期間不乏對鼓山的遊歷,因此對福州佛教的記述和介紹最為集中的當屬建於鼓山上的湧泉寺。根據筆者所掌握的資料,對湧泉寺作過參觀或考察的前後計有十數名傳教士並留下遊記文字,敘述所見所感。如四美記:「在福州城東南二十五里路的鼓山的半山腰,也有座著名的佛教寺廟,名為湧泉寺。寺內有一百個僧人,靠捐贈維持,其中有六十人常住寺內」[117]。盧公明亦記:「在城市東面約六英里處的鼓山上坐落一座著名的大寺院,寺內有一百至二百名和尚。住持並不一定都是上了年紀的,或看起來一副德高望重、居高臨下的樣子。幾年前,上述這座大寺廟的住持是一個年齡在三十至四十歲之間的年輕人,其性情孤僻,看起來一副很有思想、穩重的樣子」[118]。畢腓力曾參訪鼓山並專門寫就《鼓嶺及其周圍環境概覽》一書,書中對湧泉寺亦不乏介紹[119]。

　　道教是中國本土宗教的代表,來閩傳教士對福建道教的流傳情況甚為關注。四美在福州考察期間曾與烏山上道山觀道長有過短暫交往,並對道教印象頗好,「他和其他道士都表現得十分友好,彬彬有禮。有個道士後來與我獨處。他閱讀了一會兒一本基督教的書,然後

---

116 P.W. Pitcher, *In and About Amoy*, second edition, pp.288-295.

117 《五口通商城市遊記》,頁293。

118 Justus Doolittle, *Social Life of the Chinese,* Vol.I, p.239.

119 P. W. Pitcher, *A Sketch of Kuliang Mountain and Environments*, 1907.

不拘泥於教條地評論道，世上所有的宗教，其原理相同。此言顯示
出，他對一切事物持本能的懷疑態度，或是認為此類主題無關緊
要」；而他在廈門期間更看到在民眾遭受瘟疫期間，延請道士做法，
寄望道教禳災祈福的場景，「一些道士站在一旁驅邪避晦，使這塊地
方重新變得神聖起來。助手們擺上糕點、水果和蜜餞。另外一些人敲
鑼打鼓，用一種類似蘇格蘭風笛的管樂吹奏某種神聖的曲調。道士們
唱起了悲哀的歌，莊嚴肅穆地慢慢走上平臺。臺上奉獻著金紙，燃著
香火，下面的村民焦慮地觀望著」[120]。這從一個側面說明道教在民間
的盛行情況。不過，四美所見還只是一些偶然性的表面現象，對道教

圖十七　舵賴（duo-nai）做法事

圖片來源：Justus Doolittle, *Social Life of the Chinese*, Vol. II.
舵賴是福州方言發音，實際是對民間的居家道士的稱呼，或謂職業道
士。這類道士日常時身份為普通民眾，只有在被人延請做法事時才披上道袍，舉辦道教儀
式。該圖反映了傳教士對福州民間文化的深入透視。

120　《五口通商城市遊記》，頁306。

在福建地區流播發展情況論述得更為具體而深入者當推盧公明，他對
福州民間道教的細緻考察和介紹，不僅真實地反映了晚清時期道教在
福州民間社會的發展情況，還有著不少具體的細節描寫，為後人留存
下了一份反映清末福州道教活動情況的寶貴資料。

　　清代道教逐漸走向式微，福建也不例外，由此導致的結果是福建
道教更進一步走向民間、走向世俗，並日益與民間信仰相互糅合。大
批的道士走出宮觀，到民間進行禳災祈福、主持科儀活動等工作，謀
求生活出路。這迫使得道士們越來越朝著職業化的方向發展，對後來
福建民間社會道士階層的構成和活動情形產生了極大的影響。尤其是
在晚清社會變革動盪時期，福建道教發展情況更是日益與民間與世俗
相融合，這一幅歷史圖景究竟是怎樣的，我們的認識還來得較抽象，
中文史料也缺乏相應的具體描述。令人慶幸的是，盧公明這位來自大
洋彼岸的傳教士記述了這方面的細節，留下許多珍貴的鏡頭和資料。

　　在盧公明的記載中，清末福州的道士階層主要分為兩種類型：一
是正規的道士，當地方言稱為「道人（to-ing）」；另一類道士用福州
方言音譯為「舵賴」[121]，實際指的是非正統的民間道士，或者說職業
化道士[122]。

　　例如，對於第一類正統的道教道士的介紹，盧氏記道：「從當地
道教建築的數量以及專門為敬拜道教神靈而建的宮觀數量來看，這種
宗教沒有佛教那麼盛行，這裡一共只有四、五座屬於道士或唯理論者
[123]的神廟。其中的道士也不超過十二或十四名。外國人對他們的情況

121　筆者注：「duo-nai」，福州方言的發音，即指世俗的道人。

122　實際上盧公明所指述的這兩類道士，應即為全真派（全真道）道士和正一派（正
　　一道）道士兩大派別。全真派住道觀嚴守道教清規；正一派居民間，與世俗結合
　　緊密，清末福州道士階層以正一派居多。

123　西方人對道教信徒及道士往往稱呼他們為Rationalists，即理性主義者（或謂唯理論
　　者），可參見Henri Maspero, *Taonism an Chinese Religion*, The University of Massach-
　　usetts Press Amherst: 1981. 或W. A. P. Martin, *The Lore of Cathay: or The Intellect of
　　China*, Fleming H. Revell Co, New York Date Published: 1901.

瞭解甚少。與佛教和尚相比，他們似乎更傾向於避開『來自遠方的陌
生人』，不願意與人談起自己的觀念與行為。他們舉行的正規儀式主
要限制在居住的道觀中，但也會為一些隆重特殊的場合所需到其他
地方主持儀式。他們在許多方面都與佛教和尚很相似。他們永不結
婚，並放棄所有的世俗關係，如皇帝、父母、朋友等。在理論上也沒
那麼嚴格要求他們只吃素食，他們也可以吃肉食。他們的服裝也跟普
通人不一樣。佛教和尚與道教道士從來不在一起舉行儀式，但有時他
們會受雇在同一住宅中的不同場所分別舉行儀式……」[124]。這裡通過
與佛教的對比，反映了正規道士數量十分有限的情況，說明了正統道
教的衰微。

　　盧公明發現，儘管清末福州正規道士數量不多，而民間道士階層
的規模卻相當龐大。他對第二類道士「舵賴」的記載則相當詳細：

> 除了主持儀式之外，他們一般穿著普通的老百姓服裝。他們不
> 住在廟宇中，而是在普通的住宅與普通人住在一起。他們也結
> 婚，並養家糊口，所有的形式都與其他人一樣。
> 他們既不像佛教和尚那樣剃光頭，也不像道教的另一類道士那
> 樣將頭髮盤在頭頂，而是與平常人一樣理髮、梳頭、留長辮。
> 在主持某些儀式時，他們將辮子盤在腦後或頭頂，用木夾子固
> 定住，直到儀式結束，其他時候就讓辮子垂在背上。
> 他們的食物由肉與菜組成，想吃什麼就吃什麼。他們不會阻止
> 家庭成員經商。但一般說來，父親常常訓練自己的兒子也從事
> 同一職業。他們的妻子與女兒可憑她們高興從事裁縫或其他能
> 賺錢的輕鬆職業。顯然，這類道士從事這一職業是為了謀生，
> 就像其他人成為醫生、算命者、音樂家等等。

---

124 Justus Doolittle: *Social Life of the Chinese*, Vol.I, p.246.

他們的主要經濟來源是舉行教派儀式時所獲得的固定報酬。在
被雇用期間，主人負責為他們提供食宿。手下帶有數名學徒或
準道士的道士長領取的報酬是其他人的兩倍——即，他一個等
於別人兩個，所以要按雙份工資計算。如果其他道士每人每天
獲得七十塊銅錢，那麼他的工資就是一百四十塊。

這類道士的數量很大，也許比佛教和尚還要多得多，也比和尚
更經常受雇用。當地人經常請道士來主持哀悼或喪葬儀式，或
為得病的大人或小孩（或男或女）舉行所謂的「贖罪善行」。
一年四季的許多時候，人們請來道士為各種各樣的目的舉行獨
特的迷信或崇拜偶像的儀式。這些道士們的收穫季節是在農曆
七月，當前流行的諺語是「他們自己都不用買米」，因為經常
有人請他們舉行儀式，白天都不在自家吃飯。到了男神或女神
的生日以及既定的節日，他們也很忙，常常只能在邀請他們的
每一戶人家家中呆上幾分鐘，僅夠舉行敲鐃鈸、念經等必要的
傳統儀式。

這類道士歸一個由朝廷任命的領頭人管理，他自己也是道士，
並有官銜與代表官銜的頂珠。如果在道士舉行「日蝕時救日、
月蝕時救月或乾旱時祈雨」等儀式中需要官員到場，就由該領
頭人負責通知落實，以保證在某時、某地會有特定數量的官員
出席。如果有人觸犯了當地法律，就由地方官員負責審理。領
頭人除了履行他們作為道士的正規職責外，幾乎沒有什麼別的
權力。[125]

由上可見，「舵賴」這一道士階層已經是相當世俗化的道士階層了
（此即正一派道士較為突出的特徵之一）。對此，我們還可從福州地

---

[125] Justus Doolittle, *Social Life of the Chinese*, Vol.I, pp.247-249.

方文獻《福州地方志（簡編）》中的記載來對照審視：「信奉道教者，福州有兩種人：一為出家於道觀中蓄婆茹素修行之『道人』；一為在家娶妻生子，一如俗人，亦不蓄婆茹素，惟以作齋醮諸法事為業的『道士』（這類道士即盧公明所記『舵賴』階層）。明清以後，道教式微，福州的道觀，僅存於山『九仙觀』、烏山『道山觀』兩所，『道人』寥寥無幾；而散處於民間的『道士』，至抗戰前後，尚有四、五百人，有『八路道行』之組織」[126]。可見，在清末福州社會，「道人」即正規道士非常衰弱，而在歷史舞臺中占據主導地位的，正是世俗化的「道士」（舵賴）階層。

　　在盧公明的視野中，「舵賴」的角色屬於一種世俗化、職業化的民間道士，占據了晚清福州道士階層的大部分。他們的日常生活與一般民眾沒什麼不同，只是在有人需要延請他們做法事時才披上道袍，其工作方式亦簡化為僅需一些必要的傳統儀式；同時，此類道士的行為還受到官方的監控。由於民眾日常生活中所舉辦的儀式較為經常，他們往往將此作為自己的主要職業，從中獲得基本的經濟來源[127]。借助傳教士所記述的歷史細節，加深了我們對晚清福州道教趨向民間滲透發展，並愈益走向世俗化及由此獲得自身發展的認識，說明傳統宗教頑強的生命力及其在民間持續興盛的土壤和環境，是來自福建民眾普遍而盲目的信仰之特質。

二　民間神祇信仰

　　福建是民間神祇信仰的溫床和搖籃，各路神靈八方齊聚，供奉這些神祇的宮廟寺觀隨處可見，佛教道教走向民間，並在世俗化的進程

126　福州市政協文史資料工作組編：《福州地方志簡編》（1979年），頁114-115。

127　詳參吳巍巍：〈從傳教士著述看清末福州道士階層〉，《福建宗教》2008年第1期。

中結合福建本土特色與民間信仰崇拜相糅合，衍生諸多佛道俗神等，種種因緣匯聚帶來民間神靈信仰紛繁蕪雜的現象。所以，福建民間信仰是集各種神靈崇拜和民俗信仰等為一體的混雜性崇祀事象，體現了強烈的民間社會化特徵。對於來閩傳教士而言，他們在傳教過程中所必須直面的最大阻力，就是來自幾乎滲透和流行於每個閩人日常觀念與言行生活中的民間信仰，雙方之間還常發生衝突與對話。正是在這樣的境況下，傳教士們對民間信仰給予尤為積極的關注，介紹與論述十分豐富而深刻。

通過概覽和梳理傳教士著述，可發現民間神靈信仰於閩省各地廣泛存在，紛繁蕪雜。即如盧公明所言：「許多天上的、地上的、有形的、無形的、真實的與虛構的偶像都成了中國人崇拜的對象」[128]。

媽祖（天妃）崇祀是福建沿海地區最具代表性的民間信仰形態之一，其在福建社會乃至周邊地區輻射範圍十分廣闊。傳教士較早即對此給予諸多關注。

一八三四年，郭士立即在《中國叢報》上發表了名為〈湄洲的天后廟〉的文章，郭氏首先介紹了湄洲島在福建省的具體地理位置和媽祖廟周圍的環境，並感歎類似的廟宇遍布整個中國的海岸線。緊接著郭實臘對湄洲島的媽祖廟進行詳細的介紹，「湄洲島的廟宇由許多建築物組成，這些建築物一個接一個地逐漸升高，直到它們延伸到山頂的懸崖邊上。它以其巨大的鍍金圖像而著稱。在一幢較低的建築物裡，有一匹高高躍起的大馬，它的做工顯示出相當的技巧」；接著寫到信徒對媽祖的崇拜與祭祀儀式，「天后的功德每天都在他們的晚禱中被聽到，雖然她不是佛教出身，但他們用『巴利語』歌頌她。許多信徒聚集在這座寺廟進行禮拜。朝聖者由福建每一個地區的人組成，去贏得她的好感。任何重要的船隻經過都要在此停留片刻，以便船員

---

128 Justus Doolittle, *Social Life of the Chinese*, Vol.I, p.68.

向他們的女保護人致敬，感謝她在危急時刻的幫助。」[129]郭實臘繼續寫道，我們認為當地人被「騙」了，並告訴他們誰才是一切事物的創造者和罪人的拯救者。很明顯郭實臘把信仰媽祖當作迷信與愚昧。但隨後郭氏深入的分析道，「佛教思想對信徒沒有強力的說服力（郭實臘在此把媽祖信仰和佛教聯繫起來），如果媽祖信徒的精神需求沒有得到滿足，他們會很樂意採用基督教的信仰體系。」但其隨後又稍有失望的說，「表面的順從對基督福音的發展是有害的，除非聖經的力量能夠使他們的內心更強大。」[130]可以看出，郭氏在分析媽祖信仰的同時，也在思慮基督教信仰在此傳播的可行性和有效性。

　　一八三五年抵華的美國浸禮會傳教士叔未士（J. L. Shuck）曾查閱過興化地區（天妃故鄉）歷史上的記錄，並結合碑刻牌匾記錄的民眾的傳統，撰文述道：「媽祖姓林，原來居住在興化軍的 Ninghae 地區，即現在的莆田縣，離海岸線約八十里，住在湄洲的一個村莊中。其母姓陳，在媽祖出生時夢見南海觀音。整個城市（莆田）公開性地崇拜她，在此城市中有一位結婚十年卻尚無兒子的婦女，她跑遍各個地區祈拜各種神靈，最終都無果而回。最後她開始崇拜祀奉天妃，於是終成為有兒子的母親。因此，那些無子婦人都毫不猶豫地跟著信奉崇拜天妃，不久她們祈拜都有了回應……媽祖還被奉為民族的保護神，人們的救助者，美好的精神寄託，祈拜者的解答人，宏大的善行，提供無所不能的普遍性幫助，那些崇拜她的人們遍布整個帝國」，叔氏最後總結道：「她統治著海洋，海水因此無法興風作浪；她製造幸福，將其大量地施予人們」[131]，由此可見，在叔未士眼中，媽祖具有生育

129　Charles Gutzlaff, "Temple of Teen How at Meichow", *Chinese Repository*, Vol. 2 (Apr.1834), pp.563-564.

130　Charles Gutzlaff, "Temple of Teen How at Meichow", *Chinese Repository*, Vol. 2 (Apr.1834), pp.564-565.

131　J. L. Shuck, "Sketch of Teen Fe, or Matsoo Po, the Goddess of Chinese Seaman", *Chinese Repository*, Vol. X (Feb. 1841), pp.84-87.

神、海神、保護神等角色作用，是一位全能的神祇，他對媽祖信仰在福建地區及至在全國的盛行，亦有深刻感受。

數十年後，麥嘉湖通過在閩生活與考察，進一步論述了媽祖信仰在福建流傳的狀況，「媽祖在廈門及其周邊地區是一種非常普遍的信仰崇拜，尤其是航海者的女神。她最初生活在福建省，被認為擁有神奇的力量，能夠幫助海民消除災難和不幸……航海者堅決認為出海時必須要得到媽祖的祝福保護，認為沒有這位女神特殊的庇佑，航行就無法獲得豐收」；他認為媽祖是道教俗神的代表，與玉皇大帝信仰並稱，「玉皇大帝神祇和女神媽祖婆，都屬於道教的歷法系統。前者幾乎普遍地被中國人視為是最高的統治者和至高神，其主要身份是統治天界和各路神仙……」[132]。

盧公明在其著作中亦有多處描寫到媽祖及其媽祖信仰的內容，「媽祖是和河流與海洋有關的航運女神，擁有廣泛的信眾，祭祀她的廟宇很多。」「內河航行或出海的水手經常從香火旺盛的媽祖廟取一撮香灰，裝入小紅布袋，隨身攜帶或掛在船艙裡，或著放入船上供奉的媽祖神像的座前香爐內。當在海上遇到風暴，眼看生還無望時，所有人都拈香跪在神像前苦苦地呼叫媽祖救命。如果最後能夠安全到達港口，他們上岸一定會特別隆重地祭媽祖謝恩……」[133]在論述媽祖作為海洋保護神之外，盧公明還講述了媽祖如何成為女神的傳說故事；等等。

廣泛活動於福建大地的四美曾發感慨：「幾乎每一種宗教信仰都在這裡有其活躍的代表……望著這座充滿異教徒的大城市，看到這裡的人們沉溺於世俗的追求，對未來世界毫不在意，缺乏基督教教誨的任何方式，作者心裡不禁產生出無限感歎」；他還例舉了在廈門所見

---

132 John Macgowan, *Remarks on The Social Life and Religious Ideas of The Chinese*, tailed Donald Matheson, *Narrative of the Mission to China of the English Presbyterian Church*, p.128.

133 Justus Doolittle, *Social Life of the Chinese*, Vol. 1, pp.262-264.

之民眾在鴉片戰爭後祈拜神靈的信仰儀式，「鴉片戰爭過後……人們又開始祈求迷信的力量與異教僧侶的幫助。幾乎每天都可以看到載著神像的小船經過港灣，穿行在帆船隊伍中間。每隻小船上都傳來震天價響的鑼聲，向從船下經過前往對面島嶼去的神靈致敬」[134]，說明民間的神祇崇拜無處不在。

　　蛇神也是福建民間最具特色的重要崇拜信仰對象之一，其中南平樟湖坂的蛇王崇拜極具代表性，並獲得了學者們的高度重視[135]。關於此，麥利和的記錄為後世增添留存了一份珍貴資料。一八七〇年冬至一八七一年春之間，麥利和與同事武林吉一道，前往美以美會延平教區巡迴傳道，旅途中經過南平樟湖坂鎮，實地參觀考察了當地的蛇王崇拜現象，並撰述成文，發表於一八七二年四月的《教務雜誌》上，麥氏記道：「我在中國所見到的最近於蛇崇拜的是在樟湖坂（Chion-hu-pwang）。它位於福州西面大約一百英里處，正靠閩江右岸，是一個擁有數萬人口的大鎮。在這鎮上有一座規模宏大、建造精美的供奉蛇王的廟宇（蛇王廟）。在參觀這個市鎮期間，我和武林吉走進這座神廟……廟的結構、外形與中國普通神廟並無二致，在蛇王廟的中心是一片開闊的庭院，庭院三面是遊客使用的遊廊，剩下的一面則是祭壇，在其中間有一座象徵蛇王的塑像，約有兩尺半高，為一男子持劍站立的形象，塑像的面目猙獰嚴厲，以示蛇王勇猛無畏及無窮的能量。塑像前擺有幾只香爐，信徒就在此燃香禱告」[136]；接著，麥氏對

---

134 《五口通商城市遊記》，頁306。

135 汪毅夫：《南平樟湖集鎮的民間信仰》，載氏著：《中華文化與閩臺社會》，福州市：海峽文藝出版社，1997年，文章是作者於一九九五年暑期兩次到樟湖集鎮做田野調查之後寫成的調查報告，對樟湖集鎮民間信仰尤其是蛇王崇拜作了翔實的考察與較深入的論述；另見林蔚文：《福建民間動物神靈信仰》，北京市：方志出版社，2003年版，該書對福建蛇神信仰作了較為全面的探討，專闢一章介紹了「南平樟湖坂鎮蛇神信仰的考察」。

136 R. S. Maclay, "Serpent Worship in China", *The Chinese Recorder*, Vol. 4, (April 1872), pp.307-308；另可參見汪毅夫：〈閩臺地方史料叢抄——拙稿續證錄〉，《福建師範大

蛇王崇拜儀式具體活動過程、崇蛇儀式中的各種風俗事項等，都作了
相應介紹，這在後文還將詳述。應該說，麥利和對樟湖集鎮蛇王崇拜
現象的考察和記載還是比較詳細的，初具田野調查的意味。差不多與
麥、武等人同時，一八七〇年十二月，美部會傳教士盧公明陪同英國
著名旅行家約翰・湯姆森對閩江流域上游進行考察訪問，他們亦在南
平轄屬的一個村子裡，見到一座蛇神廟並進行探訪，約翰・湯姆森有
記：「當晚我們停泊的地方是 Ching-ku-kwan 村，盧公明和我走上岸
去參觀考察一座蛇神廟。廟中的神殿上並沒有蛇王神像，但有一塊蛇
王的牌匾，供放在一個神聖的地方以供崇拜，我們聽說在七個月內一
條活蛇能夠變成人們的崇拜之物」[137]。這說明閩江流域上游社會民間
崇蛇習俗是一種較為常見的信仰生態。

　　保生大帝是閩南地區的重要神祇，英國女傳教士仁力西（Jessie
M. Johnston）在以廈門為中心的閩南地區從事宗教和教育活動的過程
中，對盛行於廈門的保生大帝信仰作了詳細的介紹：

學學報》2006年第4期。令人欽佩的是，汪師這種續證、補證的嚴謹學風，體現了
他對史料的重視和對考據學方法、態度的推崇，值得我輩學習。因為就筆者所見，
在研究樟湖坂蛇神崇拜的現有成果中，尚不見有人使用麥利和的這篇英文文章作為
證據，實際上麥氏是近代最早對樟湖坂崇蛇習俗進行考察的人士，其記錄有助於我
們認識蛇神崇拜在當時的表現形態，這對今日之研究不無裨益，或有佐證及至補充
作用。汪師將此列於文章中以供學界參考使用，其無私的精神和嚴謹的治學態度當
在學術功勞簿上記上一筆。不過這裡還有一個問題，根據汪毅夫教授前偈文之介
紹，樟湖坂蛇王廟的蛇神塑像是「面慈目善」，而麥氏所記卻「猙獰嚴厲」，究竟是
麥氏記載有誤，還是蛇王雕塑形象確實發生了變化？還有待進一步考證。

137 John Thomson, *Through China with A Camera*, London and New York: Harper &
Brothers, second edition, 1899, p.153, 在中文譯著裡，譯者將Ching-ku-kwan也譯作樟
湖坂，這與前述麥利和等人對樟湖坂的發音並不吻合，且考察者對廟內場景的描述
也與樟湖坂蛇王廟內布置情況很不一樣，具體地點有待進一步考證。參見〔英〕約
翰・湯姆森著、楊博仁等譯：《鏡頭前的舊中國：約翰・湯姆森遊記》（北京市：中
國攝影出版社，2001年版），頁142。

在一個中午，空無一人的網球場有一大片平坦而清綠的草地延伸在馬路的這邊，而路的另一邊是保生大帝的宮廟（興賢宮）。廟前的空地上有一兩個小販，賣著甘蔗、花生和茶，生意時有時無，幾個小孩在玩著石頭和木片。

廟的屋頂別具一格，有著紅紅綠綠的釉瓦，角落邊香煙從一個筒中冉冉升起，信眾（「好心人」）帶來的紙在開口處燃燒著。高高的木柵欄開了一個很大的門，可以通向廟裡。一位老婦人經過柵門進了廟，她褪色的藍外套打著補丁，灰白的頭髮上綁著一條黑帶。在她的面前是一尊坐著的黑色神像，面目猙獰，而媽祖和其他較小的神明則擠在牆上的小壁龕中，順著又長又高的桌子一字排開。擺放在神祇前的白鑞香爐填滿了香灰，上面插著細細的香。

老婦人拿起了桌上的兩片半月形的竹板，在拜過神像後，跪在了滿是灰塵的地上，將竹板一次又一次地擲到地上，直到獲得她滿意的答案。接著，她向從側門中出來的道士求籤，從掛在牆上的錫皮圓筒中抽出了一個寫滿字的竹籤。道士看過籤後遞給她一張寫了字的紙，在跪拜之後，她從白鑞香爐取了一點香灰包在了紙中。站在廟旁的幾個懶漢抽著煙，其中一個說道：「這是給她的孫子求的藥粉，他快不行了」。老婦人疾步離開，面頰顫抖，眼神呆滯，她唯一的希望就是這包香灰和她向保生大帝的「許願」[138]。

---

138 *Jin Ko-niu: A Brief Sketch of the Life of Jessie M. Johnston for Eighteen Years W. M. A. Missionary in Amoy, China,* by her sisters Meta and Lena, London: T. French Downie, 1907, pp.190-192.

圖十八　興賢宮

圖片來源：Jin Ko-niu, *A Brief Sketch of the Life of Jessie M Johnston for Eighteen Years W. M. A Missionary in Amoy.*
興賢宮是鼓浪嶼最宏偉的保生大帝宮廟，肇建於明朝，坐落在自然景觀日光岩山下，位於鼓浪嶼晃岩路與中華路的交叉處。該圖呈現了晚清時期興賢宮的全貌，可以跟現在的外觀進行比照。

　　通過以上的介紹可以發現，傳教士們對福建民間神祇信仰的描述頗為詳細而深刻，特別是他們已然認識到民間神靈信仰普遍存在於福建各地的地域廣泛性和崇拜的多神性，這一點十分難能可貴。盧公明在其巨著《中國人的社會生活》中還對福州民間各類神靈信仰進行了分類彙總，[139]其頗具穿透力的洞察和開闊的視野令人嘆服。

　　在傳教士著述中，我們還可發現他們對福建民間神祇信仰所表現出之功利性特徵的描述與認識，「沒有哪一個崇拜對象能夠讓信徒變得更純潔、更正直、更誠實、更有德行或更虔誠。他們的崇拜行為完全

---

139 對此，林立強教授以專門列表分析，參氏著：《美國傳教士盧公明與晚清福州社會》，頁130、135-136頁。

是出於自私的、感觀的世俗的目的」[140]。傳教士的這種觀感在當代學者的著述中被證實：「一般百姓信仰宗教並不注重社會教化，更不是從純淨靈魂出發，他們祭拜神靈祖先的最主要目的是為了祈福禳災」[141]。可以說在福建，實用功利性是地方民眾祭拜各路神靈的最主要目的。

　　福建民間神祇信仰系統中還有一個很重要的鏈環是各地迎神賽會或謂遊神活動的興盛，由於與之有著切身的利益糾葛等關聯，傳教士對此現象悉心關注。衛理公會傳教士葛惠良通過細緻考察，記述了清末民初莆田、福清、省城福州及樟湖坂等地的遊神活動，例如「興化及所屬鄉村展示出大概是最為壯觀的遊神場面。在離城大約二十英里的一個聚落，每年都舉行一場旨在為來年驅逐邪惡精靈的遊神活動。參加遊神的人們身著華麗的禮服，或步行或騎馬。一些人打扮成魔鬼的模樣；另一些騎著小馬和驢的人們也同樣經過精心打扮。成群的騎馬者手執長矛般的旗桿支起的三角旗幟風一般湧過平原，就像中世紀騎士那樣。遊神是鄉村裡的一件大事。在過去的一場致命的霍亂降臨這塊土地後，興化十三個沿海村莊聯合起來舉行一場盛大的遊神來表示謝意，因為他們終於捱過了這場時疫」；又如在鄰近的福清縣，「那裡每隔一段時間都要舉行閻羅王的遊行儀式。遊神時，人們同樣裝扮成令人恐懼的魔鬼，後面跟著一長隊刻意裝飾、色彩斑斕的牌子。遊神隊伍中還夾雜著一些成員進行的令人不忍目睹的血腥場面，佯裝對臉部和身體進行可怕地殘害……」[142]。此類例子還有很多，像盧公明對「燒送王船」的遊神儀式等的介紹，都很具代表性。從中還可見傳教士認識到迎神賽會活動中娛神酬神及請惡神等兩種不同的儀式信仰，頗具觀察力。

---

140 Justus Doolittle, *Social Life of the Chinese*, Vol. I, p.68.

141 林國平、彭文宇著：《福建民間信仰》（福州市：福建人民出版社，1993年版），頁26。

142 The Anti-Cobweb Club, *Fukien: A Study of A Province in China*, p.31.

　　迎神賽會是每每引發民教衝突的導火索，因其多涉及地方傳統權威秩序與教民在活動費用負擔方面的矛盾。對此，傳教士與教會有著切身體會並視之如洪水猛獸，欲除之而後快。這種表現還體現在傳教士通過本國政府外交領事訴諸清廷，請求免除教民參加迎神活動及其強求民眾負擔的做法。例如，一八七九年發生於建寧府（建甌）迪口的教案，就是由於教民拒絕交納迎神費用而引起，事件還引發了福建官員與英國領事多次的外交照會[143]；在中美外交交涉中，亦有提出免除教民迎神負擔的要求，光緒七年（1881）五月初七，美使就曾為請免攤派耶穌教民迎神賽會等費之事致奕訢照會：「……為使奉天主教人民，於其不合教規之迎神演戲等事，免出冗費……有惟迎神賽會演戲燒香之事，與伊等無涉，永遠不得勒派勒攤」[144]。為了解開民眾在神祇崇拜上的舊有情結，傳教士們將中國官方有關禁止迎神賽會、出入廟宇宮觀、燒香禮佛等的諭令文書加以廣泛宣傳。如見載於《萬國公報》有關這類的文章就有數十篇之多。就福建地區而言，福建巡撫部院於同治十年（1871）頒布的《禁賽會示》的全文被列於《教會新報》上，同期刊布的還有福清知縣金邑葬的《禁謠示》[145]；閩浙總督出示的「嚴禁迎神賽會」告諭被搬抄於《教務雜誌》上[146]；又如永安縣、永春州有關禁止賽會的文告也被抄錄於報紙[147]；盧公明在編撰英漢辭典《英華萃林韻府》時，原文照錄了清同治十年福州府頒布的禁

---

143 臺灣中研院近代史研究所編：《教務教案檔》第四輯（二），中研院近史所，1976年版，頁1009-1031。

144 中國第一歷史檔案館、福建師範大學歷史系合編：《清末教案》（第二冊），北京市：中華書局，1998年，頁314。

145 《教會新報》（四），臺北市：華文書局印行，頁1722-1773、1535-1536。

146 前後共有兩份告示分別發布於同治四年（1865）二月和同治六年（1867）三月，由時任閩浙總督的左宗棠與吳棠發布，刊載於 *The Missionary Recorder*, (May, 1867), pp.22-23.和 *The Missionary Recorder* (July, 1867), p.55.

147 《萬國公報》（十），臺北市：華文書局印行，頁6007-6008、6389-6390。

圖十九　七爺、八爺

圖片來源：Anti-Cobweb, *Fukien: A Study of A Province in China.*
七爺、八爺是福建民間信仰中常見的鬼神崇拜現象，福州民間俗稱高哥鬼和矮黑鬼。實際上即黑白無常，又稱范、謝將軍，即為最有名的「鬼差」。此二神手執腳鐐手銬，專職緝拿鬼魂、協助賞善罰惡，也常為閻羅王、城隍、東嶽大帝等冥界神明的部將。

淫祠及有關迎神賽會的十數條法令條例[148]，等等。這些做法表明傳教士們已充分認識到依附中國傳統文化的主流儒家，即官方對待神祇崇拜態度的重要性，這是傳教士們在對付民間神祇信仰上的一個重要覺悟。

---

148 此全文載Justus Doolittle, *Vocabulary and Hand-Book of the Chinese Language*, Vol. 2, pp.517-518；另見林立強著：《美國傳教士盧公明與晚清福州社會》（福州市：福建教育出版社，2005年），頁143。

GOD OF THIEVES.

圖二十　小偷之神

圖片來源：Justus Doolittle, *Social Life of the Chinese*, Vol. I.
該圖描畫的是小偷的守護神之形象，已經被注入傳統的神祇信仰的特徵，反映了
晚清福建民間信仰的繁雜和氾濫。

三　祖先崇拜（祭祖問題）

　　眾所周知，福建與中西禮儀之爭有著極其特殊的聯繫，自始至終
都處於禮儀之爭的漩渦中，「禮儀之爭的星星之火首先在福建點燃，
其後又在福建燃成熊熊大火，把禮儀之爭推向高潮」[149]。中西禮儀之

---

149 林金水：〈中西禮儀之爭在福建〉，《教育評論》，1995年第3期。

爭的核心內容就是關於祭祖、祀孔的問題，尤其以祭祖為關鍵的爭論焦點，也即中國人的祖先崇拜這一現象。禮儀之爭以天主教被禁而告結束，對於西方教會人士而言是一段慘痛的歷史教訓，使他們不得不好好反思如何尊重民間傳統文化並與之和諧共存。一百多年後，當基督新教傳教士們再次踏上福建這片「異教」的土地，試圖皈化成千上萬籠罩在黑暗之中、活在偶像崇拜罪惡淵藪之地的「異教徒」的時候，他們不得不重新面對閩人祖先崇拜（祭祖活動及其儀式）這一問題。實際上，不僅是對來閩傳教士而言，祖先崇拜亦是晚清來華所有傳教士都共同要面對的一大難題。香港學者邢福增教授指出，從中國教會史的角度來看，祭祖問題是基督教思想與中國社會衝突的重要癥結。單從三次傳教士的聯合會議[150]中，可以看到他們對這問題的重視及其對禁祭立場的執著。縱使有少部分的傳教士主張予以容忍及協調，但這種主張對於絕大多數的傳教士來說，仍是不可理喻的。對絕大部分的西方傳教士來說，祭祖無疑徹頭徹尾地成為拜偶像的行為了[151]。說明晚清來華傳教士對祖先崇拜的認識仍然大體未超越前輩認識的窠臼，甚至還出現更苛嚴和俯視心態之嫌。而來閩傳教士們也大多數如此。

　　祭祖行為充斥於閩人社會生活的日常與節俗期間，關於此，盧公明記述最細。他注意到福州人從年節一直到除夕，包括此間的清明、中元、中秋、重陽等節日以及有關的民俗活動過程中，都不免有祭拜祖先的活動儀式，或簡或繁，成為日常生活中一項重要的組成內容。例如，春節期間「拜祭完天地，天亦將行破曉，此時，就得準備祭祀先人了。桌上擺若干碗飯，若干碟果、蔬、粉絲。碗碟前邊，靠桌沿的一邊擺三杯茶、三杯酒，香、燭亦於此時點上……祭祀祖先現已成

---

150 指一八七七、一八九〇和一九〇七年在上海召開的三次「基督新教在華傳教士全國代表大會」，第三次一般稱作「在華傳教士百年大會」。

151 參見邢福增：《文化適應與中國基督徒》，建道神學院，1995年版，頁145。

為每個家庭應行的儀式，他們在死者牌位前祭奠先人以示對先人的尊敬和思憶。同樣在祭奠時，祖宗牌位前擺有類似於祭神的祭品」；又如清明節掃墓祭祖，「晚輩們在祭臺左右兩側（或直接於地板上）各置一燭，中央置一香爐，插上香，先點燃香燭，再向祭臺上放祭品（沒祭臺的就直接擺在墓碑之前）……儀式主持人（一般由家長擔任）在一切就緒後，於墓前跪下，磕頭三次，然後起身，同行數人依次行禮，之後就給先人燒上百疊或千疊冥幣，完後放鞭炮……過節繁簡，各家不同。但至少都會在墳頭壓上冥幣，點上香，回到家後在牌位前也點上香」；再如「七月的某個時候，通常是農曆十五之前或恰於十五當天，有一個重要的習俗傳統，過這個節主要是給死者送去東西供其耗用。也就是所說的『七月半燒楮衣』（中元節，譯注），主要是供給死去的祖宗先人用度。家主人在祖宗牌位前點上香燭後不久，就於置於地上的香爐（金爐，譯注）燒紙衣冥幣」[152]等等，不一而足。從盧氏的記錄來看，幾乎農曆的每個月，稍有特殊的日子，都伴隨著祭拜祖先的儀式行為，尤其是在家庭祖先牌位前燒香、獻供祭品、燒紙錢（冥幣）以及跪拜等參見儀式行為，可以說是煩不勝煩，猶如家常便飯。

傳教士關注到比較多的是在家庭中擺置祖先牌位進行祈拜的現象，當然也見有不少如清明節等節慶之日整個家庭乃至家族前往祖先墳墓祭拜的行為，更為隆重的還有宗族祠堂內的祭祖儀式典禮，說明傳教士對祖先崇拜內容與形式的觀察頗為全面而細微。其中，對日常最為普遍的供奉祖先牌位與較正式的宗族祠堂祭祖大典的描述，一定程度上代表和反映了傳教士的認識水平。

例如，畢腓力通過在廈門的考察認為：「我們能夠確信的唯一事實是，木主牌位在很久以前就已被使用，如今正被四億中國民眾所崇

---

152 Justus Doolittle, *Social Life of the Chinese*, Vol. II, pp.25、45、61.

拜」，他還進一步詳細記錄了祖先牌位形制、內容及與之聯繫的習俗儀式等相關事項[153]。盧公明也觀察到，福州百姓家中大都有祭拜祖先所使用的靈牌，他對祖先靈案牌位亦有著具體的描述：「一般私人家裡擺設的靈牌的墊座是用一塊四至七英寸長、約一至二點五英寸厚、約二至三點五英寸寬的木塊做成。墊座上面有個榫眼，另兩塊木頭用榫舌嵌入。榫眼與榫舌之間結合得不是太緊，以便能隨意拿開⋯⋯較短直立木頭前方的左右兩邊常都刻有龍的側面圖，同一塊木頭的中心部分、從頂端向下延伸的直線上常用凸起的漢字刻著統治王朝的名稱、靈牌所紀念的死者頭銜（若有的話）及其姓與名；有時所刻的字還描上黑墨水，周圍的細長空間也塗上油漆或釉料，顯得十分美觀。

圖二一　祭拜壁龕中的祖先牌位

圖片來源：Justus Doolittle, *Social Life of the Chinese*, Vol. 1.
祭拜祖先牌位是每戶中國家庭和每個中國人傳統的日常習俗之一，關於祖先崇拜是否具有宗教儀式意味，傳教士們基本上傾向祖先崇拜具有宗教性，因而普遍反對祭拜祖先牌位。該圖表明了晚清時期中國民間祭祖行為之盛行。

---

153 Philip Wilson Pitcher, *In and About Amoy*, 1909, pp.65-70.

圖二二　　祖先牌位

圖片來源：Justus Doolittle, *Social Life of the Chinese*, Vol. 1.

該圖反映的是中國民間家庭普遍存在供奉祖先牌位的情景。按照我國民間傳統習俗，祖輩逝世後其家人都要為其製作牌位，作為逝者靈魂離開肉體之後的安魂之所。古往今來，民間廣泛使用牌位，用於祭奠已故親人和神祇、佛道、祖師等活動。

立靈牌的兒子姓名也同樣雕刻或書寫在上面，但字體較小，位於其他字的左下方。靈牌上雕刻的與用印刷字體寫的部分一般都塗有一層金泊，其他部分則保留木頭的自然色。有時在其中一塊豎立木板的內側也用黑墨水記載著死者的生日、忌日以及墳墓所在的位置」[154]。麥嘉

───────────────

154　Justus Doolittle, *Social Life of the Chinese*, Vol. I, p.220.

湖曾描述祠堂祭祖儀式的慶典場景，「這是一個秋季的祭日，所以也
就顯得十分隆重，全氏族的人聚集在一起祭拜那個可以給他們每個人
帶來榮譽和財富的靈魂⋯⋯大殿裡至少容納了五百個男人，但卻沒有
一個女人。在這樣一個神聖的日子裡，是沒有女人的位置的⋯⋯這個
奇怪儀式的最後一項結束內容是振奮人心的。隨著主持人一聲號令，
屋內所有的人全部跪下，朝靈桌的方向磕頭。人人都全身心地投入到
祭拜中，五百個額頭撞擊著地面，發出清晰而又強烈的聲響」[155]，這
裡刻畫了祠堂祭祖儀式的盛大隆重及婦女在家族中無話語權的境遇。
此類事例還有不少，茲不一一累述。綜上反映出傳教士對閩人祖先崇
拜的內容與形式較多地來自親身調查，較為真實可靠，所以他們得出
的認識往往具有一定說服力。

　　畢腓力在祖先崇拜問題上持保守和反對態度，他雖承認「無論如
何，祖先崇拜並不完全是壞的，其中肯定也有許多好的地方。有許多
關於它的特質包含於摩西十誡的第五條戒律中（當孝敬你的父母），
其中也有大量與我們國家和民族表達我們對傑出人物和軍事英雄的崇
敬思想的相似之處」；但在潛意識裡根本上還是認為祭祖行為乃迷信
與偶像崇拜活動，他指出，「但有另外一方面如果沒有發現，將使我
們忽視這一信仰體系的真實意圖和目的。如果人們僅僅是對死者表示
敬意，就像我們對死去先人崇敬一樣，如果祖先崇拜中更少禮儀而更
多的真摯，它可能會博得我們完全的支持和同情。但在祭拜活動中，
它是令人憎惡的，因為他們將死去祖先『與上天（神）相關聯』，褻
瀆和破壞了其中可能所有的好的方面⋯⋯如果中國存在任何的偶像崇
拜的話，那一定就是在人們的祖先崇拜當中⋯⋯在一八九〇年的全國
傳教士代表會議上，沒有比通過『偶像崇拜是祖先崇拜的本質性要
素』這一決議更聰明理智的了」；畢腓力還通過與本土人士的交流而

155　《中國人生活的明與暗》，頁78-81。

意識到要改造祖先崇拜基本是不可能的事，因為祭祖行為包含著人們功利性的訴求願望，「所有外化的尊崇和獻祭，其根底的動力卻是報酬（祈佑長壽、家庭繁盛和幸福）……『所有中國人的崇拜都是為了一己私利。如果這些民眾不認為神明能影響人們的身體，廟宇將被遺棄，祖先崇拜也將衰敗』，但要移除這一特徵是一件難事，甚至比消滅這整個（崇拜）系統還更難」[156]。此處所講的更難，其時即指根本不可能之事，不過畢氏能夠洞察祖先崇拜中個人功利性訴求色彩，已有一定認識深度。

麥嘉湖是對中國民間祖先崇拜現象記述較細緻、認識較深刻的一位，他結合自身在閩實地調查結果，認識到祖先崇拜在民間有著極大影響力和深厚的土壤，「如果要尋求一個對中國社會各階層均具有巨大影響和統治作用的宗教力量，我們會發現：那就是祖先崇拜。在信仰領域中，沒有誰可以替代它們的位置，哪怕只是一瞬間的……既然整個民族的繁榮與苦難都要依賴死去的祖先，因此對祖先的合乎禮儀的膜拜就成了民族中的頭等大事，而死者與活人之間聯繫的紐帶是片刻不能中斷的」；大致來看，麥嘉湖對祖先崇拜的評論較中允，但仍脫不離將其視為偶像崇拜行為的視界，他說：「有一種玄奧的觀念將生者與死者聯繫起來，那就是所有在這片土地上居住、耕作、生活過的先祖到了陰間後，就會被賦予神力，而這可以掌握他們子孫的命運」[157]，由此可見，在麥氏觀念中，祖先崇拜具有神靈信仰的特質，換言之，即中國人對祖先靈魂的崇拜帶有功利性的訴求傾向，而不是僅僅為了發自內心的紀念和敬戴。正是這種祈求祖先靈魂給子孫帶來福報和運勢的色彩，使對祖先的敬拜行為具染偶像崇拜性質，這是傳教士所不願接受的。

156　Philip Wilson Pitcher, *In and About Amoy*, 1909, pp.70-72.
157　《中國人生活的明與暗》，頁74、84。

　　此外，還有個別傳教士也不同程度發表對祖先崇拜的認識。盧公明雖未直接表態，但其內心傾向應是不認同祭祖的，他說：「在祭祀祖先及拜謁長輩時都用了同一個詞『拜』，然而兩個儀式有著本質區別：拜祭先人時須用香燭、冥幣，有時有備供品；而拜謁長輩時，既不用香燭、冥幣，亦無需供品」[158]。這種儀式差別從深層次看體現的該就是表敬意與崇拜（偶像）靈魂之分。仁信通過在閩臺地區的考察也認為，「祖先崇拜對普通民眾是一種真正的宗教⋯⋯它毫無疑問是一種偶像崇拜的行為」[159]。山雅各的觀點與盧公明一樣隱晦，他覺得「那些反對改革進步的中國人：所謂宗教、祖先崇拜等，更像是一種個人訴求的系統——活著時的財勢運氣被認為與死者的善意關懷相聯繫」[160]，在這裡，山氏指出祖先崇拜包含著個人功利性訴求思想，由此可知，他也認為祭祖是迷信崇拜行為。關於傳教士對祖先崇拜或謂祭祖現象的認識還有不少，無法一一盡述。總體來看，他們對中國人祭拜祖先的行為是持反對態度的，認為其中偶像崇拜的成分占據了絕大部分。這些認識說明來華傳教士對中國祭祖問題所採取不依不饒的態勢。一個典型的例子即是：一八九〇年第二次傳教士代表大會上，當丁韙良提交其那篇著名論文《祖先崇拜——一個請予寬容的懇求》[161]，為中國人祭祖行為進行辯護，認為偶像崇拜、迷信並非祖先崇拜中主要要素，可允許教徒保留祖先崇拜並用基督教改造其迷信成分。此一非凡的卓識遠見，竟招致其他傳教士群起攻詰，大多數人表示反對，如內地會領袖戴德生態度極為嚴厲，他說：「祭祖一事，自始至

---

158 Justus Doolittle, *Social Life of the Chinese*, Vol. II, p.26.

159 Jas Johnston, *China and Formosa*, p.50.

160 J. Sadler, "Amoy: Physical Features, Monuments, Temples, & c.", *The China Review*, Vol. 22, No. 5 (1897).

161 W. A. P. Martin, "The Worship of Ancestors: A Plea for Toleration", *Records of the General Conference of the Protestant Missionaries of China, held at Shanghai, May 7-20, 1890*, Shanghai: American Presbyterian Press, 1890, pp.619-631.

終，從頭到尾以及一切有關之事均屬偶像崇拜……丁韙良博士的結論
是完全錯誤的，甚至討論『容忍祭祖』這樣的題目都不是一個基督徒
應該做的」[162]。由此觀之，也就不難理解來閩傳教士對此問題的態度。

　　附帶一說，丁韙良突破性的見解沒能引起傳教士們的共鳴，他們
對祭祖問題的不容忍對於晚清基督教在地方家庭和宗族中傳播造成很
大阻力，也給教民帶來很多困擾，更導致教民群體的祭祖糾紛，等
等。這些都表明傳教士若再不尊重中國人祭拜祖先的傳統，不重視這
一中華民族根本的傳統文化因子，必將為他們帶去更多麻煩。祭祖問
題（禮儀之爭的核心問題）能否得到良好解決是一個關鍵性的問題。
所幸，隨著二十世紀的到來，在天主教中國化與基督教本色化運動的
浪潮席捲全國的局勢下，寬容祭祖成為時代發展的必然要求。一九三
九年羅馬教宗宣布廢除以往對中國禮儀的禁令，允許中國天主教徒參
與祭祀祖先，這一糾纏溯自明末以來數百年時間的難題終獲解決，不
禁令人唏噓不已。

四　儒教儀式及其他宗教信仰

　　關於儒家是否宗教的問題可謂紛爭不斷，尚未形成統一定論，不
過多數人傾向於儒家並非宗教而是一種思想學說。早在明末利瑪竇等
人就提出儒家不是宗教的看法，影響很大。降至晚清，傳教士們對儒
家祭祀儀式重新加以關注（上述祭祖問題在很大程度上也屬於儒家禮
儀的內容範疇），並提出自己的一些見解。而來閩傳教士在福建也發
現，儒家祭典儀式時有舉行。在他們筆下，儒家是以宗教面貌出現
的，尤其是將儒家儀式主持者歸為宗教信徒一類，當然傳教士認識較

---

162 *Records of the General Conference of the Protestant Missionaries of China, held at*
　　Shanghai, May7-20, 1890, p.701; 另參見王立新：〈十九世紀在華基督教的兩種傳教
　　政策〉，《歷史研究》1996年第3期。

含混，他們對儒教祭祀儀式描述主要集中於官方的祭祀活動和儒家司儀所扮演的角色等，對於前述祖先崇拜問題雖有一些傳教士認識到其與儒家相關聯，卻多作為單獨論述內容而與較為正式的官方活動分開介紹，反映他們在認識論上將祖先崇拜與儒教儀式截然分開，成為兩種不同範疇的崇拜體系。

對於祭祖，不少傳教士已意識到其儒教的氣息，如仁信就認為「對於普通老百姓來說，根據儒家的教導，他們祖先的靈魂都是他們必須祭拜的神」[163]，即指祭祖是在儒教指導下進行的；麥嘉湖觀點頗具代表性，「這種（祖先）崇拜可以追溯到中國歷史的早期。孔子在《禮記》中就詳盡地制訂了在典禮中所應遵循的禮儀規範。現在看來，孔子所闡述的『禮』的特徵已經有了實質性的變化，在宗廟中舉行的宗教儀式僅僅屬於追思禮拜了……在那之後的若干世紀裡，最初的觀點被大大發展了。人們開始相信他們民族創建者，即已經死去，但仍在精神領域擁有巨大的權力，他們可以控制本民族依然存在的生命和財富。隨著這種信仰的逐漸發展，祖先崇拜的信條在全民族人民的心目中根深蒂固了」[164]，這一論述表明作者認識到隨著歷史的發展，祖先崇拜逐漸從儒教中抽離出來，形成具有自身特色信仰體系，成為控制人們精神的一種靈魂力量。

在傳教士眼中，儒教祭祀儀式在福建地區主要表現在官府舉行的祭典活動。例如，關於「春祭」典禮，盧公明對此有述道：「在『立春』前一天，市鎮各主要街道舉行迎春遊行……這一天，道臺和兩位知縣隨同知府等一起出行，百姓盛裝相隨。官員們坐敞蓬轎，百姓成對各執手工花束步行。官員們身穿官袍，頂戴花翎，一路吹吹打打。前頭有由僕人們執迴避牌打頭陣。若有華蓋（萬民獻上之禮以示對官

163 Jas Johnston, *China and Formosa*, p.50.
164 《中國人生活的明與暗》，頁74-75。

員信任和愛戴）或受賜衣物，官員有時亦會一併取出示於眾人。一切都安排得愉悅而有排場，這是因為人們對春天的臨近而歡欣鼓舞。在遊行隊伍中有一隻紙做成的牛，模樣與家養水牛相仿，框架用竹篾做成。竹架上貼紙，共有五色：紅、黑、白、綠、黃，代表自然界五個元素：金、木、水、火、土……除了這只眾人扛住的紙牛，遊行隊伍中還有一頭活牛，同時，隊伍中也有陶製的牛，個頭較真牛小得多。隊伍走過全市鎮各主要街道之後，即取道東門而出，行至一廟宇（亭子），並於彼處由市鎮長主持『迎春』儀式。香、燭、酒列於廟中祭拜春天的祭壇上，市鎮長行三跪九磕之禮，之後焚燒紙牛，敲碎陶牛，待時辰一到，結隊回城。那頭活牛被宰殺切塊，分至各官員住所，牛頭歸總督所有」；又如冬祭儀式：「冬至那日破曉前，總督並各級文武要員，著官服，前往西門一個稱為『帝廟』的大建築場舉行一個儀式。帝廟的後部供著帝王的名牌位，上寫有金字『萬歲、萬歲、萬萬歲』。由一旁的司儀發令，畢恭畢敬地靜候於一旁的官員們就在指定的靠近石頭砌成的通道邊（依官銜分別）跪下，叩首三次。司儀又發一令，官員幾手同時起身，進內再三叩首，行三跪九叩之禮，此間，隨從均恭敬地列旁靜候。儀式完畢後各有回衙門。是日大宴。這個儀式乃是向中國的皇帝（天子）祝賀冬至的到來」[165]。這裡，從祭天、迎春牛再到拜謝朝廷天子等一系列儀式，都說明儒家祭典的嚴肅性和規整性。

　　儒教祭祀儀式的舉行需要有專門司儀人員，傳教士將他們列為與和尚、道士並列的宗教教徒群體，「所有官員，從地區行政長官到總督，都配有一個司儀，由國庫每個月付給他們一小筆薪金。他們的職責是在每年的特定時間、特定廟宇或其他地方主持皇帝要求他們的雇主——官員們舉行的儀式。在春、秋二季祭拜天地、農神、戰神、孔

---

165 Justus Doolittle, *Social Life of the Chinese*, Vol. II, p.21.

子等儀式時，這些官員們常由司儀陪伴著。司儀們要向祭拜對象朗誦
或吟唱祭獻或讚美頌辭，並通知官員們何時下跪、何時叩頭、何時起
身。這些司儀們有資格打扮成最低學位的學士模樣，戴著有頂珠的帽
子，官員們對他們十分尊重、順從。當官員們按照既定的風俗與法律
在全國性的場合中代表皇帝敬拜地上的、天上的、真實的或虛構的對
象時，有關的國家文件命令他們必須聽從司儀們的指導與要求。雖然
這些官員們根據慣例也知道什麼時候該做什麼，但他們也不能輕舉妄
動，而是要嚴格遵守那些被稱作『儒教（或文人教派）司儀』的暗
示，因為這類人十分特殊，他們是由政府任命、國庫發放工資並根據
既定習俗與法律舉行儀式的群體。他們自稱瞭解所有的全國性儀式，
因而接受官方的任職，並願意履行有關職責。一切事情都要嚴格按照
既定的慣例或他們對習俗的理解來執行，同時還要考慮到特定的情
況、官員的頭銜以及敬拜的對象」[166]。

　　來閩傳教士還記述在福建社會中存在的其他宗教信仰現象。如
三一教，「在興化及其周圍，可以發現一種試圖建立折衷宗教的努力。
在興化山上的一座廟裡，據說就存有創始人的遺骨。在三一教寺廟
裡，釋迦、孔子、老子的神像並存，對他們的祭拜也一視同仁。在福
清附近一個臨海的寺廟裡，在孔、老、釋像前，還有一個巨大的三眼
神像。廟祝解釋說，它是三教合一的象徵，三隻眼代表每一種宗教
真理皆在其內。可惜的是，三教合一運動沒有能夠傳播到更廣的地
方」[167]。又如伊斯蘭教，「泉州擁有一座更為矚目的建築——伊斯蘭
寺廟的遺跡。其屋頂已不見，牆壁也受到損壞，只留下柱樑的基座；
外牆的花崗石，保留著阿拉伯碑銘字跡依然清晰可見……許多住在泉
州的人曾經真正信仰伊斯蘭教……一位租房居住在此地的信仰者嚴格

---

166 Justus Doolittle, *Social Life of the Chinese*, Vol. I, p.250.

167 The Anti-Cobweb Club, *Fukien: A Study of A Province in China*, p.33.

恪守遠離豬的信條」[168]。再如武林吉對畬族祖先崇拜的記述,「在每
年農曆八月十五中秋這一天,他們在祠堂裡祭拜祖先高辛帝(Gó
Sing Dá)。在我們度過一晚的這家房子裡沒有祖先的雕像,在梅嶺的
客店的夥計告訴我們,畬族人有他們的神像,通常是在這一年的最後
一天把它掛在牆上。第二年的第一天祭拜它。祭拜之後,神像就被保
存起來,因為他們羞於讓人看到它」[169]等等;不一而足。

五　風水堪輿信仰

　　風水堪輿信仰是中國民間傳統文化的一大代表,主要表現在建築
家宅與墓穴的擇選以及事物活動時日的勘定等方面。福建自古鬼神迷
信觀念濃厚,特殊的環境孕育了信仰風水堪輿之現象的興盛活躍,誠
如清人所言:「風水之說,惑人尤深」[170];近人也諷道:「迷信之為
害,風水最謬禍最大。後截龍,又斷腦,前抽腳,又穿心,有劫有曜
辨分金。相去千百丈,彼此不相讓,小則啟獄訟,大則持械相打仗。
不知此俑誰創始,謬說害人有如此。焉得國民進步多,不憑地理憑天
理」[171]。風水信俗事象固然包含一定自然道理,但更多的是粗陋愚昧
的表現。晚清來閩傳教士對於此一現象,也有自身的觀察和體認。

　　一八五〇年五月間,丁韙良在福州遊歷考察期間,對城裡的風水
問題作過一定論述:「城牆裡面有一座小山,山上布滿了茂密的樹林
和巨石,樹葉後面時不時地顯露出一間間隱蔽的小屋。這是福州城裡

168　Annie N. Duncan, *The City of Springs, or Mission Work in Chinchew*, p.40.

169　Franklin Ohlinger, "A Visit to The Doghead Barbarians of Fukien", *The Chinese Recorder*,
　　　Vol. 17 (July 1886).

170　(乾隆)《泉州府志》,〈風俗志〉。

171　〔清〕吳增:《泉俗激刺篇》,載泉州市民政局、泉州市編纂委員會編《泉州舊風俗
　　　資料彙編》,1985年,頁121。

的保護神之山，即能夠吸收四面來風的吉利影響，並將其反饋給山下
居民的一塊高地。就像西方人相信避雷針一樣，中國人堅信這類泥土
占卜的靈驗。他們稱之為風水。因為這兩種因素經常被人們用來判斷
吉凶。這種看法的起源也許是因為對於風和水的觀察跟商業繁榮密切
相關。然而它逐漸演變成一整套迷信的東西，就像希伯來神秘哲學那
樣複雜，並像巫術那樣有害。在美中條約的一個條款中也涉及了這種
具有很大影響的異端學說，因為該條款規定美國人買地蓋房時『當地
政府不得干涉，除非本地居民因這塊地本身的問題提出反對』。若干年
後，當英國傳教士們開始在這座山上蓋房子時，當地的民眾因害怕這
些房子破壞原來的風水而變得群情激昂，他們一哄而起，搗毀了山上

圖二三　鼓浪嶼上的墳地

圖片來源：J. Macgowan, *Sidelights on Chinese Life*.
該圖顯示的是晚清鼓浪嶼郊外一處墳地的場景，大大小小排列不整的墳墓十分密
集。在民間，墳地與風水常常是緊密關聯的，墳地的選址一般須經風水先生看過
「風水」之後才能確定。

新建的教堂、學校和住房……表明在『風水』這兩個字後面隱藏著多大的危險。這是一門偽科學，其論著汗牛充棟，甚至還有風水先生在課堂裡對徒弟們進行傳授。沒有任何一個中國家庭敢於在造房和挖墓地之前，不先請一位風水先生來看一下這塊地的風水是否適宜」[172]。

　　丁韙良所述指的即是福州近代史上著名的烏石山教案[173]。該案起因於傳教士越界蓋房、有礙風水而起，從十九世紀五十年代的神光寺事件到七十年代的烏石山教案，皆因士紳民眾認為傳教士建地蓋房破壞了地方風水而致，可以說，此案最為關鍵性的因素就是風水問題。對於極重風水觀念的福州民眾看來，烏石山是福州風水脈位，異族洋人的入住和造房建堂嚴重有礙風水，遂群起反對。通過該事件可以看到，風水習俗在福建人日常行為生活中占有十分重要地位，具有強大的集體力量，體現了民間文化保守與頑固。這些教訓使傳教士不得不對風水習俗加以關注，甚至進行專門的研究，以避免不必要的糾葛。

　　麥嘉湖對於風水問題也有強烈的感歎。他說：「中國人都對風水深信不疑。他們相信地底下的世界是由各路神仙掌管的，尤其是龍。在地上開挖墳墓會驚擾到這些神仙，因而神仙們就會降罪與人們，除了懲罰死者以外，他們還會降禍於死者活著的親戚或家人。於是便出現了一群人風水先生，他們聲稱通過研習已經掌握了自然的秘密，因此知道在哪裡修建墳墓不僅不會遭致厄運，還會賜福於死者的家人……風水對於這個民族來說是一個巨大的詛咒，中國人的國民性中許多保守和落後的部分阻礙了這個國家的發展和進步，而其中，風水的負面作用尤為顯著」；對於風水信仰造成的阻礙作用，麥嘉湖認為

---

172 〔美〕丁韙良著，沈弘譯：《花甲記憶：一位美國傳教士眼中的晚清帝國》，頁19-20。

173 有關此案介紹和論述，已有不少論著專門研究或涉及，此不贅述，參見林金水、謝必震主編：《福建對外文化交流史》，頁453；張金紅：《胡約翰與福建安立甘會研究》，福建師範大學博士論文，2007年，未刊稿，頁159。

主要體現在地下資源開發方面，「這個國家的地下埋藏著巨大的礦產資源，可這些礦產資源幾乎原封未動，只因中國人認為深挖地洞會攪擾到生活在地底下的神秘生靈——他們稱之為龍——並會由此帶來數不清的不幸，如熱病、瘟疫或生意沒落。例如很多地區以其美麗的石頭而著稱，本來這些石頭完全可以開採出來作為建築材料，但那裡卻看不到一架鑽井機，也沒有一個採礦場，因為落錘的第一聲巨響會在山谷裡迴盪，山中的精靈受到驚擾後不僅會降罪與這些膽大包天的石匠，還會給整個地區帶去災難。於是當地的石材就原封不動地沉睡在那裡，如果當地人需要修建房屋，他們得捨近求遠地到別處購買，而事實證明在當地開採石材是一件易如反掌的事……中國有著廣袤的煤田，在這個有著十八個省的國土上蘊含著豐富的鐵礦資源。它的地下埋藏著巨大的礦產資源，若加以開發和利用，不知道要給多少地區帶去財富，讓生活在那裡的人們脫離貧困。然而風水卻將這扇通往財富的門緊緊關上，人們不得不掙扎在貧困線上，或者遷移到勞動力更加充足的地區，離開本應該讓他們過上富裕生活的家鄉，留下豐富的資源沉睡在山嶺和平原上。」此外，在房屋建築方面亦是如此，「中國各處的房子都蓋得差不多高。這可不是什麼巧合。根據風水，所有的房子的高度都要差不多，不然的話，突出的那座房子就會聚集本應在空氣中流通的『風水』，從而給附近的地區帶去災難，比如說如果家裡人去世了或者生意突遭重創，這一切都是房子高過別人的後果。整個國家無處不在遵循著如此無稽和不合邏輯的風俗，類似的例子俯拾即是」[174]。實際上，風水信仰對現代化前進道路阻礙最大的可能要算是鐵路建設，因為篤信地下風水，中國鐵路建設受到很大程度的拖累[175]，這不能不說是清代中國民眾觀念固陋而致的結果。

---

174 J. Macgowan, *Pictures of Southern China*, pp.179-182.

175 最具代表性的例子當屬一八七六年中國第一條鐵路——吳淞鐵路的籌建過程和建成後的結局。吳淞鐵路從籌建到建造過程，充滿曲折坎坷，最後結局竟然是被清廷

　　陸一約據其在福建經驗，在其著述中對風水問題進行專門的論
述，認為風水是「最大的異端」，他說：「風水象徵著一種人類思想中
很難理解的哲學，但中國人由於各種緣故十分迷信之，正如我們當前
看到的，這兩個字所表現出的是無形的、不可理解的、神秘玄妙和超
自然的、模糊不明的集合，但又是對財運和人類命運產生影響的最強
大的靈魂力量。風水總是與墳墓和葬禮儀式聯繫在一起被言說。一位
男子說到其親屬或祖先的墓葬就是其風水，墳墓在好的方向位置或是
一片高地適合於建造墳墓或舉行儀式，常會被稱作『好風水』。妨礙
打擾墳墓被認為是『擾亂破壞風水』……為了確保自己免遭霉運，親
人和祖先的墳墓必須被放對位置，以至於可能不僅是它們的占有者完
美地得到滿足，連現在的親人朋友都能充滿好運。尋找這樣幸運的位
置是很玄秘的，有時是有利的風水先生的職業。墳墓每一方面的選擇
都要遵循其準則規律，標準的規則是墳墓必須建在面向南方的山坡
上，在其當中間水平線上，必須要有一片水澤或平地」[176]；盧公明也
認為「透過風水的調查找到幸運的葬身之所。這常被稱為泥土占卜，
但很快就成為算命的方法之一，原因在於它涉及到後代的葬身的選擇
地，這與後代的命運休戚相關。這類人常常受到那些花錢為死後選擇
一個幸運之所的人雇用，他們希望這樣能夠造福後代。這就是通常所
說的『觀風水』。泥土占卜者帶著羅盤和其他儀器，與雇用者一起走
上山頭，將羅盤放置在計劃的位置上後，靜觀其變，直至指針鎖定。
然後，通過觀察地的特性、泥土顏色、周圍山谷、溪流的相對位置，
判斷出該地是否是理想之所。……預想墳墓位置的比較應按照中國人

　　買回拆毀。這其中，「風水」因素的作祟不容忽視，時人群起抨擊修建鐵路是破壞
　　地下龍脈和風水的大逆不道行為。就連當時洋務派代表李鴻章也以鐵路「鑿我山
　　川，害我田廬，礙我風水，占我商民生計」為藉口，加以拒絕。參見《同治朝籌
　　辦夷務始末》，卷55，頁13至14。

176 Edwin Joshua Dukes, *Everyday Life in China or Scenes along River and Road in Fuh-
　　Kien*, pp.176-178.

的思維方式，在墳墓前有近、遠山頭，看上去有模糊的，也有清晰的。墳墓應當以幸運的方式占用對面山頭的風水；否則就不能為子孫後代造福。如果在選擇處所的前方有一峽谷或小山，那麼它們山峰的影子有時就會直射在墳墓上；如果在前方既無山，也無溪流，而是水平的乾地，那些地不吉利不宜作為墳墓之地……」[177]。

　　陸氏還列舉漳州、廈門和福州的例子來說明這一問題，如「在廈門附近有一座小島在江河入口處，通向漳州這一大城市，約三十英里距離，坐落著一座矮粗、荒毀要塌似的塔，叫做『漳州風水』。人們認為這座難看的塔能夠鎮住任何有害的靈魂力量，但其目前可能會使江水向上流動，顛覆漳州的名聲和商業。居民們寄希望於這座塔能在三十英里外屹立不倒，可惜其看起來可能很快崩潰成灰土。有時候人們的信念建立在甚至更不可得的事物上。在鼓浪嶼島的海岸上有許多二十五英寸高的石頭，稱其中一塊為廈門之『錨』。廈門人相信當石頭倒下，城市的財運也將隨之塌倒，當其基石因海水作用被嚴重地磨損腐蝕時，它就需要許多大塊石頭堆到其腳底以給予充足的支撐」；又如陸氏對於有著親身體會的福州風水與基督教糾葛述道：「幾年前，福州衛理公會傳教團長期而煩惱的麻煩問題全部都是由於如下事情引起，傳教士希望在城裡的山上建造一座額外的居住房，民眾堅持認為這樣他們的風水將被破壞。一八七六年，該城幾乎被一系列災難毀滅，一次颱風、兩次洪水……所有這些都被歸因於傳教士在腦中有建造房屋的意圖！」[178]陳安理在泉州期間也發現「城市由單層樓的房屋組成，其理論是任何建築伸出部分超過平均水平的話，將會破壞地方的好風水」[179]，等等。這種執迷的觀念，是傳教士所難以理解的。

---

177 Justus Doolittle, *Social Life of the Chinese*, Vol. II., pp.337-338.

178 Edwin Joshua Dukes, *Everyday Life in China or Scenes along River and Road in Fuh-Kien*, pp.180-183.

179 Annie N. Duncan, *The City of Springs, or Mission Work in Chinchew*, p.38.

　　實際上，上述陸氏所記一八七六年福州大災是歷史事實，根據福州海關記載：「凡是居住在福州和閩江沿岸的中國人都會記住，一八七六年是災難性的一年。山洪爆發，河水氾濫，颱風強烈和乾旱，導致內地秋糧歉收，銀根緊縮和經濟拮据……其猛烈程度為十六年所罕見，其損失影響整個府……」[180]，正是在這樣一種緊張的環境下，傳教士建房造屋、破壞風水不可避免地成為矛頭攻擊的對象，這從當時紳民反教稟文、報告可見一斑，如「洋人在玉皇閣（烏山建築之一）後……改築圍牆，愈侵愈大，山頂最高之處，亦環在內，省垣風水，大有關係」[181]；「閩省水災火患疊見，歸怨於洋樓高聳，損傷闔省風水，眾口一詞」[182]；等等。陸氏所記與前述丁韙良的論述指同一件事，卻更為詳細和完整。由上可見，傳教士對閩地風水習俗觀念，總體來看皆持反對與批判態度。

　　通過以上所述，我們不難看到：傳教士群體對福建民間流行的各種宗教信仰有著大量的記述與渲染。在他們筆下，福建宗教與民間信仰呈現出一幅立體多姿的畫面。傳教士們在長期的工作與調查過程中，認識到閩人信仰崇拜的一些特徵，如宗教世俗化、功利主義訴求、多神性、信仰的氾濫蕪雜性等等。宗教信仰反映的是人們內心精神世界的追求，傳教士對此之體認往往站在自身宗教的角度進行觀察和考量，因此福建民間宗教信仰也就人為地被他們貼上了偶像崇拜的標籤，這種認識一方面反映了著述者本身的立場和文化中心主義；另一方面體現了基督教征服作為自己對立面的「他者」的欲望。所以，在傳教士們的筆觸下，閩人兼容並包、斑駁繁雜的宗教信仰崇拜體系深具「異教」色彩與氣息，帶有許多不可取的成分和要素，這些都是

---

180 福州海關編：《近代福州及閩東地區社會經濟概況》，華藝出版社，1992年版，頁108-109。

181 《教務教案檔》第三輯（三），臺北市：中研院近代史所，1975年版，頁1573。

182 《清末教案》（第二冊），頁192。

標榜文明、進步的基督教傳教士所亟需加以改造的對象，透射出傳教士精神世界中潛在的殖民主義文化心態。

第四節　走進底層現場：街頭市井文化與民間口承文學

一　眾生百態：街頭市井文化

　　街頭市井文化是指產生於街區小巷、帶有商業傾向、通俗淺近、充滿變幻而雜亂無章的一種市民文化；是一種生活化、自然化、無序化的自然文化。它反映著市民真實的日常生活和心態，表現出淺近而表面化的喜、怒、哀、樂等各方形態。街頭市井文化是晚清福建社會城市、村鎮最常見的日常景象，反映著社會真實真切的一般性面貌。街市文化是晚清西方傳教士考察福建民間社會文化的又一重要維度。

　　晚清福建街市文化豐富多彩，在傳教士筆下屢屢體現。總體來看，他們記述主要集中在幾個方面：第一，街道的一般性、生活化描述；第二，街市的商業化氣息；第三，街市的人群及其社會關係；第四，街頭制藝、娛樂等表演活動；第五，廟宇等街區公共空間的活動；第六，村鎮集市的場景，等等。

　　街道狹窄和髒亂是傳教士對福建街道最常見的評價。婁禮華在遊歷廈門和漳州後，對街道給予評價：「廈門的每條街道，無論是城裡的還是市郊的，在每個晚上兩端都大門緊閉；全部都十分狹窄、十分骯髒。對於外國人來說幾乎不可能住在靠近廣大中國民眾所占據的污穢的住所。它們的位置通常都很低、很潮濕；人們都很髒，並且過分地擁擠在一起，這種聚居使得他們很不健康。街上很少有婦女出現，但當我們從街道經過的時候她們中的許多人從房屋的門後窺視我們。如果我們在街上停下片刻，人群立即把我們包圍。小孩們拍手鼓掌，

大人們注視著我們並打量我們的衣服,看上去很羨慕我們的身材,但所有人都絕對文明有禮」;「在貫穿漳州城市的過程中,我們走過了好幾條街道,有些街巷十分狹窄,充滿令人厭惡的污穢,但許多街道還是很寬的。一些家具店和服裝加工店看起來很光鮮。我們穿過一些木匠和鞋匠的店鋪、藥店和書店,在書店的門上貼著大幅的廣告牌,上面印著《四書》、《五經》、《千字文》等儒家經典。」[183]麥嘉湖說:「這裡(指廈門)街道狹窄,一般都只有七、八英尺寬,最好的街道也不超過十英尺寬。可就連這窄窄的街道也不盡屬於行人,因為兩旁的商鋪都會把貨品擺到門店外街邊的桌子上賣,這似乎是一條不成文的規定。這樣一來,道路上可以通行的空間就被縮小至四、五英尺寬了。在街道上行走,不時有陣陣惡臭襲來,很顯然,在這個小城裡沒有誰會關心衛生問題。街上不見清潔工人的蹤跡,也沒看見有任何人清理街道。因此,垃圾到處堆積,不管是房子的角落裡還是寺廟的大門口。長年的訓練讓中國人與惡臭的環境相安無事,同樣的情況若在英國,則很可能引發一場瘟疫」[184]。陸一約說:「街道上,龐大的乞丐隊伍隔一段距離地阻塞著道路,並把他們可怖的傷口當作各種慣用的手段,以此展示給別人看;因此,每個城鎮和大部分村莊都無一例外地都發散著臭味,這種情況比比皆是,令人不悅。廟宇前狹小的空間擠滿了移動的貨攤,出售著各種物品,大部分攤販到了夜晚才收攤」[185]。畢腓力也關注道:「廈門的街道彎彎曲曲,就像公羊角,高低不平,最後都不知道走到哪裡。徒步旅行的人即使聰明也會在裡面迷路。廈門人不修建直的街道,是有原因的。廈門人認為上天充滿了鬼怪,一般都是惡鬼,假如讓這些鬼怪筆直走,人們就會遭殃,因為

---

183 *Memoirs of the Rev. Walter M. Lowrie, Missionary to China*, pp.207-208, 225-226.

184 J. Macgowan, *Pictures of Southern China*, pp.162-163.

185 Edwin Joshua Dukes, *Everyday Life in China or Scenes along River and Road in Fuh-kien*, pp.20-22.

人在直走時因為慣性不會拐彎抹角，上界的鬼怪也做不到。廈門的街巷彎彎曲曲，當人們身體不舒服時碰到這些可惡的鬼怪，就可以讓開一條路。除了彎曲之外，廈門人還變本加厲地把街道修得像『檸檬壓榨機』。廈門的街巷狹窄得讓你無法撐開一把雨傘，街道平均只有四英尺寬……七月初四節日這天，人來人往，川流不息。大量的過路客穿過那窄窄的街道，街道上像雜貨店一樣寬廣地敞開著，視野所及看到的都是商品貨物，民眾們來來回回走在街上持續著一整天之久。劈裡啪啦的鞭炮此起彼伏，響個不停」[186]。盧公明記道：「福州市區內外的街道都很骯髒而且狹窄，一般只有西方國家的街旁人行道那樣的寬度。有些主要街道的狹窄處兩頂轎子無法交錯而過，相遇時一頂轎子必須後退，找到可以容身之處，讓另一頂先通過。許多商家都擠占街道，擺放一個一尺多寬的可移動店招，使得路面更加擁擠不堪。店鋪都出簷很長，且不設檐槽，下雨天屋頂的雨水就直接傾瀉在街道中央。下大雨的時候，行人即使打著傘也難免全身濕透。」[187]一八九八年，都柏林大學福建布道會的斯達（Leonard H. F. Star）牧師在寧德這樣寫道：「整個地方就處於一種停滯和沒落的境地。街上到處都是一堆堆又髒又臭的垃圾。古老的火炮橫七豎八地躺在城牆四周，而乞丐們就生活在牆洞裡，而這些牆洞曾是抵禦外敵用的炮眼。道路沆沆窪窪、崎嶇不平，行走起來十分不便」[188]。諸如此類的記述在傳教士著述中俯拾即是，不勝枚舉。

　　福建城鄉街道商業化色彩濃厚，店鋪、貨攤以及各種流動攤販構成街道文化的獨特景觀，引起了外國傳教士的注意。麥嘉湖注意道：「從早到晚川流不息的人群說明了這條街道的重要性。猛地一看，在

---

186 P. W. Pitcher, *In and About Amoy*, pp.28-29.

187 Justus Doolittle, *Social Life of the Chinese*, Vol. I, pp.28-31.

188 R. M. Gwynn, *"T.C.D." in China: A History of the Dublin University Fukien Mission 1885-1935*, Church of Ireland Printing and Publishing, 1936, p.30.

這條繁忙的街道上似乎任何移動都顯得十分困難，街道的擁擠程度已經沒有為人們的通行留下過多的空間。商品從商鋪裡延伸出來，擺在商鋪前，賣水果的小攤隨處可見，還有許多小販沿街叫賣雜七雜八的東西，留給行人通行的是窄窄的、五到六英尺寬的路面……我們驚訝於一路上見到的商鋪所擁有的財富。這兒有專營絲綢的商鋪，陳列著來自著名絲綢之鄉的絲綢，等待有錢人的光臨。還有專賣帽子的商鋪，店裡品種繁多地擺放著冬季以及秋季的最新款式的帽子。還有布店，店裡有來自國內外的布料，在布樣板上琳琅滿目地陳列著各種布料，供客人挑選。在這裡還可以看到一個個茶莊，它們不僅賣茶葉，還設有寬敞的茶室，從早到晚為過路人提供飲茶解渴的場所，茶室裡通常人聲鼎沸，擠滿了輕鬆愉快的茶客，一邊品茶一邊海闊天空地閒聊」[189]。相比之下，陸一約的記錄更為詳細，他對福建城市街道各種商家、店鋪和街頭攤販的介紹，十分全面而細緻：

「許多中國的街道開設專門的商店提供某一種固定商品的售賣。在大的城市，這種模式比起像廈門這樣相對貧窮的小市鎮更為普遍。例如廣州，有著開滿圖書商店的大街，有綿延一線的成排的珠寶店、陶器店、衣服店以及小古董店。在廈門這兒，也有著一條鞋匠街或曰製靴街、籃子街，以及幾乎全是被大米買賣所充斥的米店街……這兒有一家五金商店，緊鄰著街道的櫃檯掛滿了最為多樣化的、各色各樣混在一起的以及生了鏽的鑰匙、鎖頭、金屬絲、螺釘、錘子及其他工具；垂懸的鏈條和鐵製的工具後厚重地從房頂前懸掛下來，幾乎阻擋了屋內的光線，使屋裡變得又黑又暗。接下來是一間精緻的絲綢店，一束束精美的絲綢有各種圖案和顏色，被擺置於櫃檯上，穿著入時的店員正在展示那些能讓英國女士好幾個小時都戀戀不捨的材質原料。在這兒有一座木匠工作坊，從地板到天花板上都裝滿了浴盆、木桶、臉盆、椅子和床，所有木具都塗上明亮的紅漆。隔壁是一家帽子加工

---

189 J. Macgowan, *Pictures of Southern China*, pp.127-129.

廠和銷售商店。一半的雇員正在銷售商品，另外一半則在織造精緻的黑色綢緞帽，線縫著紅色的法蘭絨，這樣適合人們頭蓋骨後部的設置。在靴子店也是同樣的情景，製作和售賣在同樣的櫃檯前後進行著。這兒還有許多點心店在街路的兩邊，從糖果甜點店到更為綿延廣泛的飯館，在這你可以吃到一頓豐盛的米飯或甘薯飯，再配上魚肉或其他可口的小碟菜，大約在一個半便士[190]左右的價格……這裡的民眾十分忙碌，也沒有什麼多餘的閒錢。相比那些更富裕的城鎮，在廈門很少那種在茶桌上虛度光陰或閒談不休的人。不過，每隔幾步都可以進到一家飲食店，你可以坐在長板凳上，用筷子從碗裡將熱騰騰的米飯扒入口中。這兒也有大量的叫不出名字的可食用的零食，並將保留下來，像是一些亂糟糟的用果籽油炸的食品，味道怪怪的，聞起來也很糟糕。中國家庭的廚灶就在街門邊上燃著，而不是在房屋後面的廚房內。他們的廚灶沒有煙囪排放油煙，但鄰居和行人都不會抱怨」[191]。可見在陸氏筆下中國街道商業化氛圍的濃厚。

　　類似在泉州的街道商業景況，陳安理也記道：

> 兩邊的店鋪非常有趣。也許在大多數情況下，稱之小攤會更合適些。早晨，店門一開，為了占有更多的空間來展示貨品，店主們紛紛擺出各式各樣的長凳和木板，同時還要保證自己沉重的木製招牌夠醒目。他們的這種蠶食舉措讓本來就狹小的街巷更加擁擠。有的街道專賣某種商品。一進城，就可以看到牆根下的小巷裡賣的全都是筆，每家店鋪都賣筆。一小簇的貂毛或是兔毛，插在竹管裡，就做成了中國的毛筆。泉州是個文化之

---

190 英國貨幣輔幣單位。類似於中國的「分」。過去二四○便士等於一英鎊，一先令等於十二便士，一英鎊等於二十先令。在清代，一便士比銅錢為三十六至四十錢。

191 Edwin Joshua Dukes, *Everyday Life in China or Scenes along River and Road in Fuh-kien*, pp.25-27.

城，因此盛產毛筆。這裡還有個花街，每家店鋪都在出售嵌有金屬絲的絲綢的婦女頭飾。還有個街道專賣鞋子。這些鞋子，和那些圓圓的、戴個紅色圓球的碗狀的帽子，是這裡最普遍的穿著，也是泉州兩大出口特色產品。再往裡走一段，街道變得寬敞了一點，我們看到了賣陶瓷的商店。商品琳琅滿目，還好路中間仍然留出一條通道，不至於碰倒那些碗和茶杯。想像一下，如果有個倫敦的警察站在這個街頭！或者一個負責衛生的醫療官員……然而想像在這裡變成空白。

這裡還有布店、絲綢店、籃子店、紙店和燈籠店。在燈籠店裡，工匠用紙糊住小小的竹架子，再往上面描繪神的名字，這樣燈籠就可以掛在神龕上了。水果攤子也很多，特別是香蕉，全年有十一個月都上市。這裡有柚子（樣子像橘子，但大小和一個中型足球差不多）、楊梅、龍眼、荔枝、桃子（從來沒有熟透過，可是，我們發現這是在教堂裡讓孩子們保持安靜的仙丹妙藥！）、一截截的甘蔗、小香橼、橘子、李子、柿子，諸如此類，認識的不認識的，在不同的季節裡競相售賣。

這些都是安靜的、不令人生厭的可愛的店鋪。然而，我的天，在街上的點心鋪裡的不停忙碌的煎鍋！看上去令人作嘔的一團東西吱吱響著，發出難聞的味道，大鍋裡散發出來的熱騰騰的肥肉的氣味，在炎熱的夏日裡對於過路者來說，可真是難忘的回憶啊。

還有魚攤。不修邊幅的攤主咧著大嘴笑著。筐子裡有的裝滿了蝦，有的裝著到處亂爬的螃蟹；有發白的墨魚，滲著烏黑的墨汁；狹長的「帶魚」，彎曲著從筐子裡延伸到外面。不知名的、知名的魚，大的小的，都擺出來售賣。如果天氣寒冷的話，肉鋪和魚鋪對於行人來說，還是可以忍受的；可是天氣炎熱的時候，那種被熏暈的感覺太恐怖了，以至於我們希望自己的廚子永遠不要光臨這塊寶地！

許多商鋪是異教徒的城市所特有的。我們看著工匠，在眾目睽睽之下，用一塊木頭雕刻出一具觀音菩薩，或是形形色色的神像；這類雕像，完工之後，就被那些一家之主買走了，供奉在家中。也有一些比較便宜的黏土神像，塗上金碧輝煌的漆，價格低到人人都買得起。

相當多的人都在生產紙錢的店裡工作。那是一種草紙，裁剪成像銅錢的圓形，是給墳墓裡的人們用的。每年，在中國各地，虔誠的後輩都會祭拜一次他們的祖墳，把這種紙做的假錢撒滿墳墓的四周。這裡還有金的和銀的紙錢，用粗糙的黃色紙張做成，中間是個方形的錫箔，塗上光亮的黃色象徵『金子』。這是給地下魂靈的，通過焚燒的方式寄給他們，這樣他們在地底下也可以有足夠的零花錢，衣食無憂了……[192]。

四美主教在遊榕期間，對福州街頭熱鬧擁擠的場面著墨道：「（福州街區）有各種行當與手工藝，到處都是熙熙攘攘的人群……轎夫不斷推推搡搡，這在中國擁擠的街道上是不可避免的，人們對此習以為常……街上可以看到當地各行各業的手工藝匠人，在同一間屋子裡忙碌地從事他們的工作，並銷售自己製造的物品。街角巷尾，到處擺著活動廚房，蒸汽騰騰，為饑腸轆轆的等候者提供可口的快餐。對於有錢的人，街上有一連串的飯店、酒家和茶館。再遠一些，一群賭棍在與橘子攤販或是蜜餞販子爭奪幾尺地盤」[193]。在四美筆下可以看到，清末福州街市手工匠業興盛繁榮、街頭小商販文化發達，一幅喧鬧的畫面躍然於紙上。對此，英國聖公會傳教士也言說道：「我們站在（萬壽）橋上並穿過這種東方式的中國街道，放眼望去視野開闊，各種各樣景象盡收眼底。一派多麼繁忙和混雜的景象！熙熙攘攘的人流

---

192 Annie N. Duncan, *The City of Springs, or Mission Work in Chinchew*, pp.27-30.

193 《五口通商城市遊記》，頁263-264。

快速湧動，很少衝突，也少有爭吵……在這我們發現顯而易見的混亂
無序卻尚未有騷亂——一群擁擁嚷嚷的貪婪的商人們使出渾身解數向
那些圍繞在他們周圍的人們推廣他們的生意」[194]。英國著名旅行家約
翰・湯姆森在遊歷福州城市期間也對民家手工制藝讚譽有加：「（福州
的）燈具十分精美漂亮，是用薄玻璃棒工藝製作而成，緊密地挨放
著，它們就像仿製的竹編工藝品。發出的光亮耀眼生輝」[195]。

　　傳教士還悉心關注街頭的各種人群，除了前述的商販群體，還主
要有乞丐、苦力、官員、走江湖者等等。為世人渲染和展示著一幅幅
晚清八閩大地城鎮鄉村大街小巷的熱鬧場景。

　　城市街區乞丐的氾濫，是晚清福建社會嚴重的社會問題之一，卻
也反映著閩人日常生活中一般景象。對此，傳教士給予相當關注。萬
為在一八五七年寫給其岳父的一封書信中，就曾詳細述及福州街頭乞
丐問題。他寫道：「街上到處是乞丐，在綿延數里地上，我數了有三
十位不同性別、各年齡段的乞討者。他們有瞎的、瘸腿的、跛足的、
枯瘦乾癟的、老的；展現出可憎的、令人作嘔之畸形的各年齡段的殘
疾人；還有墮落的人類容易遭受的疾病。乞討是一種職業。據說乞丐
有首領，整個團體處於公共法規控制下，擁有公共利益和等級制度。
我瞭解他們有內部經濟制度，但所知甚少。我只能告知我的每日所
見：乞丐人群（除了遭受一些天生的疾病），一般是失明、斷手或缺
腳，穿著破爛衣服、裹著骯髒、污穢的破草席，蓬頭垢面和萎縮著枯
槁的手臂，看起來極度邋遢、骯髒和遭受著苦難。據說還有父母親把
孩子弄得傷殘或弄瞎以使其成為乞丐。所有那些特別髒污的、令人作
嘔的，無論是先天的或後天造成的畸形的人被盡可能地帶到集市貿易
中，逛蕩在街頭上討求施捨。這兒有一個小女孩，冬天就坐在橋上的

194　Eugene Stock, *The Story of the Fuh-Kien Mission of the Church Missionary Society,* London: Seeley. 1882, second edition, p.5.

195　John Thomson, *Through China with A Camera*, p.144.

冰冷石頭上，或是夏天曝曬於耀眼的烈日強光下，身旁放著一頂她的破舊草帽，用最可憐的語調從早到晚叫喊『我是瞎子』『我是瞎子』。離她幾步遠有一個男孩，有著十分恐怖的『燙傷的頭』，完全地俯伏於過路人的腳邊，不斷朝石頭地磕頭並喊道『行行好吧，老天爺保佑你！』……有些人手執活蛇、有些人吹奏樂器，骯髒的小孩由婦女牽挽著或懸吊在母親背後。他們常常手拿一面鑼，無論什麼時候當一位顧客進入一家商店，其中一人準會跟隨，提高語調發出一種討厭的嘈雜聲說『交易不成』，直到得到一些賞錢才安靜下來。你會問為什麼店主能容忍、或為什麼不馬上趕他們走？根據律法，每個乞丐每天在許可的區域中，被授權允准乞討『賞錢』……」[196]。

圖二四　福州街角的乞丐

圖片來源：John Thomson, *Foochow and the River Min.*
晚清福州乞丐群體氾濫成災，該圖反映的即是當時福州街角乞丐生活的一般化狀況。

---

196 "A Letter from E. Wentworth to Joseph Lewis, Fuh Chau April 8, 1857", Polly Park edited, *"To save their heathen souls": voyage to and life in Fouchow, China, based on Wentworth diaries and letters, 1854-1858*, pp.67-68.

　　一八七〇年遊歷福州的湯姆森也記錄了此般狀況：「在中國，乞丐的乞討行為無人干涉，在官府控制下，甚至還能得到市府當局的保護和半公開的承認。事實是，國家的慈善機構無法救濟這些超過十分之一的人口眾多的當地貧困人群。沒有濟貧法，為了減輕窮人的不幸惟一所做的就是對在公共場所進行乞討行為給予寬容，將乞丐置於當地各區段首領們的管轄之下。在福州，乞丐們將城市劃分為若干街區，每一個街區範圍內都指定一個頭目，該頭目可以按照意願承襲前任乞丐頭目的做法，履行將所有成員有條不紊地置於其管轄和控制之下的權力……這類乞丐頭目有權力與其各自管轄區街道店鋪裡的商人們訂立協議，根據協議，丐首收取一種變化不定的低額費用，以維持他們與丐民的生計。於是，乞丐與這些商人之間達成一種和解，他們在繳納了錢費的商店外面做上記號，這些商店就能免遭那幫衣裳襤褸的乞丐們的騷擾。對於那些拒絕繳納施捨金錢給乞丐的店主，悲哀也隨之降臨。那些最令人作嘔、糾纏不休、赤身裸體的乞丐就會被派去騷擾其商店」[197]。再如傳教士對閩南社會乞丐現象的觀察。傳教士瞭解到，閩南社會乞丐盛行是由於生活貧困的原因，但民眾亦對乞丐毫無憐憫之心，乞丐充斥於城市的各個角落且日益形成職業化群體。「廈門地區每個行政區裡面都有一個乞丐頭，這些乞丐頭從官府那裡取得職權，每個月他們到商人和店主處乞討，直到對方不耐煩給錢為止，每家有喪葬喜事的他們也會去乞討，然後由乞丐頭把這些錢分給下面的乞丐。另外廈門有專門一個地方叫『乞丐營』（the beggars' camp），居於此處的大部分都是乞丐」[198]。從以上記述可見，清代福建地區乞丐，具有相當周密的組織制度和職業化特徵，誠如學者所言：「清朝廷的乞丐管理辦法十分周密，其目的是讓無業遊民納入到

197　John Thomson, *Through China with A Camera*, pp.136-138.

198　John Gerardus Fagg, *Forty years in South China: the Life of Rev. John Van Nest Talmage*, pp.85-87.

地方組織的管轄之中，把乞丐管理變為常設性工作，肯定乞丐行乞的合法性，從制度上保證乞丐的行乞權，並對乞丐群體加以區分」[199]。

當時的福建，占卜算命廣泛流行於民間社會的大街小巷。不僅婚姻崇尚算生辰八字、墓葬盛行看風水習俗，民間看相、測字算命、甚至吃穿治病等都不乏求卦與請風水先生等行為。常見於街邊巷角的算命卜卦事象則是更為迷信與庸俗的行為。這些看相、測字算命、算卦乃至治病的江湖「先生」、「郎中」，很多都是打著所謂「招牌」的騙人把戲。對於此，傳教士們也記下了不少這方面情況。例如盧公明記道：「算命先生分為兩類：瞎子算命先生和算命先生。瞎子算命先生通常在一個孤獨少年的攙扶下在街上街行走。其中一些手拿一個豎琴，時常邊走邊演奏。有時他們會拿著一個由兩塊小木頭做的搏浪鼓，當一起擺動時會發出『啰啰』或是『潑潑』的聲音。聽到這樣的聲音時，就知道瞎子算命先生即將出現。這類人很少或從不開設一個鋪子作為諮詢處，而是穿越街頭小巷，碰碰路過的顧客。瞎子算命被稱為『推算命運』。而視力很好的算命先生通常是通過看相算出算命對象的命運。他們很少或是從不走上街頭尋求算命對象，而是通常在一個固定的地方設鋪，等待顧客前來諮詢」。算命先生的伎倆，盧氏認為多為騙術，如關於看相，「他們誇大面相的天機，談及受騙者的過去的好運、黴運或是將來的命運」，又如關於測字，「這類算命先生解釋通過固定計劃辯出的字符，是他們預先就決定好的，因此對諮詢者的表面情況或性格毫無任何偏差」[200]，細心的盧氏還發現，因為中國人一直懼怕鬼怪，所以「算命占卦的生意十分火爆」。衛三畏通過在東南沿海地區的考察也認為：「算命的方桌和看風水的店面遍布大街小巷……」。美國學者馬森根據傳教士著述認為：「在各種不同的描

199 參見劉大可：〈論清代閩臺地區的乞丐問題〉，《福州大學學報》2006年第4期。

200 Justus Doolittle, *Social Life of the Chinese*, Vol. II, p.332.

圖二五　民間街頭景觀

圖片來源：John Thomson, *Through China with A Camera.*
該圖呈現的是晚清福建民間街頭最具代表性的日常場景圖貌，在照片中有售書攤販、理髮匠、算命先生和挑擔小吃攤（流動的廚房）等。每一處都是晚清來華傳教士筆下經常描繪的對象，深刻反映了晚清中國民間街頭文化日常表現之一斑。

寫中國社會習慣的書中，都有對算命和打卦方式作介紹的內容」[201]，實際上，馬森所舉這方面例子多與福建和廣東等南方地區有關，可見在傳教士視野中，民間算命、打卦、占卜等走江湖現象在華南地區十分普遍和流行。

　　街頭苦力是傳教士關注較多的對象。例如，麥嘉湖有詳細的記述：「突然從遠處傳來一聲低聲吆喝，吆喝聲離我們漸近時，聲音也越來越大。後來我們發現了吆喝聲的來處，它是四個擔夫發出的，他們

---

201 〔美〕M・G・馬森著，楊德山等譯：《西方的中華帝國觀》（北京市：時事出版社，1999年），頁202。

正用竹製扁擔挑著大筐的棉織品。他們的吆喝聲提醒人們快速讓道，因為他們一路搖晃著小跑而過，如果扁擔的尾部或沉重的大包裹碰刮到什麼人，後果都將不堪。只見人群平靜地為他們讓出一條道，而我們則趕忙挨靠在路邊的一個水果攤旁。四個擔夫一聲吆喝一陣風似地從我們眼前穿過，很快就消失在人海之中。只是他們的吆喝聲在他們消失了許久之後仍從遠處飄來」[202]；「……身背重負的苦工們大聲吆喝著，健步如飛地穿梭在人群中，如入無人之境。在一大堆隨從和士兵的簇擁之下，總督乘坐的大轎神氣地出現在街頭，在嗩吶聲中，街上的行人迅速衝向道路的兩旁，雙手低垂，畢恭畢敬地為這位偉大的官員讓出道來。不一會兒，遠處傳來了清脆的馬鈴聲，一個軍官摸樣的人騎著一匹高頭大馬神氣活現地款款走來，而他那凶神惡煞般的隨從則高舉著皮鞭，隨時準備將皮鞭抽打在看上去不夠卑躬屈膝的路人身上……街道上人來人往，商店裡擠滿了客人，各種聲音交織在一起迴盪在空氣中，小販們高聲叫賣，苦力們身背重負叫喊著穿梭在人群中，轎夫更是用叫喊聲為他們在狹窄的、擁擠的街道上開道」[203]。官員頤指氣使般經過街道的場景，也常在傳教士筆下出現：「街上經過一隊人群……跟在這群人後面的是一群衣衫襤褸的小精怪，他們是地地道道的流浪漢，給他們一兩文錢，他們就會在這樣的場合幫忙舉牌，牌上寫著官員的官銜。這些人都是魯莽之流，嘻嘻哈哈而過，到我們身邊時還朝我們扮鬼臉。其後還有一些攜帶枷鎖的隊伍。這些枷鎖是地方官權利的象徵，用來威嚇行惡之徒。緊隨其後的就是那位大人物了，他坐在四人抬的轎子裡。他很有富貴之態，肥頭大耳，官氣十足，始終保持一副莊嚴高貴，盛氣凌人的姿態。如果眼前有什麼觸動了他的心，他也會小心翼翼隱藏自己的真實情感。他的臉上看不見他對自己子民一絲一毫的同情心。他的子民說什麼他聽不懂，他們的

---

202 J. Macgowan, *Christ or Confucius, Which? Or the Story of the Amoy Mission*, pp.28-29.

203 J. Macgowan, *Pictures of Southern China*, pp.127-128, 166-167.

語言對他是個謎，因為當時的朝廷明文規定任何人不得在自己居住地任
地方官。這個官員來自遙遠的省城，說著不同的方言，也許他腦海裡
想的還是自己遠方家鄉的人情世故，所以他對周圍的陌生景象視而不
見」²⁰⁴。

　　晚清福建民間街頭制藝娛樂活動發達，盧公明在福州長期考察過
程中親見並記錄諸般景況。例如他對民間藝人表演的描述：「在城市
裡有一些人通過玩一些奇妙的把戲取樂別人來維持生計，那些手技表
演中的一些對於沒有瞭解到其奧秘的人來講是無法明白的，而且認為
似乎是無法表演出來的⋯⋯一些非常平常的耍把戲是像這樣的：身體
用背躺在地上把腳與地面垂直伸直，在腳底上使很大的泥土做的水缸
轉動；另一種是一個人一邊唱著小調，一邊使一個點著蠟燭的燭臺在
他的頭立起來，還有一種是把一個普通的盤子平衡地快速地在一根很
短的垂直的棍子上旋轉，棍子的另一頭放在另一根表演者嘴裡含著的
一根水平的棍子上。這項很奇妙的表演的特點就在於盤子被轉得飛
快。有時一個人穿過街道的時候會看見有人在耍著三個或五個，六或
八英寸直徑的圓圈，從來不會沒有熙攘的人群圍觀。另外一些時候街
道會被行人擠得水洩不通，原因就是有人占用了街道來表演，他耍著
一個重達幾磅重用一根長達二三十英尺長很結實但是很細的繩子繫著
的鐵球或是鉛球⋯⋯」；又如他對福州民間日常娛樂遊藝之一踢毽球
的記述：「在這個地方，年輕人喜愛踢毽球。他們並不是用打毽板，
而是用腳或鞋擊打毽球。毽球是用羽毛和皮革製成的，呈圈形。在皮
革處通常用兩、三個銅板增加其重量。年輕人看上去更青睞於用赤腳
或鞋踢毽球。一般說來，在中國孩子中富有活力的體育運動和娛樂通
常不受鼓舞。保持端莊的品行更值得讚賞，受人尊敬，而參與要求身
體運動的體育項目卻不被推崇」；再如他對民間演戲娛樂和百姓看戲

204　J. Macgowan, *Christ or Confucius, Which? Or the Story of the Amoy Mission*, pp.34-37.

劇的歡慶場面也記道：「像在西方一樣，這兒沒有修建的戲廳專門作
為演戲場所。人們通常在夜間隨便在街道上選一平地就作為表演場
地，很少在白天演戲。有錢人和當官的也經常雇用戲團到他們的住宅
表演唱戲，有時戲團在正月、二月間連續為有錢人演出八到十天。看
戲劇表演是不需要入場費的。當他們在廟會或街道上表演時，人人都
可以前來觀看⋯⋯」[205]。從盧氏的記載不難看到，清末福州民間大眾
娛樂遊戲的興盛，同時也隱然透露著西方人對東方民間遊樂文化活動
的比較與觀照。

圖二六　街頭「耍把式」

圖片來源：Justus Doolittle, *Social Life of the Chinese*, Vol. II.
晚清中國街頭流行著各種形式的民間藝人和說書人的表演，這是大眾文化盛行的
時代表現。該圖反映的即是福州街頭民間藝人表演雜技的情景。

---

205 Justus Doolittle, *Social Life of the Chinese*, Vol. II., pp.279-298.

　　畢腓力與麥嘉湖對廈門街頭大眾娛樂活動如演戲、雜耍、說書等
事象也有所記錄。如畢氏記道:「廈門還是一個喧嘩吵鬧的地方。從
四面八方傳來敲鑼打鼓的聲音,穿街走巷的演奏者和戲班子的絲竹管
弦樂爭先恐後,製造著嘈雜的噪聲,小販和苦力在大聲叫嚷著,當地
的狗在吠叫和撕咬著,再加上街頭吵架(通常是發生口角)和雜耍的
聲音,這些嘈雜聲讓外地人比我們更加頭昏腦脹」[206]。相比之下,麥
嘉湖所記更詳細:「沒走多遠,我們便聽到一陣鈸鼓發出的嘈雜的聲
音。很快我們便看見一大群人擠得街道水洩不通,因此我們無法前
行。這條街是城裡最繁忙的大街之一,而就在這繁忙的大街之上,一
個戲臺已經搭好。離戲臺四、五十碼處,人們像罐頭裡的鯡魚繞圈將
戲臺團團圍住,他們揚著頭,一雙雙癡迷的眼睛正望著戲臺上的演
員。舞臺上正以一齣滑稽戲作為開場,它不時引得觀眾開懷大笑,可
見觀眾有多熱情。滑稽戲收場後,緊接著上演正劇,是一齣歷史戲。
戲開始了,只見穿著古代服裝的官兵正做著殊死的戰鬥。此時,觀眾
席上鴉雀無聲,人們屏住呼吸,全神貫注地盯住舞臺,等待著戰鬥的
結果。為了吸引注意力,演戲的過程時不時鈸鼓狂作,鼓點聲聲緊
急,彷彿一場激戰正酣。對一個外行來說,這些鼓點聲實為惱人,因
為演員們的話語聲都淹沒在了陣陣鼓點之中,根本無法聽清。所以對
我們而言,這齣戲與啞劇絲毫無異。然而,對早已習慣了這種音樂伴
奏的中國人來說,這些惱人的聲音卻讓他們如癡如醉。中國人不喜歡
我們,他們心裡一定在想:外邦人怎能聽懂音樂?他們的耳朵就像他
們的大腦一樣從不曾受訓過,所以他們需要中國文明來教會他們如何
欣賞諸如不起眼的鈸鼓所奏出的真正優美的天籟之聲」[207];「你可以
在中國的任何一座城市看到他們……這些說書藝人通過給公眾講解各

206　P. W. Pitcher, *Fifty Years in Amoy, or A History of the Amoy Mission*, p.29.

207　J. Macgowan, *Christ or Confucius, Which? Or the Story of the Amoy Mission*, p.38.

種演義和歷史小說謀生，通常選擇在寺廟前面的一大片空地上講演。這裡聚集著賣糖果和小吃的小商小販，還有流浪者和遊手好閒的人，他們有大把的時間可以支配，無所事事，正好可以從說書藝人那裡取樂。這些說書藝人大多性格散漫，吸食鴉片，或者由於自己的過失而窮困潦倒。然而，他們卻頗受某些群體的歡迎。販賣貨物的商販、工匠、那些以取樂為人生目標的人等蜂擁而至，聽說書藝人講演故事。故事範圍很廣，取自中國各個歷史朝代。在中國編年史上名聲顯赫的偉大帝王、用天才和智慧給這個國家的律令和思想留下重大影響的傑出政治家，都被描繪得呼之欲出，刻畫得入木三分。歷史上那些令人激動的場面、懸繫著中國命運的偉大戰役、嚴峻而血腥的衝突、曾經作為侵略者進犯中國的韃靼或蒙古部落最終失敗並且被中國融化於無形，這些故事的講演讓聽眾們興奮得屏住呼吸，驚歎不已」[208]。由此亦可見中國人所展現的娛樂精神。

　　街區公共空間除了供民眾看戲、娛樂的廣場外，最主要的當屬廟宇等建築。例如，傳教士記道：「廈門城裡惟一的公共建築就是神廟。跟西方大城市不同，中國人向來沒有為公共事務交稅的習慣，因此，不管在風格、建築還是方式上，這些神廟就是東方人在公共事務方面能力欠缺的最好證明。讓我們走進一間神廟去親眼看看這些建築到底是什麼樣子。旁邊就有一間敬奉關武帝的神廟。這是城裡香火最旺的一座神廟。他是清朝的守護神，官員們在每個月的初一和十五都要早起來祭拜他，很多人也相信他能保佑平安。眾人聚會敬拜就僅只這一次，除此之外，他們沒有固定的時間聚會做禮拜或別的宗教活動。每個人在需要的時候就會到廟裡去，他們帶上祭品，在神像前承諾如果眾神保佑他們完成某件事，他們就會回來還願，到時會帶更多

208　〔英〕約翰・麥嘉湖著，龍金順等譯：《西方傳教士眼中的廈門》（北京市：當代中國出版社，2015年），頁41。（該書即麥嘉湖所著 *Christ or Confucius, Which? Or the Story of the Amoy Mission* 的中譯本）

的祭品來。『異教徒』的朝拜都是單獨進行的，不像基督教徒那樣定
期聚集，一起讚美和敬拜上帝」；「這兒的寺廟也隨處可見，裡面供奉
著醜陋的佛像，不僅拜神的人聚集於此，還有『形形色色的人』」，有
人背著包袱，有人扛著貨品，有走街串巷的剃頭師傅，帶著全套的理
髮用具，等著客人上門，許多乞丐在閒暇裡從又髒又破的衣服上捉著
蝨子」[209]。從這裡，也可以看出傳教士對中國宮廟寺觀等公共空間蔑
視、詆毀和妖魔化的情況。

　　在傳教的過程中，傳教士們還經常遇到鄉村集市鎮的熱鬧場面，
這也成為他們筆下收納的對象。麥嘉湖曾對漳州的一個集市有詳細記
載：「我們在離城市三英里外的一個繁忙的集鎮租了一座房子，那裡
的集市稱『橋頭集市』（Bridge Head Market）。這裡最吸引我們的地
方是它位於集市的中心。那裡常常趕集。趕集時，遠近的村民以及偏
遠地區來的買主都會聚集這裡。集市場面很有趣。本地生產的物品就
露天擺放，人們簇擁而至，討價還價之聲，笑聲，還有玩笑取鬧之聲
充斥集市。而與此同時，貨物迅速易主，而後被人帶走。有些貨物選
擇船運，而有些則由身體健壯的人扛在肩上帶走。因物品太重，他們
往往氣喘吁吁，汗流浹背。集市上的物品五花八門。看，這裡是一堆
塞得鼓鼓囊囊的大袋稻米，它們彷彿在向人們炫耀：瞧！這稻米多
白！分量多足！這樣的稻米在平原周邊山區是生產不出來的，因此大
袋大袋的米如此顯眼地擺放，難怪識貨者看見它們會兩眼放光。紅甜
薯也被有序地堆成小山模樣放在籃子裡供人挑選。這些紅番薯是這裡
最粉最甜的，它們只產於某個特別地區，因為那裡的土適合紅薯生
長。另外，還有一罐罐蔗糖，它們由甘蔗榨成，呈黑色。平原氣溫
高，因此甘蔗生長得很好。人們買走蔗糖用船運往中國其他遙遠地
區。這個季節正值水果旺季，所以甘蔗很多，而且也很甜。甘蔗以外

209 P. W. Pitcher, *In and about Amoy*, p.29.

還有其他水果，如一簇簇奈子，一串串芭蕉，一藍藍桃子。幾英里外的果園種著大量橘子，芒果也掛滿樹枝，對面山腳下的果園裡還種著許許多多的柚子。這些水果遠銷遙遠的上海，有的也定期被船運到中國南方碼頭」[210]。他還觀察到福州魚市的情況：「我們發現我們已經來到了一個大型的魚市，這一帶的居民都會上這兒來購買海鮮。我們好像瞬間遠離了城市而置身海邊。在這兒你可以看到各種各樣的淡水魚和來自不遠的大海裡的鹹水魚。現在我們滿眼的都是各種各樣、各

圖二七　廟會上的集市

圖片來源：John Maegowan, *How England Saved China*.
廟會集市是古代最具代表性的中國人公共活動空間之一，通過廟會日子形成集市進行貨品流通和民眾們與外界溝通交流信息的渠道，亦是清代中國人公共活動的主要平臺。該圖反映的即是晚清福建社會廟會集市的熱鬧情景。

---

210 J. Macgowan, *Christ or Confucius, Which? Or the Story of the Amoy Mission*, pp.94-96.

種狀態的魚。有些魚非常新鮮，就好像剛從水裡打撈上來並用快運送達市場。旁邊還有些已經切好的魚片，魚片上還留有點點鮮血，看上去好像才剛剛死去的樣子，殊不知這僅是魚販子們天才的障眼法，他們將豬血灑在魚片上來欺騙無辜的買家。前面還有許多用大籮筐裝得滿滿的鹹魚，看上去像是為長途運輸準備的，不時地有人往這些鹹魚上灑水，目的是為了保留上面的防腐劑，正是這防腐劑的味道使得整條街道散發出奇怪的味道」[211]。

　　街頭市井文化是晚清傳教士考察福建社會文化的十分重要的內容。街頭市井文化不僅與傳教士生活環境息息相關，街頭市井也是他們從事布道工作、爭取信徒的重要傳教場域，所以他們把不少精力投注於此。透過傳教士的筆端，得以再現十九世紀末二十世紀初福建民間街頭百態及其所彰顯的市民文化的一般化形態。在傳教士筆下，我們清晰可見晚清福建街頭市井文化的兩大方面的構成要素：一方面是人物構成要素，頻繁登場的有商販（包括固定的與流動的）、遊手好閒者、苦力、乞丐、民間藝人、賭博者及其他人群；另一方面是地點構成要素，常見的有街區、坊市、商鋪、墟場、寺廟、廣場、街尾巷角等。這些關鍵詞和構成要素頻頻見載於傳教士著述中，表明清末福建街頭市井等公共空間是被傳教士重點關注和考察的對象，也反映出在微鏡頭記錄下的近代民間社會最真切、直觀的表現畫面，再現了當時閩人的日常生活場景。

二　民間口承文學

　　口承文學，即指口碑傳承文化，這是最為典型的民間文化的代表。一般包括歌謠、俗語、諺語、楹對聯句、謎語、神話傳說故事等

211　J. Macgowan, *Pictures of Southern China*, p.130.

內容及形式。西方傳教士在福建傳教之餘，對民間社會的口承文學遺產也進行輯錄，這方面尤以盧公明《英華萃林韻府》一書為代表，書中收錄難以勝數的民間諺聯俗語，向西方世界報導了中國民間口頭文學之繁盛現象，可謂是一座反映福建福州民間口承文學與日常生活文化的小型資源庫。

盧公明在長期的社會考察過程中日積月累下許多反映民間文學文化特色的諺語、俗語和聯句，加之收錄眾多文獻中的內容，旁徵博引，竟至積笈盈筐，不可勝計。突出地反映著晚清時期地方社會民間文化繁盛發達的現象。透過梳理，筆者將這些民間口承文學（或謂口碑傳承文化）的內容大略分為以下幾類：

（一）日常諺語、俗語

關於此類民間口承文學的內容，在《英華萃林韻府》一書中收錄最多。其中，不僅有獨具福州特色、廈門特色，甚至還包括了江南和北方地區，範圍含括了全國各地。

> 官字兩個口、打虎必須親兄弟、走馬上任、急水好捕魚、燒香打到佛、倒販檳榔去廣東、駟馬難追、逢人只說三分話、路中說話草裡有人、染店不用多囑咐、騙人生騙人死、老蚌生珠、掌上明珠、歹竹出好筍、兒肉兒命兒心肝、強將手下無弱兵、聰明一世懵懂一時、點鐵成金、知死蠬蜞不用刺、摸頭摸耳、銅身鐵骨、麥貴食餅出錢、翻天覆地、錘頭出好子、膽大包天、得隴望蜀、貪字與貧一樣寫、斧頭打金金打柴、年年花年年柳、行船走馬三分命、耳聾聽見鴨母哱更、羞恥易過欠債難還、鯉魚跳龍門、燈草當杖具、有緣千里能相會、死生有命富貴在天、未主生先主死、斬草除根、贏來贏去骸家好、虎落平陽被犬欺、針過線不過、懷抱琵琶別調彈、麻是麻　豆是豆、

門縫看人看扁、遠水難濟近火、自唱無聲、醫生自病不能自
醫、破財益命、臨盎自生蟲、祠堂鼓自己敲、豬宰白常價、禮
生讀祭文、心急馬倒退、犁不著　馬亦著、水漲船浮、成人不
自在、皇帝有錢難買萬萬歲、君子望後回、江中雖大　船頭亦
有相撞、千言總在一言中、言多必失、創業容易守業難、不信
神明，但信雷霆、烏字上白紙、水淺魚現，水淺石現、畫虎不
成反類犬、騰雲駕霧、口是心非、近廟欺神、父債子還、舉頭
三尺有神明、從父從夫從子、虎頭蛇尾、惡人自有惡人報……
猛虎亦怕地頭蛇、孝心感動天地、鐵筆無褒、日子如梭、遠在
千里　近在眼前、斤雉馬蹄鱉、遠親不如近鄰、朝中有人好做
官、犀牛望月　空費啤花、朝鳥宰無肉、床頭千里貫不如一日
進一文、賭博場中無父子、勤君莫賭是贏錢、真金不怕火、白
鴿只認屋脊頭、有心田　有福地、食筍須記栽竹人、猰㺄遇著
獅、銅椎對鐵鑽、畫虎畫皮難畫骨、熱是公來，冷是私家、好
蜂不采落地花、養子不讀書，不如一頭豬、瞎子怒得眼睛光、
養鼠咬布袋、害人害己害自身、害人覆碗絕食、黃犬食肉，白
犬當罪、人心不足蛇吞象、宰相門下七品官、城門失火　殃及
池魚、未學行　先學跑、飲水知源、乞丐不過朽木橋、傾倒廟
對斜斜神、船到江中補漏遲、瞞官莫知官、善惡到頭終有報、
前世不修今生苦、治家不能　焉能治國、馬入不用起稿、酒肉
兄弟　柴米夫妻、求人不如求己、舊的不去　新的不來、三十
六計　走為上策、螞蟥無腳一洞蛇、根梁不怕風搖動、麻蛇打
不過位、木匠作枷自枷自、十個燈檯不如一條燭、無心插柳柳
成蔭、春天後母面、本山牛只食本山草、火燒腳跟、柳枝打入
有罪、欲知天下事　須讀古人書、癡男絕巧女、平地起風波、
衣裳差寸鞋差分、米搥栓柄正正好、肥肉夾餅由人所好、卷少
乞食多、孤人無頭髮、劊子手替殺、肚餓莫與飽人言、傷心莫

　　去路頭哭、蜱螯開屍、口臂念薄、賊口出聖旨、口說蓮花、講
天搐地、色不迷人人自迷、能熱又無汗、賊是小人智是君子、
開井與別人食水、不貪辛苦味難得世間財……[212]。

　　上述盧公明所搜集的俗諺，都是根據他在福州生活工作期間收錄
整理而成，其中許多具有福州特色或福建其他地區特色。據筆者查
考，其中獨具福州特色的就不下數十條，如「薄禮強失禮」、「有福之
人不用忙」、「無錢的辦（莫作）有錢事」、「人多好做活，人少好吃
飯」、「耳聲聽見鴨母啼更」、「養子不讀書，不如一頭豬（長樂俗
諺）」、「肥肉夾餅由人所好」[213]等，都是福州及其周圍地區流傳的俗
語，體現出作者在榕工作生活期間對這些民間口承文學遺產的高度重
視和注意收集。而如「春天後母面」、「傷心莫去路頭哭」則是流行於
閩南廈門等地的諺語，而更大量的則是流行於全國的諺語俗語，這也
說明晚清人口流動帶來方言俚語的交融混雜。盧公明還根據個人經歷
對所處地域的諺聯俗語進行搜集，例如他在天津工作期間，對流行於
天津乃至華北其他地區的俗語聯句也進行大量收錄。十年後，《中國
評論》也收錄上百條閩粵客家地區的民間俗諺[214]，反映客家地區文化
風貌，可參照審視。這些諺語、俗語，與日常生活息息相關，反映的
都是平時發生在民間最常見的事象，包含著生活的道理和人際關係的
準則，從古流傳，至今未已。

（二）對語聯句

　　在盧公明的視野中，張貼於各種地方的對語聯句等如對聯、楹

212　Justus Doolittle, *Vocabulary and Hand-Book of the Chinese Language*, Vol. II, pp.180-
　　194.

213　參見福州市民間文學三集成編委會主編：《中國諺語集成・福建卷・福州市分卷》，
　　內刊1989年版。

214　"Hakka Folk-Lore", *The China Review*, Vol. 12, No. 3 (Nov. 1883)

聯、成語對句等，都是他悉心關注和收錄的對象，因此，這方面的搜
集也數量不菲。例如，《英華萃林韻府》中收錄的有關生意、商鋪貿
易方面的對語聯句：

> 得志經營錦上花、富比陶朱新事業、端木譽生涯、招財童子、
> 利市天官、新生意六合同春；妙算無移方取利，運籌有道定生
> 財；湖海客來談貿易，越國六夫會貿易；以信以忠為事業，存
> 仁存義作生涯；孔門弟子亦生涯；鬧市大吉、日進斗金、大發
> 財源、六道生財、寶藏與焉、貨財殖焉、財源茂盛、生財有
> 道、國寶流通、福泉酒海、一本萬利、川流不息、源遠流長、
> 百川匯海、五路進財、吉度有餘、紫氣東來、三多九如、百祿
> 是荷、晉斧升恆、和氣致祥、厚德載福、里仁為美、日增月
> 盛、如竹苞矣、如松茂矣、自天申之、萬福攸同、裕國便民、
> 萬事亨通、降雨遐福、福自天來、四時如意、六合同春、自來
> 多福、天官賜福、吉祥如意、榴紅似火、黎白如霜、如日之
> 升、春風似箭、新月如鉤」。

又如關於日常生活中的警世聯句：三陽從地起，五福自天來；人
歌元旦酒，花舞太平春；劍射青雲氣，弓穹明月輝；萬惡淫為首，百
行孝為先；書到用時方恨少，事非經過不知難；讀聖賢書生堯舜世，
登仁壽城納福祿林；善欲人知非為真善，惡恐人知便是大惡；十里佳
節，三楚遺風；天中令節，地臘良辰；天地有正氣，江山不夕陽；古
風插艾□，量澤守悉溝」。再如房門對聯：「綠艾如旗招百福，青蒲似
劍斬千邪；粽傳人間金鳳侶，蒲招天上玉麒麟；鶯已脫胎堪作虎，舟
如點眼便成龍；會記清明方插柳，於今端午又懸蒲；放礦煙四時吉
慶，飲蒲酒入節平安；礦煙篆出平安字，綠艾編成富貴花」。以及書
房對聯：「午會文光聊太乙，日中書氣上青雲；功名如拾艾，仕業似

披蒲；愧無佳句堪題，幸有書聲可辟邪；蒲劍不如書劍利，艾花豈比
筆花香；月移艾影橫空舞，風送蒲香入戶清；插艾姑從俗，奪標不讓
人」。還有如祝壽聯句：「南極星輝，海屋添籌；中天煥　延年益壽，
曲奏長生，鶴算齡　青松多壽色，丹桂有香；雪裡梅花一片，堂前萱
草千年；悅設華誕輝八軼，菊開丹菀茂三秋；五色祥雲環彩，九重丹
詔燦華堂；壽比柏松含晚翠，皆盈桂噴奇香；福如東海濤濤進，壽比
南山節節高；海屋仙添鶴算，瑤池玉液宴蟠桃；……菊彩映南山祥開
四代，壽星添北海席祝千秋；華堂瑞燒紫氣東東霓霓，寶榮輝彤雲北
起昭昭[215]；等等。

　　盧公明所關注的不僅是在世俗生活層面的聯句，還有寺廟中的楹
聯和有關各路神仙的聯句等，都一併進行收錄。例如，他收錄的廟中
楹聯有：「此日六宮顧彩扇，常時雨晉賜臣來；金屋悉蒲開盛節，玉
堂插艾記華年；周文王著能治政，姜太公法可辟邪；萬象曉羅天子
鏡，六宮午賜侍臣衣；七苑龍舟搖日月，中流龜鼓振風雲；青蒲獻
瑞，綠艾呈祥；南國衣冠三楚俗，西湖簫鼓十里天；中國中天仲夏
節，五月五日午時書」；關於觀音的聯句：「鰲鼓聲揚南海裡，艾旗捷
報普陀中；南海慈航蒲做舟楫，普陀慧眼艾為眉；西天竹葉千年茂，
南海蓮花九品香；瓶滋楊柳同蒲茂，座擁蓮花並艾香」；關於娘奶神
的聯句：「座插艾旗招貴子，瓶懸蒲劍衍麟兒；多福多壽多男子，曰
富曰貴曰康寧；此謂民之父母，以能保我子孫」；神主牌的聯句：「蒲
劍榮封宗族德，艾旗捷報子孫賢；實祖功宗德，艾旗報子孝；孫賢五
示招百福，宗傳九子廣千孫」；灶君聯句：「堆角黍，金盞泛；角黍包
金傳令節，昌蒲切玉記華年」[216]，等等。

---

215 Justus Doolittle, *Vocabulary and Hand-Book of the Chinese Language*, Vol. II, pp.215-221.

216 Justus Doolittle, *Vocabulary and Hand-Book of the Chinese Language*, Vol. II, pp.218-220.

　　從以上盧公明的搜集成果可見，他對包羅日常生活諸方面知識，存在於家中、門房上、宮觀廟宇等當中的楹聯語句，給予較為細緻的考察，其收錄的條目和語句自然也是頗為可觀。

（三）反義對稱語句

　　在盧公明的著作中，有一類民俗詞句是由意思相反的句子組成的對稱語句，例如：「巧者言，拙者默；巧者凶，拙者吉；巧者勞，拙者逸；巧者賊，拙者德；不怨天，不尤人；朝兄弟，暮仇敵；富有千金，貧無兩錢；福無雙至，禍不單行；禍從口出，病從口入；大富由天，小富由勤；戶樞不蠹，流水不腐；有凶報凶，有吉報吉；善有善報，惡有惡報；看日者眩，聽雷者聾；積善逢善，積惡逢惡；善必壽考，惡必早亡；小辯害義，小言破道；日出而作，日落而息；……榮盛辱大，利重害深；勿宰耕牛，勿棄字紙；人為財死，鳥為食亡；雁過留聲，人去留名；餓死事極小，失節事極大；可為知者道，難於俗人言；入山擒虎易，開口告人難；人不知己過，牛不知力大；路遙知馬力，日久見人心；愁寡精神爽，思多血氣衰；溫柔終益己，強暴必招災；貴自勤中得，富從儉裡來；臨財無苟得，臨難無苟免；……萬惡淫為首，百行孝為先；用之而爾明，宿之而爾壯；國以民為本，民以食為天；……口說不如身逢，耳聞不如目見；豈能盡如人意，但求無愧於心；寧可正而不足，不可邪而有餘；立法不得不嚴，行法不得不恕；人便如此如此，天理未然未然；人心惟虛故靈，山谷惟虛故應；凡人不可貌相，海水不可斗量；玉不琢不成器，人不磨不成道；河決不可復雍，魚爛不可復全；作德心逸日休，小人常失於薄；權出於一強者，權出於二者弱；作善天降百祥，作不善降百殃；以形體謂之天，以性情謂之乾；個人自掃門前雪，莫管他人瓦上霜；有酒有肉多朋友，患難之時一個無；有道之財方可取，無道之錢莫強求……」[217]。

---

217 Justus Doolittle, *Vocabulary and Hand-Book of the Chinese Language*, Vol. 2, pp.277-286.

上述對稱語句與前一種對語聯句不同，意思相反或相對的對稱語句，主要內容是人生哲理方面的訓誡，這些口碑文學的形式，也吸引了盧公明的眼球。

（四）宮廟寺觀題刻

在對宮觀寺廟的田野考察過程中，盧公明除了對寺廟的楹聯感興趣，對當時福州幾個主要廟宇的題刻也進行了收錄，舉例觀之：

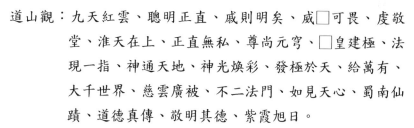

> 道山觀：九天紅雲、聰明正直、戚則明矣、威□可畏、虔敬堂、淮天在上、正直無私、尊尚元穹、□皇建極、法現一指、神通天地、神光煥彩、發極於天、給萬有、大千世界、慈雲廣被、不二法門、如見天心、蜀南仙蹟、道德真傳、敬明其德、紫霞旭日。
>
> 彌陀寺：保佑眾生、心心相仰、保佑命之、難善永樂。
>
> 呂祖宮：金丹滿握、金萱□□陰、德簿□生、白雲□□、乾坤一枕、黃鶴仙蹤、惠普蒼生、學後興隆、自天賄之、幹旋造化、賄我後人、靈丹斧壽、教誨澄清。
>
> 武廟（即關帝廟）：義同一心、千古丹心、任勇恩潑、神射靈應、互古芙名、義勇昭垂、丹心貫日、忠義無雙、義者千秋、金闕魁星、至大至剛、恩普中外、乃聖乃神、義碰乾坤、忠義智勇、浩氣廣同。
>
> 玉皇廟：永受厥福、德配大生、取義成仁、澤被領海、海國重光、靜煥文山、新靈翔送、欽明玉□、惠澤於民、恩波開□、神靈默佑、澤垂錦渚、鑒凝床、成則明、奉旨重修、從律交成、救援饑弱、天成佛性、保合太和、朝宗利濟、忠國惠民、真實開濟、來去一心、靈昭千古、尊德威儀、默佑神光、靈傳英輝、環藤饒翠、佑庇四方、神之格恩、祈求心應、惟嵎降靈。

> 天后宮：福佑法儒、恬瀾昭貯、天威神力、靈風肅然、功滕專
> 關、風恬祐順、安瀾錫福、環海鏡濟、福海權衡、神
> 功庇佑、女中神禹、天上神後、自天降神、惠普慈
> 航、宴海榮床、大海安淪、日光租庇……[218]

　　這些珍貴的題刻記錄，為我們保存了許多關於福州幾個主要的宗教廟宇當時顯在的題記碑刻等內容，這對於我們瞭解昔日這些廟宇的原生態，提供了資料線索，根據這些資料，古今對照，亦可為今日之文史研究工作提供第一手的素材。

（五）歇後語、謎語、咒語等

　　在盧公明的《英華萃林韻府》中，還搜集了一些流傳於民間的歇後語、謎語、詛咒語等。如歇後語有：「蛇落竹筒節節難、門縫看人看扁、和尚頭頂橄欖（比喻東西放置平穩）、燒湯殺　分外加工、大炮打麻雀（小題大作）、打嘴花（有口無心）、雞啄蚶折嘴（閩安歇後語）、雙手拿著兩尾鰻、江西人釘碗自顧自、上廟勿見土地、黃犬拖老鼠、呆賊偷搗臼、燥籠糠打不出油來、老和尚敲木魚、離火能燒萬重山……貓攜老鼠看元宵、老虎食蒼蠅、老虎負枷、老虎面前數鬚、老鼠與貓同睡、賊口出聖音、皇帝看錯保長、蠣房殼中打滾斗、兩腳踏兩船旁、斗米養斤雞、瞎眼雞亂啄蟲，井裡蛤蟆、井裡看天、橫心橫腸煮飯成甌……」；謎語有：「一哥匍匐行，二哥即是跳，三哥吹洞簫，四哥賣香料；外面石壁二重牆，內中一個金小娘；兩人重疊高過天，十女耕耘半畝田，我不騎羊羊騎我，千竿插在田中間；身自端方，體自堅硬，雖不能言，有言必應（打一用物）；有眼無珠腹內空，荷花出水喜相逢，梧桐葉落分離別，恩愛夫妻不到冬（打一物）」

---

218 Justus Doolittle, *Vocabulary and Hand-Book of the Chinese Language*, Vol. 2, pp.258-262.

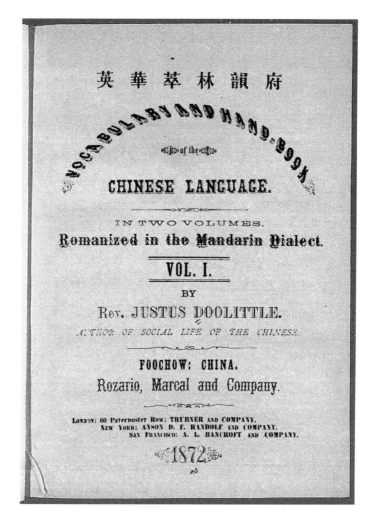

圖二八　《英華萃林韻府》封面

圖片來源：Justus Doolittle, *Vocabulary and Hand-Book of the Chinese Language*,
　　　　　Vol. 1.

《英華萃林韻府》是由盧公明所編撰的一部辭典工具書。該書與一般的工具書不
同，除了具有辭典的性質和基本特徵，還闢有專門的一個部分，對中國歷史、地
理、經濟、典籍文化，尤其是民間文學、民間文化的內容進行收錄和標注英文翻
譯。作者結合自身在福州地區長期而深入的考察和輯錄，收集了大量關於民間碑
刻、楹聯、俗諺及口頭文學等文化遺產的資料，為後世保存下了不少寶貴的福州
民間文獻史料。

等；詛咒語有：「五帝攔門拿你、死了閻羅王刮肚腸、死了落油鍋、死了割嘴舌、死了過刀山、無人開門無人撥火、無子無夫、無命大、香爐覆牆頭、絕嗣、魚吞魚咬、魚腹做棺材水做墓、老鴉啄眼睛、四體離散、屍首露天、屍首犬拖咬、死於監牢、屍首拔出牢口、地保收拾、死了不得超生、五馬分屍、死去無時辰、上山被虎咬，下山遭蛇咬、白柴扛、死路中、半路死、田塍做枕頭、一家死於一棺材、五雷打死你、天火攔門燒、後世變豬變犬、千刀斬萬刀割、肚腸臭肚腸爛、手腳臭爛、鬼拿你……」[219]。可見，只要是民間口頭文化所具有的表現，無不被納入盧公明的視野中。

　　盧公明還在著述中記錄了有關於福州民間神話傳說故事。例如福州地區人們為臨水夫人供奉的祭品中不能有鴨肉，造成此一原因的傳說故事在傳教士文獻中之記載如下：「在以前的一次嚴重乾旱時期，女神正在施展法力使天降雨，她面向城市站在大橋所在下方的閩江水面的一張席子上。用意邪惡的水鬼心懷不軌，一心想把席子拖下水，女神的處境十分危險，企圖施展伎倆讓她失去立足之地的是一高個白魔。要是魔鬼的計謀得逞，女神本身以及已婚婦女與兒童的處境將會十分悲慘。但不用傷心，更沒有必要描述，因為女神的好運來得正是時候，四隻勇敢的鴨子逕直前來救她。每隻鴨子都分別用喙銜住席子的四個角落，並將它牢牢地固定住，這樣，水鬼無法將席子從女神腳下拖走。鑒於在她危急關頭所出現的重大援助，女神發誓從此不再吃鴨肉，以表示感謝。人們認為她並不拒絕吃鴨蛋。她在該處的閩江河床上建了一座突起的小島——『鴨姆洲』[220]，以紀念她的死裡逃生，

---

219 Justus Doolittle, *Vocabulary and Hand-Book of the Chinese Language*, Vol. 2, pp.172, 381-383, 589-590.

220 據《閩都別記》記載，五代閩國時，福州久旱不雨，田地乾裂，人民苦不堪言。陳靖姑在龍潭角立於草席上祈雨，由於長坑鬼作怪，風浪驟起。危急之際，天降三隻（一說四隻）鴨母，銜住草席，保護了陳靖姑，順水漂浮至鴨姆洲，鴨姆洲地名由此得來。又因鴨母護駕有功，「從今祭大奶（即陳靖姑），諸物皆用，惟鴨

並以她的救命恩人來命名，於是許多中國人鄭重其事地將這一名稱沿用下去」[221]。福州民間流傳的一首史詩也談到類似的情況，詩曰：「元元二年天作旱，岩碑發火好驚人。奶娘脫胎去祈雨，頭戴橫額身縛裙。奶在江中禮做法，長坑野鬼到來臨。席墩四角沉三角，咬破血雲到閭山。法主看見血雲到，變化四頭鴨牳仔。四頭鴨牳好利害，長坑看見走脫逃。片時滿天下大雨，救了世間萬萬人」[222]。另外，還有如對福州閩越王無諸的傳說故事、媽祖信仰、動物神靈信仰等傳說，體現了西方人對福州民間口碑傳承文化的重視和獵奇心理。

　　《英華萃林韻府》中有關民間口承文化內容的收錄還有很多很多，茲不一一盡述。筆者認為，這部工具書中最具特色的，應是這些反映民間地方文化的詞彙和語句，無論從視野抑或內容上看，該書都突破了西人觀察視閾和認識水平的窠臼，將對中國文化的考察集中聚焦至更為底層的民間習俗和大眾文化，深化了東西方文化交流歷史進程中「中學西漸」這一維度的內涵[223]。

　　通過長期在廈門的工作和生活，西方傳教士也對流行於廈門地區的方言諺語進行收錄，共有五十餘條，摘錄如下：

　　　七月半，鴨仔怀（不）知死；死了目睭（眼睛）怀（不）願
　　　盒；肉與人吃，骨怀（不）與人喫（啃）；鋪面蟶，浸水蠔；
　　　涵孔龜；三矮仔入城，卜（要）反；老鼠鑽入牛角；無睬不成

不用，因鴨有銜席之德故也」。參見〔清〕里人何求纂：《閩都別記》（上）（福州市：福建人民出版社，1987年），頁418。

221　Justus Doolittle, *Social Life of the Chinese*, Vol. I, p.63.

222　參見王振忠：《近600年來自然災害與福州社會》（福州市：福建人民出版社，1996年），頁172-173。

223　參見林金水、吳巍巍：《傳教士‧工具書‧文化傳播——從《英華萃林韻府》看晚清「西學東漸」與「中學西傳」的交匯》，《福建師範大學學報》（哲學社會科學版）2008年第3期。

店，賒了店不成；傍人分（的）雨傘；鈍刀出利手；坐人船，愛人船走；吃閑米；跋骰（賭博）郎君買賣賊；不准（成）椽，不准柱；汕（瘦、貧瘠）噠（田）敖（善於）索水；埠頭錢，埠頭用；卜（要）嫁則縛腳（裹腳）；臨渴掘井；走賊遇虎；賊去則拍落；烏仔魚激規（整個）團（堆）；不敢入虎穴，焉能掠（抓）虎仔；笑面虎；進退兩難；甜鹹，淡無嫌；鐵損鐵；薄薄酒，食人會醉；橋過栱抽；即（這）耳空入，即耳空出；等米沃（難）爛，等某（妻）沃土；十藝九不成；出日，要積雨來糧；一拍雙著（擊中）；夾到嘴裡，則（才）加落（掉落）；三十六計，走即為上；不會使船嫌溪窄；入鄉隨俗，入港隨灣；大海摸針；心肝卡（較）大王莽；作惡作毒，騎馬磕磕；好心好行，無衫通（可）穿；生在蘇杭二州，死在福建泉州；偷挓偷添，一世人缺欠；跋骰（賭博）蚶煞（澆）酒起，做賊偷攎米；一日為師，終身為父；衙門十八開，無錢無使來；好心，去給雷斟（吻）；年冬好收，查某人（女人）發嘴鬚（鬍子）；常吃酒不會醉，常見官不會畏；買賣算分，相請無論；雷槓驚驚，雨落一百日；無禁無忌，吃百二；稱彩（隨便）某（妻）十全，夾四（醜陋）某加能……[224]。

這些都深刻體現了傳教士立足於民間社會，深入考察與留心搜集口碑文化的精神。

　　麥嘉湖也是深入閩南社會進行田野考察的一位，由他所編撰的《英華口才集》（*A Manual of the Amoy Colloquial*）〔或譯為《廈門白話手冊》〕是一部廈門話初學指南。在這部工具書中，麥氏亦收錄不少

224 "Chinese Proverbs in the Amoy Vernacular", *The China Review*, Vol. 15, No.5. (1887-Mar)；另參見何丙仲輯譯：《近代西人眼中的鼓浪嶼》（廈門市：廈門大學出版社，2010年），頁212-217。

廈門方言俗諺，為閩南地方民間文學留存了寶貴的資料。茲對書中俗語舉述如下：「明日是禮拜日、不可怒、彼個人是急計、今日三十人到、伊有平安、煩惱什麼事、坐久抑？各個艱苦、二三十錢、五千人要去、大小有八百人、喜到萬萬年、拜三著寫、禮拜日著去禮拜、年年有來、伊俱無急計、在彼無人怠惰、行惡著煩惱、無半人在的、造日伊有打我、行到半夜、我有等候半日、禮拜日有人要來、伊到我就喜歡、講緩緩行、何時能到、今著去講、伊的食聽候、拜無夜要來、伊常常怠惰、寒就艱巨、若干人在的、船到、叫船來、要坐船去、有事要來、無事不來……尚未食早起、何時食中午、可挪去焢牛肉著炑、麵包爾能曉得炊嗎、伊欲食蚵、蝦今日有可買無、蚵炑較好食、雞鴨我皆要、我要二個鴨、何事無魚、何事嫌鴨不好、此時尚未有蝦、俱皆無魚、我要牛乳更多、做麵包著有酵、今夜尚未食、魚著煎到好好、一日食三頓、魚不用太大尾、鮫魚照舊去煎、太熟不好食、馬鮫不用買太加、等候我講乃去、雞著火戒、茶泡了著攜來……」[225]。這些語句，都深刻體現了地方文化特色和民間生活氣息。

　　總之，從西方傳教士的收錄與記錄中，我們不難感受到晚清時期福建民間社會文化濃厚的傳統化氣息和大眾化特質，透射著豐富多姿的內涵以及充滿東方文明色彩的表現形式，體現出中國民間文化的博大精深與悠久的歷史傳承。同時，也反映了近代傳教士對中國社會文化考察與報導的開拓性特徵，亦是對東西方文化交流互動的一種深入推進。

第五節　小結

　　作為對他者歷史文化進行審視與書寫的西人群體，基督教傳教士

---

225 John Macgowan, *A Manual of the Amoy Colloquial*（英華口才集）, Hong Kong: Printer by De Souza & Co., 1869, pp.14-33.

對晚清福建社會文化的記述與認識從一開始就表現出一種比較顯著的
獨特性質。他們用西方文明與文化打量其視野中的「異教」土地和民
眾（即其所謂「異教徒」），並記述他們在現實生活中的所見所聞以及
經過深入調查訪談後得出的文化信息。

　　縱觀第二、三兩章的內容可以看到，晚清來華傳教士對福建地方
社會事象關注的點與面皆十分多樣化且廣泛，從靜態層面的自然地理
與物質景觀，而生活層面的社會生產、經濟活動與日常場景，而制度
層面的官方機構，而動態的地方時事與變革局勢；再到文化層面的民
間民俗事象和社會陋俗敝風，到街頭文化與口碑文化，再到精神層面
的宗教信仰等，可謂兼容並包，極盡搜括之能事。於此，晚清來華傳
教士述閩文著傳遞給世人的信息是：猶如一幅幅反映十九世紀中葉至
二十世紀初福建社會洋洋灑灑般宏闊的歷史場景和涓涓細流般細節鋪
瀉的綿密畫卷，印刻著近代以來福建社會歷史與文化的真實面相和時
代風貌。

　　概括來看，傳教士考量晚清福建社會的文化視野表現出如下一些
特徵：

　　第一，蘊含的內容十分豐富，幾乎無所不包。傳教士在記述過程
中，對所見所聞所感之對象幾乎是事無鉅細地平鋪直敘，有時就像記
流水帳一般。正是這種有意無意間的兼採並記，為後人留存下不少寶
貴的資料片段和歷史記憶，在史料價值方面存在不俗的意義。

　　第二，觀識與察考的對象有所偏重於民俗信仰方面，而對其他方
面同樣有著福建省域代表性的事象則忽略不記。通覽傳教士著述會發
現，傳教士們比較側重於對民間民俗文化、市井文化、陋俗事象、宗
教信仰與口承文學進行關注和渲染，這與他們身處的環境或受地方情
境感染不無關係：福建風俗「好巫尚鬼」，傳教士生活在民間宗教信
仰祭祀圈的包圍中，時刻感受的是閩地的「異教」氣息，使他們時刻
緊繃著與之做鬥爭的神經；晚清福建民間陋俗敝習現象也很嚴重，纏

足、溺嬰、賭博、迷信、吸鴉片等氾濫成風，這些在傳教士眼中充滿「野蠻」和「黑暗」的「異教」行為，正是需要基督文明加以改造的對象。正是在這樣的生活環境和工作場域中，使傳教士更多地表現出對這些事象的「關照」，蓋與書寫者浸潤的人文環境息息相關。

在另一些維度上看，他們對福建地理、政治、經濟、軍事和教育等事象雖不乏關注，但相對不是那麼突出，因為這些並非傳教士需根本改造的目標；而且許多傳教士與這些對象較不常發生聯繫。此外，傳教士對福建文化的優秀代表諸如朱子理學、儒家先賢、海外交通（海洋文明）、工藝美術等上乘文化則忽略不提（或簡略帶過），表現出傳教士們不可避免迷失於其視野的局限性，也隱然折射出傳教士群體具有強烈的自我優越感，普遍帶有西方中心本位主義與低視、輕蔑東方文化的思想心態。

第三，比較關注現實和發生於身邊的現象，對深層次的閩文化內涵則缺乏挖掘。這是傳教士視野的又一局限，他們所記述的內容，大多是就發生在身邊周圍的場景事象和社會盛行的風俗習氣等；而對福建悠久的傳統文明因子、閩文化的內涵氣質以及閩人傑出思想成就等更為深層的文化形態，或語焉不詳、或隻字不提。這固然與傳教士知識水平有限不無關係，但也反映出其視野存在一定狹隘性。此一缺陷在當時大部分來華傳教士都不免存在，過分關注現實社會還對後來美國中國學研究旨趣和範式的轉型產生潛在影響，此待後述。

第四，體現出一種較為複雜而多元的文化認知與觀照。一方面，他們普遍懷有西方文化優越感，以西方的標準評判和審視福建地方文化，並將之納入殖民主義與東方主義的觀照範疇以及基督教普世主義關懷的對象與福音拯救的飛地，由此影響國內輿論導向，激發母國民眾對傳教的關注和熱情；另一方面，他們也在一定程度上表現出對福建地方所存續的東方傳統文化要素的愛慕與欽佩，試圖將這些信息呈獻給西方讀者，以取悅和滿足西人的好奇。同時，他們一些先入為主

的觀念也在長期浸潤、薰陶於地方文化的氛圍中，逐漸得到矯正，對
閩地社會氣象也開始有著各自的見解和研究特點。他們把一生的東西
都反映在著述中，說明區域環境對他們的一種反作用力和潛移默化的
影響。

　　總而言之，西方傳教士視野中的福建社會呈遞出地方歷史與文化
中最一般性的原生態表現，表現出客觀與直觀的特徵，大量描述性語
言的疊加，烘托出晚清之世閩地社會各方面事象的時空狀貌。在此基
礎上，傳教士的思想觀照既表現出西方中心主義的本位觀念與宗教傳
播的根本理念；也體現出傳教士在中國地方社會的具體場域中所形成
的區域特殊性。在這種共性和特性之間，西方與東方的邊界不再那麼
嚴格分明，甚至開始模糊化，反映的是外來書寫者與當地文化間富有
彈性的張力，這或許就是近代東西方文交流的大潮趨勢和永不褪色的
魅力所在。

第四章
晚清來華傳教士對福建社會文化的形象建構

　　晚清來華傳教士對福建社會的文化透視是一種全方位、多角度、多層次的考察與研究。縱觀諸多傳教士記述晚清福建社會的文著可以發現，傳教士著述最為明顯特徵之一即是充斥著大量的細節刻畫與場景素描等表現手法，按照人類學的解釋可稱為「深描」或「細描」；這些細節描寫將晚清福建社會歷史事象作了精細入微的複述和研析，頗具人類學的痕跡與特徵。另一方面，傳教士著述中插配許多用以輔助說明的圖片和照片，這些圖照是最為直觀地再現逝去歷史的實物佐證，為我們探尋昔日的生活場景和周圍環境等，傳遞著最為真切實在的社會記憶。

　　傳教士對晚清福建社會之記述的另一大顯著特色是：站在遊訪者或考察者的立場與角度上，對其所見所聞、所知所感進行客觀的記錄與介紹。他們根據遊歷的見聞和立足地方社會的考察研究，對晚清福建社會諸事象進行廣泛的真實報導，故有較強的準確性，符合地方實際情況。不過，傳教士的記述亦帶有其不可避免的局限性：由於文化上的根本差異和其他種種原因，他們對一些問題與現象的理解和闡釋並不到位，出現了誤讀、失之公允甚至扭曲原貌的弊病，反映出傳教士在認識上的缺失、因文化本位觀（西方中心主義）作崇而產生的偏頗等狀況，這是亦當引起我們注意的地方。

　　總之，通過傳教士群體「層累地」報導與撰著，他們逐漸建構起晚清時期西人群體視野下的福建社會文化之形象。這種文化形象不僅

在內涵方面表現出全面性與深刻性，更在表現形式、認識基調、文化心態等方面折射出傳教士建構福建社會文化形象的本質性意涵與特徵。

第一節　兼採並記：走進田野的「人類學家」及其微觀細描

　　西方傳教士在福建長期的傳教過程中，對於地方文化事象的瞭解愈來愈深。出於工作需要，他們經常深入民間、走街串巷、訪村問民，甚至走進深山老林和僻野荒郊[1]。在向人宣講福音的同時，他們也常常隨手記下他們在這些田野工作場的所見、所聞、所感，特別是地方獨特的風俗信仰、民眾習性行為等事象。他們還自覺或不自覺地採取訪談、抽樣、採風等方式捕捉、獲取特定信息，保留下許多寶貴的文字記錄。這些表現，足可稱之為初具人類學家性質的傳教士。著名英國人類學家奈吉爾·巴利注意道：「傳教士也在人類學的鬼神研究扮演重要角色……整體而言，我很訝異傳教士完成了許多工作，包括對當地文化、語言、翻譯、語言學的研究，並將祈禱文翻譯成當地的符號語言」[2]。基於傳教士的這些種種表現，我們不妨將之稱為「人類學家」傳教士。

　　在人類學研究中，細描是一種最常見的方法。人類學的「深描」是對活文化進行觀察和理解，進而進行闡釋，它突出的特點是顯微研究。研究者可以借助有精細內容的歷史文獻的發現、整理、重組，使歷史達到顯微的效果。事實精微、清晰，分析也就相應地細緻入微，

1　實際上，此項工作早在基督教傳教士初至閩地時即已開啟。例如一八五二年春，美部會兩位傳教士摩憐（C. C. Baldwin）和簡明（Seneca Cummings）就出於傳教之需深入福州郊區開展考察和布道活動。

2　〔英〕奈吉爾·巴利著，何穎怡譯：《天真的人類學家：小泥屋筆記》（臺北市：商周出版社，2001年），頁46-47。

這可謂是歷史細描的核心價值。令人稱奇的是，我們在傳教士著述中，可以發現很多這樣的「細節描寫」，既有對特定場景的直觀刻畫、亦有對某一事象的持續調查訪問，更有帶著「民族志」特徵的考察報告等。這些大抵與傳教士作為西方人的身分參與到中國地方具體情境下對「異教」民族進行文化審視不無關係。

一　針對特定事象的深度訪談、記錄與統計

在對晚清福建社會文化事象考察記述的過程中，傳教士們往往注重數據的採集、統計與分析，以及實證考察等論述方式，體現他們初步帶有社會人類學調查性質的考察工作；相比之下，閩省地方中文文獻在這方面則較少出現具體數字（除非專門介紹戶口、賦稅、田畝等內容的部分），多為一般性的介紹和論說。

這方面，中英文著作對晚清福建溺女問題的記載和述論，可謂具有典型代表性。對福建溺女問題的考察或記述在清末來閩傳教士著述中占有頗重分量，幾乎每個人都有談及。在眾多考察溺女風習的來閩傳教士群體中，雅裨理可以說是研究得最深入和最「有理有據」的一位。他通過間接訪談和直接訪問，對廈門地區及泉州府、漳州府下轄各縣村落的溺嬰現象作了具體的考察，並運用具體數字和統計分析證明其觀點。雅氏考察的區域包括同安、安溪、晉江、惠安、南安、龍溪、漳浦、南靖、海澄等地，甚至涉及福州、汀洲和永春。通過一系列談話和親訪，雅裨理對福建溺嬰事象有了大致的認識。在其訪問記錄中，十分注重對數目字的書列。例如，一八四二年七月二十三日，雅氏與一位在鼓浪嶼做生意的商人聊到溺嬰的話題。通過交談，這位商人告訴雅氏他溺死了二個女嬰，而其長兄竟溺死五至六個，他家兄弟們共溺死十二至十七個女嬰。這次談話後不久，雅氏與文惠廉的中

文老師進行談話，得知其嫂曾親手接連溺死她的前三胎女嬰[3]。一八
四三年四月七日，同安知縣前往拜訪雅裨理。兩人的交談中再次提到
了溺嬰問題。雅氏說：「當談及我們國家對男孩女孩同樣喜愛時，他
（知縣）及其同僚說到他們的國家不是這樣，他們殺害了非常多的女
孩。當我詢問到這一現象在整個（廈門）周圍鄉村的比例，他們回答
有百分之三十至百分之四十都存在」[4]。前已述及，雅氏對同安地
區溺嬰數據的統計結果是平均比例有近四成，確切地說為百分之三十九
左右；與雅裨理一起活動過的美國長老會傳教士婁禮華在其日記中也
記錄了他的考察數字：「在廈門周圍地區，有五分之一或六分之一的
孩子被他們的父母親手弄死，或經他們同意由別人這樣做」[5]。

其他各地，據雅氏訪察後得出的統計：安溪縣溺嬰比例在十分之
一到十分之三之間，不超過百分之三十；晉江和惠安不超過百分之十
六；龍溪縣為四分之一到十分之三；漳浦縣四分之一；南靖縣在三分
之一以上，海澄在五分之一到四分之一之間等，「若這些地區的被訪
者所言屬實的話，有理由擔心至少有四分之一即百分之二十五的女嬰
在剛出生時就被弒殺」；此外，他還對自己活動區域之外人群進行訪
問，「在調查過程中，我還常常詢問那些來自省內其他地區的人們，
福州、汀洲、延平和永春府的民眾全都證實了在他們各自地區內溺嬰
惡行的存在」[6]。

不僅如此，雅氏還通過實例舉證的方式，結合數字補證說明自己
的觀點。如他說「在距廈門十英里的地方有一個叫 A'unái 的村子，
約三分之一的女嬰被殺害，向我提供這個信息的人說他曾殺死自己四

3　*Chinese Repository*, Vol. 11, pp.507-508.

4　*Chinese Repository*, Vol. 12, p.269.

5　W. M. Lowrie's father edited, *Memoirs of the Rev. Walter M. Lowrie, Missionary to China*, New York: Robert Carter & Brothers, 1849, p.209.

6　*Chinese Repository*, Vol. 12, p.542.

個孩子中的兩個」；又如「在距廈門另一端的 Lunchiu 村，一個與我
交談的人堅信，只有一半的（女嬰）存活下來。在坦白交代自己殺害
了三個後，他的估計又回退了」[7]，等。其他傳教士如四美、盧公明
等人也都在著作中採用數字和實證的方式說明自己對溺嬰問題的認識
和看法。

　　福建地方文獻對有清一代溺嬰事象的記述，亦有許多可查考的資
料片段。閩臺歷史文化研究學者汪毅夫教授曾徵引數十種地方志書、
規例、文集、筆記和報刊等資料，對清代福建溺女之風作了全面的考
察。根據文中線索，筆者對雅氏考察區域的地方文獻對溺女的記載進
行查考，發現中文文獻記載與英文著作的記述有很大不同。總體來
看，多為概述性的介紹與論說。

　　例如，乾隆年間〈（廈門）普濟堂碑記〉（蔡深）記：「閩人習俗，
凡女子遣嫁，夫家必計厚奩，故生女之家，每斤斤於日後之誅求，輒
生而溺斃」[8]；同時期的漳州巡道楊景素在〈漳州育嬰堂碑記〉也有
記載：「漳俗多溺女者，餘心為惻然」[9]；道光年間周凱修《廈門志》
記道：「溺女……富家女為婢妾所生，恐妨工作且恐厚費妝奩，又恥
送入育嬰堂，或輒溺殺之，其罪更浮于貧民也」[10]；民國《同安縣
志》亦載：「咸豐初年，溺女之風復熾」[11]；清人陳汝咸在漳浦知縣任
上撰〈嚴禁溺女諭〉，其文略謂：「今查浦屬溺女之風，較之他邑尤
甚。而且一邑之中曠鰥十居六七。男女之情乖，則姦淫之事起；家室
之念絕，則盜賊之心生。姦淫則風俗不正，盜賊則地方不寧，是溺女
之害不特滅絕一家之天理，而且種成姦淫盜賊之禍根」[12]；《海澄縣

7　*Chinese Repository*, Vol. 12, p.544.

8　民國《廈門市志》（北京市：北京方志出版社，1999年5月），頁465。

9　〈必庵手抄《漳州府志》〉，漳州市圖書館，2005年8月影印本，頁110。

10　〔清〕周凱修：道光《廈門志》，卷15，〈風俗記〉。

11　民國《同安縣志》，卷23，〈惠政〉。

12　道光《重纂福建通志》，卷55，〈風俗〉。

志》也說：「嫁女裝資浪費尤所宜戒，女之門以女能貧家也，薄惡之俗，因而溺女，賊害天良，皆為異日裝資慮耳」[13]等等，不一而足。

從地方文獻的記載可以看到，對溺女之風的記載比較側重於其俗的存在和發生情況，並比較一致地認為溺女發生原因多在於嫁妝厚費之慮。當然，前已述及，傳教士也認識到此一原因並記述於其英文著作內。不過，兩類文獻記載之特點的不同，確是十分明顯。相對於中文文獻傳統的「現象記載」和「源因撰述」的風格，英文著述更多地體現出傳教士群體觀識福建社會事象已初具西方人類學田野調查工作和社會學考察工作的性質。換言之，從考量異文化與風俗的角度看，我們說西方傳教士在不自覺間或扮演了社會人類學工作者的角色。

當然，傳教士著述中採用數目字分析、數據統計及實地取證等西方人文科學的方法和特點，還體現在其他對福建社會記述的事例當中，如對晚清閩人吸鴉片成風、日常經濟生活、地方生產消費等現象，都頻頻可見這些論述手法的使用，這與中文文獻記載形成一個甚為鮮明的對比，此不一一贅述。

二　參與、記錄民俗與信仰儀式的全過程

福建地方民間社會在延續中華文明傳統進程中流傳著各式各樣的習俗禮儀，這些中國人日常生活中的各項經歷，通過傳教士的視覺呈現，展示出與地方中文文獻截然不同的風貌。傳教士著述注重細節描寫，他們的英文著作中充斥著大量描述性語言和片斷，相比之下，地方中文文獻材料則更為概括性和凸顯精要。下文僅舉幾例試說明之。

對晚清福建社會婚禮習俗的描述，是諸多傳教士著述中的重頭戲，像盧公明、陸一約、唐爾雅等人的論著中都對此作了詳細的記錄

---

13 〔清〕陳鍈等修：乾隆《海澄縣志》，卷15，〈風土〉。

和刻畫，甚至在衛三畏等人的皇皇巨著中也不乏關涉。認真審讀他們對閩人婚姻習俗的記述，可以讓人深刻感受到西方人撰著之特點，即十分注重對場景和細節的描寫、刻畫，故而，在其筆下清人婚禮的整個過程和繁瑣的慣俗便甚為「生動」地躍然於紙本上，令人彷彿親歷者和參與者一般有著全程體驗。盧公明在記述清末福州婚禮習俗之過程，可謂這方面典型代表。時人的婚禮在他的英文著作中，可謂是最重要的內容之一。比如對結婚當天的儀式，其記如下：

> 結婚當天，新娘一大早就起床，梳洗，更衣。新娘沐浴時，樂隊按要求演奏。新娘的早餐包括家禽、線麵等等，都是夫家送來的。然而，事實上，結婚當天早上或白天期間新娘都吃得很少，這是由本民族獨特的封建思想所決定的，其原因遠非我們所能詳細敘述。她的以這些食品為主的假想的早餐被看作是與丈夫白頭偕老的象徵。新娘的外部服飾，包括丈夫家所提供的在這一場合下使用的面紗都繡上了龍的圖案。古時候，有一位皇后很通情達理，她授予每個新娘子一特權，就是在新婚第三日早上穿這樣的服飾。還讓四個人為她抬轎，允許她戴上只有高層官員的妻子才能戴的華麗頭飾。
>
> 結婚當天早上的五時到八時之間，在算命先生預先定下的新娘上花轎的具體時辰到來時，新娘父母中的其中一人就完成了新娘的梳妝打扮。厚厚的面紗蓋在頭上，面容不為外人所見。由侍女領出閨房，上了早已抬進會客室的花轎。從新娘的閨房到花轎的這段路上都鋪上了專門為此場合準備的紅毯，新娘的腳是不能接觸地面的。鞭炮聲和樂隊的演奏聲中新娘坐上了花轎。按照習俗，新娘、其母、各家庭成員整個早上都要放聲長哭——毫無疑問，這種哭聲通常是真摯而自然的。
>
> 新娘坐在花轎上準備起程前往夫家之前，她的父母或家中的一

些成員拉著一床被子的四個角，而新娘的一個侍女則把四個糕
餅逐個拋向空中，讓其掉落到被子上。這些糕餅送給男方家，
就當作是對公雞與線麵的回送。整個儀式過程中，新娘重複地
說著吉利話，其他在場的人也隨聲附和。包有這些糕點的被子
隨後就拿進鄰近的一房間內。

⋯⋯

新郎家到了，一串串鞭炮燃放，響聲震天，樂師們也賣力地吹
奏著樂曲。持火炬和燈籠者，還有樂師們，都在大門口停了下
來。花轎被抬進了客廳。而一個像「篩四寶」儀式中提到的那
種篩子就懸掛在客廳的門楣上。從花轎所在位置到新娘房間地
板都鋪上了紅地毯，因為新娘的腳不能直接接觸地面。一個已
生過一男一女，至少是一男孩，且與丈夫和睦相處的婦女就來
到了花轎門前，嘴裡不停地念著討吉利的話。如果這個婦女出
身顯貴，或是父母仍健在，且是文人出身，那就更加會帶來好
運了。一個七歲左右的男孩子拿著一正面朝外的銅鏡，朝著花
轎走去，請新娘出花轎。與此同時，那個剛才說著吉利話的已
婚婦女做出要掀開花轎門簾的樣子，新娘的侍女就走向前去掀
開門簾。這已婚婦女與男孩是由男方雇來的，收下一份被視為
重要且預示吉祥如意的小禮物作為報酬。那個男孩拿著的鏡
子，據說可以驅除花轎中放射出來的邪氣或有害物質。

這時新娘在侍女的幫助下從花轎中走了出來，被帶往洞房，有
時會有人把放在花轎門上的篩子舉在新娘頭頂上方，有時直接
放在花轎前，讓新娘走出來時能夠直接踩進去。在這期間，新
娘的臉始終遮蓋著一塊厚厚的面紗，使得圍觀者都好奇地想瞧
瞧新娘子長得什麼樣子。這個頭蓋是在娘家由父親或母親親手
為她蓋上的。

在新娘的隊伍快到來時，新郎從歡聚在屋內的親友團中抽身

了，來到洞房，頭朝向床，站在床架旁。等到新娘由侍女帶著
走進來了，新郎才能轉過身來，面向新娘，但仍然保持站立姿
勢。新娘一走近新郎，兩人就並肩坐在床沿上。新娘坐下後，
通常會把裙子的一小部分垂在新郎衣服下面，人們認為這樣是
為了表示新娘會很溫順的。有時，新娘會在小心翼翼坐下的同
時，適當調整衣著。這不僅是為了防止把自己的衣服蓋在新郎
身上。可能的話，她會讓新郎的服飾坐在自己身下，表明她決
定保留一定的自主權，雖然並非真的要讓新郎屈服於自己的意
願。坐定後是彼此幾分鐘的靜默無聲。接著新郎起身走出房間，
之前通常侍女會請求他輕撫新娘的腳。言下之意是，如果他同
意這樣做的話，今後新娘的腳會受保護，而免受傷痛的困擾。
新郎在客廳裡等候新娘再次出現。接下來要進行的是歷代王朝
保留下來的在結婚當日都應舉行的最基本禮儀……。[14]

由上可見，盧氏對晚清福州婚禮儀式場面的觀察極為細緻入微，記錄
更是眉毛鬍子一把抓。其流程記述也基本與實際情況相符，只是對於
當中某些慣俗儀式的理解可能沒那麼到位。此種考察的視角毋寧說更
為接近於西方人類學者田野調查的做法：只要是出現有與自我文化不
同的儀式行為，就下意識地對其細節一覽無遺。正是站在這樣的觀察
角度，傳教士著作顯示出與傳統地方文獻截然不同的風格。

　　翻檢晚清及至民國記載福建地方風俗史之文獻，對婚俗或婚姻禮
儀的記述，依舊延續著以往的書寫傳統，記事簡略明了，突出地方特
色或問題，概括性強。

　　明代何喬遠《閩書》即記：「姻締論財，要責無厭，貧則棄之。」[15]

---

14 Justus Doolittle, *Social Life of the Chinese*, Vol. I, pp.78-85.
15 〔明〕何喬遠：《閩書》第2冊，卷38〈風俗〉（福州市：福建人民出版社，1994年），
　頁944。

乾隆《福州府志》對婚俗的記載亦大略如斯:「今俗婚嫁只以財勢相雄,市井強有力之家,奩值累千金,至有鬻產治具者,延師則纖毫必較。諺云,有錢嫁女,無錢教子。其風為已下矣。凡初聘用釵鐲酒果之儀,繼行絳幣禮,合巹之日,贊見舅姑三日,謁家廟以次及其家眾」[16]。而頗具地方氣息的《藤山志》記述稍詳:「婚禮,在吉期前半年,男家徵得女家同意,擇日送以日單,賸以錢幣,謂之『送日單』。在吉期前二三月,有納采之禮,其禮品最重者為龍鳳彩餅,動輒數百斤,其次為開書、觀書(兩者必賸以禮物或錢幣)……吉期日,新娘登輿後,女家派二人衣冠送之,男家亦派二人衣冠迎之,謂之『接親』。中途相遇,送者、迎者互相作揖,意謂以新娘交予男家,謂之『交親』。彩輿入門,放之廳事,久而久之尚未下輿,意謂坐之愈久,性愈耐也。有頃,好命人(老婦有夫有子者謂之好命人),邀一小孩手提銅鏡至彩輿前,好命人開轎門,小孩子請下轎,導新娘入房,好命人退出……舅姑請親屬、戚屬之女客團坐於廳事,新郎新娘拜祖先牌位,謂之『廟見』。拜畢,新郎請父母坐於堂上,行以八拜禮,父母以錢幣或首飾予新娘,謂之『插頭』。親、戚屬之女客以次見禮,謂之『見廳』……」[17]。綜上可見,地方史志文獻記載偏重於論「俗」敘「禮」,突出渲染婚嫁習俗的風氣和繁瑣的禮節,相形之下,傳教士著述則比較注重過程和細節的鋪張描敘,它們審視角度其異立現。

　　又如對福州五帝信仰習俗全過程的考察。五帝崇拜是福州最富代表性的民間信仰之一,關於五帝信仰的起源,官方歷史文獻缺乏記載,流傳至今的也大多是傳聞而已。長期在福州工作和生活的盧公明通過考察,試圖對此進行闡釋。他寫到老百姓對這種五帝信仰的歷史

16　〔清〕徐景熹修:《福州府志》,卷24,〈風俗〉。
17　蔡人奇:《藤山志》,卷九〈禮俗志〉,1948年鉛印本。

一無所知，文人階層也只知道一些。人們的普遍印象是它的歷史相對比較悠久。「今天以五帝的名義舉行的遊神到底是與中國經文中，還是與古代中國歷史中所提到的遊神相似，文人們的說法不一」；不過盧氏對五帝信仰的本質有著深刻認識：「古代與現代的遊神活動總目的是一樣的，那就是驅逐帶來瘟疫的邪惡勢力」[18]。

關於五帝所代表或表示的對象，中文文獻也說法不一。盧公明頗具創建性地將之歸納為三種：一是說它們代表中國人劃分的自然界五行：金、木、水、火與土。二是認為它們代表五種顏色：黃、綠、紅、黑和白。第三種認為它們表示五個方向：北、東、南、西與中。他還從一位經常被邀請去主持敬拜五帝儀式的道士手中收集到一份表格（見下表），從中我們可以一窺當時人們的看法。

姓氏	五種顏色	五行	五個方向
張	黃	土	中
關	綠	木	東
劉	白	金	西
史	紅	火	南
趙	黑	水	北

由於五帝信仰未被列為國家祀典的祭祀對象，遭受到政府的嚴禁和打擊，百姓採取了以法定神靈為掩護的措施，使得五帝信仰得以保留下來。盧公明書中所記載的關於五帝信仰的傳說便從另一側面說明了這一問題。據盧氏記載，「……經進一步的調查，這位官員發現敬拜五帝的活動沒有經過朝廷法令的許可，於是他決定禁止今後所有以五帝名義舉行的遊神活動，並廢除他們的神像。五帝的信徒們得到這個消息後，馬上採取相應的對付措施，做出如下安排：讓戰神關帝的

18 Justus Doolittle, *Social Life of the Chinese*, Vol. I, p.64.

頭銜出現在五帝神廟中，並在其中放置他的神像。於是，戰神成為五帝的庇護者，人們把這類神廟稱作關帝戰神廟。由於戰神是最受統治王朝喜愛的神靈，沒有哪個官員膽敢干涉以戰神的名字或頭銜命名的神廟，五帝信仰得以流傳」[19]。據《烏石山志》記載：「福城內外凡稱澗、稱殿者，皆祀疫神。依水稱澗，在陸稱殿……凡澗殿皆入例禁，愚民恐官拆除，多牓武聖為名，指神為『關、張、劉、史、趙』五姓，稱曰『五帝』」；「榕城內外，凡近水依寺之處多祀疫神，稱之為澗，呼之為殿，名曰五帝，與之以姓，曰『張、關、劉、史、趙』。

圖一　五帝神像

圖片來源：*The Chinese Recorder,* October 1914, Vol. 45., No.10.
該圖反映的是清末民間社會的道教俗神「五帝信仰」。「五帝」是一種瘟神崇拜，在明清時期福州社會尤為盛行，至今未已。據說他們有除瘟驅疫的法力，百姓對他們非常敬畏。五帝在福州地區有多種稱呼，五靈公、五福大帝、天仙五皇大帝、天仙大帝等皆是，學者們普遍認為他們是「五瘟使者」系統的瘟神。

---

19 Justus Doolittle, *Social Life of the Chinese,* Vol. I, p.64.

以干例禁，奉武聖於前殿，曰『武聖廟』」[20]，這裡講的就是福州百姓以「武聖」掩護的形式保存五帝信仰的情況。盧氏雖注意到這一事象，但在著述中並未說清詳細的人物和事，估計其為據傳聞所得，不過其記述相對於中文文獻的簡扼記載，起到一定補充作用，也對我們瞭解當時民間五帝崇拜狂熱的現象有一定幫助。

不僅如此，盧公明還詳細記載了五帝遊神活動的時間、組織者、經費、遊神路線、隊伍的組成等信息[21]，這為今日研究福州五帝信仰的活動過程提供了許多細節信息。而對遊神儀式中最重要的活動——「送船出海」，盧氏的記述在一定程度上可彌補中文資料記載較簡略的不足之處。對於「送船出海」儀式的中文記載，《福州竹枝詞》有詩云：「海濱人家半捕蝦，三月腥風繞水涯，未必瘟神擅降殃，但聞舉國盡如狂，長街伐鼓鼓船糊紙，請相還兼出海忙」[22]。又曰：「舍人鑼鼓鬧元宵，禁夜多年已寂寥，猶剩請香兼出海，瘟神去要紙船燒」[23]。晚清名人施鴻保亦記：「出海，驅遣瘟疫也，福州俗，每年五、六月中，各社醵錢扎竹為船，糊以五色綾紙，內設神座及儀從供具等，皆綾紙為之，工巧相尚，有費數十緡者，雇人舁之，鳴螺撾鼓，肩各廟神像前導，至海邊焚化。」[24]《烏石山志》也載：「……值五、六月間，導神出遊，曰『請相』，紙糊替身，懷於各神鬼襟帶之間，再遊為遊村，末則驅疫，曰『出海』，剪采為舟，備食息起居諸物，並神鬼所請之相納於舟中，鼓噪而焚於水次，以祭祀毛血貯木桶中，數人負之

20 〔清〕郭柏蒼等纂：《烏石山志》，卷3〈寺觀〉、卷9〈志餘〉，道光於麓古天開圖畫樓鐫刻本。

21 Justus Doolittle, *Social Life of the Chinese*, Vol. I, pp.64-65.

22 《瓊臺吟史詩初編‧餐荔社集》，載鄭麗生輯：《福州竹枝詞》，福建師大圖書館藏手抄本，頁50。

23 孟超然：《福州竹枝詞》，載鄭麗生輯：《福州竹枝詞》，福建師大圖書館藏手抄本，頁30。

24 施鴻保：《閩雜記》卷7，〈出海〉。

而趨，謂之『福桶』。行者避之」，又云：「閩中鄉社多奉五帝，五、六月間，晝夜喧呼，奉神出遊，所謂『請相出海』」[25]。綜上可見，中文文獻記述皆比較精要，意在指明這一現象，而對活動儀式具體細節，則語焉不詳。而這些被地方人士忽略的信息，又恰恰是作為西方人的盧公明最感好奇的，他在其著中詳實地記載這些瑣碎的細節：

> 這種紙船為二十或二十五英尺長，盡可能造成很輕的重量。它的框架由竹片與窄小的木塊組成，外面用紙張覆蓋住。船艙分隔成了好幾個房間，據說是用來儲存糧食並為船上人員提供住宿。紙船由八個、十六個或甚至更多的人抬著。船上幾乎備有常用的每一樣物品，各種都放有一些：如米、鹽、木柴、水果等；還有一些小型家具，如桌子、椅子、碗與盤等，都是用紙或紙與竹片做成的。此外，船上還有水手的紙製小型模擬像。人們還製作了五帝的紙神像，以便放在駛向大海的紙船上。
>
> 在把船從各自所屬的廟宇中抬出之前，先舉行迷信儀式使船神聖化，部分是由燒香、點蠟燭、道士們吟唱經文，專門獻給五大帝的供品以及敲鑼打鼓組成。
>
> 抬紙船的遊行場面有時十分壯觀，一般是在晚上舉行，船上點著大量的蠟燭或燈火。當船隻從富麗堂皇的大神廟抬出時，大街兩邊往往擠滿了好奇的圍觀男女，還有小孩。
>
> 當紙船到達準備下水出海的河岸邊或焚燒場所時，人們將它放置在某個合適的位置，由男子鑽在其中帶動的所有神像此時都快速繞著船隻跑，然後便而朝紙船在不遠處跪成一圈。當一切準備就緒時，紙船便開始焚燒起來，整個過程都伴有敲鑼打鼓聲，該儀式被稱作「送船出海」。

---

25 郭柏蒼著：《烏石山志》，卷3〈寺觀〉、卷4〈祠廟〉。

遊神隊伍中常出現一名挑著兩只桶、衣著考究的男子，桶裡放有一些豬、水牛、家禽的鮮血及它們身上的毛髮。這種桶被稱作「福桶」。在遊神隊伍中挑「福桶」是特別有功勞的行為。以前只由雇來的乞丐挑「福桶」，如今是由來自名門望族的志願者承擔這一光榮的任務，以借此為親人大病痊癒向五帝謝恩，他們也常希望能通過這種方式換來患病親人的早日康復。桶中物是代表導致瘟疫與傳染的污物，於焚燒完紙船後倒進江河中。[26]

圖二　挑福桶

圖片來源：Justus Doolittle, *Social Life of the Chinese*, Vol. 1.
挑福桶是五帝信仰體系中的一個重要環節，該圖反映的即為這方面之情形。

---

26 Justus Doolittle, *Social Life of the Chinese*, Vol. I, p.32.

　　上述如此詳細的記載反映的是作者本身的文化觀照，借助盧氏的描述我們可以看到晚清時期福州五帝信仰（瘟神崇拜）在老百姓生活中占據的重要地位，體現時人對疫災的恐懼和驅趕之心態。這種迷信活動自然不可能真正達到驅除瘟疫的目的，「福桶」內裝污穢骯髒之物在遊行過程中還有加劇瘟疫傳播的危害，同時還使我們瞭解「挑福桶」的角色經歷了由原來雇乞丐到士紳主動承擔的轉變，十分生動。另外，送瘟神出海雖體現了時人對瘟神之敬畏，卻是一種嫁禍於人的做法，可謂是一種典型的惡陋信仰，無怪乎當時福州官府要對之加以嚴禁。

三　深入少數民族聚居地區的田野調查

　　民族志是人類學研究的標誌性工程，民族志工作主要表現在人類學家深入邊緣地區的少數民族中間進行專門的田野調查，並在此基礎上撰寫書面文字。福建境內少數民族主要有畬族、回族、滿族和高山族等，其中最有代表性的是畬族，他們主要居住於僻遠的山區等邊緣地帶，成為傳教士主要的考察對象。

　　富蘭克林‧武林吉（Franklin Ohlinger）是一位鮮為人知的近代來閩傳教士。一八七〇年，他受美國美以美會差遣來到福州，在福建從事傳教活動近三十年。武林吉最大的業績是創辦了福州英華書院（即今福建師大附中前身之一）並擔任首位校長，另外，他與福建少數民族──畬族之間，也有著一段不為人知的不解之緣，正是他首次向西方世界傳遞了有關畬族的絲絲信息。

　　一八六六年七月，武林吉從福州東門出發，穿過北嶺驛道，經過一天半的行程到過位於福州城區北面的郊區宦溪鎮，對當地畬族人民居住地進行了走訪，「這些村莊有數百戶人，住著特殊的人群，它們（村莊）坐落在離福州東門五十英里處的北峰山區（North Range）之

外的更為偏僻的群山之中，到達既需一天半左右的時間」[27]。在這次
行程中，他經過了梅嶺村（Muiliang），走訪了黃土崗（Uong-tu-
gaung）和蓮白洋（Lieng-bah-yong）這兩個畬族人民居住的小村，並
對畬民的情況作了考察、記錄和報導，其筆記內容主要有九個方面：

（一）畬族人民的姓氏

中國畬族人民的四大姓氏為：雷、藍、盤、鍾。武林吉發現這裡
的人們的姓氏只有雷（Loi）和藍（Lang）兩種，當地百姓告訴他許
多地方盤（Bwang）姓家庭還未到來，但未解釋他們遲到的原因。當
地漢族同胞說因為便於通婚之需，這些畬民由國家政令授予了另外的
姓氏，但畬民自身卻認為並不認為有這回事。

（二）畬民的服飾

武林吉觀察到，這裡男人們的穿著與一般漢人差不多，而女人的
服飾則與日本或琉球島相近。「顯眼的頭飾十分新奇，由一根錫製或
銀製的直徑一點五～二英寸、長四～六英寸的針管構成，橫插於盤起
的頭髮簪上，頭髮則包圍成圓形狀，髮簪由一根微小的木製、銀製或
牛角製成的錨狀物穿過其邊緣，頂部一直垂到肩膀；髮簪另一端穿著
一片金屬片，一直垂到眼角，在這一端還懸垂著明豔的穗纓和連串的
珠璉一直垂到肩膀，垂到錨狀物的那一頭。穗纓和連串的珠璉一起遮
住臉龐，就像土耳其女人頭蓋的面紗，這對視力是十分有害的。這一
裝束也是婚禮妝扮的標誌。我們注意到一些其他獨特漂亮的頭飾，並
被告知穿戴者正準備出嫁」。武林吉本打算向畬族婦女購買一套頭飾
留念，但是她們一人只有一套，如果出讓，她們就無法盤頭了，武林
吉只能作罷。

---

27 F. Ohlinger, "A Visit to the Doghead Barbarians of Fukien", *The Chinese Recorder*, Vol.
　　17 (July 1886), p.265.

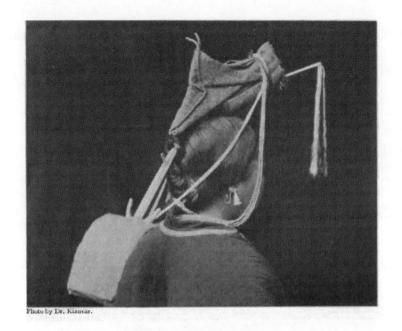

圖三　畬族婦女頭飾

圖片來源：William Edgar Geil, *Eighteen Capitals of China.*
畬族是福建最大的少數民族群體，晚清來閩傳教士對畬族地區的人物和風俗給予
不少關注，甚至還進行過初具人類學研究性質的民族志考察，該圖反映的即是西
方人拍攝的畬族婦女頭飾照。

（三）性格特徵

　　通過觀察，武林吉發現，無論男女，這裡的人們較之漢族人有更
為溫和的品性，且是一個勤勞的民族。「這裡的老人讓人聯想到印第
安老婆婆。女子需從事繁重的勞動，她們白天同男子共同勞動，回到
家中立即要做飯、燒菜、洗衣服，但看起來卻十分神采百揚和興高采
烈。」此外，武林吉還明顯地感受到，畬民的民族自我意識比較強
烈，他們認為自己的民族是一個獨立、優越的群體階層甚至是一個優
越的種族；他們厭惡被稱作「佘婆」（Sia Bó），而通常他們稱自己為
「山民」（hill inhabitants）。

（四）與漢族的通婚

　　在與畲民的閒聊中，武林吉還瞭解到：這些畲族村莊並非完全外界隔絕聯繫的，他們有時與臨近的漢族同胞通婚。但往往是漢人娶畲族女子，而很少漢族女子嫁給畲族男子。婚後女人必須隨著夫家（漢人）姓，改變其名字以及日常服飾。所以，漢人曾傲言：「我們娶其女孩，而不把我們的女孩嫁給他們」。武林吉認為這是由於畲民經濟不如漢民經濟發達造成的，在福建的其他許多地方也是如此，貧困山區的女子想盡辦法嫁到相對富裕的外鄉去，而貧窮的男子只能打光棍了。武林吉還得知，雖然畲漢兩個民族有許多不同之處，但是他們的婚慶儀式幾乎相同，唯一不同的是畲族新娘的禮服是黃色，而不是漢族傳統的紅色。

（五）祖先崇拜

　　武林吉觀察到：農曆八月十五，畲民在他們的祖先祠堂中崇拜其先祖高辛帝[28]。在畲民住房中並無其祖先的形象，我們在梅嶺的住房主人告訴我們：「畲族有著一個 dogheaded 祖先的形象，他們將其懸掛於牆上在每年的最後一天，並於新年的第一天崇拜他。這此後他們會將其鎖藏，因為他們愧怕讓其他人看見。」一般畲族的民眾無拘束地談論他們特殊的歷史和習俗，但更高更年長的階層則對此避而不談。

（六）土地徵稅的情況

　　畲族人民占有的土地一般都是山中最荒蕪貧瘠的田地和區域。從交談中，武林吉等人無法得知關於他們的土地是否須徵交稅收的可靠的回答。雖然畲民們的回答有些自相矛盾，武林吉一行還是能夠推斷

---

28 高辛帝，即畲族始祖盤瓠的岳父。在這裡，武林吉似乎犯了一個錯誤，即將畲民祖先盤瓠誤認作為高辛帝。

出，畲族的先輩們曾經交稅，並且使用一些肥沃土地也是須交稅的，而新開墾的荒地或一些相對貧瘠的土地則長年無須交稅。

（七）職業及文化教育的情況

在村中走訪時武林吉發現：除了一些必不可少的商業活動之外，如裁縫師、木匠、鐵匠等等，其他所有的畲民都是從事農耕勞作。熱情款待武林吉一行的房東是他們在村中聽說的唯一的小學畢業生。雖然此地畲民的生活方式極為簡樸，但他們認為普通的生活也能造就不尋常的人，他們還為當地幾個「人物」感到驕傲（具體是何人不詳）。武林吉還發現此地畲民不甚重視文化知識，學校教育處於「低谷退潮的狀態」。

（八）畲民的精神需要

武林吉認為，「作為一名傳教士，自己在學習瞭解畲族上是成功了，但卻沒有資格回答這樣一個問題，即什麼樣的傳教布道團才是畲民所需要的？武林吉覺得，通過對畲民的走訪，畲民的言行舉止都透露出他們對現狀的滿足；但是坦白地講，在外來宗教的影響下，畲民傳統宗教信仰體系受到破壞，這將會引起他們極大的焦慮不安，至少短期內是這樣的。即便如此，武林吉認為畲民比漢人更為順從、可教，在畲民中發展宣教工作應該比在漢人中間更為容易」。

（九）畲族的方言與音樂

武林吉發現：儘管此地畲民能較為流利地說福州話，但他們有自己的方言。他們稱他們是從廣東遷移來到此地。世人常常把畲民與客家人（Hakkas）作比較，甚至不少人把畲族等同於客家。但是武林吉在進行實地考察後認為，畲族語言和客家話還是有所不同的，「在語音上與客家話稍有差別，有少數詞語跟客家話完全不同，也不像是當

地的漢語」，為了區別他們，武林吉還曾製作了一張英文、福州話、
畬族話和客家話中常用字發音的比較表附於文章後。武林吉還觀察到
畬民富有音樂細胞，「我們聽說畬民愛唱歌，應我們要求，她們為我
們演唱起了歌謠。當我們問及歌謠的主題時，她們回答：『當我們在
山上伐木時，唱的是伐木歌；收割莊稼時，唱的是豐收歌；鋤田地
時，唱的是鋤地歌。我們通常是在幹活時唱歌。』她們的嗓音甜潤，
歌曲中還出現了震顫音和長音，甚至是即興曲的曲調節奏。這與福州
當地的歌謠很不同，而與我所聽過與廣東歌謠則十分相近」[29]。

四　對各種民間事象的細節記述和微觀描畫

　　傳教士常常在自覺或不自覺間將其所聞和所見之情景事象一一
收納於筆尖，即作微觀的刻畫，注重對細節的具體描述，這些看似冗
長甚至囉嗦的文字，顯著地體現了傳教士著述的內容特色。茲舉幾例
說明。

　　例如對晚清福建女子纏足的記述，除了前面的介紹，傳教士的英
文著作也貫穿著大量的細節描繪，幾乎是全程記錄。如前所述之麥嘉
湖和盧公明等人的記載內容，他們在論述纏足的方方面面的同時，還
表現出一個十分鮮明的特色是從醫學和生理學的角度對纏足進行透
析，較一致地認為：

> 「女孩兒通常到了五、六歲腳就要用繃帶纏住，不再讓其自由
> 生長，這樣一來，裹住的腳只能在腳踝處生長，腳後跟肉多的
> 部分被往下和往前擠壓。整只腳就由一條長繃帶緊緊纏著，從
> 腳踝到腳趾尖，再從腳趾尖繞到腳踝處。不難理解，這一過程

---

29 F. Ohlinger, "A Visit to the Doghead Barbarians of Fukien", *The Chinese Recorder*, Vol. 17 (July 1886), pp.266-267.

抑制了正常的血液循環，妨礙或者可以說是完全阻礙了腳的正
常生長。變小了的腳趾頭自然地（說得準確些是不自然地）蜷
縮到一塊兒，在一定程度上被人為地扭曲到足底。緊裹著的雙
腳就這樣無法向外正常生長，與此同時，人的體重無限制地增
加。這給雙腳極大的壓力。於是，腳變得十分窄小。腳背不自
然的突起，形成腳踵後部的那塊骨頭被迫向下生長。雙腳就這
樣被緊壓著塞進一隻又短又窄的鞋中，縮成一點；有時還用一
塊小木頭放在鞋底以幫助腳後跟支撐整個身體的重量。這樣，
人就像是立在腳趾尖上………」。「纏足是絕對有害的。纏足的
目的是使腳的前部和腳後跟盡可能地靠在一起，其做法通常是
把除去大腳趾的四個腳趾盡力擠壓，經過裹纏以後，四個小腳
趾被壓到大腳趾下面。在自然狀態下，腳跟的大骨頭本來是處
於半水平狀態，被纏足後，它就會高高隆起，俗稱『弓足』。
纏足嚴重破壞了自然足的天然形狀，給婦女的日常生活帶來了
很大的不便」。[30]

在西方傳教士視野中，纏足的過程就是對人體自然美的整體性的一種
破壞，從物質表層來看極不利於生理健康（當然他們也從精神層面控
訴纏足對女性心靈的創傷），這是筆者通覽傳教士著作最為直觀深刻
的一個感受。

　　福建地方文獻對閩地婦女纏足問題的記錄，則較注重對地區現象
的述議。清末麥嘉湖所活動的閩南地區流傳著這樣一首歌謠：「天光
起來就纏足，纏到污穢滿席褥……纏足梳頭房裡藏，家事一切都廢
荒」[31]，非常生動地道出纏足之危害；前述林琴南（林紓）也用詩歌

---

30 李穎：《耶穌拯救中國？——倫敦會傳教士麥嘉湖研究》，福建師範大學博士論文，
　　2003年未刊稿，頁55。

31 賈逸君：《中華婦女纏足考》（北京市：北平文化學社，1929印行），頁2。

的形式對閩中（福州）地區纏足進行批判和控訴。而在各地方志文獻中，也紛紛記載這種桎梏女性的陋行，茲不贅述。兩者相互比較，凸顯其間表現出的觀察記述角度之不同。

又譬如對晚清福建社會賭博現象的記載，我們在傳教士著作中可以找到不少描述性的片段和圖照說明，例如盧公明對盛行於福州民間的各種賭博現象的描述，可謂相當具體而細緻。

通過在福州民間社會走街串巷的觀察，盧公明發現民眾的賭博手段是花樣百出、無奇不有。為此，他選取了幾種常見的民間街頭賭博方式進行了詳細的介紹，這些賭博方法在社會上廣為流行，有一定典型代表性。

（一）字謎賭博

這是一種在小範圍內進行的街邊賭博的方法，一般用來賭小錢和賭糖果之類的，而且是在人們過路時經常能看到的，「領頭的賭博者坐在路邊在一張桌子後面，在盯上擺著寫上五個或七個字一行的詩句，給那些對這種賭法有興趣的人，其中有一個字遺漏了，同時他擺出其他的幾個字，其中某個字如果加入到那句詩的空字處，會使整個詩句的意思通順、達意，賭博的方法就是去猜哪個字是真正遺漏了的，同時要押上一定的錢，如果押上了錢，又猜錯了的人就會失去這些錢⋯⋯做莊的人常常準備了好幾副不適當的詩詞，以防止會有使用的機會」。這種街頭小賭主要是娛樂消遣，卻暴露出中國人好玩好賭的脾性，甚至能夠將詩詞遊戲引入賭博當中，可見賭博活動的無孔不入。

（二）抽籤賭博

這是一種通過抽取根籤來判定勝負的賭博方法。一般是「做莊的人提供三根由竹子或木頭做成的長約八或十英尺長的狹長的籤和一個橙，坐在路邊來吸引那些想通過抽這三根籤來試試運氣的人。他把這

三根籤一併握住同一頭，另一頭伸出來，通常三根籤相互分開，這樣的話那些想押注的人就能分別押在自己選擇的其中一個之上。他的手裡吊著一根紅色的線，那線是繫在三根籤中的一根上並且握在控制者的手心裡的。他握著這三根籤以防觀眾們看其中哪一根上繫有紅色頭想冒險來打賭的人就會把錢押在他認為會有紅線繫上的那一根上，如果那根籤沒有繫上紅線，那麼他簡簡單單地就輸掉了他的錢，如果正好押中了，莊家就必須歸還他兩倍的賭本」。這種賭博方式看似公平，全憑運氣而定。實際不然，細心的盧公明發現，實際上這也是一種由莊家操縱的只贏不輸的遊戲。

（三）轉盤賭博

　　這也是路邊賭博常見的一種方式，是用一個直徑為十五或十八英尺的周邊被分成八或十六等分的圓板來進行的，「一個有八或十英尺高的立柱固定在中間，立柱的頭漸漸變細直到銅板能夠串在上面，一根幾乎與圓板同直徑的細長的木條在中間有個孔使得它能夠在離立柱兩到三英寸的地方鬆弛地安放在與其相垂直的立柱上，這種設計是使這根木條能夠盡量無磨擦地與在立柱上旋轉而且保持與圓板的平行。在這根水平的木條的一端繫著一根線，線的一頭幾乎與圓板表面相靠近。當用很突然的力氣去使這根木條旋轉，它將會在手離開木條後連續轉上好幾圈。當然那根線最後會停在圓板的哪一部分是不確定的，這種賭博的方式就是去猜當這根水平木條停止轉動後，那條線會停在哪裡。下賭注在某個點的人會把錢放在垂直的立柱上，並指出他要下注賭的那個特定的分隔塊，然後就隨個人的願用大或小的勁使水平旋轉，如果最後線停在了他指定的那個分隔塊裡，他就贏了。莊家就必須付給他八或十六倍的賭本，根據這圓板是被分成八份或是十六份。如果線停在了其他的地方而不在他下注的地方，他就輸掉了押注的錢。如果他下注在圓板上的某個特定的分隔線，這條線就會停止在直

圖四　轉盤賭博法

圖片來源：Justus Doolittle, *Social Life of the Chinese*, Vol. 2.
該圖呈現的是盧公明《中國人的社會生活》一書中描述的某種賭博方式。

接指著那條分隔線上，他就會得到他能夠通過指定某個分隔塊所獲得的獎金的兩倍。莊家常常會備一些糖果之類的來付部分或全部的賠償金，給那些願意以這些東西來作為紅利的人，如果他們不願意，他就必須付合現金」。

（四）竹筒賭博

　　盧公明還發現，許多男孩子整天在街上叫賣他們的各種甜點或醃製的水果，都不是為賣掉它們，而是拿這些東西來賭博。那些想要水果或甜點的人就會通過一種賭法試試運氣，「這些拿水果的小伙子同時也會拿個六或八英寸長，兩三英寸直徑的竹筒，竹筒的一頭是由天

然的竹節封住的，另一頭，竹筒的底部的地方標有一些的數字，從外面是看不的，那個為了這些醃製品下注的人在那小伙子搖了兩三下把竹籤混合好後，根據遊戲規則抽一根、兩根或更多的竹籤，如果他們抽對了，他就會得到水果，要值五倍他押的注如果不成功，他就失去了押注的錢」。就連賣果點的小孩們也用賭博來賺錢，由此可見賭博行為之「氾濫」。

（五）彩票賭博

　　一種非常刺激的賭博方式，「由於其高達三十倍的賠率，人們瘋狂著迷於此」，這十分類似我們今日的「六合彩」賭博。這種賭博是明令禁止的，但是賭博者自有一套對付方法，「管理的人就會盡可能隱避地工作，通常會在一些偏遠的地方舉行，比如說在離城市幾英里的山上或在樹林裡，那些地方可以讓他們和他們的同夥有機會逃走。他們通常會有間諜或代理人在城裡，可以給他們一些來自官方的可能去抓捕這類賭博的及時的信息。在約會地點的周圍和從城市裡到這地方路上的車站都有人站崗放哨，這些放哨的人會給賭博的人提供最早的信息，如果看上去令人懷疑的人靠近聚集點。這樣就可以讓他們在遇到真正危險之前就分散開」[32]。

　　而在地方文獻中，則偏重於對賭博這一現象作概括性介紹。清代福建各地賭風甚盛，到了清末更是猖獗。福州地方官林枝春曾把賭博列為福州民間社會「五蠹」之一，其記云：「衿監商賈，下及平民無不賭」[33]；《廈門志》亦記：「賭博盛行，奸民開設寶場，誘人猜壓，勝負以千百計，初由洋舶柁師長年等沾染外夷惡習，返棹後，群居無事，或泊船候風，日酣於賭。富貴子弟相率效尤，遂成弊俗，耗財破家，害不勝舉⋯⋯賭不一色，廈門三尺孩提即解賭。惟花會貽毒更

---

32 Justus Doolittle, *Social Life of the Chinese*, Vol. II, pp.284-288.

33 道光《重纂福建通志》卷55，〈風俗〉。

深，人利其償數十倍，雖深閨婦女亦有圓夢扶鸞托人寄壓者，燈光咒聲，終夜喃喃，其流弊不可勝言。閩中甚盛，廈門亦間有之」[34]；地處閩北山區的建陽縣也有賭博陋習的文字記錄：「茶山近市，一市之人皆若狂，乘醉而賭，毫無忌憚。至茶事畢，遊民尤集棚伙賭，以為生涯」[35]；清末施鴻保《閩雜記》「攤錢」條載：「今閩俗攤錢（類似擲骰子），為首者以一二百錢傾散桌上，以空碗隨手覆定，去其在旁者，聽人押猜，以一至四為數，壓定開碗，用箸一支，四四數之，視餘錢若干，或一則壓一者贏，壓數三倍，否則輸去壓錢。福州惟南臺為盛，漳、泉兩郡，則到處有之」[36]（施氏記述稍重過程講解，但仍較簡略概括）。

　　通過以上舉述，不難窺見中英文著作在記述同一社會事象上的不同觀察和審視角度。傳教士著述注重細節描寫，他們的英文著作中充斥著大量描述性語言和片斷，相比之下，地方文獻資料則更具概括性和凸顯精要。

第二節　直觀呈現：傳教士著述中的圖照佐證

　　翻檢晚清西方傳教士記述福建社會的作品可發現，不少論著中都插配著許多幀刻晚清福建社會諸歷史場景和風貌的圖片和老照片，真切地再現了歷史時態與場景，尤其以一些珍貴的老照片為甚。這些圖照傳遞著最為真實的逝去的時空信息，為我們瞭解近代福建社會方方面面形態狀貌和歷史變遷提供了鮮活而確鑿的佐證。據筆者的歸納，這些圖照主要有以下幾類：

34　〔清〕周凱：《廈門志》，卷15，〈風俗記〉。

35　〔清〕陳盛韶：《問俗錄》卷1，〈建陽〉。

36　〔清〕施鴻保：《閩雜記》，卷7，〈攤錢〉。

一　自然風光類

在傳教士著述中，自然風景照片或圖片是最為常見的一類。他們對福建山水風光、名勝古蹟等圖照的收錄，在其書中俯拾即是。我們可從圖五至圖十中窺見：

圖五　福州附近的山巒峽谷　　　　　　圖六　閩江風光

圖片來源：John Thomson, *Foochow and the River Min.*

福建的自然風光是晚清來閩西人比較關注的一個面相，在他們的西文著述中經常可以看到這類的圖照。該圖展現的是福州附近的一處峽谷風光。

圖片來源：John Thomson, *Foochow and the River Min.*

閩江及其兩岸的風景是晚清來閩傳教士集中關注的對象，留下了大量有關閩江的描寫文字和圖照。該圖呈現的是閩江一隅的靜態之景。

ON KITE HILL, FOOCHOW.

圖七　露天祭臺

圖片來源：William Edgar Geil, *Eighteen Capitals of China.*

福建民眾相信大自然的力量，該圖中的露天祭臺可能是祭祀天地或祈風求雨的地點。

圖八　延平險灘

圖片來源：John Thomson, *Foochow and the River Min.*

該圖顯示的是閩江江面激流湧動的動態景觀。

圖九　廈門遠眺

圖片來源：Jas. Johnston, *China and Formosa, the Story of the Mission of the Presbyterian Church of England.*

該圖為晚清時期廈門城市的遠望圖景。

圖十　武夷茶山風光

圖片來源：Eugene Stock, *The Story of the Fuh-Kien Mission.*

武夷茶是近代西方人關注福建的重點內涵，同樣對武夷茶山的自然環境充滿興趣。該圖即反映了繪畫者對武夷茶山的想像圖案。

二　建築景觀類

對於傳教士群體而言，東方的建築藝術是迥異於西方文明的實體呈現，對於他們可謂強烈的視覺衝擊並深深印烙於其腦海中。出於一種自覺的文化比較觀照或審美情趣，他們在著述中收載有大量這方面的圖片和照片。這些老照片，也為生活於當下的我們回溫舊日福建建築影像，提供了生動而鮮活的實證（見圖十一至二三）。

圖十一　福州城全景

圖片來源：I. W. Wiley edited, *The Mission Cemetery and the Fallen Missionaries of Fuh Chau, China.*

晚清來閩傳教士著述中有不少圖照是對當時的福州、廈門等城市進行全景式描畫或拍攝的，此圖即是其中較具代表性的一張。該圖站在倉前山的角度，遠眺閩江對岸的福州城，城中雙塔（烏塔和白塔）也是西方人經常關注的地理坐標，中間的長橋即為萬壽橋。

圖十二　福建土樓

圖片來源：Philip Wilson Pitcher, *In and About Amoy.*

土樓是福建客家地區的代表性建築，晚清來閩傳教士也關注到此一現象，並在他們的著述中收錄了一些這方面的照片。

圖十三　邵武石牌樓

圖片來源：Edward Bliss Jr, *Beyond the Stone Arches: An American Missionary Doctor in China, 1892-1932.*

該圖顯示的是一座通往邵武的路上的石牌樓。石牌樓是晚清福建城鄉各地時常可見的建築景觀，大小規模不一，具有一定的文化意蘊。此圖的石牌樓規格較小，應為一般性的通道上之建築。

圖十四　衙門（閩浙總督衙署）

圖片來源：China Through the Western Eyes.（縮微膠片）

該圖拍攝的是一幅清代福建衙門的場景，根據相關資料顯示，該建築應為位於福州的閩浙總督衙署。有趣的是，衙門建築的門上，居然畫著彩繪的守護神像，說明了當時民間信仰無處不在的滲透力。

圖十五　鎮海樓

圖片來源：www.picturechina.com.cn

福州鎮海樓位於屏山之巔，為中國九大名樓之一。明洪武四年（1371）始建，原是作為各城門樓的樣樓，後更名為鎮海樓。是福州古城的最高樓，為城正北的標誌。鎮海樓歷經六百餘年滄桑，屢建屢毀。該圖顯示的是一八九〇年左右的鎮海樓樣貌。

圖十六　寧德附近的木構廊橋

圖片來源：Eugene Stock, *The Story of the Fuh-Kien Mission.*

木構廊橋是中國傳統建築藝術的瑰寶，現今已申報世界文化遺產。福建寧德地區是木構廊橋比較集中的區域，通過此圖可見，晚清來閩傳教士亦注意到此一現象。

圖十七　廈門入城門

圖片來源：Thomas Allom, *China in a Series of View, Displaying the Scenery, Architecture, and Social Habits of that Ancient Empire.*

該圖描畫的是牌坊式的廈門入城城門及周圍場景，帶有作者一定的想像成分。

圖十八　廈門北城牆

圖片來源：Philip Wilson Pitcher, *In and About Amoy.*

該照片記錄的是晚清時期廈門城北的城牆面貌，從照片看，當時的城牆比較簡陋。

圖十九　鄉村民居

圖片來源：John Macgowan, *Picture of Southern China.*

該圖是一張記錄晚清時期福建山區民居的照片，伴山而建的民房在福建山區時常可見。

圖二十　茶亭真神堂

圖片來源：William Edgar Geil, *Eighteen Capitals of China.*

茶亭真神堂是美以美會在福州建立的第一座教堂，於一八五六年建成，當時號稱「東亞第一堂」。該堂今已不存，此圖為我們瞭解真神堂最初面貌提供了直觀證據。

圖二一　天安堂素描

圖片來源：R. S. Maclay, *Life Among the Chinese.*

天安堂是美以美會繼真神堂後在福州建立的第二座教堂，同樣於一八五六年初建，形制相似。天安堂曾三次重修，今天的天安堂是福州地區基督教徒聚會活動的最主要場所之一。

圖二二　福州美華印書局　　　　圖二三　泉州培英女子學校

圖片來源：《福州美以美會天安堂八十
　　　　　周年紀念刊》，一九三六年
　　　　　印。

福州美華印書局是近代來閩傳教士於一
八六二年在福州創辦的教會印刷出版機
構。一九〇三年合併於上海的美華書
館，此後成為其一個分支機構，一九二
三年停止運營。福州美華書局刊印了大
量宗教類和非宗教類的書籍和報刊，促
進了近代福建圖書出版事業的發展。

圖片來源：Photographs of the Archives
　　　　　and Manuscripts Division,
　　　　　School of Oriental and African
　　　　　Studies, London, ca.1860-1950
　　　　　http://digitallibrary.usc.edu/searc
　　　　　h/controller/view/impa-
　　　　　m7446.html? x=1342104995145

培英女校是閩南的第一所女子學校，由
英國長老公會於一八九〇年在泉州創
辦，一九五五年更名為福建省泉州幼兒
師範學校。

三　生產生活類

　　晚清福建地方從整體而言依舊是農業傳統占主導地位的社會形
態，而對於生活生產方式已經習慣於西方方式的傳教士來說，這些
「東方式」的實體表現形態是他們觀照異文化的絕好視角。

圖二四　傳統耕作

圖片來源：Justus Doolittle, *Social Life of the Chinese*, Vol. II.
該圖描畫的是中國農民用牛犁田的傳統耕作方式。

圖二五　牛車榨蔗糖

圖片來源：Lilias Graham, *The Alblum of Lilias Graham.* http://digitallibrary.usc.edu/
　　　　　search/controller/view/impa-m6704.html?x=1342104995145
該照片反映的是1888-1906年期間，福建省的一處牛車壓榨蔗糖的加工磨坊。

圖二六　收割莊稼（一）

圖片來源：Lilias Graham, *The Alblum of Lilias Graham.* http://digitallibrary.usc.edu/
　　　　　search/controller/view/impa-m6710.html?x=1342104995145
該圖展現的是福建鄉村傳統的人力收割水稻的場景。

圖二七　收割莊稼（二）

圖片來源：Jas. Johnston, *China and Formosa, the Story of the Mission of The
　　　　　Presbyterian Church of England.*
該圖是又一幅反映福建鄉村傳統的人力收割水稻的場景。

圖二八　踩水車

圖片來源：Lilias Graham, *The Alblum of Lilias Graham.* http://digitallibrary.usc.edu/
　　　　　search/controller/view/impa-m6706.html?x=1342143656651

此圖反映的是1888-1906年期間，在福建的鄉村田間，三個男人踩水車（翻車）
灌溉稻田的情景。晚清時期水車灌溉這種原始的供水裝置仍在福建農村廣泛使
用，如今已難覓見。

圖二九　稻穀風車

圖片來源：The Anti-Cobweb Club, *Fukien: A Study of A Province in China.*

稻穀風車是福建山區農村地區農民家庭常見的一種農具，用來篩選緊實飽滿的稻
穀顆粒，這種農用工具在現今的一些農村地區仍見使用。

圖三十　露天集市

圖片來源：John Macgowan, *How England Saved China*.
集市是古代人們商品交換的場所，人來人往、熙熙攘攘。該圖反映的即是一處清末閩南地區的露天集市的熱鬧場景。

圖三一　漁夫和魚鷹

圖片來源：圖片來源：John Thomson, *Foochow and the River Min*.
豢養魚鷹（鸕鷀）是閩江漁民傳統古樸的捕魚方式，該圖是一八七○年左右著名攝影家約翰・湯姆遜在乘船經過閩江時拍下的情景，圖中漁民撐著竹排，魚鷹棲息在竹排上準備出工。魚鷹捕魚的場景也常見於對其充滿好奇的晚清來閩傳教士的筆下。

圖三二　街頭理髮匠

圖片來源：John Macgowan, *Sidelights on Chinese Life*.
晚清時期常見於福建各地大街小巷的街頭理髮匠是民間社會的一道風景，他們肩挑理髮擔，走街串巷，為需要理髮的民眾修面理髮。他們也成為傳教士眼中的新鮮事。

圖三三　　街頭小吃攤

圖片來源：John Macgowan, *Sidelights on Chinese Life*.
在晚清福建的街市上，擺置著各種的小吃攤，成為過往民眾每日飲食的地方。這是普通百姓日常生活的表現之一端。表明傳教士比較關注的是下層民眾的日常生活史。

圖三四　　流動的廚房

圖片來源：〔英〕威廉・桑德斯（William Saunders）拍攝，載何伯英著：《舊日影
　　　　　像：西方早期攝影與明信片上的中國》，上海市：東方出版中心，
　　　　　2008年。
該圖顯示的是一種可以四處流動的小吃攤，好奇的外國人稱之為「流動的廚房」，實際上就是小販肩挑的簡易小吃攤。這在晚清福建城鄉時常可見。

四　人物肖像類

　　福建人的穿著打扮、人種特徵和人物特寫也在傳教士著述中有不少體現，尤其是婦女的頭像、髮飾等較為常見。這些圖照在寫真遞實的基礎上，也表現出一些誇張、扭曲的成分（見圖三五至四一）。

FOOCHOW FIELD WOMAN.

圖三五　福州婦女頭飾素描

圖片來源：William Edgar Geil, *Eighteen Capitals of China.*

該圖是有關福州婦女頭飾衣著的素描畫，形象生動地描繪出當時普通婦女的裝扮。晚清時期福州婦女流行頭插三支髮簪的習俗，俗稱「三把刀」，中間那支如同蛇形，據傳有閩越族的風俗遺存。

圖三六　閩嫗頭飾

圖片來源：John Thomson, *Foochow and the River Min.*

該圖是約翰·湯姆遜在福建遊歷期間拍攝的當地採茶老婦人的頭飾和衣裝之老照片，真實地呈現了當時的勞動女性的衣著打扮，尤其是三叉簪的頭飾十分引人注目，可謂福建婦女的裝扮標誌。

圖三七　滿族人的家庭

圖片來源：John Scarth, *Twelve Years in China: the People, the Rebels, and the Mandarins.*
晚清時期福州城還住著一群統治階層滿族人，該圖（水粉畫）即是對當時滿族人家庭面貌的一般性描畫。

圖三八　小腳女子

圖片來源：J. Thomson F. R. G. S., *The Land and the People of China.*
該圖可謂十分誇張地描畫了一位福建纏足女子的樣貌，其龐大的身軀與細小的纏足形成鮮明對比，這種強烈的反差也表明出當時來閩傳教士對其嚴重的所謂「中國陋習」的鄙夷和「震驚」，並由此宣揚通過基督教信仰改變這些「野蠻」、「落後」的「異教徒」習俗的傳教使命。

AMOY NATIVES

DOG WORSHIPPERS—FROM THE MOUNTAINS NEAR FOOCHOW.

圖三九　廈門本地居民

圖片來源：John Thomson, *Through China with a Camera.*

該圖是約翰‧湯姆遜於一八七○至一八七一年在廈門拍攝的一對夫婦的全身照。從服飾判斷，這對夫婦應該是那種家境還不錯的民眾。

圖四十　畬婦服飾

圖片來源：William Edgar Geil, *Eighteen Capitals of China.*

該圖片記錄了福州附近山區的畬族婦女的服飾樣貌，從照片來看，畬族婦女保留著勞動女性的簡樸特徵，而她們的頭飾則裝扮得比較傳統。

圖四一　女子肖像

圖片來源：John Thomson, *Through China with a Camera.*

該圖是約翰‧湯姆遜拍攝的一張靜態圖照，該女子梳的是當時比較流行的髮式，並佩戴花簪，應為一名殷實家庭的女子。

五　宗教民俗類

　　作為「宗教博物館」的福建地方社會，豐富多彩的宗教信仰形態是西來傳教士們普遍關注的對象；同樣，福建各地獨具特色的民俗儀式或祭祀典禮等活動事項亦是傳教士視野中的「常客」。對於這些民間大眾之精神文化景觀，傳教士們也以圖照的形式記錄下了許多精彩的片段。

圖四二　南普陀寺（一）

圖片來源：John Gerardus Fagg, *Forty Years in South China: the Life of Rev. John Van Nest Talmage*.

南普陀寺是廈門的著名古剎，在近代來閩傳教士的著述中經常可見南普陀寺的圖照。該圖即為今南普陀寺著名的大悲殿（清代稱為大悲閣，祀奉千手觀音像）

圖四三　南普陀寺（二）

圖片來源：Jas. Johnston, *China and Formosa, The Story of the Mission of The Presbyterian Church of England*.

該圖是另一張南普陀寺大悲殿的照片，當時的西方人較為熱衷於在此一建築前拍照留念。

圖四四　閩江金山寺

圖片來源：Eugene Stock, *The Story of the Fuh-Kien Mission.*

閩江金山寺是位於福州閩江洪塘大橋附近一個江心洲上的佛寺，這一奇特的江上景觀成為晚清來閩傳教士眼中的「奇景」而被記錄下來。

圖四五　湧泉寺的和尚

圖片來源：John Thomson, *Foochow and the River Min.*

湧泉寺是福州著名的寺廟，近代來閩傳教士時常慕名而來參觀。此圖即是西人鏡頭記錄下的當時寺內僧人們讀經學習的場景。

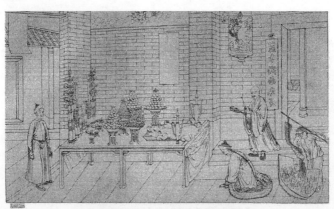

圖四六　福建道觀一景

圖片來源：George Smith, *A Narrative of An Exploratory Visit to Each of the Consular Cities of China, in the years 1844,1845,1846.*

該圖是四美著述中對福建一座道觀的描繪，該圖展現的是清朝官員在道觀祭拜的場景，帶有繪畫者想像的成分，也是早期來華傳教士作品中常見的現象。

圖四七　福州民間葬俗中的燈梯儀式

圖片來源：Justus Doolittle, *Social Life of the Chinese*, Vol. 1.

燈梯儀式是福州民間喪葬習俗中特殊的儀式，傳說具有為死者超度亡魂的法力。

該圖即為盧公明記錄下來的福州民間舉行燈梯儀式的情景。

圖四八　龍舟競賽

圖片來源：J. Macgowan, *Sidelights on Chinese Life.*

賽龍舟是端午節的一項重要活動，在我國南方很流行，它最早是古越族人祭水神或龍神的一種祭祀活動，其起源可追溯至原始社會末期。該圖記錄的即是晚清時期在閩江上舉辦的一次賽龍舟活動。

圖四九　山中小廟

圖片來源：J. Macgowan, *How England Saved China.*

福建是中國民間信仰最盛行的省份之一，各方神靈和大大小小的廟宇隨處可見。該圖是一位女傳教士在一座福建的墳山上與山上的小廟（可能為山神廟或土地祠）合影。

圖五十　喪俗掛物

圖片來源：Irene H. Barnes, *Behind the Great Wall: The Story of the C. E. Z. M. S. Work and Workers in China.*

該圖是福建民間喪俗的一種表現方式。豎立在房子進門口的標杆表明這戶人家有人過世以及可以驅邪避凶。

六　陋習事象類

　　社會陋習是傳教士批判東方「異教野蠻」文化的矛頭指向，與中文文獻簡扼介紹不同的是，傳教士還取用不少圖片和照片來渲染這些風習。旨在向世人直觀地揭示閩地陋俗惡風事象的同時，凸顯西方基督教為代表的所謂「文明」形態。

圖五一　玩骰子

圖片來源：Thomas Allom, *China in a Series of View, Displaying the Scenery, Architecture, and Social Habits of that Ancient Empire, Fisher: London and Paris, 1843.*

賭博是對中國社會具有深遠影響的惡習之一，從古至今流行不絕。該圖反映的是一群廈門的勞動人民在閒暇之餘擲骰子聚眾賭博的場景。

圖五二　抽大煙

圖片來源：John Thomson, *Through China with A Camera.*

吸食鴉片是晚清中國各地普遍存在的陋習。鴉片這一罪惡的毒品由西方列強售入中國後，給中國社會帶來了無盡的災難。當時吸食鴉片氾濫成災，成為當時社會上最大的頑疾惡風之一。

圖五三　纏足：大腳與小腳的對比

圖片來源：Irene H. Barnes, *Behind the Great Wall: The Story of the C. E. Z. M. S. Work and Workers in China.*

該圖是用一位外國婦女穿的皮鞋與一位中國裹腳女子的小腳進行對比，由此形成強烈的對比。

圖五四　嬰兒塔

圖片來源：*Photographs from the Yale Divinity School Library, New Haven, Connect-icut, ca.1880-1950.* http://digitallibrary.usc.edu/search/controller/view/impa-m9110.html?x=1342247096844

溺嬰陋習在晚清福建大地上不斷上演，在城鄉荒涼偏僻之處，時常可見如圖所示為安撫那些死嬰靈魂而建的嬰兒塔，另在一些池塘邊、河邊還可見到寫著「禁革溺女」等字樣的碑刻。

　　十九世紀西方照相技術的發展為西方人觀察瞭解中國提供了先進的設備支持。英國人約翰・湯姆森是當時著名來華遊歷家，他用相機鏡頭拍攝下無數中國風景和城市街頭巷尾場景以及鄉村田野風光的照片，其中不少是關於福建社會的景觀[37]。湯姆森曾執筆編寫「照相的

37　例如，在湯姆森所著《鏡頭前的舊中國——約翰・湯姆森遊記》（北京市：中國攝影出版社，2001年）一書中，收錄其拍攝的關於廈門、臺灣和福州的建築、田園風光、民眾體貌特徵和日常生活形態等各方面狀況的二十張照片；湯姆森還於一八七二年出版圖冊集《福州和閩江》（John Thomson, *Foochow and the River Min*），該圖

化學藥品和器械詞條」（Photographical Chemicals and Apparatus）之內容於盧公明編撰的《英華萃林韻府》中，說明他在攝相領域的權威代表性。這些關於福建的照片頻頻為傳教士們選用，插配在他們的著述中。西方人士手中的鏡頭，真實地記錄著晚清中國地方社會的時空形態，有助於我們對歷史直觀的認知和感受，也增添了傳教士著述的生動性和參考價值。

　　老照片是記憶、幀刻著歷史的底版，而穿插在傳教士著述中更多的是他們描畫或引用的大量圖片。這些圖片大多是傳教士根據他們所見所聞和考察結果，對各類歷史現象以圖畫方式呈現給讀者大眾。例如，在麥嘉湖《耶穌還是孔子》一書中幀錄十四幅圖片，生動地展示了廈門社會和民眾的生活百態：枯瘦如柴的鴉片煙鬼、廈門城市外景、寺廟建築、民眾衣著打扮和服飾特徵、民眾生活的一般場景等，揭示出社會生活的基本面貌；又如在盧公明《中國人的社會生活》一書中，插配著多達一百五十幅渲染、刻畫福州民眾社會生活方方面面、點點滴滴狀況的圖片和畫面，特別是其中有關福州民間民俗信仰場景的插圖，相當生動地展示了時人宗教信仰儀式的面貌，為我們瞭解晚清福州民眾生活場景，提供了不可多得的寶貴素材；又比如，在陸一約《在中國的日常生活福建水陸風光》書中，插配五十三張圖片輔助文字說明，描畫著福建社會及民眾的基本狀貌，亦具有一定參照價值。

　　歷史已逝，今人重溫歷史的記憶主要依靠的是流傳至今的文本或文字材料。大多數的文字記錄真實可靠，亦是今人研究歷史的基本材料，不過文字記錄難免帶有當事人的主觀色彩，或是描述模糊不清，

冊記錄了他於一八七〇年末到一八七一年初從福州乘船沿閩江到達南平的整個旅程中的所見所聞，反映了他來到福建進行廣泛地旅遊攝影的情景，並拍錄下許多反映當時福建自然風光和人文特徵的照片，這些老照片幀刻著最為真實的過去時態歷史場景，是我們認識過去的重要證據和珍貴的資源庫。

甚至掩蓋事實和人為篡改的弊端，而後人對文本的解讀也難免出錯或曲解。歷史照片是由相機鏡頭捕捉下的最為真實的景態，是逝去的現實的底版與複製，無弄虛作假的成分，它們是一類可靠的歷史證據，是文字描述的最直觀的輔證形式，反映著歷史曾經的面相，為再現昔日歷史面貌提供了實物佐證；而大量圖片雖在準確性方面不及照片，卻也能大致反映某一方面的情景狀貌，有助於我們更好地認清歷史事象的外在表現，不過，由於圖片出自繪畫者之手，難免夾雜有主觀人為的因素，也不乏扭曲或誇張等與歷史不符的表現手法存在，這是在研究中應多加注意的。

出於對異文化地區情報探索之需，早期傳教士述閩文著可謂兼采並記，對於他們考察訪問得知的信息亦表現出微觀地呈現。隨著傳教工作在福建的推進，傳教士們在長期的傳教和生活過程中，對福建社會文化的瞭解和掌握進一步加深，對地方實況有了更多的積累和更深刻的認識，由此在其著述中出現了更為大量的對社會事象的細描，甚至產生集體無意識的同類現象的疊加。於是我們在傳教士著述中隨處可見對身邊周圍物質環境、閩人社會經濟、生活習俗、民俗文化、宗教信仰等對象所作的細節介紹、過程複述及微觀研究。這些細緻入微的文句片段，表明書寫者（傳教士群體）在一定的歷史情境下，容易受到書寫者所身處的社會環境、本土文化乃至異地生活中每一個微小的細節的滲透影響。總之，大量細節描繪的詞句，構成傳教士述閩文著的主體部分，使得傳教士著述呈現出一種微觀研析的態勢，這是傳教士著述最為基本的特徵之一。

近年來，社會各界對老照片、舊圖片的搜集以及從舊圖照窺視過去歷史和文化之行動悄然升溫，不少反映晚清社會百態的老照片集、畫冊、圖照與歷史之類的著述相繼出版，體現了人們對圖照這種最真實有力的歷史證據和實物佐證的重視。在這方面，傳教士述閩文著也有不俗表現。十九世紀後期西方照相技術的發展及其傳入中國，為時

人用鏡頭留住捕捉瞬間的景象提供契機，出現了大量定格社會諸般面相的照片，並在傳教士著述中有著較為普遍的體現；而稍微早期的傳教士著述則更多插配撰述者本人或他人所作的圖畫，圖畫在真實性上雖不及照片，卻也能反映社會事象的表現形態，不過應注意的是其中被扭曲的成分。從這些以黑白底版為主的老照片和舊圖片中，無需語言文字，即能鮮活生動地展示晚近中國地方社會各種物質與人文景觀。傳教士在著述中選用這些圖照的目的無疑是加強著作的生動性和直觀性，便於人們更好地瞭解和理解所述事象。正是這種出於直觀的考量，這些圖照資料成為再現中國近代歷史面相的重要佐證。透過它們，我們可以深刻感受時代的脈搏跳動，窺視日常生活中最一般性的場面、社會的萬千事象以及注目於那些至今猶存的老建築、古蹟等物質文化景觀。從這個意義上看，圖照資料有著無可取代的重要地位。

第三節　客觀記述：真實再現閩人社會生活場景

一　遊歷巡行與文字記錄

西方傳教士對晚清福建社會的考察與報導，在開始階段主要是遊記形式出現的。傳教士通過對目的地的親身遊歷，記錄了所見所聞和留下觀感，從而得出個人對閩省地方的最基礎認識。在記錄的過程中，他們多集中於對眼前的事象進行原樣照搬式的描述，由此留存下諸多反映晚清福建地方社會生活與文化之一般性狀貌的語句段落。

由前述可知，在早期來華傳教士群體中，一些傳教士或因為殖民者探索情報的目的，或因視察、開拓教務的需要等，對福建進行了最初的遊歷與訪問，在遊訪的過程中與遊歷結束後，他們紛紛撰文著書，並將這些文字記錄發表於當時差會在國內外創辦的各種刊物上，甚或由國內出版社出版印行。最早來到福建沿岸並作簡單考察的郭士

立曾將其考察報告分章節發表於《中國叢報》上，並於考察結束後的
翌年集結成書付梓出版；一八三四至一八三五年，郭氏又與美部會史
蒂芬和鴉片商戈登一道乘船駛入閩江流域，將他們對茶葉情報探索的
文章發表在《亞洲學會雜誌》和《中國叢報》上；雅裨理入廈傳教期
間，致力於對閩南地區溺嬰陋俗的考察，並在其日記和報告撰寫一系
列有關福建溺嬰問題的文字記錄，相繼發表於一八四二年至一八四四
年《中國叢報》第十一卷到十三卷之上；四美於一八四五至一八四六
年對福州與廈門兩個通商口岸進行遊歷與訪問，期間分別撰寫福州與
廈門的見聞章節，後集結成書由國內出版社刊行於世；一八四七年第
一個來榕地的傳教士楊順也撰寫並發表了福州見聞筆記等。這種遊歷
性質的考察報告不僅發生於傳教士來閩的早期，在教務拓展階段也不
乏專文問世。一八六七年和一八六八年，《教務雜誌》上連續刊載了
幾篇西方傳教士偕駐榕地領事等人對閩江、鼓山和南日島遊覽考察的
旅記文章；一八七〇年左右，美以美會傳教士保靈等人對閩江上游建
寧府進行考察，描述了他們從福州經閩清、古田、延平到建寧府的沿
途見聞、地方風土人情和基督教傳播的情況；差不多與此同時，保靈
的同事麥利和與武林吉前往閩北延平教區巡視布道，途間他們參訪了
朱熹故里尤溪縣和樟湖坂鎮，並對兩地的文化與宗教信仰作了素描；
另外，盧公明也於該年陪同英國著名旅行家和攝影師約翰·湯姆森遊
歷了閩江中上游流域社會，留下許多直接的場景記錄片段；一八八六
年，武林吉首次對福州郊區畬族村落進行訪問考察，同時期和約瑟也
對邵武一些山村進行探訪和考察，等等。

　　正是這種立足於遊歷、旅行和訪問之基礎上的考察探報，當中包
含著諸多客觀地反映時代區域社會文化的記述片段，這些文字記錄
真切地復原著歷史相貌，彰顯傳教士著述之記載的客觀準確性。茲舉
幾例：

　　聖公會主教四美在福州考察期間，對閩江下游與入海口相接的區

段景觀作了頗為準確的記述：「閩江在這一段寬約三里，兩岸懸崖陡峭，在陽光下金光閃閃，五彩繽紛，呈現出各種夢幻形狀。最近剛下過雨，湍急的溪流、瀑布從懸崖上傾注而下，蔚為壯觀。在反射與折射的綜合影響下，遠處景物浮現在地平線上，形成雙重景象，下半部恰好是上半部的倒影。右邊十幾里路，村莊與瞭望塔接連不斷，直到江岸突然聚攏，形成又一個狹窄的關隘，稱作閩關，兩邊石柱擎天，高達千尺。不久，閩江又寬闊起來，到了羅星塔島，遂分成兩道溪流。羅星塔島是裝載大量貨物的大型船隻通常停泊的地點。閩江的主要支流通往福州城，另一條支流向南，過福州二十里，重新與主幹流匯合。兩道支流之間圍成一個開墾良好的大島（即倉山）。我們沿著主支流而上，右邊是高達三千尺的鼓山巍峨的山脈。山下有一些村莊，對岸有少許松樹小林」[38]。這裡，四美對閩江入海口處的自然人文景觀和閩江圍繞倉山形成的兩大分支烏龍江和馬江都作了客觀報導。

　　麥都思與閩海關稅務司李華達等人登遊鼓山後，對鼓山自然與人文景觀的記述也很到位：「鼓山位於福州城的東部方向九英里處，通過氣壓測量法知其海拔約為兩千英尺。在靠近山頂處有一塊巨大的岩石，其形狀有點像一面中國大鼓，根據一般的報導，在暴風雨天氣，這個石頭會發出一種聲音，就像擊鼓聲一樣，鼓山之名因此而來。在石鼓附近有另一塊岩石，本地人認為其像一面軍隊的旗，中國人認為這座山是省城的守護者。鼓山山峰的最高點叫做大頂，有點像一個倒置的臉盆。這個峰頂常常為雲霧所繚繞，因此若要欣賞美景需等到晴好的天氣。向南望去可以看到閩江及其兩條支流，在山的高處遠眺，延伸部分十分壯觀，呈現出中國人所認為的大象、老虎等形狀，因此其形狀最為突出的險峻山峰被稱作『五虎山』。在西面，福州城在你面前向外延伸，有著名的大橋、高聳的城門道路及寶塔，就像描畫在

38　《五口通商城市遊記》，頁260-261。

一幅地圖上一樣，全部的風景星羅棋布著眾多城鎮和村莊，就像點綴
在一塊棋盤上。山的北面，風景被一連串看起來高度相當的狹長的山
脈所阻隔，就像一堵站立的牆一樣。東面是大海，散布著諸多島嶼，
據說在好天氣時在高地外可以看見臺灣島。與大頂相連的是一座海拔
更低的山峰，叫做小頂。位於寺廟的背面，從這裡望去，西面和南面
的風景幾乎和在大頂所看到一樣好……」[39]，於此可見麥氏對鼓山自
然景點介紹十分符合實際情況；他還對湧泉寺的歷史典故和建寺史作
了準確的介紹。最值得稱道的是，麥氏對朱熹所題寫的「天風海濤」
四個字及「更衣亭」之典故由來的認知也十分精準，據《鼓山志》和
《榕城考古略》所記，「水雲亭在靈源洞盡處鳳尾坡上，俗呼鳳尾。
宋淳熙間僧元嗣建元統間僧如山重建，以朱晦翁『天風海濤』四字揭
眉（楣）間，俗又呼『天風海濤亭』」[40]；「石刻朱子『天風海濤』四
字，舊有亭，宋淳熙間建，今圮」[41]。由此可證，在傳教士文中，麥
氏所記「……大頂原來有座亭子，亭前刻有朱熹的題字『天風海
濤』，但現已被毀壞」的文字敘述屬真實情況；麥氏又記更衣亭名稱
由來是因先前「閩王在此換衣」的緣故，這亦是鼓山傳頌至今的掌故
之一。誠如《鼓山志》云：「更衣亭在山門右一里高坡上，相傳閩王
來山，在此更衣，故名」[42]。這些認知，深刻體現了傳教士著述在準
確性和客觀性方面，都有著相當不俗的表現。

　　不僅對自然景觀的描述如此真切鮮明，傳教士在遊歷訪問期間，
對閩人日常社會生活場景的記載也作了不少原貌複述般的客觀呈現。
例如，四美在福州巡遊期間所記錄的底層婦女與居民生活常態之一

---

39 "Koo-San, or Drum Hill", *The North-China Herald*, September 1, 1855.

40 〔清〕黃任等輯：《鼓山志》（中華山水志叢刊第35冊），乾隆刻本，卷3〈古蹟〉，
　　頁94。

41 （侯官）林楓輯：《榕城考古略》，卷下〈郊坰第三〉。

42 〔清〕黃任等輯：《鼓山志》（中華山水志叢刊第35冊），乾隆刻本，卷3〈古蹟〉，
　　頁94。

角：「這裡從小纏足的習俗雖然不像北方城市那樣普遍，但也十分常見。不受這種殘酷習俗傷害的女人為少數，主要是滿族婦女、江上的船婦以及下層社會的女人，她們得提沉重的東西，幹男人幹的活。許多這樣的女人幹苦力的活，光著腳或是穿著草鞋在街上匆匆跑來跑去。她們頭上插著很大的髮簪，通常是銀製的。她們是我在中國見到的最健壯的女人，從某種程度上彌補了中國男人的不足。南臺的一些居民謀生之道極具天才，他們訓練魚鷹潛水，從江底把魚捉上來。通常在水位低的時候，可以看見船民把船停泊在拱橋附近，船兩邊棲息著四、五隻魚鷹……」[43]，十多年後，英國僑民思卡斯也根據在榕城旅居生活記錄了此般景象：「（勞動）婦女們爽朗大方，她們有著健康強健的形體，漂亮的頭髮裝飾，以及特殊的裝束，構成省府的醒目主題。她們從事大部分的搬運工作，並認為她們的職業看起來非常地整潔和乾淨……」[44]。我們從這些記述中可得知的信息有：清末福州女子纏足是一種常見現象，不過其中滿族婦女、底層勞動女性尤其是船戶女子，則一般為大腳女人。她們過著最為質樸的勞動生活，甚至承擔著男子的工作，充滿樂觀的生活思想，以及閩江船民（疍民）用魚鷹捕魚的一般性生活面相等，這些都是當時閩江下游南臺兩岸最為常見的日常性景觀，體現了傳教士客觀的描述性筆觸和忠實於原貌的實況介紹。

43　《五口通商城市遊記》，頁283。

44　John Scarth, *Twelve Years in China: The People, The Rebels and The Mandarins*, Edinburgh: Thomas Constable and Co., 1860, p.40.

圖五五　　福州底層勞動婦女

圖片來源：John Scarth, *Twelve Years in China: The People, The Rebels and The Mandarins.*
該圖描畫的是福州底層社會勞動婦女工作時的情景。這些勞動女性身體健壯，衣著簡樸，光著大腳，具有很明顯的身分標識。

二　深入民間社會現場的紀實和研究

　　在眾多傳教士述閩著作中更為常見的情況是，比遊歷和訪問更進一步的深入民間社會的生活、考察和研究。這些文字記錄立足於社會生活現場，採取平鋪直敘的手法，對客觀現象進行照搬式的抄錄，因而總能留下反映當時閩人社會生活的最一般場景。這類報導或研究，其客觀性和真實性以及資料價值性亦來得更大，可以說是傳教士在福建的生活采風和現實寫照，客觀地映射著清末福建地方日常與民間事象的諸般面相。這方面的著述非常多，如麥利和《生活在中國人中間》一書匯集作者十餘年來在榕城生活經歷，對福州日常社會生活面

態進行了客觀記述；畢腓力《廈門概述》一書涉及廈門各方面信息，是研究近代廈門社會經濟概況不可或缺的參考書之一；陳安理的《泉州城》對泉州城市景觀的大量描述，對瞭解研究當時的福建城市史有重要幫助；衛三畏〈福州府紙幣概述〉與巴夏禮〈福州府的紙幣和錢莊制度〉兩文，對晚清福州錢莊業和紙幣研究不乏重要參考價值，等等。可以說，這些著述在深入福建民間社會考察研究基礎上，表現出對地方經濟、文化、社會等各方面事象的客觀呈現和有一定深度的反映，其價值也不言而喻。在下文中，將主要以盧公明代表作《中國人的社會生活》一書為考察中心，探討傳教士著述在作者深入民間社會現場基礎上之報導和研究的客觀性，以及符合地方實際情況的表現與它們所呈現出的與地方文獻相吻合及互相印證的特質。

　　前已述及，《中國人的社會生活》一書在盧氏同時代西方人群中得到不斷地廣泛地徵引和援用，其資料價值很高，後來的研究者對此已有具體的評價，此不贅述。當時，盧公明的傳教士同事對其著作的客觀性、真實性也有一段評價：「這是一本描寫中國（福州）人生活細節中最為詳細也最有價值的著作。作者敏銳精確的洞察力在這本書中表現得淋漓盡致……他以驚人的準確文筆來描繪事物，忠實細緻地再現事物的原貌。這本書是完全值得信賴的。它耗費了作者無數個日日夜夜，裡面飽含著他的心血和經歷」[45]；著名美國學者馬森也對該書的精確性評價道：「在描述社會習俗方面最準確和最全面的工作當推盧公明的《中國人的社會生活》。儘管這項工作是一種對中國人（尤其是對福州及其郊區）的生活與習慣簡單樸素的處理，但其中對許多習俗的描繪還是普遍地適用於帝國的其他地區」[46]。由此可見盧氏此著在西方學者嚴格的學術評價體系中所表現出的客觀性與資料價值。

---

45 "Obituary of the Rev. Justus Doolittle", *The Chinese Recorder* (Jan-Feb 1881).

46 Mary Gertrude Mason, *Western Concepts of China and the Chinese, 1840-1876*, New York: 1939, p.27.

　　在該書中，盧氏對福州社會生活習俗的描寫十分精確而到位，很
多地方都真實地再現了福州人日常生活、習俗儀式的場景，符合過去
地方歷史原貌的實際情況，也與中文文獻記載多相吻合。例如，他對
福州特有的「拗九節」[47]的記述，也令人深感傳教士們對福建地方節
俗的考察之精細，其記曰：「當地正月廿九早晨有個節俗：即吃『孝
敬長輩粥』（即拗九粥，譯注）。當天早上不煮單單的白米粥，人們把
一種很黏的米（糯米，譯注）加入白稻米裡，同時也放些吃的東西，
如糖、乾棗、花生、芋頭、芝麻等，煮得黏稠。俟成，整鍋粥雜雜髒
髒的，不如日常的白米粥那般白淨……當地習俗要求已婚女性，無論
結婚多久，只要父母尚健在，住處又不遠，都必須在正月廿九那天，
帶上一兩碗自己做的『孝敬粥』去往父母住處，以示孝順。通常會順
帶捎上家禽和其他食物。作為回禮，父母也把自己做的粥讓女兒帶回
去。成家後的男子，若祖宅不遠，也會給父母送上『孝敬粥』以示孝
順」；不僅如此，細心的盧公明還打聽到這一節俗起源於一位孝子孝
母的傳說故事（一般認為是「目連孝母」），說明其觀察極為深入到
位，他還記道：「福州人認為這個節日（即拗九節）起源乃是因這個
孝子對母親的愛，每年都過這個節日為的是紀念和弘揚這種愛，並教
導下代孝順的重要性，從而樹立他們無論在多困難的情況下都會盡力
孝敬父母親的思想。這個節日是當地年節中較為重要的一個，過這個
人節日，孩子就慢慢懂得孝敬父母的義務」[48]。

---

47 據現代學者研究，正月二十九稱為「拗九節」、「窈九節」，又稱「孝順節」、「孝九
　節」，是福州的特有傳統節日。其源於古時一個名目連孝母的傳說。此節日女兒為
　甚，為報導母親撫育之恩，必送「孝順粥」。後來發展成年紀逢九（明九：39、
　49……）或有九的倍數（暗九：36、45……）均要送九、送粥。現在這一節俗在民
　間得到很好地踐行，也隨著時代發展在物質表現等方面有一些變化，如送的粥已多
　為八寶粥。——參見王天杞、王曉：〈福州富有特色的歲時節俗〉，載福建省民俗學
　會編：《閩臺歲時節日風俗》（廈門市：廈門大學出版社，1992年），頁80-81。

48 Justus Doolittle, *Social Life of the Chinese*, Vol. II, pp.41-44.

　　拗九節是福州地區的一個特俗節日，這在清代的表現十分顯著。人們在這一天的主要習俗活動為煮食「拗九粥」並用之孝敬父母，頗具地方特色。如當時的福州竹枝詞和風土詩有云：「窈九家家各煮糜，新鮮棗脯雜糖飴，世間總愛除貪好，傳說高陽舊俗遺」、「不供臘八青精飯，來餉雙親拗九糜。師法目連持缽意，承筐視膳費深思。（正月二十九日俗稱拗九或窈九，以天氣常窈晦也。家家皆以果餳為糜（粥）相餉，謂之拗九粥。女子遺以歸寧省親，相傳為目連救母之遺，故亦稱孝子粥）」[49]。施鴻保在《閩雜記》中也言：「福州俗以正月二十九為窈九，人家皆以諸果煮粥相饋，如吾鄉十二月初八僧尼所送之臘八粥。俗謂目連僧救母之遺，故亦稱孝子粥……窈字俗獨拗，亦有作拗九者」[50]。從盧氏的記載中，我們可深刻感受到閩地特色節日悠久的歷史與良好的傳承及其美善意義，並借助其視野重溫晚清時人過此節日的場景，以此觀照同樣的習俗在當今社會的不同歷史境遇。

　　又如對福州地區冬至日節慶期間「搓丸」的習俗，盧氏也記述頗詳：「在中國，冬至這一天是個大節。福州城除少數信教的百姓外，幾乎全城的百姓都在過這一奇特的節日。在冬至前一日晚，人們坐在灶王爺前，將磨好的米粉摻水，搓成一糰麵筋狀……麵筋做好後，全家大大小小，男男女女都圍到一起來，坐在祖宗香位前，搓下一小塊，搓成榛子大小的圓子，等做了許多的圓子後，就將它們放於一旁直到天亮。起床後第一件事情就是將做好的圓子下鍋用沸水煮熟，煮熟後盛在吃飯的碗裡，供在祖先香位及神龕前。要點上香燭卻不需要祭拜儀式。過了不久全家就過來一起吃。圓子沒有全部吃完，還留一些下來另有其用。人們將留下來的圓子黏在最外面的門柱朝外的一面，還有一些圓子貼在住處及行當的窗戶上（若有自家店鋪的話）。

49　鄭麗生輯：《福州竹枝詞》，春榮齋抄本，頁49；《福州風土詩》，1963年手抄本，頁
　　10。以上二書皆見藏於福建師範大學圖書館古籍書庫。
50　〔清〕施鴻保撰：《閩雜記》，卷1，〈窈九〉。

通常，每支門柱或窗稜只黏一只圓子，這些圓子通常離地面有六至七
英尺，位置很顯眼，路人一張眼即可看見。看起來怪怪的。福州這裡
的百姓在冬至這一天一家要做好湯圓吃湯圓，黏湯圓，這一傳統在中
國的其他地區就沒這麼盛了」[51]。冬至搓丸是福州民眾社會生活中特
別的節俗，體現了老百姓家庭團圓和睦、快樂融洽的生活氣息，正如
地方詩曰：「一家大小共團樂，來度今哺冬節彎，笑言逐開回進寶，
高燒紅燭照搓丸」；「搓湯丸，搓湯丸，舉家老穉皆歡顏，丹菊插瓶橘
堆盤，高燒紅燭燃沉檀。新娘四季花滿攢，調羹素手和粉團，栲栳珍
珠顆顆堆，善頌善禱舌爛翻，公公致富郎服官，子子孫孫冠華冠。翁
媼大笑百憂寬，白頭同夢游邯鄲，湯丸未煮宵已開」[52]。尤為難得的

圖五六　福州冬至搓丸

圖片來源：Justus Doolittle, *Social Life of the Chinese*, Vol. 1.
該圖呈現了福州民間普通家庭在冬至這天一家人一起搓丸的溫馨場面。

51　Justus Doolittle, *Social Life of the Chinese*, Vol. II, pp.74-75.
52　陳夢麟輯：《福州諺語詩》，福建師範大學館藏1965年寫本，頁20。

是，盧氏注意到福州人用圓子黏在門柱和窗戶上的行為，這在地方文
獻中也能找到漸被淡忘的記載，《閩大記》有云：「冬至節前，鄰里族
戚，更相饋遺。至日，粉米為丸，薦拜祠堂。如獻歲之儀。又黏門楹
間，取其圓，以達陽氣。民間不相賀」[53]，可見其記述精確性和不俗
的參考價值。

再如福建船民（疍民）婦女在年節期間時有到各家獻唱乞討的習
俗。《東越歲時記》載：「福州城外漁戶以船為家者，俗稱舸底囝。其
婦人謂之舸底婆。新春自元旦至初四，恆入人家賀年，唱吉利小歌，
人家或給以米粿。謂之唱粿角。雖家資富厚者，亦須一出賀年。乞得
米粿，本年做事方能如意。新嫁娘對此舉尤不可缺云」[54]；近人胡樸
安在《閩俗瑣記》中也有云：「每逢新年，則有多數船婦攜籃往各家
唱歌，其家予以年糕，婦乃歸而煮食之。謂此一年中可免患難也」[55]。
對此，盧氏也有相應記述：「福州當地還有一種風俗，從初一到初四
這幾天裡，平常船女及其子女就會挨家挨戶地敲門乞討，說些祝福的
好話，他們要立於門外敲上一陣子，直到戶主給幾個糕餅，有時敲半
天卻一無所獲。許多人家都會給這些船女，不是他們出動找窮人發
餅，而是窮人家找個願施捨個把糕餅的人家，要到之後，他們就回
家，舒舒服服地享用這些糕餅」[56]；等等，不勝枚舉。

頗具社會學家性質的盧公明對福州婚俗的記述亦是相當細緻入
微，例如他在其編撰的辭典《英華萃林韻府》中收錄了七十五條有關
婚俗的用語，其中具有福州本地特色的習俗亦有不少，如「年庚八
字」（問字）、「定聘」、「合婚」、「起貼」「納采」、「送上頭」、「安
床」、「迎飲」、「試狀」、「迎轎」、「接親」、「請下轎」、「脫妝」、「出

53　〔明〕王應山：《閩大記》，卷10，〈風俗考〉。

54　鄭麗生輯：《福州歲時風俗類徵》，卷1，〈蜑婦賀年〉，福建師範大學館藏抄本，頁10。

55　胡樸安：《中華全國風俗志》下編（石家莊市：河北人民出版社，1986年），頁303。

56　Justus Doolittle, *Social Life of the Chinese*, Vol. II, pp.27-28.

房」（出廳）、「請回門」……[57]。筆者查閱有關材料，盧公明所記基本
符合福州婚俗的整個過程與大致狀況[58]。更為翔實的是盧氏在《中國
人的社會生活》中對福州婚姻習俗的細節描寫，是書專闢三章詳述關
於婚禮整個過程（包括訂婚、結婚和婚後生活及生育）的各種習俗儀
規，惟限於篇幅無法一一陳述。從盧氏著作中，突出地反映了時人婚
禮過程中繁瑣的儀式和婚前、婚後複雜的習俗。

　　通過以上所舉犖犖大端者不難看到，在傳教士著述內容中，反映
著作者通過深入民間社會現場的生活經驗和近距離審視，對晚清福建
社會史的研究與報導呈現出真實客觀的歷史面向。在地方文獻的印證
下，凸顯其客觀性與準確性，在很大程度上與當時地方實際情況相契
合，體現了近代來華傳教士著述頗值得重視的史料價值。

第四節　迷失與扭曲：傳教士著述中的失實報導

　　由於知識結構和認識水平的局限，傳教士對福建社會的記述與體
認也存在不少舛誤與失真之處，這是我們在研究中應加以注意的。因
為存在這些錯誤和不符事實的記載，我們在使用傳教士著述過程中應
當謹慎小心，科學辨別、合理利用。

一　望文生義，曲解事物本來的意思

　　在很多時候，西方傳教士對福建的認識往往採自主觀的臆見，根
據字面意思進行理解。這樣做的結果往往導致認識的偏差，以至於對
事物的本義作出曲解。

---

57 Justus Doolittle, *Vocabulary and Hand-Book of the Chinese Language*, Vol. II, pp.579-
　580.

58 參見周立方：〈福州婚嫁習俗〉，載福建省民俗學會編：《閩臺婚俗》（廈門市：廈門
　大學出版社，1991年），頁64-68。

　　最為明顯的一個例子是傳教士對「福建」二字所代表的意思的理解，明顯是按照字面猜測其意義，結果曲解了原意。眾所周知，福建省之所以取「福建」為名，是唐代開元二十一年（西元733年），從當時的福州和建州兩地名稱中，各取首字「福」與「建」合併命名。於是，在歷史上第一次出現了「福建」這個名稱。唐屬江南東道，後設福建觀察使，為福建得名之始；宋置福建路；元設福建海右道；明置福建省，後改福建布政使司；清改福建省，省名至今未變。而在傳教士著述中，他們對「福建」得名的解釋卻是按照字面意思來理解，即認為是「幸福地建設」或「幸福之地」的意思。如仁信認為，「福建，正如其在廈門的稱呼，意思是『幸福地建立』，因著選定這幸運的工作區域環境，因此教堂有理由感謝上帝的恩澤」[59]；畢腓力也持相類似的看法：「福建的名稱，意思即是『建立幸福』，在很大程度上刻畫和表現出這一地區人民的性格」[60]；著名漢學家衛三畏也述道：「福建省，意即幸福地建設而成……福州，意即幸福之城，當地居民稱 Hokchiu」[61]。藉此可見，傳教士對福建的認知在很大程度上憑藉主觀的臆測，抑或由於自身對福建歷史瞭解的不夠而望文生義和曲解原意。當然，這種記述在國人看來很容易辨明其是非，但可想見他們所傳遞的這些信息容易對西方世界產生誤導作用，這一現象應當引起我們的重視。

　　實際上，不僅是對「福建」之名，傳教士們對福建各地地名的釋義皆常以字面意思來作解。筆者在早期傳教士撰寫的關於福建行政區劃的文章中見到這方面情況[62]，茲舉其中福建各府或直隸州名稱為例，列表觀之：

---

59 Jas Johnston, *China and Formosa: the story of the mission of the Presbyterian Church of England*, p.15.

60 Philip Wilson Pitcher, *In and About Amoy*, p.96.

61 〔美〕衛三畏：《中國總論》（上），頁88-89。

62 "On the Division and Subdivisions of Hok-Keen", *The Canton Register*, Vol. 10 (1837).

表一　西方傳教士對福建地名釋義表

府或州名稱	英文名稱	釋義
福州	Hok-chew	幸福的地方the happy region
興化	Hin-hwa	興盛的革新flourishing renovation
泉州	Chwan-chew	泉水之地the fountain
漳州	Cheang-chew	漳江（河）之地the region of the river Cheang
延平	Yeen-peng	延長的平定lengthened pacification
建寧	Keen-leng	建立安寧established tranquility
邵武	Seaou-boo	蘇醒的軍事熱情awakened military ardour
汀州	T' heng-chew	汀江之地the region of the river T'heng
福寧	Hok-leng	幸福安寧happy tranquility
臺灣	Tea-wan	有臺地的港灣terraced harbour, Formosa
永春	E' eng-ch' hun	永遠的春天eternal spring
龍岩	Leung-gam	龍之懸崖dragon precipice

　　由上可見，傳教士在對福建各地名稱進行釋義時，皆根據字面本身意思進行解說。這種做法或出於自身認知水平的局限，或出於讓西方讀者有更直觀的認識，雖無傷大雅，但也容易產生一些令人啼笑皆非的錯誤。如將龍岩解釋為「龍之懸崖」，這就是一種常識性的錯誤（龍岩得名乃因天寶年間建縣時，因城內翠屏山上有岩洞，名龍岩洞而取名龍岩縣。清代時為龍岩州），可能會對讀者產生誤導作用；又如將延平釋義為「延長的平定」，也是毫無根據的曲解，這種生搬硬套的方法只能體現作者的水平局限。不過，他們對當時福建省行政區劃的介紹倒是頗為到位，尤其可貴的是明確了臺灣府隸屬福建的事實，從一個側面印證了清代閩臺之間的行政關係格局。

二　誇大其詞，將客觀實在情況扭曲化、妖魔化

　　舉例來說，傳教士對福建社會溺嬰現象的記述與報導，就存在這方面的弊病。如前所述，雅裨理在廈門從事傳教活動期間，對廈門及周圍地區存在的溺嬰現象進行調查，他曾說道：「所有這些地區（主要指廈門與同安地區）殺嬰的平均比例有近四成，確切地說為百分之三十九」[63]。雅裨理認為廈門女嬰被溺斃的比例達百分之四十，如果這四成是指所有嬰兒中的比例，那麼就意味著近百分之八十女嬰不能存活於世；如果是指女嬰中的四成，則意味著該地區有一半的男性沒有結婚的機會[64]。而查考廈門地方史料，雖有對溺嬰的記載，但並沒有到傳教士所說的駭人程度。實際上，雅裨理的調查數據主要是通過主觀性、隨機性的跟周圍人群的訪談和詢問而得來的，根據這些訪問結果而計算出相關比例，這種非科學、不嚴謹的推斷方法，結果自然難免言過其實（而且傳教士往往出於需要製造福音傳播的「正當性」等考量），很難想像西方公眾在讀到這樣的報導後將會對中國產生怎樣的印象。

　　又如，傳教士對福建部分城市人口數量的推斷和估算也欠準確。婁禮華在參訪漳州過程中曾言：「當詢問當地居民的數字時，我們的嚮導回答，在前一個朝代（明代）的統計數字是有七十萬人口，現在數目更多。他認為在城內有一百萬人口。這可能是一個很大的數量，儘管它在中國人當中還是較為普遍的一員。但即使是存在這個數字的一半，都表明這個城市是多麼大！」[65]。這裡，婁氏僅根據嚮導的推

63　*Chinese Repository*, Vol. 12, p.540.

64　參見吳義雄：《在宗教與世俗之間──基督教新教傳教士在華南沿海的早期活動研究》（廣州市：廣東教育出版社，2000年），頁468。

65　W. M. Lowire, "Narrative of a Recent Visit to the Chief City of the Department of Chángchau, in the Province of Fukien", *Chinese Repository*, Vol. 12, p.531.

測而對漳州城市人口數進行判定，而沒有作進一步調查，這個結論大大超過了實際的情況[66]。這一點，就連婁氏的同行——傳教士仁信也給予了指正，他認為：「（婁禮華提的）這個數字是一個很大的誇張說法。甚至一半的數字都嫌大，現在的人口可能只有一百萬的三分之一左右，即三十多萬人」[67]。這說明傳教士論著在個別問題的報導上有時比較輕率。同樣，作為權威漢學家的衛三畏也不可避免犯下此類毛病，例如他認為，「據估算，（福州）城市及郊區的人口，包括船民，可超過一百萬人；無疑，在規模、貿易及其影響上，可算全國主要城市之一」[68]。這個數字有誇大之嫌，據學者研究，福州至近代開埠初期，按外國人估計，人口達五十至六十萬，為通商五口中僅次於廣州的第二大城市。光緒中葉，據福州海關估計，人數為六十五萬[69]。福州人口達一百萬的說法在當時傳教士群體中不止衛氏一人，如盧公明也認為，「人們普遍認為城內和郊區的人數大抵相同。據當地居民和遊客估計，城內外總人數在六十萬到一百二十五萬之間。把船民也算在內，我們估計福州總人數為一百萬。」[70]此一數據亦是道聽途說之辭，缺乏深入調查和參考其他文獻記述，其準確性也就不免令人懷疑。要之，對於傳教士們的某些數據記錄，我們在肯定其參考價值的同時，也應查考有關中、西文資料相互印證以謹慎引用。

　　對於福建的城市容貌，傳教士也常作比較誇張的描寫或評價。如

---

66 據學者研究，清末漳州人口約為十一點五萬人（日本人則估計為七萬左右），載東亞同文會編：《支那省別全志》（日文）第十四卷，「福建省」，東亞同文會發行（1920年1月版），頁197；轉引自戴一峰：〈近代福建的人口遷移與城市化〉，《中國經濟史研究》1989年第2期。

67 Jas. Johnston, *China and Formosa*, London: Hazell, 1897, p.22.

68 〔美〕衛三畏：《中國總論》（上），頁92。

69 其中的詳細論述參見戴一峰：〈近代福建的人口遷移與城市化〉，《中國經濟史研究》1989年第2期。

70 Justus Doolittle, *Social Life of the Chinese*, Vol. I, p.18.

畢腓力就曾說：「廈門有著其他城市很少有的名聲，即被稱為是中國最髒的一個城市。廈門的髒與臭名氣一向很大，這從城市外觀可以明顯表現出來」[71]。麥嘉湖也言：「廈門給人的整體印象很不好。房子建得毫無規劃，看上去骯髒破舊，整個城市看上去委靡不振。但這很有可能是我們的錯覺，因為整個東方世界的人，尤其中國人都不覺得豪華的門面在商業活動中有什麼重要性。他們巴不得房子顯得破些，這樣，貪心的統治階級才不會向他們徵收各種苛捐雜稅」[72]。十九世紀末二十世紀初，英國旅行家湯姆森在遊歷福州時，也對城市市容印象頗差：「街邊的小店鋪都散發著烤肉和洋蔥的焦味，只見一群污穢的豬狗焦躁不安地跑動著，吠叫聲呼嚕聲合成一片……原來這裡是衛生管理部門的所在地，他們的職責就是清理廢棄物和垃圾」[73]。可見，在傳教士筆下，似乎用任何貶低和蔑視的言語描述都不為過。

　　傳教士著述中對某些歷史事象的記述和介紹不僅誇大其詞，甚至還出現將客觀事實嚴重扭曲化的痕跡，主要表現為對特定現象「妖魔化」的負面描寫報導，以致脫離了事物本來的面貌，值得我們注意。例如，四美主教在廈門遊歷期間對春節期間賭博現象的描寫，就典型地表現出這方面的氣息，其記如下：「爆竹聲聲，將冒著煙的碎片甩向四面八方，在這個普天同慶的節日裡，所有人的時間都分別花在大吃大喝，燃放爆竹和聚眾賭博之中。這是這個國家的歡慶節日，不過，接下去的半個多月中，賭博成了最主要的事。法律暫時停止實施，五天之內顯然對這一惡習予以寬容。因而，整條街上都擺滿了賭桌……在其他時間相對較少聽見的大聲爭吵，現在隨處可聞。即使是寺廟，在此之季也不能倖免於人們的這種狂熱。寺廟聖地之內，緊挨

71 P. W. Pitcher, *Fifty Years in Amoy, or A History of the Amoy Mission*, p.28.

72 J. Macgowan, *Pictures of Southern China*, p.163.

73 〔英〕約翰‧湯姆森著，楊博仁、陳憲平譯：《鏡頭前的舊中國——約翰‧湯姆森遊記》（北京市：中國攝影出版社，2001年），頁87。

著神像，架起一溜溜的賭檯。隨著擲下去的骰子泯滅了他們贏的渴望，賭徒們大聲吵嚷，憤怒地揮舞拳頭，聲嘶力竭」[74]。這裡，四美顯然對所見事象進行了誇大其詞的描述和一定程度的扭曲化（雖然晚清時期福建民間社會確實存在賭博盛行的情況，但四美的描述明顯帶有強烈的主觀色彩和灰暗色調），尤其是對賭博者的刻畫，將當地民眾沉溺惡習現象加以局部放大和「妖魔化」，以此論證傳教士普遍持有的所謂「中國人被『野蠻黑暗』的行為和習俗包圍」之觀點。

圖五七　廟中賭博

圖片來源：John Thomson, *Through China with A Camera*.
該圖記錄的是作者對一群在破廟中進行賭博的乞丐。晚清來閩傳教士將焦點聚集於底層社會的陋敗現象，並極盡蔑視、扭曲化的描寫，體現了他們內心深處的「西方文化優越論」的殖民心態。

---

74 《五口通商城市遊記》，頁331。

　　再如傳教士對福建佛教寺廟及其僧侶的描述，也常常帶有妖魔化的痕跡和灰暗色彩。麥嘉湖在遊歷鼓山及湧泉寺後，對該處僧侶大加撻伐：「雖然這是一個很有名氣的寺院，儀式也貌似莊嚴肅穆，和尚們穿的僧袍也頗有氣勢，可當你看著他們空洞的臉，一切就顯得那麼的平淡無奇，不值稱道。在這群人中有幾張面孔與眾不同，他們看起來十分虔誠，似乎的確已經遠離塵囂，並已在這孤僻的山間寺院裡找到快樂和平和。可是，他們只是很少數而已。大多數的人看上去頹廢墮落，顯示出只有過著邪惡和不道德的生活的人才會有的神情。當我們看著這一張張臉孔，我們深信這些和尚之所以選擇出家，並不是厭倦了之前的生活，而只是為了用出家人的身分來掩蓋他們曾犯下的罪行，在他們的僧袍下依然隱藏著一顆罪惡的心。我們這麼說並沒有冤枉他們，因為據說許多和尚之所以出家，只是為了在犯下罪行之後逃脫懲罰，如若不然，他們則很可能在監獄中度過餘生。社會各界普遍對和尚抱有一種蔑視的感覺。他們吸食鴉片，道德低下。我們沒有理由相信這兒的和尚能出淤泥而不染……不管佛教信仰對中國人性格的形成有什麼影響，有一點是肯定的，那就是它並沒有賦予中國人誠實的美德。眼前的這個剃著光頭、神情莫測、本應一心向善的和尚，卻是那麼的狡猾，和他的國人一樣的虛偽」；同樣地，麥氏對廈門的寺廟也評價甚低：「山中各處還散落著許多類似白鹿洞寺的寺廟，廟裡和尚大多對日常事務缺乏責任心，對佛教缺乏熱忱，終日渾渾噩噩，很多人為了打發無聊的時間，開始吸食鴉片，為的是能從中求得片刻的刺激，逃離單調的生活」[75]。在麥氏看來，福建佛教寺廟及廟中和尚無疑是一種墮落的象徵符號，被貶低的一文不名。這與作者的宗教立場及對母國民眾的宣傳動機等不無關係。

75　J. Macgowan, *Pictures of Southern China*, pp.114-115, 174.

圖五八　方廣岩寺的和尚

圖片來源：《晚清碎影——約翰‧湯姆遜眼中的中國》，北京市：中國攝影出版
　　　　社，2009年。
約翰‧湯姆遜曾經遊歷過永泰方廣岩寺，在他拍攝的這張老照片中，灰暗色調手
法的運用凸顯了兩位僧人的邋遢、無神，由此宣揚「異教徒」的鄙陋。

三　表層認知，認識不到位

　　傳教士對福建社會的記錄主要為大量的描述，在很大程度上僅停
留在淺層面（表象）的認知階段，由此經常出現認識不到位的情況。
　　翻檢眾多傳教士記述福建社會的論著可以發現，他們對福建的記
錄大多為描述性的語言，真正發出思考和分析的語句並不多（主要集
中在宣揚基督教文明的層面上），這就使得他們的認識顯得較為表層
和淺要，對後人研究製造了不少難題。例如，在傳教士著述中，都不

可避免地要對福建自然地理進行描繪，這幾乎成為他們撰述的一個習慣，這種介紹性的語言在很多時候都是重複的，而且多採用平鋪直敘的手法；又如對社會習俗的描述也是如此，從頭到尾都是細節描寫，就像讀故事一樣，等等。這就使得我們在查閱傳教士作品的時候有這樣一種印象：即有很多類似甚至是雷同的場景描述，有些部分或是顯得多餘、或是雜亂無章，或是像流水帳一般鋪瀉開來。正如著名漢學巨擘費正清所言：「美國方面關於傳教運動的記載散布各處卻又煩瑣冗長，傳教士們寫起文章幾乎就跟他們布道一樣囉嗦。他們背後的美國贊助者在某種程度上甚至比他們的中國歸化者更重要，而有時候差不多能給予同等重視。研究者的難題是如何從這些質量普遍不高而又堆積如山的材料中發掘出有價值的東西」[76]，誠哉是言。

不僅如此，傳教士的記述在很大程度上僅停留在淺層次的認識階段，體現了他們知識水平的局限性。例如他們對福建喪葬習俗的考察，在詳細介紹葬俗儀式和流程的同時，也提出自己對此一現象的認識，但都簡單地將之歸於「異教」的行為和充滿偶像崇拜的色彩，而對於喪葬習俗各種儀式特殊的象徵意義及產生原因等，則付之闕如。特別是他們考察到福建地方上盛行的停柩不葬的風俗，卻只看到其原因是等待「吉日」的選擇這一表象或籠統地認為是風水觀念作祟，而對其中蘊含的民俗要素、經濟因素及其他原因等尚無覺察[77]。又如，前已述及，傳教士們通過對溺嬰陋俗的調查已經發現了其中諸如貧窮、彩禮負擔、重男輕女思想、迷信思想等表層原因，但對更為深層次的如人口增長過快與耕地不足之矛盾[78]等則認識不到，因為他們的

---

76 Suzanne Wilson Barnett & John King Fairbank ed., *Christianity in China: Early Protestant Missionary Writings*, Cambridge, Harvard University Press, 1985, p.2.

77 參見方寶璋：《閩臺民間習俗》，頁200-203。

78 參見趙建群：〈清代「溺女之風」述論〉，《福建師範大學學報》（哲學社會科學版）1993年第4期。

看法多來自一般性的訪問和聞見。由於種種的局限，無法更深入地探究某些現象背後的深層因素。這些都反映了傳教士認識視野的局限性。當然，由於其西人身分等方面的制約，我們不能對其過分苛求。

四　本位主義，描述中帶有偏見色彩

　　由於作者立場是站在西方文明本位主義上和摻雜著個人喜好等主觀因素，傳教士論著中時有輕蔑和詬病的語句，不可避免地帶有偏見的色彩。

　　西方傳教士是伴隨著歐美資本主義文明在全世界範圍的推進而來華展開其活動的，在他們內心世界，基督教代表著西方文明，是衡量一切事物的至上標準。接受抑或拒斥基督教和西方文化則會被他們貼上文明與野蠻、進步與落後、正確與錯誤等一系列絕然地二元對立的標籤。誠如學者所言：「在相當多的傳教士著作中，中國的形象和存在是建立在一種『二元對立觀』之上的：西方與中國、白人與黃種、文明與野蠻、基督教與異教徒。中國的『異教』形象是中國需要基督教的根本理由，因而也就成了傳教士有關中國報導的主題。他們有時還故意誇大中國的『異端』形象，以激起教會和教徒的傳教熱情」[79]。在傳教士記述福建的作品中，也不可避免帶有這種傾向。

　　這方面最為顯著的例子是傳教士對福建民眾性格的描述和概括。如四美對福州人性格詬病道：「比起中國北部的地方，這裡的人看上去蠻橫好鬥，飲酒無度」[80]，實際上他碰到的只是個別現象，卻將之放大為整體行為，說明其不客觀的立場。相比之下，衛三畏的語氣更為嚴苛，他通過舉證雅裨理在廈門所經歷的一個欺騙事件，而戴著有

79　王立新：〈後殖民理論與基督教在華傳教史研究〉，《史學理論研究》2003年第1期。
80　《五口通商城市遊記》，頁263。

色眼鏡看待閩人欺詐的性徵：「和他們生活在一起最為難的事無過於他們不顧事實，使你覺得如此虛偽的比賽可能會有災難降臨；每個人心中都存在猜疑的印象，使懷著最強烈願望的人心寒，許多有益的計劃受挫。他們較好的品質在遠處減弱；跟這一切罪惡之源日日接近，不斷摩擦，耗盡了耐心」[81]，他還認為雅氏所提此事可以作為這方面的樣本，足見其文化偏見的色彩。而四美更是對廈門民眾性格進行赤裸裸地污蔑和詬病，他雖承認廈門人性情友好、奉公守法、勤奮節儉等良好特性，但認為這只是膚淺的一個方面的認識，而真實的情況，據他認為：「日常發生的事情，不管是傳教士自己瞭解到的，還是經常通過傳教醫院得知的，都揭露了廈門人，透示出令人毛骨悚然的異教行徑，讓人寒心。人們公開承認殺死女嬰。世俗習慣使得這種行為合法化，並且由於頻繁發生，而不再讓人們為此感到羞恥。婦女缺少的後果，將會引起各種犯罪活動，給家庭生活留下污點。使保羅指著古代異教世界的各種罪惡場景，都會可怕地盛行開來。廈門人抽鴉片成癮的規模大得驚人，這種惡習毀壞人們的生殖能力和自然資源。人與人之間經常撒謊，爾虞我詐，沒有誠信可言。腐敗墮落的洪流勢不可擋，隨著湍急的水道，用滾滾的邪惡淹沒社會制度。凡此種種，都證明他們（廈門人）是一種特俗的人，道德敗壞。對於他們，怎樣譴責都不為過」[82]，這就不免聳人聽聞、夸夸其談了。

　　傳教士們還對福建人性格中充斥迷信的思想觀念持否定態度，在他們的著述中福建社會充滿了灰暗的筆調。總體上看，在其筆下可以見到：福建的建築，骯髒、陰暗、潮濕、窒悶，十分不適宜人居住；福建城市街道，狹窄、髒亂、嘈雜、擁擠，遠遠落後於西方現代城市的潔淨、明亮；民間習俗，傳統、愚昧、偶像崇拜氾濫、迷信色彩濃

81　《中國總論》（下），頁582。

82　《五口通商城市遊記》，頁387-388。

厚等，體現了民眾思想的尚未開化；而宗教信仰，更是充斥鬼神觀念、功利世俗、盲目、罪惡，發散著「異教」的氣息；等等。這些都表明作者立場是站在西方文明本位主義上看問題，不可避免地帶有文化或種族上的偏見；同時，傳教士對福建社會的描述往往摻雜著個人喜好等主觀色彩，導致他們在遣詞造句時往往使用很多蔑視或是詬病及批判的語言，這在根本上是由其文化立場決定的。

總而言之，由於傳教士作者們文化本位主義心態作祟，加之其知識水平局限和認知視野的制約，以及充斥個人主觀喜好色彩等因素，傳教士述閩論著不可避免地帶有諸多的缺失。錯誤的報導、扭曲事實、誇大的描述、淺層的表象認識、輕蔑的態度和詬病語句等，無不體現出他們在記述和認識過程中存在舛誤與失實之處，以及帶有個人或民族的偏見等感情色彩等。其中不乏常識性錯誤和認識不到位的情況、對某些民俗事象陰暗面描述被放大或較誇張、或因立場差異和個人感情色彩等支配而對歷史事實的記述帶有西方人的偏見、夾雜著蔑視的語態和詬病批斥的詞句、在一些地方表現出與客觀實際不符的失真形態等等。

傳教士記述福建社會面相百態，有的時候表現出的正是一種任意塗抹、隨性書寫的主觀性行為，使得其著述的真實性和客觀性有所被打折扣。這些都是我們在使用傳教士著述之時應加以注意的。只有做到謹慎對待、合理利用，才能更好地將傳教士著述的史料價值充分發揮出來。因此，對於傳教士論著中的種種舛誤和失實報導，我們應持審慎態度和給予科學認識，以便能最大限度地利用好這一文獻資源庫。換言之，對於那些被扭曲化甚至「妖魔化」的失真表述，應採取「批判地看待」的立場，從而提煉傳教士作品的可資利用度。總之，正如馬克思主義辯證法的經典恆言所教導：「取其精華，去其糟粕」。我們在使用眾多傳教士記述福建社會的作品時，也應以此為根本的指導思想。

第五節　小結

　　通過本章可知，晚清西方傳教士在建構福建社會文化的整體形象層面體現出一種多維複雜的文化觀照；或者說，他們建構的福建社會形象是一個內涵豐富的多面體，其間折射、傳遞著具有相當程度的東西方文化碰撞與張弛之訊息。

　　總體來看，傳教士著述最重要的特徵之一即是表現出對現實場景強烈的關注和考量，這與撰述者本身的生活、工作經驗、思想動機和研究旨趣有密切關係。正是這種對現實生活的偏重，使得傳教士們廣泛地前往閩省各地遊歷、訪察，走進歷史現場，並根據所見所聞所想輯錄成文，留下許多記述「現時態」的文字信息；而傳教士在進一步深入民間社會工作、生活和考察的過程中，也積累了較多直觀的經驗和感知，並將日常發生於身邊周圍的事象一一見諸筆端，形成了對福建地方社會的記錄模式。這些記載更顯露出建基於地方實際情況之基礎上的客觀實在性，是對周邊事象的現場素描和複述，並與地方文獻記載大致基本吻合，體現出一種與時空境遇相契合之徵狀。而在另一個層面上，不可否認的是，傳教士著述也並非全然真實可信，它們在很大程度上扭曲事物本來面貌，或因文化誤讀而產生理解偏差，或因水平局限而認識不到位，甚至不惜歪曲事實以製造輿論宣傳效應等，深刻表明傳教士在潛意識裡不可避免帶有「西方文明」的標準與情結，以及固有的文化結構與評判體系。這些使得傳教士著述中存在諸多失實報導，也告訴我們在使用和參考西文文獻過程中應謹慎小心，並給予足夠重視。

　　從跨語際書寫的角度理解，這種正負面共同存在於同一現象本體中的相對矛盾，體現了認識論上的二元對立與統一：從本質上看，傳教士在著述中將客觀事象扭曲化的做法映射著他們對異文化（更確切地說是「異教」文化）的蔑視乃至否定，這類語氣和心態彰顯其西方

文化優越論的中心本位思想，以及認為閩地「異教徒」亟待基督福音
救贖的西教傳播使命觀；而在外延上，傳教士卻又在著述中進行了許
多客觀的場景素描和複述，這些記述在與地方實際相符的基質下，往
往表現出對異文化，尤其是對博大精深的東方文化的一種肯定乃至贊
慕。這種看似矛盾的認識觀，說明了傳教士在面對「異教」文化時的
那種錯綜複雜的心態，試圖對地方社會文化信息予以大量客觀表達，
卻在根本上難以擺脫自我的固有文化思維和宗教情結的畫地為牢。這
也就導致了對同一個事物的審視，同時存在著兩個相互對立的認識
維度。

　　進一步來看，傳教士的客觀性「邊緣書寫」向西方世界傳遞著更
為豐富的東方文化信息，有助於西方人更好地瞭解和認識中國。其中
客觀甚至讚美的成分使得西方人更多地認識了中國文明的正面形象；
而傳教士之扭曲化的中心表述卻在貶抑東方的同時，塑造了一個「異
教」充斥的世界，這與基督教文明是根本上對立的，而以此為根基更
表現出趨致極端的「妖魔化」渲染。種種負面的報導從根本上是要向
西方世界發出中國亟待福音拯救的信號，由此鼓噪國內的輿論宣傳，
希望人們更多地關注東方、關注中國，以此激發母國民眾對基督教傳
教充滿熱情，或捐助傳教事業、或立志獻身傳教運動，由此實踐他們
所謂「上帝選民」之「拯救世界」的自我價值和神聖使命。

第五章
文化差異與晚清來華傳教士的認知因素分析

　　晚清來華的傳教士書寫大量記述福建社會的論著，在「塑造」一個「異教」世界的背後，還蘊含著更深層的文化語境和思想、心態觀照。近年來，國內宗教學、歷史學、比較文學形象學和傳播學等學界皆對此進行過相關研究，多學科研究的理論和方法開闊了人們的認識視野，深化了中西文化交流與傳播的內涵和品味層次，足資參鑒。本章試圖在全面解閱傳教士述閩論著之材料基礎上，借鑒東方學、宗教學、後殖民理論、心理學、跨文化傳播學和比較文學形象學等學科的理論與方法，對西方傳教士考量晚清福建社會的文化語境、認知系統與思想心態等多元因素做一綜合分析，以期較為系統地釐清和揭示出晚清來華的傳教士與中國地方社會的深層次文化關係。

第一節　教育背景、知識水平及文化素質

　　要瞭解傳教士觀察和記述福建社會的文化語境，首先必須明確這些西方的作者們的教育背景及其知識水平，亦即其文化素養。這也是以往研究常忽略的一方面。我們知道，近代西方傳教士對華傳教活動肇端於十九世紀初，十九世紀中葉步入發展階段，至十九世紀末二十世紀初臻至高潮（福建地方之情況和趨勢亦大致如此）。為此，有必要對十八、十九世紀期間西方教育概況尤其是傳教士所接受教育背景作一整體考察，以明確這些來閩西方傳教士的教育知識水平，這是他們體認福建地方乃至中國社會的文化基礎。

一　教育背景及其中的宗教因素（以英、美為考察中心[1]）

　　十八世紀以來，西方教育經歷了發展變革的氣象，其中令人關注的一個重要層面是宗教因素的作用。英國著名歷史學家勞德・阿克頓（Lord Acton, 1834-1902）曾有一句精闢名言：「宗教是歷史的鑰匙。」阿克頓的觀念並非虛幻無邊，它至少反映出在十八至十九世紀期間宗教在西方文明史發展過程中所扮演的關鍵角色，而在教育領域亦同樣如此。下文將主要以英國和美國為例（因為本文所研究對象傳教士幾乎清一色來自英國和美國），探究十八、十九世紀西方教育概況和傳教士接受教育的水平，特別關注當中的宗教要素。

　　英國教育發展歷程與基督教關係如影隨形、密不可分。英國宗教改革後，全國初等國民教育事業幾乎都集中在英國教會、各種教派和宗教團體手中。這些宗教團體出版並推廣宗教書籍，在殖民地進行傳教工作，開辦了為數眾多的初等學校。例如十八世紀初很盛行的慈善學校，得到了基督教知識普及協會（1699年成立的一個聖公會團體）的贊助，而且在某種程度上由該協會負責協調。主日學校在十八世紀上半期基本上處於宗教的控制之下，一八三五年主日學校聯合會聲稱擁有九十多萬學生，到一八五一年註冊學生人數超過兩百萬。直到十八世紀末，英國仍像過去一樣，尚未有國家系統的國民教育，學校大部分操在英國教會的手裡；而十九世紀上半葉的英國小學由宗教、慈善團體開辦和維持，比在十八世紀更為普遍，學習的主要內容就是宗教；此一時期大部分大學畢業生都進入教會供職[2]。十九世紀末二十

1　據一八六四年到一九〇五年的統計，近代來華新教傳教士群體，有百分之九十以上是英國人和美國人。所以，可以這麼說，對西方傳教士的考察主要就是對英、美傳教士之考察。參見〔美〕費正清、劉廣京編：《劍橋中國晚清史》（北京市：中國社會科學出版社，1993年版），頁613。

2　〔英〕奧爾德里奇著，諸惠芳等譯：《簡明英國教育史》（北京市：人民教育出版社，1987年），頁39。

世紀初是西方社會教育大發展時期，國民（公民）教育得到普遍發展和完善，各種教育思想湧現，如赫爾巴特和斯賓塞科學教育思想、歐美新學校運動、蒙特梭利的自由教育思想、實驗教育學和杜威的實用主義教育理論等紛紛活躍在歷史的舞臺，對西方乃至世界教育發展產生深遠的影響。在這樣的時代情境下，英國（稍後論及的美國亦如此）國內教育自然獲得極大發展。教會壟斷教育局面不再，國家也規定學校不得推行宗教教育。然而，在十九世紀至二十世紀初，實際上宗教教育在一切學校中保留著，學校還「不但在周日停課，而且在星期六也停課，使得學生們能夠到教堂設立的所謂主日學校去受宗教教育」[3]。英國聖公會對文法學校（中等學校）和大學的控制則一直延續到十九世紀下半葉。

　　由上可見，在傳教士們生活的時代，他們所接受的教育除了來自一些專門知識，很大程度上貫穿充斥著宗教教育的洗禮，而在其思想中，基督教文明很自然地成為檢驗一切的標準，同時樹立了一種以福音文明「拯救」殖民地的異教靈魂的文化使命觀，這是長期接受宗教教育產生的必然結果之一。誠如英國學者奧爾德里奇（Richard Aldrich）所言：「在本世紀（二十世紀）的下半個世紀來自印度次大陸的大批移民入境以前，除了基督教，其他宗教一直在英國沒有什麼地位。所以，教育思想的闡述一直是受到基督教的影響」；「教會控制教育是英國歷史的一個基本特點。」[4]

　　美國教育的源動力來自於英國等西歐國家教育。著名教育史學者滕大春先生曾言：「英國教育是美國教育的主要源泉」、「北美教育是由英國和歐洲移植而來」[5]。正是在這種一脈相承的關係格局下，美國教育的宗教因素和氣息表現十分顯著。

3　曹孚編：《外國教育史》（北京市：人民教育出版社，1979年），頁312。

4　〔英〕奧爾德里奇著，諸惠芳等譯：《簡明英國教育史》，頁17-18、38。

5　滕大春編著：《美國教育史》（北京市：人民教育出版社，1994年），頁1。

　　早在殖民地時期，美國教育在很大程度上可以視為宗教的「產物」。例如在高等教育方面，宗教不僅是美國國內建立學院的首要動力，而且影響著殖民地學院生活的方方面面。十七世紀中期開始各地學院紛紛湧現，其設立的首要目的就是培養諳熟清教教義的清教傳教士。美國肇基於清教立國的傳統，所謂「清教主義造就了美國」[6]，故宗教因素從一開始就在美國歷史上刻下深深烙印，這在教育上表現殊為顯明。從十七世紀中葉至十八世紀中後葉，北美大陸建起九所學院，幾乎皆為教會（特別是清教之代表公理會、荷蘭歸正會等）所創辦[7]；創建高等教育學院的角色基本上由基督教會扮演和主導，這使得學院自建立伊始就帶有濃厚的宗教色彩。十七世紀哈佛學院的畢業生中有一半以上做了牧師，牧師職業是當時學院畢業生的主要選擇，學院的課程主要是圍繞培養傳教士而設置的，「哈佛的經驗代表了北美移民們利用高等教育服務於宗教目的的普遍願望」；而耶魯學院的建立是為了「通過一代又一代博學而又正統的人來倡導和傳播基督教新教」[8]；等等。

　　美國建國後，教育邁上轉折和發展的歷程。如果說殖民地時期美國各級教育的宗旨在於維繫基督教各派的宗教信仰於不墜，新興的共和國則把重點放在培養民族國家的公民即人民對民族國家的忠誠上。當時這個轉變並不僅限於美國，在西歐大多數國家皆如此。一七八七年至一八六五年的美國教育面臨著工業革命對教育之要求、工人運動提出爭取教育權的綱領、政教分離的影響等新情況，學校教育也相應發生諸多變化氣象。如教育分權制原則的確立、平民學校運動（國民教育和普及免費義務初等教育運動）、文實學校的高潮和中學的萌芽及

6　Thomas G. Paterson, *Major Problems in American Foreign Policy: Documents and Essays*, Lexington. 1992, p.28.

7　參見王英傑等著：《美國教育》（長春市：吉林教育出版社，2000年），頁15。

8　〔美〕勞倫斯 A・克雷明著，周玉軍等譯：《美國教育史（一）：殖民地時期的歷程（1607-1783）》（北京市：北京師範大學出版社，2003年），頁283。

高等教育的發展變化（公立化、選修制和技術教育等擴充性、實用性和靈活性表現）[9]，此後，教育雖逐漸擺脫教會控制的牢籠，卻又貫穿著宗教教育和宗教運動的影子，深刻體現了時代的痕跡和發展氣息。

　　學校教育的發展使傳教士所接受的是更加豐富的教育內容，而宗教的影響依然深遠廣大。例如在公立學校中，宗教教學雖在形式上被禁止，但宗教教育仍在學校中占了極大位置，在各科教學中也實施宗教教育，教師對自然現象和社會現象作唯物主義解釋就會受到嚴厲的懲辦[10]。建國初期，教育被各種教派的教士視為首要任務。教士有義務對不同年齡的人進行正式教學；有義務走訪各家或安慰病患和悲痛之人；有義務巡遊各地，去感化不信奉基督教者；還有義務對群眾講解政府或社區的公共事體指導人民更好地完成公民職責，等等。所有這些，都表現出新時代教育的新內涵，其本身也要求傳教士自身教育水平的提高和豐化。

　　應該說，公共教育時代宗教問題依然十分突出。十九世紀上半葉興盛的公共學校運動原本就是在眾多原因的促成下由新教徒推動的產物，甚至有美國學者認為「公共學校運動旨在美國社會宗教越來越多元的情況下，維護宗教特權及新教文化及其價值觀的結果」[11]，正如美國十九世紀著名的語言學家、教育家，被稱為「美國語法和辭典之父」的韋伯斯特（Noah Webster）所言：「在我們國家，閱讀聖經就像閱讀報紙那樣普遍，在學校裡，聖經幾乎是以同樣程度的尊重被閱讀著。」[12]當十九世紀美國公共學校建立的時候，致力於其建立的大多

9　參見滕大春主編：《外國近代教育史》（北京市：人民教育出版社，1989年），第十六章，頁322-343。

10　曹孚編：《外國教育史》，頁322。

11　Joel Spring, *The American School (1642-1996)*, The McGraw-Hill Companies, Inc. 1997, 引見姚運標：《美國公共教育中的宗教問題研究》，頁205。

12　James W. Fraser, *The School in the United States: A Documentary History*, Boston: McGraw-Hill. 2001, p.38.

數人堅信「學校和教會攜起手來，尋求在美國建立上帝的王國」，結果是「到處瀰漫著宗教目的的一個社會。教育證明了這種福音派新教的影響：無論是教派學校還是公立學校都成了遍布各地的新教十字軍的組成部分」[13]。倡導公立學校的牧師和教師普遍認為，在世俗主義和教派主義之間存在著一條中間道路：即新教的共同要素。這些要素包括：不加評論地閱讀聖經、適度的祈禱、虔誠和審慎的教師的影響、通過在學校裡從事教學、作為縣學校校長、布道和在教師培訓機構發言等牧師的工作。在時代刺激下，教會保守派、福音派等力量展開宗教資源爭奪，及至引發後來海外布道思潮，即傳教戰場的轉移，「異教徒」和「異教」世界的潛在吸力也在教育思想中得被鼓噪，這也是當時第二次宗教大覺醒運動的核心精神之一。

　　此一時期，學校教材、課程內容和教育方法等方面也出現新的變化。在一八三六年至一八七○年間，一種所謂的麥克格菲系列讀物（逐漸成為國家的教科書之一），銷售量大約為四千七百萬套，主要用於普通學校的教學，這些教科書和宗教宣傳冊與《聖經》一起成為美國閱讀範圍最廣的材料。這些教材和讀物為人們提供了無所不包的課程，包括歷史、文學、神學和自然科學等，甚至教導一切語言藝術，這些都是當時美國國內受教育者在學校接受教育知識的源泉。自然，亦是傳教士所受的教育背景，對他們知識結構和水平有著難以估量的影響。在教育方法設計上，福音文學是流行的、說教性的無所不包的。人們可以從中獲得完整和連續性的基督教育。通過它，宗教統一戰線的教育影響將擴展到社會的各個階層和美國的各個角落。誠如克雷明精闢的總結：教育的主旨、普通課程的內容完全成為基督新教理想的流行版本。直至十九世紀四五十年代，系統化了的新教思想成

13 David Tyack, *The Kingdom of God and the Common School*, in Harvard Educational Review, fall 1966, p.448, 引見姚運標：《美國公共教育中的宗教問題研究》，頁233。

為美國本土文化不可或缺的一部分，傳播這些新教思想也就成為新建立的教育機構的責任。

綜上可見，從殖民地時期特別是十八世紀早期開始到十九世紀的漫長歷史進程中，美國教育經歷曲折發展，其最可注意者有三：第一，教育發展趨勢不斷朝著大眾化和公共性方向演進，其意義為廣大貧窮者和一般平民提供了接受教育的機會，使得教育得到更廣泛地推展；第二，宗教與教育始終如影隨形，在教育推進過程中，宗教教育和基督教信仰深入人心，滲透於教育發展的全過程和內在結構中，即其中新教因素十分顯著；第三，教育方法、課程內容等逐漸豐富化，使得受教育者獲得多方面系統的知識教育。這些正是十八至十九世紀西方傳教士接受教育的背景境況，這對他們精神理念的被塑造、思想的形成及文化水平的標準等，產生了頗具決定性的作用。

二　傳教士的高學歷及其知識文化素質

在近代來華西方傳教士群體身上，有一個重要現象當值得我們注意。即傳教士們當中大多人都具有高學歷，受過良好的高等教育，或可謂有很高的知識水平。例如在近代美國，一般必須大學畢業後才能繼續攻讀神學，神學院畢業後才能被授予神職，或者說取得傳教士的資格。誠如美國學者盧茨所言：「大部分（來華的）美國傳教士畢業於自己教派的大學或神學院。」[14]筆者通過檢閱來華西方傳教士事蹟，尤其是眾多來閩傳教士履歷後，發現此言不虛，這些英美傳教士大多具有獲過高等教育（大學教育）的經驗，大學畢業後又進入著名的教會神學院學習，最後才獲得傳教的正式資格。這些都表明傳教士

14　〔美〕盧茨著，曾鉅生譯：《中國教會大學史：1850-1950年》（杭州市：浙江教育出版社，1987年），頁53。

們是一群有著較高文化素質的知識分子群體，這種知識水平背景，很大程度上決定了他們對福建乃至中國社會的文化體認與觀照。

<h3 style="text-align:center">表一　部分來華傳教士[15]學歷水平一覽表</h3>

姓名	國籍	所屬差會	畢業（或進修）大學	畢業（或受訓）神學院
郭士立	德國	荷蘭傳道會	柏林大學	鹿特丹宣教學院
裨治文	美國	美部會	阿姆赫斯特（或謂阿默斯特）學院	安多弗（或稱安道夫）神學院
衛三畏	美國	美部會	仁塞勒（Rensselaer）工業學院	
四美	英國	英國聖公會	牛津大學學士、碩士	牛津大學神學院博士
雅裨理	美國	美部會		新不倫瑞克神學院
打馬字	美國	美歸正會	新澤西羅格斯大學（Rutgers College）	新布朗茲維克（New Brunswick）神學院
賓為霖	英國	英國長老會	阿拉丁大學	格拉斯哥大學神學院
杜嘉德	英國	英國長老會	格拉斯哥大學（University of Glasgow）	愛丁堡自由教會神學院（Free Church Divinity College）
懷禮	美國	美以美會	賓夕法尼亞州迪金森學院（Dickinson College）、紐約市立大學醫學院	
麥利和	美國	美以美會	賓夕法尼亞州迪金森學院	
盧公明	美國	美部會	漢密爾頓大學（Hamilton College）	奧本（Auburn）神學院
萬為	美國	美以美會	康涅狄格州衛斯理大學（Wesleyan University）、阿萊甘尼大學	Cazenovia Seminary

15 本表為不完全統計，主要以晚清來閩新教傳教士群體為主。

姓名	國籍	所屬差會	畢業（或進修）大學	畢業（或受訓）神學院
			（Alleghany College）博士學位	
史犖伯	英國	英國聖公會	都柏林大學	Church Missionary College, Islington
胡約翰	英國	英國聖公會	伊斯靈頓大學（Islington College）	倫敦主教授予執事之職 Deacon
柯為良	美國	美部會	紐約布朗茲維克醫學院醫學博士（Medical School Brunswick）	
麥嘉湖	英國	倫敦會		倫敦長老會神學院
丁韙良	美國	美北長老會	印第安納州立大學	新阿爾巴尼神學院

　　由上表可見，基督新教傳教士是一群高智識的文化學者或醫學等專科人員，他們的知識結構層次、水平皆很高，許多人還是「名牌」大學的畢業生。可以說傳教士神職人員是歐美社會教育水平最高的群體之一。例如，根據美國傳教士漢學家衛三畏於一八五五年所作的一份統計：在此（1855）前來華的一一○名美國傳教士中，絕大多數受過高等教育，其中獲得博士學位的有二十三人，約占總數的百分之二十多[16]。又如美國學者西德尼‧A‧弗西勒（Sidney A. Forsythe）在對美部會於一八九五至一九○五年間派往中國北方的一○三名傳教士進行研究後發現，男性傳教士中只有二人未上過大學，其中有九人是醫學博士；女性傳教士教育水平略低，除十三人僅上過高中外，其餘均受過大學教育，其中有三名醫學博士。在這一○三名傳教士中，有三十一人來自十九世紀末美國社會和宗教改革運動思想發源地——奧柏

---

16 〔美〕衛三畏撰，史其志譯：《派往中國的全部傳教士名單》，載北京太平天國歷史研究會編：《太平天國史譯叢》（第2輯）（北京市：中華書局，1983年），頁131-144。

林神學院[17]。另據研究，當時美國的大學畢業生比例只占同齡男性人口的百分之一，歷屆國會議員和總統受過高等教育的比例也只有百分之三十和百分之六十[18]，通過這一組數據對比，足見西方傳教士文化素質之高。

如前所述，西來傳教士們從小學到中學，直至大學在受教育的生涯中，始終受到宗教的薰陶和基督教思想的灌輸，使其腦中充斥著根深蒂固的新教觀念，特別是清教主義思想的殘存。這種洗腦式的「宗教培訓」讓受教育者從小就深具宗教覺醒意識和傳播純潔福音的使命感，特別在經過高中和大學階段的進一步學習或進修，他們為宗教奉獻和奮鬥的意識進一步得到加強，並走向更為成熟和完善的階段。適逢第二次大覺醒和宗教復興運動在十八世紀末十九世紀初歐美點燃火種，並很快蔓延形成燎原之勢。在此時代召喚下，不少大學生群體立志成為傳教士，承擔傳播上帝福音聖職和拯救異教靈魂使命，由此拉開海外傳教運動大潮流。這其中，教育（尤其是宗教教育）與傳教士結成親密的夥伴關係。

傳教士在學校中所接受的一般是哪些知識，這恐怕亦是我們需要考察的一項重要內容。在宗教治校的理念下，十八至十九世紀歐美等西方學校教育多以培養傳教士為主要目標，學生通過學習相關實用課程（包括神學課程），以配合日後傳教等神職工作的需要。例如一七六六年始建於新澤西的女王學院，在一七七一年被描述為「向年輕人教授各種文明語言，文理和有用的各門學科，其中特別是神學；培養他們擔任神職和其他有影響的職位」[19]。大學是傳教士接受各種有用

---

17 Sidney A. Forsythe, *An American Missionary Community in China, 1895-1905*, Cambridge: Harvard University Press, 1971. p.12, 引自王立新：《美國傳教士與晚清中國現代化》（天津市：天津人民出版社，1997年），〈導言〉，頁13。

18 Refer to Valentin H. Rabe, *The Home Base of American China Missions*, Harvard University Press, 1978, p.85.

19 E. T. Corwin, J. H. Dubbs and J. T. Hamilton, *A History of the Reformed Church, Dutch:*

學科的最為重要的實踐場所之一，傳教士在大學時代得到多方面知識培訓，例如在英國，十八世紀開始學院課程有「邏輯、修辭學、地理學、幾何學、代數學、三角學、天體力學、自然和實驗哲學、神學、演說、博物學、歷史、羅馬法、新教史、布道、牧師事務」[20]等；又如美國大學課程設置有「古代語言（拉丁語、希臘語和希伯來語）、現代語言（法、西、意、德與英語）、純數學（代數、微積分、幾何學等）、物理數學（力學、空氣學、聲學、光學、天文學、地理學等）、自然哲學（化學與礦物學）、動植物學、醫學、政治（包括政治經濟、自然與國家法則等）、歷史、國內法、觀念學（包括語法、倫理學、修辭學、文學和美術）等」[21]。由此，也就不難理解為什麼許多來華傳教士能夠奮戰在辦理教育、宣傳引進科技知識、擔負醫藥工作、介紹西方哲學、歷史以及各種自然人文科學等第一線上，這與他們在大學時代所接受的這些頗為系統而全面的教育是分不開的。

　　若將視野下移至具體的傳教士個案，我們能更為明晰地瞭解傳教士所受的教育知識水平和文化水準。為此，下文以英國長老會杜嘉德和美國美部會盧公明為例，通過檢視兩人的受教育歷程，揭示傳教士所具備的知識水平。

　　杜嘉德，英國長老會傳教士。一八三〇年十二月二十七日出生於英國蘇格蘭倫弗魯郡（Renfrewshire）的 Kilbarchan Manse 小鎮，是家中幼子。其父親和兄長皆為傳教士。他從小天資聰穎，在家庭環境的薰陶下，自小就被灌輸前往海外（中國）傳播福音的思想。早在孩提時代，杜嘉德就沉浸在茫茫文學荒原之中，對其表現出極大樂趣，

The Reformed Church, German and the Moravian Church in the United States (New York: The Christian Literature Co., 1895), p.151，引自〔美〕勞倫斯 A．克雷明著，周玉軍等譯：《美國教育史（一）：殖民地時期的歷程（1607-1783）》，頁290。

20　〔英〕奧爾德里奇著，諸惠芳等譯《簡明英國教育史》，頁156。

21　〔美〕勞倫斯 A．克雷明著，周玉軍等譯：《美國教育史（二）：建國初期的歷程（1783-1876）》，頁115。

並吸取各種各樣的知識，成為一位十足的讀者和書蟲。當他到一定年紀時，進入格拉斯哥大學學習。從一八四五到一八五一年共學習了六年，在其六個學年的每年學期末，都獲得獎項。這些聲譽是在每一學年的學習中獲得，但主要還是在靠後的幾年中。包括在邏輯學、數學和自然科學哲學，最後他獲得文學碩士學位。出於對其學業的認可，學校授予其 L L. D 學位。大學畢業後，杜嘉德前往愛丁堡自由教會神學院，進行了四年的神學課程學習（1851-1855）。在神學學習期間，主要集中於三個專門科目：節欲、戒酒；雄辯術（演說法）；公共演講[22]。這些對其日後在華從事傳教工作都具有很好地準備性和指導性作用。

　　縱觀杜氏求學受教經歷，不難看出這是一個典型的傳教士家庭的事蹟，在家庭環境感染下，他從小就被灌輸對外傳布福音的思想。而在杜氏學習生涯中，大學階段與隨後的神學院學習無疑是最重要的時期。在大學期間，他以優異成績獲得碩士學位，在理工科、自然哲學等科目都有良好表現；而在神學院時期，更積累了作為一名傳教士所需具備的各方面條件，為其日後開展宣教布道工作奠定了堅實的基礎。關於其學識，與其共處工作生活的廈門本地教徒也頗有認同：「廈門杜牧師先生諱嘉德……殆及弱冠則入大學，以冀終身有成，故于天文、地理、繪圖、詩歌等事莫不有學。在聖經妙理則又加謹尋繹，關心講求。」[23]可見，杜嘉德是一位知識較為淵博、學識水平很高的神職人員。

　　盧公明，美部會傳教士。一八二四年六月二十三日出生於美國紐

---

22 關於杜嘉德生平事蹟的主要參考文獻為John M. Douglas, *Memorials of Rev. Carstairs Douglas, Missionary of the Presbyterian Church of England at Amoy, China*, London: Waterlow and Sons Limited, Printers. 1877, pp.5-10.

23 盧榮康：〈廈門杜嘉德牧師言行傳〉，載《萬國公報》（七），清末民初報刊叢編之四，北京市：華文書局印行，頁4043。

約州的 Rutland 鎮 Jefferson 村。其家境清貧，父親是一個農民，家中還有五個兄弟姐妹。盧氏早在童年時期就顯露出在宗教方面稟賦，能「把耶穌當作非常敬愛的人來祈禱」，把季節更替看作是「聖靈的出現和天父的微笑」。他十歲就加入長老派教會。一八三九年，即盧公明十五歲那年，被送進一所位於密歇根的中學學習英語語法、算術和修辭學；該年底前往坐落於安大略（Ontario）地區的 La Grange 協進會開設的學校學習英語、拉丁語、希臘語、代數、幾何學等科目，並開始涉足寫作、演講以及一些自然科學。一八四二年，盧公明考上位於其家鄉紐約的漢密爾頓大學（Hamilton College），在大學學期期間學習成績和各方面表現十分優秀。剛進大學的第一年，作為新生的他就被系裡指派去參加演講比賽，以競爭在將來的畢業典禮上做公開演講的機會；大二下學期，同學們常常會推選他在一些低年級學生集會上用希臘語發表演說，這說明盧公明在語言和演講方面的突出天賦和能力。最後他以一等獎學金的優異成績結束學業獲得畢業證書。

　　一八四六年九月，盧公明進入了紐約州著名的奧本神學院（Auburn Theological Seminary），在神學院研習進修期間，他還進行一些傳教布道的體驗和熱身工作。一八四八年六月，他被按立為牧師之職，正式成為一名專職傳教士。此後，他還獲得向西部地區家庭售賣宗教書籍的實踐經歷。一八四九年六月，盧公明從神學院畢業，在畢業典禮上，他發表了題為〈中國基督教化進程中的特殊障礙〉的畢業演講。在這篇演講文中，他分析了基督教在中國傳播的主要障礙，概括來看主要有四個方面：語言問題；漢民族心態；儒家思想和祭祖禮儀問題[24]。這些認識深刻體現了他對「異文化」的瞭解和認識還是

24　關於盧公明受教育生平事蹟主要參考文獻為：Justus Doolittle, *The Diary of Justus Doolittle*《盧公明日記》（未刊手稿），美國漢密爾頓大學圖書館館藏；"Obituary of the Rev. Justus Doolittle", *The Chinese Recorder* (January-February 1881), pp.59-63；Suzanne Wilson Barnett, "Justus Doolittle at Foochow: Christian Values in the Treaty

頗為深刻到位的，這就為其日後進行傳教工作打下基礎，也為其以後
能進一步深入中國社會調查，進一步認識體察中國文化，及至使其成
為傳教士漢學家一員，埋下了萌芽。從中亦可見盧氏文化水平頗高。

　　綜上，我們對傳教士的教育背景和知識水平已有一個大致的認
識：歐美教育在長期歷史發展過程中，與基督宗教有著「親密」的關
係。一方面表現在教育曾一度是宗教的產品或附屬物，即便在教育變
革時代情境下，宗教仍在教育領域占有重要地位；另一方面基督教義
理長期滲透於教育指導思想中，宗教精神可謂是教育領域基本思想引
向標之一。正是在這層親密關係的外衣下，傳教士從小就受到宗教的
薰陶影響，並被灌輸基督精神，這對他們自身宗教精神的養成有著重
要作用，這在兩次宗教覺醒運動中，大學生志願者群體（尤其是神學
院學生）所表現出高漲的傳教熱忱和用福音淨化世俗心靈的呼聲等，
可見一斑。另外，西方教育的發展使得傳教士接受到較為先進的實用
知識教育，基本具備西方自然和哲學知識、聲光化電等科技知識、比
較文化知識以及系統神學訓練等作為傳道人的充要條件。認識這些，
才能更好地瞭解西方傳教士在華活動軌跡及其對中國社會的諸方面
體察。

第二節　西方中心觀與文化本位主義

　　西方傳教士觀識考量晚清福建社會的文化語境，並非單一線性
的，而是一種多元的綜合體。其中夾雜著十九世紀以來西方人殖民主
義情結以及在殖民地母國文化薰陶下固持的西方文化優越論，及至隨

Ports", in S. W. Barnett and John King Fairbank ed., *Christianity in China: Early Protestant Missionary Writings*, Cambridge, Harvard University Press. 1985, pp.107-119。《盧公明日記》未刊手稿承蒙學兄林立強教授贈閱，特此致謝。另可參見林立強：《美國傳教士盧公明與晚清福州社會》（福州市：福建教育出版社，2005年），頁14-20。

之而生成的殖民文化霸權話語系統；摻混著東方主義的負面理解和文化偏見，及其表現出的「西方」——「東方」二元對立觀念；還具有跨文化傳播處境下對異文化的傳播形態生成及跨文化思維定勢；更有比較文學形象學視野下的「自我」與「他者」位秩定塑、話語書寫與「詮釋」體系建構等深層文化語境。多學科理論的參照和借鑒，將有助於我們更全面而科學地揭示出傳教士記述福建社會的思想文化觀照。

一　「東方主義」的文化分野

東方學權威愛德華・W・薩義德（Edward W. Said）教授在其代表作《東方學》（也常被稱作《東方主義》）一書[25]中提出一個經典命題：「東方主義屬於西方建構產物，旨在為東西方建立一個明顯的分野，從而突出西方文化的優越性；而在法國和英國要讓東方國家如阿爾及利亞、埃及、印度成為殖民地的時候，這種思想形態便在政治上有利用價值」，他認為，這種建構及論述，與那些國家的真實面貌幾乎毫無關係。即使西方人要重新認識東方，他們大都跳不出這種論述的框框。從這一視角著眼，東方主義表明了西方對東方的研究是有負面意思的，大意是指該研究者抱著十八、十九世紀的歐洲帝國主義態度來理解東方世界，又或是指外來人對東方文化及人文的舊式及帶有偏見的理解。薩義德的理論洞見和論說引發了國際學界的廣泛討論，自從該書出版以來，「東方主義」這個詞被賦予了獨特的批判的意味，即成為「西方統治、壓迫東方人的樣式」。簡言之，即指西方對東方進行支配的諸種方式。薩義德對西方的這種將東方表現為「他者」的整個語言體系稱之為「東方主義」，以此確立了對歐洲中心主義的批判

---

25 Edward W. Said, *Orientalism*, New York: Vintage Books, 1978; or London: Routledge and Kegan Paul, 1978，此書中譯本由王宇根譯，書名作《東方學》，北京市：生活・讀書・新知三聯書店，1999年。

視角。這種東方主義正是導致西方帝國主義、殖民地統治以及人種歧視的文化裝置。

實際上，不管論者如何解說，東方主義的出現反映的是西方中心觀立場以及站在此立場觀識東方文化的他者心態。將這一理論學說放置於近代西方傳教士對中國社會的體認之視野下審視，可謂準確不過。同樣，傳教士們考量福建社會的文化語境和思想觀照，亦明顯地帶有這種「東方主義」的色彩和烙印。

西方傳教士考量福建社會諸方面事象，其背後往往都帶有這樣一個傾向：即用西方標準來審視東方事物，從而為當地文化現象貼上一定標籤並作出在既定思維框架下預設的評判。這樣得出的結論往往在兩種文化之間造成一道明顯的鴻溝，文化分野的表現時常可見。

例如，四美主教通過在廈門期間考察，觀察到當地各種社會生活事象，站在西方文明觀的視野上，渲染廈門人大量地溺殺女嬰的異教行徑、抽鴉片氾濫等惡習，由此證明「他們是一種特俗的人，道德敗壞。對於他們，怎樣譴責都不為過；對於他們，正確的觀念很難形成。廈門人的道德和社會狀況就是如此」[26]。又如，雅裨理在福建期間對所謂西方才具有的男女平等思想頗感驕傲，並「揭示」出中國社會對女性的桎梏：「她們不被允許與丈夫平等，不許與丈夫一同上桌，在家族利益中沒有聲音，不准進廟宇……起床、走路、幹活、吃得少、用得少、沉默、服從、逆來順受，還有流血、饑餓和死亡，甚至不敢抱怨。沒有教育權利、從小纏足、禁閉深閨、無法自己同意的婚姻，有些甚至被父母賣掉……」[27]。實際上，有關女性權利的主題在傳教士著述中有重要分量，也是他們批判東方文化頻頻引用的例證。例如美國監理會傳教士林樂知主辦的《萬國公報》中，有許多文

---

26 《五口通商城市遊記》，頁388。

27 David Abeel, *Journal of a Residence in China and Neighbouring Countries from 1830-1833*, James Nisbet and co., Berners Street, 1835, pp.110-111.

章宣稱：「上帝創造世人，男女並重，猶慈父母愛憐親生之兒女，決無厚薄之意也。」「凡有道之邦，即信上帝之真道者，其男女無不平等。」[28]等等，即是很好的說明。

　　西方傳教士在製造此類文化輿論的分野亦體現了他們思維中存在著根深蒂固的二元對立的觀念：西方與中國、白人與黃種人、文明者與野蠻人、基督教與異教徒等一系列對立的概念。這些自覺的文明分界將東方世界置諸於一個與西方標準截然相反的方向，並被地理、人種（白人至上論）、文化開化和宗教等標準進行「合理」裝飾，由此凸顯西方文化絕對優越性。在他們眼中，東方人（包括非洲、拉美印第安人等）成為「異教徒」「野蠻人」的代名詞，這些詞彙在西方文明體系中是最容易引發西方人反感和蔑視的字眼。有學者認為，二元對立思維在根本上還反映了西方世界普遍認識維度的變化。在西方現代性「宏大敘事」中，作為現代性主導價值的三種形象類型（自由、進步與文明）的被否定的「他者」（專制、停滯和野蠻形象），既能為西方現代性自我認同提供想像的基礎，又能為西方殖民擴張提供有效的意識形態。在此意義上，中國形象的功能不是某種程度上反映或認識中國的現實，而是作為「他者」幫助西方現代化完成自我認同，並確認西方中心的地緣文明秩序[29]。來閩傳教士首先是作為西方人身分而出現，在他們思想觀念中，對福建社會形象的報導難以脫離這種既帶有自我文化認同又沾染殖民擴張意識形態的敘事話語，更難擺脫的是其思想觀念中已經被打烙上東西文明二元對立的教條式印記。

　　這種東方主義式的二元對立相類於一種「摩尼教情境」：即渲染光明與黑暗的對立、善與惡的對立。以美國為代表的西方式的「正

28　〔美〕林樂知：〈論中國變法之本務〉，載《萬國公報》1903年2月，上海美華書館校印。

29　參見周寧：《天朝遙遠——西方的中國形象研究》（北京市：北京大學出版社，2006年），頁287。

義」、「自由」與以中國為代表的東方的「邪惡」、「妖魔化」的二元對立觀，以及以此為基礎的由尋找罪惡醜陋的「他者」來突出完善的「自我」的作用，並以完善的「自我」來改造妖魔化的「他者」，以實踐上帝賦予的神聖使命。

　　在東方主義文化分野視域下，我們可以看到傳教士對中國形象的報道帶有嚴重的扭曲化傾向。鴉片戰爭前後由美國傳教士裨治文主編的英文雜誌《中國叢報》被認為是美國漢學的起源，它向在華外僑和歐美國家傳達的中國就是一個地道的「他者」的形象。衛三畏撰寫的被譽為美國最早的漢學著作《中國總論》雖對儒家思想多有肯定，但仍把中國文化描繪為「遠比基督教低劣」的文化形態。在早期的傳教士撰寫的著作中，中國被作為反襯歐美自畫像的底色，底色越暗淡，畫面越鮮明。毫無疑問，傳教士塑造的這一中國形象更多反映的是十九世紀西方福音派教會的文化心理、動機和抱負以及教區會眾的心理需要，而不（完全）是中國社會的現實。中國在相當程度上被扭曲、被「他者化」。

二　殖民主義的霸權心態

　　殖民主義是近世西方全球侵略擴張的產物，不僅表現在軍事、政治、經濟等方面的推進，還伴隨著文化帝國主義擴張和基督宗教的滲透蔓延。在這一長時段的文化輸出過程中，西方傳教士從一開始就處在一種文化優越的位置和強勢的話語表述情境，這種先天的「優勢」使得他們從根本上帶有殖民主義傾向和浸染文化霸權色彩。因此在其表述對福建乃至中國社會事象時，難以避免地會表現出站在殖民者角度審視殖民地半殖民地社會的主觀傾向。研究殖民主義的西方學者布勞特說得好：「傳教士的傳教活動最重要的結果是收集到歐洲以外地區的重要詳細信息，包括那裡的種族、語言和地理、風俗……提供這

些情況的歐洲人都有自己固定的文化觀點、政治觀點和宗教口徑，他們不得不用高度歪曲的眼光來看待當地人。一個傳教士可能對他周圍地區的人民非常熱愛和尊敬，但是他們不可能相信非基督教徒文化和心靈能夠與信仰基督教的歐洲人相提並論。」[30] 薩義德也說道：「西方對東方如此霸道的長期控制逐漸累積起來，其結果是將東方由異域空間轉變成了殖民空間。」[31]

實際上，從西方傳教士身上所表現出的殖民主義霸權心態，主要可通過兩種類型得以反映，一是傳教士本身充當殖民者的角色，為西方列強殖民主義擴張服務，從而露骨地表現出殖民主義思維；二是傳教士思想觀念中潛伏著殖民主義文化的暗流，並在很多時候通過殖民話語表現出來。

在第一種類型中，早期來閩（來華）傳教士體現出諸多此方面印跡。例如郭士立和美國最早來華的一批傳教士即是這方面典型代表。郭士立在其著名的一八三一至一八三三年沿海航行探險活動中，不僅沿途記錄了包括福建在內的中國社會的風土人情信息，也為西方殖民者作了刺探情報的準備工作。他首次航行成功後，引起西方宗教界、政界和商業界的普遍關注，在澳門的英美商人最快作出反映，他們開始向郭諮詢中國沿海口岸的情況和航路，因為郭士立能運用自己早先習得的航海知識記錄下了沿路的航海路線和港口水域情況，這是西方列強殖民分子所迫切需要的。於是，郭士立與殖民者開始一道攜起手來，成為「親密」的夥伴。一八三二年，他受英國東印度公司雇請，與殖民分子一道對中國沿海各地進行商業偵察，尤其是鴉片走私情報的搜集。他們在福建水域，曾經硬闖閩江口，游弋在福州海岸附近達

---

30 〔美〕J・M・布勞特著，譚榮根譯：《殖民者的世界模式——地理傳播主義和歐洲中心主義史觀》（北京市：社會科學文獻出版社，2002年），頁26-27。

31 〔美〕愛德華・W・薩義德著，王宇根譯：《東方學》（北京市：生活・讀書・新知三聯書店，1999年），頁268-269。

半個月，收集了各類重要信息後才離去。他們在他處的偵探考察過程也大致類此。通過這種非法的探查，西方人對中國沿海政治、經濟、社會文化、尤其是軍事狀況有了基本瞭解，為後來英國敢於發動侵華戰爭作了信息準備。郭士立甚至叫囂：「如果我們是以敵人的身分來到這裡，整個軍隊的抵抗不會超過半小時。」學界前輩顧長聲先生認為：郭實臘（郭士立）在鴉片戰爭爆發之前，在中國沿海進行間諜活動至少有十次，嚴重侵犯了中國的主權。僅他協助一個鴉片商到福建泉州走私鴉片，一次就使該商人淨賺價值達五萬三千英鎊的銀元，並在泉州建立了走私鴉片的秘密據點。他向英國政府和東印度公司提供的大量第一手有關我國沿海重要港口的軍事、地理、政治和經濟等情報，成為日後英國發動侵華戰爭的重要依據[32]。

在與殖民者同流合污、沆瀣一氣的過程中，郭士立思想中的殖民主義傾向和霸權心態表露得淋漓盡致。他對英國侵華戰爭美化說：「如果歐洲人曾計劃征服中國，並把這計劃付諸實踐，中國還不會像現在這樣受到悲慘的奴役」，言下之意就是把歐洲列強對中國的侵略擺上西方拯救、解放中國人的「崇高」位置，這是典型的殖民主義話語表述，他還把已經淪為英國殖民地的印度拿來當作範例：「看看印度斯坦現在享有的民權和宗教自由，那裡在科學上取得快速進步，以及他們得到的基督教真理，再看看中國；中國！永不進步，總是在倒退，呻吟於專制統治之下。」[33]這裡，郭氏以已是殖民地的印度為例，宣揚西方資本主義列強殖民侵略是一種對東方的「恩澤」，由此粉飾他們侵略活動，為其貼上所謂「正義」、「光明」的標籤，殖民心態由此可見一斑。

---

32 參見顧長聲著：《從馬禮遜到司徒雷登：來華新教傳教士評傳》（上海市：上海人民出版社，1985年），頁55-56。

33 Charles Gutzlaff, *Journals of Three Voyages along the Coast of China in 1831, 1832 & 1833*, Second Edition, p.17.

　　美國最早一批來華傳教士與郭氏相類，他們當中有與殖民者為伍作伴的，有為殖民分子搜集情報的，亦體現出濃厚的殖民主義色彩。美國第一位來華傳教士裨治文是《中國叢報》最早的負責人和主編，發起這份雜誌的目的，不僅在於幫助西方瞭解中國，還帶有幫助中國走向「進步」的宗旨。他寫道：「在東亞的千百萬人民中存在令人悲哀的缺乏知識的狀況，但我們確實希望，當今西方民族所享有的豐富的、對人類最有價值的、現在正在使這些民族向前進步、將來還要使其更為進步的知識，能有同樣被東方民族享有並產生同樣的效果。」而要實現這種目的，西方傳教士就應該深入地瞭解和研究中國及東亞其他國家的歷史、文化和現狀，以便尋求傳播基督教道德和西方知識的方法。裨治文在《中國叢報》第二卷的發刊詞中，認為英國在印度統治的經驗可以同樣在中國實施[34]。由此可見，標榜所謂自由、民主、進步的首位美國來華傳教士腦海中，也難脫殖民主義傾向。前已述及，美部會傳教秘書史蒂芬曾經與英國鴉片販子戈登及郭士立等一行前往武夷茶山探險，實際上這正可視為傳教士參與殖民侵略行為的表現。眾所周知，西方殖民者的殖民動機就是要將東方變為原產品產地和銷售市場，對武夷山的探險，正是為了獲求中外貿易中炙手可熱的商品——福建茶葉的信息，史蒂芬的參與很大程度上雖出於傳教的目的，卻也深具殖民探險的性質。史蒂芬本人記道：「探險的目的是獲取關於茶葉文化和茶葉製造的額外的信息。」[35]在來華早期，美國傳教士正是頻繁與鴉片商人等群體為伍，一道對中國進行情報搜集和探查工作，並不時流露出殖民主義的種族情緒。

　　第二種類型是更為常見現象，許多西方傳教士思想觀念中都潛伏

---

34 參見吳義雄：《在宗教與世俗之間——基督教新教傳教士在華南沿海的早期活動研究》，頁446。

35 E. Stevens, "Excursion to the Bohea hills by Mr. Gordon and others, by way of the river Min", *Chinese Repository*, Vol. 4, p.82.

著頑固的殖民主義文化的暗流，並通過霸權話語加以包裝表述。基督教在閩傳布的發展時期，傳教士不再直接與殖民分子結伴為伍，其行動基本自成體系。但是在「拯救」異教靈魂的文化優越心態下，其潛意識中暗湧的殖民主義情愫也不斷作怪，一定程度上支配著他們思維觀念。

　　麥利和是一位鼓吹使用武力迫使中國向西方就範的典型代表。在他看來，福州「這兒民族情緒的影響力在沿海各開放口岸中除廣州外是最強烈的……從一開始，這座城市地方當局就表現出強烈的排外情緒」[36]，正是在這種異族對立觀念支配下，他對福建社會的征服心態表現出一種殖民主義的氣焰。為了擴大和增強教會影響，他不斷鼓動美國政府及其他列強用武力迫使清政府屈服，從而使傳教事業政治化，即用政治手段和戰爭暴力解決宗教問題。第二次鴉片戰爭爆發後，他與許多在華傳教士一樣欣喜若狂，他由衷期望侵略軍的炮火能為他們進入中國內地傳教敲開大門。不僅如此，麥氏更直接鼓噪美國政府應放棄中立，加入侵華戰爭，他甚至在基督教差會所辦刊物《傳教士呼聲》（*Missionary Advocate*）上撰文呼籲，「美國應該放棄孤立主義，與英國聯手進攻中國」[37]。一八五八年清政府被迫與列強簽訂《天津條約》，對於這一「輝煌的勝利」，麥利和興奮不已，他聲稱：「一八五八年春，中國政府與英法美俄四國簽署了商業及和平條約，這些條約中的規定富有自由精神，由此開創了中國對外關係史上的一個最光輝的新時期。」[38]可見，麥利和不僅為殖民者的野蠻入侵中國作辯護，甚至為戰爭武力進行鼓噪和叫囂，殖民心態表現得十分深刻。

　　胡約翰也是一位有著殖民主義霸權色彩的傳教士，他在處理中外

36　Ellsworth C Carlson, *The Foochow Missionaries, 1847-1880*（《福州教士》）, East Asian Research Center Harvard University, 1974, p.43.

37　John King Fairbank edited, *The Missionary Enterprise in China and America*, p.260.

38　R. S. Maclay, *Life among the Chinese*, "preface".

教務糾紛事務中蠻橫倨傲的做法，大有凌駕於中國的一切之上的架勢。例如，在一八七六年的烏石山教案中，胡約翰態度十分囂張，頻有「開口謾罵」和「舉手驅逐」圍觀百姓之舉，招致「群情激憤」。在糾紛調解過程中，又倨傲不恭，就連英國公使威妥瑪和領事官都「深恨教士不可以情喻理勸」[39]。特別是在最後審判過程中針對中方提出的申訴並六點請求，胡約翰逐條予以辯駁，一再否認教會侵占烏石山道山觀公地之舉，還理所當然地認為自己「完全有權利做我想做的事情」[40]。正是他的這種目空無人、蠻橫無理的態度，導致該案曲折遷延，歷時兩年多之久。而他在之前發生於一八六九年的川石島教案中，更是不顧及自己是基督教傳教士的身分，兩次帶領英兵登陸，慫恿英軍打死鄉民一人，並闖入鄉紳家中，以武力強迫王姓家人簽訂所謂的「和平協定」[41]，這些話語和舉動充分說明胡約翰好戰心理和強橫態度，深刻表現出殖民主義分子蔑視中國主權、一意孤行的霸權心態。

　　布勞特認為，十九世紀是殖民主義的經典世紀。在這個時期，西方中心論傳播主義開始了全球擴張進程。西方中心論從地理、人種、制度、經濟和文化等方面論證西方文化（尤其是其代表基督教文化）優越色彩，為西方殖民主義套上「神聖」的光圈。深受基督教文化浸淫的傳教士在這波殖民主義文化擴張潮流中，扮演著一種輿論中堅的角色。他們深入殖民地半殖民地社會工作和考察，在固有文化觀念和思維勢導下，他們在當地「獲得」直觀的「證據」，證明了「異教」世界的野蠻黑暗，潛伏於腦際的殖民主義情愫被點燃，強化了他們浸

---

39 《清末教案》（第二冊），頁251。

40 John R. Wolfe, *The Wu Shih Shan Trial*, Hong Kong: printed at the "Daily Press" Office, 1879, p.9.

41 參見張金紅：《胡約翰與福建安立甘會研究》，福建師範大學博士論文，2007年未刊稿，頁192。

染著殖民色彩的認知。上述在福建活動的傳教士深具殖民主義氣息的
話語和言論，即很好地證明了這點。誠如美國學者小阿瑟‧施萊辛格
在其〈傳教事業與帝國主義理論〉一文中所言：「傳教士帶著征服心
理、施主的傲慢和種族偏見來布道，堅持自己『有權挑戰古老的風俗
和權威，譴責傳統的禮儀、信條和神明，剝奪異教徒的精神傳統和文
化身分』，因此是一種明目張膽的『精神侵略』（spiritual aggression）
和『文化帝國主義』。」[42]

三　跨文化傳播與形象學中的「自我」、「他者」觀念

　　跨文化傳播是不同文化背景群體之間對話互動的過程。關於其定
義有很多，不過學者們較為普遍認為跨文化傳播指來自不同文化體系
的個人及組織、國家等社會群體之間進行的信息傳播或文化交往活
動。美國傳播學家羅傑斯認為，文化是一個群體成員們生活方式的總
匯，這其中包括行為規範、信念、價值觀、世界觀，以及有象徵意義
和文化涵義的物品，因此，文化對於人們的行為方式有重要影響。文
化的內核包括歷史、身分、信念、價值觀和世界觀等方面[43]。根據這
些理論，我們可以將西方傳教士入華傳教活動視為跨文化傳播的一
種；而傳教士記述、認識晚清福建社會，並由此「塑造」一個「異
教」性質的福建形象時，也可置於跨文化傳播視角加以考察。近代中
西文化交往和文化傳播過程中，傳教士出於一種中軸點位置，他們不
僅向中國輸入宗教、科技、政治學說、文化藝術等西方文化「產
品」，也擔任了向西方社會傳遞中國文化信息的角色。姑且不論前者

---

42 Arthur Schlesinger. Jr., "The Missionary Enterprise and Theories of Imperialism", in John
　K. Fairbank edited, *The Missionary Enterprise in China and America*, pp.360-361.
43 劉雙、于文秀著：《跨文化傳播：拆解文化的圍牆》（哈爾濱市：黑龍江人民出版
　社，2000年），頁22-24。

如何，這裡主要對西方傳教士傳遞「東學」做一些粗淺的審視，並分析其在文化傳播視閾中的特性和表現。

如前所述，西方傳教士自小就受到來自母國的文化知識體系和價值觀念的薰陶，尤其是其教科書和課程中都在宣傳西方地理、人種優越的色調，而非西方人則被塑造為對立的野蠻人、異教徒的概念，其文化符號已經在很大程度上被意識形態化，這對傳教士信念、價值觀、世界觀、文化認同和行為方式等建構了一套評斷標準和認知體系。

文化傳播學還認為，「文化傳播具有強烈的意識形態性，它總是為一定的政治服務，或總是帶有一定的政治傾向性」[44]，「文化具有種族中心主義性格的這一特徵可以說與跨文化傳播最直接相關……持此看法的人認為自己所屬的群體是一切事物的中心，也是對所有的他人進行評價、衡量的參照依據。換言之，種族中心主義成為一種文化據以讀解、判斷其他群體的認知標準」[45]。在跨文化傳播過程中，總能看到一定的意識形態化和文化中心主義表現。文化人類學的研究表明，原始部落時期的人類就已有了「我自己的」與「異邦人」的概念，藉以認識自己與外部，這是人類文化身分意識的萌芽。真正的宗教信仰者和異教徒之間幾千年來沒有任何共同性和相互對話的可能性，亦是由這種身分意識造成，以致一方稱自己是真理神授的上帝選民，另一方則是不可饒恕充滿罪惡的魔鬼。

在傳教士記述福建社會的作品中，以西方文化為中心，作為評斷事物標準的現象屢見不鮮，更導致文化誤讀的情況出現。深刻體現了跨文化傳播過程中文化傳播主體（傳教士）個人認知、價值觀、世界觀和民族中心主義，乃至國家意識形態傾向。例如，在傳教士談得比較多的婦女地位問題上，衛三畏以福建婚俗為話題引導，認為西方婦

44　周鴻鐸主編：《文化傳播學通論》（北京市：中國紡織出版社，2005年），頁22。

45　〔美〕拉里·A·薩默瓦，理查德＆E·波特主編、麻爭旗等譯：《文化模式與傳播方式——跨文化交流文集》（北京市：北京廣播學院出版社，2003年），頁12。

女因基督教關係,「不僅受到尊敬、得到支持,免於奴隸式勞動,得到受教育的機會」,這一語境背後反襯著中國婦女缺乏應有的地位,也即其所說「在福音沒有施加影響的地方,她們(女性)權利多多少少受到漠視」[46],應該看到這種認識標準正是文化傳播者價值觀的反映。又如,盧公明通過對福州人祭祖敬拜的觀察,認為「中國人對三五代內祖先靈牌的供奉,已經呈現出了迷信和愚昧的特徵。因此,祖先崇拜是一種邪惡的崇敬」[47]。再如前述,傳教士對福建地名的解釋往往根據字面意思妄自揣測,說明他們在思維方式方面有種定勢傾向,由此導致文化誤讀現象。這一點,就如傳教士們自己的同行也不免感到汗顏,作為「中國通」的丁韙良就曾說過:「這個省份常常被稱作『閩』,但它的正式名稱卻是福建省。這個名字並不像很多書中所說的那樣,表示『幸福地建立』,而是將省內的兩座主要城市(筆者注:即福州與建州)名字的第一個音節合併而成的」[48]。此類事例很多,說明傳教士在對福建社會文化進行認識報導時,因文化傳播(自我)單向思維的局限,對「異文化」(他者)容易作出帶有個人(或種族、國家)中心主義傾向的評斷,這主要是由其文化身分和在跨文化傳播語境所決定的。

　　另一個常常對傳教士著述作出解釋和分析的學科領域是形象學[49],或謂比較形象學,這是文學工作者常涉足的範域。在其中,「自我」與「他者」概念得到充分闡釋,這些解說對於研究傳教士著述文化語境,具有很好的理論指導作用。

46　〔美〕衛三畏:《中國總論》(下),頁540。

47　Justus Doolittle, *Social Life of the Chinese*, Vol. I, p.424.

48　〔美〕丁韙良著,沈弘譯:《中國覺醒:國家地理、歷史與炮火硝煙中的變革》(北京市:世界圖書出版公司,2010年),頁13。

49　當然,傳播學與形象學並無絕對的學科分野,二者在很多時候有許多交互和滲透。不過,形象學更側重文化傳播者塑造的「他者」形象以及傳播主體「自我」意識的問題本質,其審美分析成分較濃;而傳播學更關注的文化互動在傳播過程中表現以及由此產生的結果,理論闡發和實踐指導性更強。

　　形象學是對異國形象或描述的研究。法國著名形象學研究學者巴柔教授認為，「在個人（一個作者）、集體（社會、國家或民族）、半集體（一種思想流派、文學）這些形象創造者的層面上，『他者』形象都無可避免地表現為對『他者』的否定，而對『我』及其空間的補充和延長。這個『我』要說『他者』……但在言說『他者』的同時，這個『我』卻趨向於否定他者，從而言說了自我」[50]。通過前述，在傳教士述閩作品中，我們不難發現傳教士群體在敘述福建社會形象，較多的語調表現出對福建社會事象這一「他者」進行否定，從而突出西方基督教文化（即「自我」）的優越性，換句話說，傳教士在言說福建社會之時，其趨向是持否定甚至批判的態度，從而凸顯或突出基督教代表西方文化的可取，即「言說了自我」。

　　對於此一現象，國內學者周寧教授也有深刻的論述和見解。他認為，「西方的中國形象是西方現代歷史中生成的有關現代性『他者』的一整套規訓知識、發揮權力的表述系統……黑暗的中華帝國形象將中國確定在對立面的、被否定的、低劣的位置上，這位帝國主義的擴張侵略提供了必要的意識形態」、「中國形象的功能不是某種程度上反映或認識中國的現實，而是作為『他者』幫助西方現代文化完成自我認同，並確認西方中心主義的地緣文明秩序」[51]。這一觀點十分有見地，它深刻地揭示出西方人描刻中國形象無法避免的「自我」文化意識，由此對「異文化」的他者進行否定和負面報導，從而建構自身「標準式」文化樣本，即為西方殖民主義和帝國主義侵略提供一套詮釋性模板，凸顯言說「自我」的深層次目的。

　　在這方面，傳教士總是力圖將中國塑造一個低劣的「他者」形象，由此凸顯「文明優越」的「自我」。衛三畏在一八三六年寫給安德森牧

---

50 〔法〕達尼埃爾-亨利‧巴柔著，孟華譯：《形象》，載孟華主編：《比較文學形象學》（北京市：北京大學出版社，2001年），頁157。

51 周寧：《天朝遙遠──西方的中國形象研究》，頁287。

師的一封信中就毫不掩飾自己的看法：「一個基督教國家的農民儘管貧困，但會把一切盡量收拾得乾淨而有條理，而異教徒卻滿足於生活在這破爛和骯髒之中，簡直連森林中比較乾淨的野獸都不如」[52]，如此赤裸裸的蔑視，作者俯視東方的心態暴露無遺。

綜觀傳教士述閩作品我們還可發現，傳教士在這種游離於「自我」與「他者」之間的話語書寫和「詮釋」體系構建過程中，對於素材的取捨也帶有這種意識形態化色彩。一個明顯的表現是他們對福建歷史上的輝煌的文明成果如朱子閩學、福建工藝美術、海洋文化等關注甚少，可以說基本處於失語、盲視狀態。這是因為傳教士要突出「自我」優越，就必須塑造一個低於自身的「他者」形象，從而為其文化傳播提供合理的依據和口實，甚至集中聚焦至或誇大「他者」文化中的「反現代性」因子。誠如巴柔教授所言：「製作一個異國『形象』時，作家並未複製現實。他篩選出一定數目的特點，這是些作家認為適用於『他』要進行的異國描述的成分。」[53]所以，傳教士所傳播的福建社會形象，基本以是一個以貧困、骯髒、混亂、罪惡、迷信、危險等特點為象徵的黑暗淵藪。這是由傳教士身分及其所具有文化背景所決定的，這也說明他們精神觀念中深深浸淫殖民主義毒素，思想觀念上難脫西方文化優越論和西方中心主義的時代局限性。

第三節　普世主義：潛意識中的「征服」、「救世」　　　　心態

西方傳教士觀識福建社會戴著「西方中心主義」這一有色眼鏡，

---

52 〔美〕衛斐列著，顧鈞、江莉譯：《衛三畏生平及書信——一位美國來華傳教士的心路歷程》(桂林市：廣西師範大學出版社，2004年)，頁42。

53 〔法〕達尼埃爾-亨利・巴柔著，孟華譯：〈從文化形象到集體想像物〉，載孟華主編：《比較文學形象學》，頁138。

在主觀意識上帶有強烈的種族和文明優越論，並認為製造一種二元對立的文化分野，將中國人視為野蠻人、福建乃至中國社會是異教的世界等等，所有這些都離不開他們潛意識中，或者說本質裡固有的用上帝福音「征服」和「拯救」「異教世界」的思想。換言之，就是要用基督教文明征服和改造那些生活在「異教」土地之上的「異教徒」，將上帝福音傳播到每一個角落，每一個人心裡，而中國無疑是空前宏大的目的地和實踐場，福建則是其中一塊重要區域。正是懷著這種「同黑暗勢力作鬥爭，拯救世人於萬惡之中，為基督征服中國」[54]的所謂深層根本目的，基督教傳教士們積極活躍於近代中國各地的舞臺，成為中國近代史上不容忽視的一部分內容。

　　同樣，西方傳教士考量福建社會的思想觀照，從根本上也反映了他們潛意識中的這種福音拯救思想理念。他們的考察視野重點集中於渲染福建社會的黑暗面，就是要突出福建作為「異教充斥之邦」的形象，以及閩地「異教徒」亟待基督教「拯救」而脫離「苦海」，走向所謂光明、進步的現代化軌道，這是他們觀識福建、塑造福建社會形象的本質性動機。可以這麼說，在觀察福建社會文化時，傳教士群體會自覺不自覺地以「救世主」的身分來審視這個他自認為需要被西方文明征服和基督教拯救的國家。傳教士的這種角色和意識在其作品中時時都可以看到它們的影射。每當傳教士們指責福建甚至中國社會時，便都會有耶穌基督和上帝福音出現為其解圍。這一點是我們必須明確的概念。

　　例如對具有重大影響力的中國經典著作，麥嘉湖認為：

> 它們長久以來所處的崇高地位已開始動搖。中國人頭腦中產生的新觀念使人們對其權威性產生疑問。一種新的力量已經出

---

54 *Record of the General Conference of the Protestant Missionaries of China*, held at Shanghai, 1877, Shanghai: 1877, p.32.

現，而且一位神賜的導師將會引導這股力量，使他們對古代聖
賢認識得很模糊的那些美德賦予更深刻的意義。」[55]

盧公明也指出：

二十個世紀以來，中國一直束縛於孔子和孟子的著作，同時也
受縛於道教和佛教中。這些事實可以為國內盛行的許多荒謬、
迷信和老一套的觀點及風俗做出合理的解釋。中國人所需要的
最重要的東西是《聖經》——這個偉大的啟發和解放力量所帶
來的奇特的影響，它適用於一切將其視為自己的探路明燈和法
規的人們。」[56]

傳教士考量福建社會潛具福音「拯救」的思想動機，在他們大量
述閩作品中普遍出現，可謂隨處可見其影，茲舉數例觀之：
　　早在西方傳教士首次涉足福建土地的時候，傳教輿論就已經發
出要將福音推廣到閩地的呼聲。如前所述，德籍教士郭士立於一八三
一年第一次經過福建沿海地區，就表現出一種殖民者的姿態和傳播福
音的角色扮演者。他在一八三一至一八三三年的沿海航行日記中，多
次攻擊中國人根深蒂固的異教徒信仰，特別是所謂的「偶像崇拜」。
他描述道：「他們歪曲關於最高主宰的知識，向木頭或石頭的偶像膜
拜，說『這就是我的造物主』。」他又把中國船員和其他人群中存在
的賭博、吸食鴉片等不良行為泛化為整個中國道德水平的象徵。他
還聲稱這種普遍存在的宗教和道德狀況，對於傳教活動而言正是「不
同忽視的需求」[57]。郭士立極度鼓吹基督教差會從事海岸傳教，而其

55　《中國人生活的明與暗》，頁58-59。

56　Justus Doolittle, *Social Life of the Chinese*, Vol. I, "preface".

57　Charles Gutzlaff, *Journals of Three Voyages along the Coast of China in 1831, 1832 & 1833*, Second Edition, pp.130-131.

中重點區域正是在福建土地一帶，有關研究成果顯示：從一八三三年到一八三九年，他大約又進行十次旅行，這些所謂旅行，「大都是到福建內地活動」，「通過到內陸地區的這些旅行，做傳教演說和散發出版物，郭士立認為他證明了這些地帶和海岸地區一樣是對外開放的」[58]。郭氏這些主要在福建沿岸和閩江流域內陸地區所從事的傳教探索活動表明，他在內心深處急於為基督福音的傳播開闢道路、打探情報的意識或情愫，是早期來華傳教士共同的呼聲，竟至不惜與殖民分子為伍，甚至在思想深處也浸染著這種狂妄的「文化侵略」觀照，郭曾大肆叫囂：「龍要被廢止，在這個遼闊的帝國裡，基督將成為唯一的王和崇拜的對象。」[59]此種心態，真可謂赤裸裸地暴露出傳教士欲將基督教和上帝福音在中國大地推廣和侵占東方文化版圖的勃勃野心。

　　麥利和也是「福音拯救中國論」的鼓吹者，他在著作中直言不諱：「這些的介紹（指麥氏所著之書）是送給關心中國福音化以及所有渴望瞭解中國這個世界上最古老、最偉大帝國的人們。」他希望，「這些介紹會有助於這樣一個光輝時期的到來；到那時，中國能夠用正確的言行表明，她已坐在我主耶穌基督的腳下」[60]。

　　盧公明在考察過程中發現福州吸食鴉片和賭博蔚為成風的現象，對此他專門撰寫中文小冊勸誡人們擯棄這些惡俗，在書中他不約而同採用同樣的論述模式，先批判兩者對個人、家庭乃至社會的壞害和惡果，進而言明治標方法的無效，最終向人們提出根治（治本）之「藥方」，即皈依耶穌基督、改信上帝，也就是要用福音教義來改造人性中的惡念劣根，由此使人們罪惡的靈魂得到拯救，這才是根本的救治方法。如他在《勸誡鴉片》中說道：「真神所論第六戒講爾不可殺

---

58 Herman Schlyter, *Karl Gutzlaff Als Missionar in China, Hakau Ohlssons Boktryckeri*, pp.294-295, 轉引自吳義雄前偈書，頁100-101。

59 *Chinese Repository*, Vol. 1, p.140.

60 R. S. Maclay, *Life Among the Chinese*, "preface".

人。大凡自作孽、害其身皆算是犯此戒，因為生命並非人所創，是真神賜爾，故不可自己殘害……吃食鴉片算是違背真神之戒，自作孽，害其身罪是永遠赦不得……致死後必然沉淪地獄，受永遠之苦，然何爾不害怕？」「我教爾拜一位高明醫者，他有奇方妙藥，錄求他醫治，不特除得鴉片之癮，更能包爾精神豐彩，心裡平安，並能除去百般私欲，知此醫者乎？即是救世主耶穌。此奇方妙藥，即是耶穌教道理，爾看我等信仰耶穌之人，何有一個犯此病乎？皆因遵照之教之理。故勸列位，須當回頭聽順此道理，仔細三思而已。」[61]可見，盧氏完全是站在傳教的立場上，勸人信仰耶穌皈依基督教，由此淨化內心世界，從思想上與鴉片絕緣。又如，他對賭博的批判也如出一轍，頗為一致，他述道：「（賭博）是獲罪於耶華神也。君等在賭場時，神能明見爾所行，明聞爾所講，明知爾所思，且甚惡此等事，必重罰之。……奉勸世人，勿再如此得罪神，勿再如此害身家世人，須當省悟、悔罪、依靠救罪人之耶穌，日日行善事，則免死後永苦且得天堂永福也。」[62]此處不難見，盧公明在勸人棄賭從善時，其最終的根本立場是站在基督教的角度的，即他是以傳教士的角色來勸人戒賭，所以盧氏在《賭博明論》的最後一條，也是最重要的一條，他通過闡述賭博最終獲罪於神，勸導人們省悟悔罪，正心誠意，皈歸耶穌，由此避免死後受苦而得天堂之永福。可見，盧公明的《賭博明論》不僅表達了他無情地批判賭博的看法和觀點，更是他傳教布道的「宣言書」，勸誡人們信仰基督教的手段和工具。

麥嘉湖通過對廈門白鹿寺（即白鹿洞寺）的參觀和親身體察，記錄下該佛寺內部環境狀況的髒污和俗氣，以及和尚們的不良惡習、利慾薰心的表現和「齷齪」的形象，由此以其為中國佛寺的典型代表，說明佛教的功利性世俗化等弊端，最終搬出其潛意識中掩藏已久的基

---

61 盧公明：《勸誡鴉片論》，美國哈佛大學館藏縮微膠片。

62 盧公明：《賭博明論》，美國哈佛大學館藏縮微膠片。

督福音拯救思想，他論述道：「這家寺院可以說就是遍布在這個龐大帝國東西南北的無數寺院的一個縮影。宗教熱情蕩然無存，既然抽鴉片、搞賭博，浪蕩僧侶也能成為宗教界的導師和典型，宗教信仰又怎麼會不是那樣的呢？中國人正忍著性子，可憐兮兮地等待著救世主的到來。」[63]

前已述及，四美在榕、廈兩地逗留參訪期間，對閩地社會諸多社會陋習和「迷信」崇拜等現象深感「痛心」，認為福州和廈門是迫切需要基督教福音精神拯救的邦地，例如對於福州：

> 幾乎每一種宗教都在這裡有其活躍的代表，唯獨基督教新教差會在這座大城市中沒有自己代表，沿海各處外國人可以涉足的地方都已經有傳工在活動，而人口眾多的福建省會，卻至今沒有一個篤信《福音》的福音傳教士，這或許就是為什麼應該在福州開展傳教活動的最有說服力的理由……這裡有一片具有實用價值的天地展現在我們面前，沒有等級制度把人與人隔開來，沒有一種宗教可以主宰人們的恐懼或是尊崇，沒有一種偏執的宗教力量會威脅到我們的進程。我們所要面對的主要障礙是人們對精神世界的淡漠，以及熱衷於物質享受。遺憾的是，這種自然傾向，深深地扎根在世界各地墮落的人性之中，對接受純真而生機勃勃的基督教形成了主要障礙……本人心存希望，但願所作的訪問可以喚起其他傳工的熱情，進入這片傳教的田野。福州或許可以成為英國聖公會傳道會下一個建立的傳教基地。

關於廈門的評述則言辭更為犀利，通過前述已知，他對廈門人溺

---

63 《中國人生活的明與暗》，頁136。

嬰、吸鴉片、欺詐等令人毛骨悚然的「異教」行徑，認為「怎樣譴責都不為過」，而在這句話背後，貫穿著用福音「拯救」、「改造」之思想，「現在，『福音』的旗幟終於在他們之中飄揚起來，賦予生命的真理已經向他們做出宣告」，這裡不難看出作者觀念中的福音的真理性和救贖性本質，不僅如此，他還以主教神職身分振振有詞地對廈門乃至更廣大地區的福音工作祈禱祝福：「願聖靈祝福的肥沃陣雨降落在因為希望而播下的種子上！願心靈真正皈依《福音》，迅速跟隨已經普遍產生的道德效果的軌道，進一步取得更為令人滿意的結果。」[64]

山雅各在對客家婦女進行描畫後也發出這樣的感慨：「有一個巨大的機會正賦臨這個新的領域，對於熱心的西方婦女而言，到來此地並贏得她們姐妹的心靈歸屬，榮歸於救世主耶穌基督。牢記女性的需要十分重要，她們能夠比較容易地使自己成為好夥伴並讓自己適應環境。是不是沒有一些有著熱心需求的女性，被神聖目標的聖火所觸及，她們能將這些事物裝納進心靈中並將自己和她們的幸運奉獻給耶穌基督？」[65]山氏希望福音的光芒也能「照耀」到福建女性，讓這些易被忽略的群體也能得到上帝的「眷顧」。

通過以上可以看到，傳教士們的福音「拯救」、文明「征服」「異教」世界的思想主要通過對福建社會宗教信仰氾濫、民眾迷信普遍、社會陋習惡俗盛行等層面展開批判，由此反襯基督教福音思想拯救「異教」靈魂的核心本質問題，其中社會陋俗這一層面是火力最為集中也最為猛烈的的突破口，下文將以晚清福建社會溺嬰（溺女）問題為個例，窺觀傳教士這種福音「拯救」思想的表達和論述之程度。

傳教士們在批判溺嬰惡行時，最終都認為只有耶穌基督和上帝福音的關耀，才能從根本上解決這一問題。雅裨理論述的頗為深刻：

64　《五口通商城市遊記》，頁388-389。

65　J. Sadler, "The Women of Ting-Chiu", *the Chronicle of the London Missionary Society*, 1902, Vol. 11, p.44.

「一個對自己與真神的關係、自己對真神的義務全然無知，缺少自然的情感，只知道自己世俗利益的心靈，是難以抵擋殺嬰的誘惑力的。」「那些相信上帝言論，以及熟知那些尚不知上帝言論國家的環境的人們（意指傳教士），承認如果要使每個階層的異教徒擁有希望，必須要向尚不知曉或不服從真神的律法的人們說教」「我們可以預見，溺嬰行為將一直繼續下去，直到它被認為是與進步的國家和社會狀態相抵觸時為止。但這種變化將會怎樣受到影響？沒有其他任何東西，只有受祝福的神榮耀的福音，才能改善這些不幸的女性的處境。」[66]麥嘉湖說：「要阻止這一行為，我們所必須做的就是建立一種公眾意識，能夠使溺嬰的人們的靈魂陷入恐懼，使無論父親母親都從摧毀嬰兒生命的行為中擺脫出來。試圖在一個偉大的社會建立一種新的觀念，這是一項偉大的事業。意味著不停止的工作，要擁有在耶穌基督的力量下的信念，而且決不能猶豫和動搖。」[67]畢腓力也認為「溺嬰這種罪行比起五十年或甚至二十年前，現在已經更不那麼頻繁了」，因為「『禁止殺嬰』的法律和『為了進入天堂王國』的福音，已經迴響起承載生命信息的聲音，進入人心，這些人的家庭用這種方式使父母們像接受珍貴的禮物而不是討厭的負擔一樣接受小女孩，當這種（指基督教）福音傳播到每個地方，這些生命在所有家庭中將會珍貴起來」[68]。花之安也說教道：「故從耶穌教者，雖貧亦不敢溺女，所望鄉紳協力以成義舉，設法拯救，不特嬰兒受恩，上帝且鑒其陰德，必定令其後嗣繁昌矣。」[69]等等。

　　實際上，溺嬰行為不只在中國發生，世界各地都曾存在過此一陋俗，例如在古希臘羅馬社會，在印度、日本、巴西熱帶叢林及愛斯基摩人當中等。對於溺嬰的批判和禁止，是基督教長期堅持的主題之一，

---

66 *Chinese Repository*, Vol. 13, pp.546-548.

67 J. Macgowan, *How England saved China?*, p.119.

68 P. W. Pitcher, *In and About Amoy*, pp.42-43.

69 花之安：《自西徂東》，第25章〈禁溺女兒〉，近代中國史料叢刊三編第80輯。

誠如美國學者阿爾文・施密特（Alvin Schmidt）所言：「基督教強調
生命神聖性的一個方式就是它堅持不懈地、積極地反抗異教文化中普
遍存在的殺嬰行為，即殘殺新生兒，尤其是剛剛出生的嬰兒。」[70]作
為傳布基督教福音精神的神職人員，傳教士們用耶穌福音「拯救」諸
如溺嬰等所謂異教徒的「野蠻」行為，是他們根本目標和出發點，由
此不難理解他們對晚清福建社會存在的溺嬰陋習的批判和改造，背後
潛藏著的正是這種上帝福音的「精神拯救」之根治方法。

　　如果從更深一層的實質來看，傳教士們普遍具有的這種用以福音
「拯救」「異教徒」及其野蠻、落後文化的思想觀照，反映了基督教
普世主義[71]的精神向度，也可以說是向全球宣教了布道熱忱。《聖經・
馬可福音》即宣揚：「到世界各地去，將福音傳播給每一個人。」普
世主義是一種思想運動和一個歷史過程。最初指各教派教會的聯合，
後來逐漸擴大為指基督教在全世界的傳道運動。對普世主義的理解通
常有狹義和廣義兩種。狹義上的普世主義可認為是：「一種宗教信
條，認為所有人最終會得救或恢復神聖或快樂。」因此，普世主義隱
含的關鍵詞有「信條」、「全世界」以及「救贖」，這也稱「普救論」
（Universalism）。廣義上，它是一種社會關係，是近現代西方普世主
義的一個發展階段。在這種社會關係中，「行為是由非個人的標準決
定的」[72]。人類將逐漸從相互分離的狀態中解放出來，並且在其發展
過程中越來越顯示出一種歷史的統一性，這種歷史統一性的實現是由
於人類有了一種共同接受的行為準則的指導。基督教具有強烈的普世
主義思想和狂熱的對外擴張精神。

70　〔美〕阿爾文・施密特著，汪曉丹等譯：《基督教對文明的影響》（北京市：北京大
　　學出版社，2004年），頁33-34。

71　有關「基督教普世主義」（亦即「普遍主義」）的論述，可參閱胡衛清：《普遍主義
　　的挑戰》一書的「導論」部分，上海市：上海人民出版社，2000年。

72　Philip Babcock Gove, ed., *Webster's Third New International Dictionary*, G & C. Marriam
　　Company, 1976, p.2501.

　　基督教神學理論認為基督教思想是普世適用的真理，應該用它來統一世人的思想。從這種神學理論出發，普世主義試圖確立一套對全世界所有人都通用、統一的價值標準，在實際操作中則體現為對實現普世文明的一種信念，這種價值標準和信念正是基督教的神學思想和救贖理念。誠如亨廷頓所言，「它（普世文明）暗示，總的來說，人類在文化上正在趨同，全世界各民族正日益接受共同的價值、信仰、方向、實踐和體制」[73]。作為神職工作者的傳教布道士，其根本職責和使命就是要將基督教的這種普世主義傳教思想推廣至世界各地，用純淨福音洗滌異教徒的罪惡靈魂或心靈，使基督教成為人類唯一的宗教信仰對象。

　　普世主義教義中，普遍的救贖思想（簡稱「普救論」）可稱其中最為核心之要義，也即是說，基督教的這種普遍救贖思想更多地體現的是狹義的「普救論」理念。基督教普世主義傾向最本質的潛在表達是：「所有的人不論信教與否，最終都由上帝來決定其是否被救贖或受永罰，整個人類的命運掌握在上帝手中。」[74]具體地說，「普救論」是上帝通過耶穌的受難，和所有世人在整個人類歷史過程中達到某種和解的一種告誡。不論世人在世期間是否相信或否認耶穌的救贖者身分，這種和解終究將發生。當救贖出現的時候，上帝將使世人懺悔。換言之，普世主義論強調的是上帝對世人的愛，上帝對世人的救贖以及上帝與世人的永恆統一，而且這種救贖只有在上帝的引導下才有可能實現。實際上，普救論明確指出了基督思想是普遍適用的真理，並且要求用基督信條來統一世人的思想。而普遍的救贖論也成為了基督教傳教運動的原動力，因為上帝創造世界的目的是為了最終拯救整個世界。

---

73 〔美〕亨廷頓著：《文明的衝突與世界秩序的重建》（北京市：新華出版社，2002年），頁43。

74 參見胡衛清：《普遍主義的挑戰》（上海市：上海人民出版社，2000年），頁25。

　　以上主要是從基督教義層面對普世主義略作闡明，正如胡衛清教授所言，「基督教的普遍主義是一種典型的宗教普遍主義，這種普遍主義不僅將整個歐洲從文化上連結起來，而且有著向世界各地拓展的強烈動機。基督教的普遍主義突出地表現在它的教義上」[75]。神學教義是宗教實踐的思想基礎。正是在基督教普世主義思想指導下，近代歐美海外傳教運動有了鮮明的理論旗幟。十八世紀末十九世紀初宗教復興運動，或謂第二次宗教大覺醒，其理論基礎正是來源於普救論思想，認為「上帝的救贖或揀選應擴大到整個人類而非局限於其中一部分人」，這就突破了以往認為清教徒才是上帝揀選民的局限和認識窠臼，將上帝選民擴大到全人類的範疇，為基督新教傳教運動的全球征伐做好了理論準備，同時也配合了資本主義全球殖民擴張的需要。由此拉開了基督教全世界範圍傳教運動高潮興起的大幕。在這場運動中，美國表現最為突出，並逐漸成為主力軍和占據引領位置。這也就不難理解後來在包括中國在內的各地傳教士數量上，以美國居多和占主導。

　　可以說，歐美傳教士正是帶著這種強烈的「拯救」異教徒乃至全人類的「使命觀」，開啟了近代基督教對華傳播的嚆矢。也正是這種「普救論」的普世主義理念，成為指導他們認識萬事萬物的思想根基。以福建為例，綜觀西方傳教士視野中的福建社會形象不難發現，他們比較多地將視角集中於晚清時期福建社會落後、愚昧、迷信和偶像崇拜的現象，這些正是普世救贖思想無法見容的問題，亟需上帝福音對「沉溺」於這些「異教」行為的「罪民」進行改造和拯救，以此達致基督教所謂「普世大同」的精神向度和思想觀照。無怪乎第一個到福建開教的美國傳教士雅裨理會聲稱：「必須派遣傳教士到中國帝國，進入每一個可以進得去的地方……每一個可以據守的陣地必須占

75　胡衛清前偈書，頁16。

領。」[76]首位醫藥傳教士伯駕也言道：「在這個偶像崇拜的王國中，上帝有新的安排；從今以後在中國可以期待和嘗試嶄新而偉大的事情了」[77]；又如蒲安臣語：傳教士已準備在中國「在每個山頭和每個山谷中設立光輝的十字架」[78]；衛三畏也說：「我們應該向中國人宣講我們的教義……只有福音能夠拯救他們」[79]；再如，十九世紀末二十世紀初，參加「學生志願運動」的約翰‧R‧莫特在海外傳道，亦曾積極提倡「在我們這一代實現世界基督教化」[80]，而中國正是重要的對象。這些，可以說頗具代表性地表達出了基督教普世主義的集體呼聲。

第四節　「異教」形象塑造：對西方世界的輿論宣傳

通過前面的述論，我們知道英美傳教士在記述晚清福建社會事象和塑造福建形象的文化觀照，主要以突出閩地社會「異教」形象為主，他們這麼做的目的從根本上看自然是出於傳教的需要和實踐上帝福音拯救世人的天定使命。同時我們必須注意到，傳教士這些西文作品還擔負著傳遞中國社會文化信息，特別是為基督教在「異教」土地上傳教進行輿論宣傳的基本工具，突出反映出傳教士群體在其著述中所貫穿表達的思想，他們希望用這些評斷，尤其是宗教信仰方面的認識來引導母國人群對中國的看法和觀感，特別是希望借助書刊傳媒這

---

76 Benson L. Grayson ed., *The American Image of China*, New York: Frederick Ungar Publishing Co., 1979, pp.78-83.

77 *Yale Journal 8*, Ccanton, Oct. 27, 1844, 引自〔美〕愛德華‧V‧吉利克著，董少新譯：《伯駕與中國的開放》（桂林市：廣西師範大學出版社，2008年），頁113。

78 〔美〕馬士著，張匯文等譯：《中華帝國對外關係史》（第二卷）（上海市：上海書店出版社，2000年），頁213。

79 〔美〕衛斐列著，顧鈞、江莉譯：《衛三畏生平及書信——一位美國來華傳教士的心路歷程》，頁86。

80 〔美〕費正清著，傅光明譯：《觀察中國》（北京市：世界知識出版社，2002年），頁36。

一管道宣揚中國異教氣息和色彩，由此激發國內人民的對傳教運動的
支持和號召更多人投身海外傳教事業當中。對此，美國學者魯賓斯坦
（Murray A. Rubinstein，中文名也稱張格物）深有研究：「傳教士通
過寫信、準備正式報告、堅持記下個人和組織的記錄與出版書著、小
冊子和期刊等方式報告中國景況，由此與部會保持緊密聯繫。這些材
料包含的信息和觀點被釋放和改訂成一種獨特的『傳教士式』中國形
象……他們前期種種工作目的是要求派遣額外的傳教人員和更多的資
金支持」[81]。Robert F. McClellan 也評述說，「傳教士為尋求本國信徒
的經濟援助，必須為國內提供一幅道德墮落、崇拜迷信的負面中國形
象。可見，他們是出於自身的傳教動機而對中國進行了有選擇的報
導。雖然並非出於惡意，但他們卻有意掩蓋了中國社會生活中值得肯
定的一面，將一個變形扭曲之中國形象傳達給了本國公眾。當然，傳
教士也有對中國的一些正面描寫，但這種肯定一般是有利於其傳教活
動，或給予被教化了的中國信徒。總的來說，不論是讚揚還是貶抑，
傳教士往往不能將中國人當作一個人來對待，而是作了明顯誇張的描
述」[82]。下文將主要以美國傳教士向母國內傳遞有關中國的信息為考
察中心，集中關注傳教士及其著述對中國社會事象的論斷在製造傳教
輿論宣傳和呼籲母國民眾對海外傳教事業的支持等方面的作用。

　　傳教士撰述論著最直接的目的是為所屬差會提供「有用的信
息」，為傳教工作提供信息決策諮詢和可資借鑒的經驗，美部會對首
次派遣傳教士前往中國十分重視，波士頓總會在給裨治文的指示信中
明確表示，「傳教與瞭解中國、研究中國密不可分」，要求裨治文「在

81　Murray A. Rubinstein, *The Northeastern Connection: American Board Missionaries and the Formation of American of Opinion toward China: 1830-1860*, 載臺灣中研院近代史研究所編：《近代史研究所集刊》，第9期，頁436-438。

82　Robert F. McClellan, "Missionary Influence on American Attitudes toward China at the Turn of This Century", in Martin E. Marty ed., *Missions and Ecumenical Expressions*, Munich: K. G. Saur, 1993, pp.21-28.

工作和環境允許的情況下，將有關中國人民的特徵、狀況、風俗、習慣等，特別是這些情況受他們的宗教影響時，向公理會差會總部作出完整的報告」[83]。衛三畏為推進在中國的出版事業，在回美國期間也積極到各地進行演講，籌集資金，「衛三畏對中國的情況甚為瞭解，因此他的演講獲得了極大成功。許多城市都向他發出邀請，請他到當地教堂或公共集會的場所去演講……衛三畏靠演講得來的收入並不多，但日積月累，他最終籌集到了足夠的資金，擁有了一套中文活字」[84]。福建開教第一人雅裨理在華活動期間熱衷於為海員布道。他從精神上給海員們以極大鼓舞，一些曾經在黃埔港上聽過他布道的美國海員，回國後回憶起他們當時聆聽宣講基督教福音時的情景，對雅裨理推崇備至[85]。雅裨理因健康問題回國，成為首位從東方歸來的美國傳教士，一八三四年他回到紐約時，所到之處受到各差會組織的歡迎，其後他應邀前往各神學院、禮拜堂、婦女團體演說，言論轟動一時[86]。盧公明回國後，也受到了這般禮遇，雖然已是重病在身，他還是受到了人們的熱烈歡迎並收到了許多機構發給他的邀請，參加各項活動尤其是在基督教教會內部的講演和報告。在美國最後的歲月中，盧氏還積極地為各所教堂、主日學校和青年基督教聯合會等團體機構作題為「中國社會和宗教習俗」的演講。這些演講和報導在很大程度上加深了人們對中國的認知和對華傳教的興趣，盧氏也借助這些活動向人們呼籲前往中國進行「拯救」靈魂的工作，可以說正是通過這些

---

83 Eliza J. Gillet Bridgman ed. *The Pioneer of American Missions in China: The Life and Labors of Elijah Coleman Bridgman*, New York, 1864, p.27.

84 〔美〕衛斐列著，顧鈞、江莉譯：《衛三畏生平及書信——一位美國來華傳教士的心路歷程》，頁80-81。

85 *Chinese Repository*, Vol. 18, pp.262-263.

86 Alexander Wylie, *Memorials of Protestant Missionaries to the Chinese: Giving a List of Their Publications, and Obituary Notices of the Deceased with Copious Indexes*, pp.72-75.

管道，傳教士們對母國群眾進行了盡可能的輿論宣傳，由此激發人們
關注和獻身於海外傳教事業的熱忱與動力。

　　為了論證向東方宣道的合法性和必要性，傳教士報告中國形象所
突出的主題宣傳就是渲染中國在文化和宗教上的低劣。雖然在傳教士
著作中不乏對中國文化的正面肯定，但是在布道衝動和激發民眾狂熱
的宣教激情之驅使下，傳教士也常以狹隘的基督教標準審視中國社
會，其報告和傳教活動記錄充滿有關中國文化落後和基督教戰勝偶像
的記載。在相當多的傳教士著作中，中國的形象和存在是建立在一種
「二元對立觀」之上的：西方與中國、白人與黃種、文明與野蠻、基
督教與異教徒。中國的「異教」形象是中國需要基督教的根本理由，
因而也就成了傳教士有關中國報導的主題。他們有時還故意誇大中國
的「異端」形象，以激起教會和教徒的傳教狂熱。美國平信徒調查團
曾尖銳地指出：「宣教士呈送報告到教會時，往往有過甚其詞的傾
向，或者專指出所在國文化的缺點，或者輕視所在國宗教的價值。在
他們所寫的報告及通訊裡，往往對於所處的環境，加以污蔑」[87]。總
之，傳教士介紹和認識中國社會的根本主旨是要突出一個「異教」國
度的形象，用西方文明和基督教的「利劍」施以「拯救」，基督文明
應承擔起「拯救」中國之責任。此即是傳教運動合法性、甚至用基督
教取代中國文化的合理性的基礎。

　　從國內形勢來看，傳教士傳遞中國信息和塑造中國形象在根本上
亦反映了是出於傳教輿論宣傳之需要，以爭取人們對海外傳教事業的
支持。對此，美部會的機關刊物——《傳教士先驅報》（*Missionary
Herald*）曾做過詳細調查。統計結果表明：「每當這些傳教士回到國
內在各個城市巡迴演講取得成功時，捐款、捐物，支持在中國傳教的
人數就不斷增加」，這樣的狀況自然極大地激勵著傳教士不遺餘力做

---

87 美國平信徒調查團編：《宣教事業平議》，徐寶謙等譯（上海市：商務印書館，1934
　　年），頁16-17。

播教的宣傳，而製造這樣的輿論效果，他們免不了將中國塑造為一個「待拯救」的「異教」形象，這在前面已有不少論述。美國學者魯賓斯坦在其〈美部會傳教士與美國人中國觀的形成（1830-1860）〉一文中認為，「一八三〇年左右，普通美國民眾對中國的態度還是一種欽慕和讚美，但自一八六〇年開始，觀念發生了急速轉變。美國來華傳教士在這種態度轉變過程中發揮了作用。他們利用出版物和講壇，將他們的信息和對中國印象帶回給美國新教公眾，他們的著述和演講讓眾多美國人相信中國是『該死的異教徒』（perishing heathen）」[88]。傳教士著述自不待言，就連他們的演講和報告也向母國觀眾們傳遞著獻身海外傳教的輿論鼓噪。例如，前述曾在福州傳教的萬為除了是位傑出的著者，還是一位天才演說家，通過演講和論說，他向周圍美國民眾傳遞了中國文化信息和激發他們前往中國傳教的宗教熱忱。「他（萬為）是一位精煉和聰慧的著者，一位辯才……如此高層階的綜合能力是十分罕見的；通過他，許多人堅定不移地投入到有益的為基督教獻身的目標中」[89]。首位來華傳教的美國傳教士裨治文在回國後也積極投身宣傳演講和募捐活動，「在探親期間，他們（指裨治文夫婦）受到多方邀請，到各教堂和學院去講述他們的傳道經歷，他們也充分利用這些機會為他們在中國的各個計劃爭取支持……到八月底，裨治文已經再度展示了他高超的說服技巧，成功地為他的各個計劃爭取到了資金和態度上的支持」[90]。

不僅傳教士個人如此，他們所屬差會也是輿論鼓動的好手。以美

88　Murray A. Rubinstein, *The Northeastern Connection: American Board Missionaries and the Formation of American of Opinion toward China: 1830-1860*, 載臺灣中研院近代史研究所編：《近代史研究所集刊》第9期，頁433。

89　"Obituary of Erastus Wentworth", in *Obituary Record of Alumni of Wesleyan University for the Academic Year Ending June 24, 1886*, Middletown, Conn., 1886.

90　〔美〕雷孜智著，尹文涓譯：《千禧年的感召——美國第一位來華新教傳教士裨治文傳》（桂林市：廣西師範大學出版社，2008年），頁269-270。

部會為例，該會設在美國波士頓的總部「守門人」在編輯報刊方面，委員會決策者編輯籌備《傳教士先驅報》及其他發揮同樣作用的差會出版物。他們清整處理這一材料編輯成期刊，以約四十頁的篇幅每月出版。他們對大量的材料進行處理過程中是以製造傳教輿論宣傳為根本出發點，他們想要塑造一種使人們感興趣的社會環境，在此環境中，中國是作為一個傳教的場域，而不是發揚一種特殊的、與眾不同的中國形象。他們選擇的是豐富多彩和帶有激憤情感的以及將中國人描畫得最壞的材料，「該死的異教徒」的苦難遭遇和困境在《傳教士先驅報》的篇章中被反覆地描述和渲染[91]。這種出於傳教需要而對材料隨意加工剪裁的做法，在基督新教差會的宣傳工作中是一種慣用的手法。

　　綜前所述，我們對美國傳教士傳遞中國形象及其出於海外傳教目的考慮而進行的輿論宣傳鼓噪，已有大致認識。我們不能否認他們當中也不乏宣揚正面的中國知識的舉動，這些內容往往更加宏巨豐富；但在根本上，或從本質上看，傳教士都無法擺脫一種狹隘的、帶著民族情緒的西方宗教和文化中心主義（或謂本位觀）的局限性。這種植根於精神傳統的基督文明指導觀，加上國內本土環境的沾染，決定了他們宣傳播報中國文化知識的重點和突出主題是中國「異教」和亟待「拯救」的話語描述和言論觀念。海外傳教的熱忱，尤其是十九世紀末二十世紀初的學生志願者運動的激情狂熱，就是在大量的有關中國的形象塑造和宣教輿論的鼓噪下點燃的。認識這一點，對我們瞭解西方人中國觀之形成甚為關鍵。

---

91 Murray A. Rubinstein, *The Northeastern Connection: American Board Missionaries and the Formation of American of Opinion toward China: 1830-1860*, 載臺灣中研院近代史研究所編：《近代史研究所集刊》第9期，頁443。

第五節　文化適應：僑居生活與地方情境化

　　打自晚清西方傳教士進入福建社會起，就面對如何應對地方文化的問題。對於此一向度的解釋，學界多傾向於以本地化（Inculturation），或稱本土化、本色化[92]等概念進行探討。在以往研究中，基督宗教在中國的本地化問題主要有兩方面內涵：一是從教會自立角度探討基督教中國化，及宗教主導者角色換位問題；二是從文化相遇與調適的視角出發，闡釋基督教在與中國社會文化接觸過程中是如何變通自身，以適應當地社會需要。過去研究所集中解決的問題是：基督教在異文化的處境下，如何處理留住自身文化和被改造為中國化的問題，以及宗教主導主動權的掌握問題等。在這些方面，學界已經取得豐碩成果，奠定了堅實的研究基礎。不過，談到傳教士身臨異文化而作出的文化調適和變通之問題時，尚有一個現象迄今還未引起學者的重視：即傳教士來到中國地方社會，經過長時間的生活居住，不知不覺已經深深打烙上地方文化的印記，與地方區域社會連為一體，甚至在一定程度上可被視為地方文化的發言人。晚清來閩傳教士群體的著述中，就較為顯著地表現出這方面特徵。對於這一現象，筆者擬嘗試用情境化（Contextualization）這一概念加以闡釋。

　　情境化（Contextualization），在以往研究中多作「處境化」[93]，處境化是一九六○年代後期由曾任世界基督教教會聯合會神學組負責人

---

92 本地化另一個常用詞彙為Indigenization，從宗教文化的接觸與對話角度來看，指的是一種外來宗教文化在身處異文化情境中的適應性變化。關於宗教本地化的探討，可參閱Nicolas Standaert（鍾鳴旦）著、陳寬薇譯：《本地化：談福音與文化》，臺北市：光啟出版社，1993年；張西平、卓新平編：《本色之探：20世紀中國基督教文化學術論集》，北京市：中國廣播電視出版社，1999年。

93 有關「處境化」概念的解釋說明，請參見陳繼容：〈中國禮儀本地化展望〉，《神學年刊》2001年第22期；楊慧林：〈「本地化」還是「處境化」：漢語語境中的基督教詮釋〉，《世界宗教研究》2003年第1期。

的 Shoki Coe 首先提出的，一九七〇年代在臺灣等地區興盛一時，處境化主要表達的是基督教在當代社會動態發展格局下如何應對各地區處境的問題[94]，這不在本文討論範圍。筆者認為，contextualization 一詞應當包含更豐富的內涵，其動詞詞根有「將……置於上下文中研究」、「使（事件、活動等）溶入背景」等含義，所以對其動詞化名詞「情境化」的解釋，在西方傳教士入華活動史視閾中似可這樣認為：傳教士在異文化的區域地方社會開展工作與僑居生活期間，為了適應地方社會需要而對自身作出調適，並融入當地文化中，並在一定程度上具有了地方文化發言者、代表者甚至參與者的角色。由於傳教士活動於具體的地方場域，有時甚至就是固定的僻遠鄉村小鎮，所以我們可以把他們與地方鄉土文化的觸碰及融合稱為「地方情境化」。

　　西方傳教士在晚清福建社會的地方情境化，從總體來看，反映出福建地方綜合環境對傳教士的影響：傳教士身處福建各地，長期工作生活使他們對地方文化產生「親近」和「進入」，直至成為地方社會的僑居者。他們首要面對的是對方言的學習和掌握以及在此基礎上編撰各類字典和辭典；他們的生活圈主要在日常的民間，除了必要時候與上層人士打交道，大部分時間面對的是更為底層的鄉土文化，特別是民間信仰和各類陋習的氾濫成風，使得他們孜孜不倦致力於「改造」所謂異教習俗和宣播「代表文明」的基督教福音；在這樣的區域人文環境浸潤下，他們不自覺間成為地方社會的考察者和參與者，並用文字記錄下他們的見聞和認知以及在各地傳教工作的經歷。這些文字記錄經出版後成為著述流傳於世，成為反映當時福建地方社會事況的一手素材，也反映出傳教士已經在不經意間成為中國地方社會的構成因子之一。

　　傳教士最初進入福建社會是以一種陌生人的姿態和心理來臨對一

---

94 參見Darrell L. Whiteman, "Contextualization: The theory, the gap, the challenge", *International Bulletin of Missionary Research*, Jan 1997, Vol. 21.

個陌生的環境，按照跨文化傳播學的解釋，當一種外來文化進入異質於自身的當地（他者）文化中，建構信譽和他者對己方的信任感是一項先要因素，這「要求傳播雙方互相都要持有正面的態度，抱有信任；承認並理解不同文化之間的價值觀、行為規範的差異；努力使自己的行為融入新的文化環境之中」[95]。可見，跨文化傳播的一個重要前提就是雙方必須建立一種信任關係。這在傳播學中即所謂的「信譽性」，是指「傳播者」給他人留下可信賴的印象。眾所周知，傳教士入華是伴隨著西方殖民者武力侵略而來，從一開始就難免存在「信譽」喪失問題，這一「先天不足」要靠傳教士「後天努力」彌補。所以，打從一開始，傳教士為了盡力獲求福建地方社會民眾的認可，採取了學習閩方言，親近地方文化與施醫送藥等「恩惠」手段並舉的策略，特別是前者，是傳教士們堅持不懈的工作。他們對福建方言的學習不僅為其傳教工作奠下基礎，也成為獲得百姓認可的必要管道和方式。據學者研究，不少傳教士早在中國開埠前，已經在東南亞一帶傳教過程中向當地華僑（閩籍人士占有很大部分）學習福建方言，如郭士立、麥都思、雅裨理等人，其中麥都思和另一位倫敦會傳教士戴耶爾（Samuel Dyer）於一八三二年和一八三八年相繼編撰出版了《福建方言詞典》（*A Dictionary of the Hok-këèn Dialect of the Chinese language*）與《福建方言字彙》（*A Vocabulary of the Hok-Kien Dialect*），成為這方面最早的代表。

福建方言繁多複雜，傳教士步入閩省各地，對漢語和當地方言的學習成為首要工作。以福州為例，如美以美會最早來榕地的傳教士懷德一到福州後，就雇請兩個當地教師開始學習福州方言，除了每天花數小時學習漢字及福州土話注音，還經常走街串巷，跟當地民眾交談學習口語。把學習當地方言作為開展傳教工作和及其他活動的第一步。一八五一年懷德試著以福州話口語翻譯《聖經》章節，用方塊漢

---

95 劉雙、于文秀：《跨文化傳播——拆解文化的圍牆》，頁56。

字來表示方言口語裡的音節和詞語，結果受到歡迎，這是第一種用福
州話翻譯的聖經節本[96]。又如盧公明於一八五〇年一到福州後，就開
始了對中文包括漢語官話和福州方言的學習，他在寫給美國總會秘書
的信中還提到當時的情景：「一八五〇年六月十日，我聘請一個當地
的老師作為我的家庭教師，開始學習中文。接下來的十一月，我能夠
用這種方言朗讀聖經中的片斷，唱歌和祈禱來開始上帝崇拜」[97]。可
見，盧公明對中文的學習和掌握頗具效率。盧公明具有很高的語言天
賦，學習也很勤奮，美國學者巴尼特認為：「在盧公明檔案裡，他努
力學習的習慣和在語言學習方面的才能都很突出，這也可以幫助解釋
為何他適合成為傳教士」[98]；對於語言學習的重要性，盧氏本人也深
刻地認為，「當一個傳教士讓自己根植於一個民族中時，他最先做的
應該是努力掌握這個民族的語言，而且不能只是膚淺的瞭解，必須徹
底地掌握他們的語言……使自己不僅能在普通的交談中應用，還可用
於查閱圖書館的藏書，閱讀書籍」[99]。即便是先天條件突出，對福州
方言的掌握也很快，盧公明在中文學習方面卻沒有絲毫鬆懈，「在我
們身體狀況吃得消的情況下，只要我們所擔負的各種各樣的責任允
許，我們都會努力地學習福州方言，使我們這些傳教士能夠為當地民
眾作更大的貢獻」[100]。憑藉這股精神，盧公明對福州方言和漢語愈益

96　"Moses Clark White", photocopied from the United Methodist Church Archives-GCAH
　　（美國基督教衛理公會檔案縮微膠片），引見陳澤平：〈十九世紀傳教士研究福州方
　　言的幾種文獻資料〉，《福建師範大學學報》2003年第3期。

97　Justus Doolittle, *The Diary of Justus Doolittle*（《盧公明日記未刊手稿》，美國漢密爾
　　頓大學館藏），p.74.

98　Suzanne Wilson Barnett, "Justus Doolittle at Foochow: Christian Values in the Treaty
　　Ports", refer to S. W. Barnett and John King Fairbank ed., *Christianity in China: Early
　　Protestant Missionary Writings*, p.109.

99　"The Missionary Enterprise, in its Bearing Up on the Cause of Science and Learning",
　　The Princeton Review, Vol. 38, Issue 4 (October 1866).

100　Justus Doolittle, *The Diary of Justus Doolittle*, p.86.

熟悉和精通，一八五三至一八五八年，他連續編撰了二十五本中文小冊子，其中前期的作品幾乎皆為福州話版本，在一定程度上滿足了西方初來者在榕地工作的需要。在掌握福建各地方言的基礎上，傳教士們還編撰出版各種方言字辭典，主要有閩南方言、福州方言、建陽和建寧方言（建甌話）、邵武方言和客家話[101]等。這些編纂工作，可謂是傳教士「深刻進入異文化」的突出表現，說明他們已經置身於地方情境的「文化場」中。

　　西方傳教士在福建地方情境化的一個顯著表現是他們在閩生活工作的時間和周期頗長，不少人把畢生最寶貴的時光都奉獻在八閩大地上，成為某一具體場域的僑居者，扮演著外國僑民的角色，並在地方社會刻下了不可磨滅的印記。茲列下表舉例觀之：

表二　晚清時期部分傳教士在閩活動時間一覽表

傳教士姓名	來閩年份	在閩活動時間	備註
羅嚪	1844年	二十一年	1865年離閩
施敦力兄弟	1844／1846年	三十四／二十年	1878／1866年離閩
打馬字	1847年	四十二年	1889年離閩
用雅各	1850年	十五年	1865年離閩
杜嘉德	1855年	二十二年	1877年病逝於福建
來坦履	1853年	四十一年	1899年離閩
麥嘉湖	1863年	將近四十年	1865-1866年第一次回國並於當年返閩；1878-1879第二次回國並返閩；1888年第三次回國並於1895年返華，1909年最終離開閩省

---

101 對此，學者已有專門研究，參見林金水：〈在閩傳教士與漢英福建方言字典〉，《福建宗教》1997年第1期；游汝杰著：《西洋傳教士漢語方言學著作書目考述》，哈爾濱市：黑龍江教育出版社，2002年；周典恩、王邦虎：〈近代來華新教傳教士與閩臺方言字典〉，《世界宗教研究》2008年第2期等，此不贅述。

傳教士姓名	來閩年份	在閩活動時間	備注
畢腓力	1885年	二十七年	1912年離閩
弼來滿	1847年	二十四年	1871年離閩
摩憐	1848年	四十五年左右	1895年離閩，期間曾於1859年、1871年和1885年短期回國
麥利和	1848年	約二十二年	1859-1861年第一次回國並返閩，1872年離閩赴日傳教
盧公明	1850年	將近二十年	1864-1866第一次回國並返華，在天津生活三年；1868-1872年再次蒞閩，1843年最終回國
吳思明	1860年	三十五年	1895年離閩
胡約翰	1862年	約五十年	1879年首次離閩，1883年返閩工作至1915年辭世
和約瑟	1872年	五十年	1922年離閩，主要定點於邵武活動和工作
史犖伯	1876年	近二十年	1895年死於古田教案
福益華	1892年	四十一年	1933年離閩

　　通過上表可見，晚清來閩傳教士群體中有不少人士在福建社會工作生活的時間相當長，有些人扎根福建社會達半個世紀之久，還有的甚至客死他鄉，不少人長年定點於僻遠的城鎮鄉村，將他們一生最寶貴的時光都留在了八閩大地上。不僅如此，許多傳教士家屬也長期隨行左右，不少也逝世於福建土地上，當時廈門鼓浪嶼和福州城郊都專門設立傳教士及其家屬的墓地，用以安葬這些獻身於他鄉異邦的靈魂。從表中還可看到，許多傳教士紛紛因故回國後，仍矢志不渝地回到福建的工作場域，體現出對這片土地的不捨情懷，可以毫不誇張地說，福建乃成為了這些傳教士的第二故鄉，他們儼然已是半個福建「土著」。如打馬字牧師在回到美國後，雖已年過七旬高齡，還總是

懷抱著再次返回中國的希望，他還堅持著手完成《廈門方言口語特徵字典》（*Character Colloquial Dictionary in the Amoy Language*）的編撰工作[102]。強烈地表現出對福建這一第二故鄉的深深眷念和掛懷；麥嘉湖三次短期回國，又三次返回福建工作，因為這裡有他割捨不下的事業以及他業已習慣的生活工作環境，他本人也是一位多產的著述家，留下多方面關於福建社會研究的論著，等等。這些都很好地說明傳教士已經深深地融入到福建區域社會文化中，逐漸步入地方情境化的人生軌跡。

雖然大部分來華傳教士持有「西方文化優越論」和西方中心本位主義，蔑視中國文化，但也有一部分來閩傳教士在傳教過程中積極融入地方社會、貼近社會現實和百姓日常生活，就像現在流行語所說的「接地氣」，真正融入到民間社會，與鄉里民眾打成一片。如長老會傳教士賓為霖在漳浦傳教時，說閩南話、留著辮子，穿中國式衣服，吃廉價的鹹光餅，因而被當地人稱為「留辮子的番仔聖人」[103]。而在閩西連城縣四堡鄉傳教的詹嘉德，身穿紅衫綠褲，頭梳假髮長髻，腳穿石榴花鞋，儼然當地一村姑[104]。這部分傳教士雖然不占多數，但也說明傳教士在異域活動必須遵循融入當地文化，即「地方情境化」的軌道。「基督教要想在中國取得立足之地，必先得人民的承認、景仰、贊成與接受」[105]，傳教士這一明智的認識，說明他們放低姿態與地方社會調適融合的主動性和必要性。

傳教士在閩活動及其書寫表現出福建地方情境化特質和傾向還凸顯在他們生活圈接觸的人群及濃厚鄉土文化氛圍，以及他們對這些

102　John Gerardus Fagg, *Forty years in South China: the Life of Rev. John Van Nest Talmage*, p.254.

103　李林昌：〈基督教傳入漳浦〉，《漳浦文史資料》（第9輯），頁160。

104　鄒降瑞：〈四堡基督教會〉，《連城文史資料》（第11輯），頁75。

105　中華續行委辦會調查特委會編：《中國基督教調查資料（1901-1920）》上卷（北京市：中國社會科學出版社，1992年），頁125。

「異教」文化習俗的改造欲望。出於工作需要，傳教士必須深入民間基層，與最廣大的底層民眾打交道。在長期地與老百姓及民間大眾文化習俗接觸與認識的過程中，傳教士發現福建各地民間存在大量的各種傳統習俗和民間文化活動。正是這種長時間立足最廣大平面的考察，他們強烈感受到福建是一個「異教」氣息相當濃厚的地域，特別是在他們視野中常出現的各種陋習惡俗，強化了他們的這種認識。這些正是宣播基督教福音和西方文明最有利的批判對象，於是，如前所述，他們深感福建是「異教」統治的土地，到處充滿「野蠻」和「黑暗」的景象。眾所周知，福建民間宗教信仰崇拜的興盛、民間習俗儀式的繁多在全國是出了名的，《八閩通志》言：「閩俗好巫尚鬼，祠廟寄閭閻山野，在在有之」[106]；《重纂福建通志》載：「照得閩人好鬼，習俗相沿，而淫祀惑眾……從未有淫污卑辱、誕妄凶邪、諸象祀公然祈報，如閩俗之甚者也」[107]；等等。晚清來閩傳教士通過長期在地方的「蹲點」，已經對此有了深刻的瞭解，他們對福建民間宗教信仰、習俗儀規和偶像崇拜等氾濫成風、充斥於市鎮鄉村的現象有著直觀認識和深刻感受，正如他們所感歎：「幾乎每一種宗教或信仰都在這裡有其活躍的代表……這裡的人們沉溺於世俗的追求，對未來世界毫不在意」；「福建人對新的思想和風俗習慣表現出更為緩慢的反映……他們有著豐富多彩的習俗和各種表現方式與行為習慣，這些習俗活動具有生動的品質」[108]，等等。正是由於傳教士工作、生活圈主要圍繞的是福建地方社會普通百姓的大眾文化形態，使得他們在著述中對這些地方日常表現景觀和民間諸事象給予最多最集中的關注；另外，他們還紛紛表達了對這些種種所謂區域「異文化」進行改造的心理，儼然是地方「文明推進工程」的策劃者和主導實施者，以此彰顯上帝福音

106　〔明〕黃仲昭修纂：《八閩通志》，卷58，〈祠廟〉。

107　道光《重纂福建通志》，卷55，〈風俗志〉。

108　The Anti-Cobweb Club, *Fukien: A Study of A Province in China*, p.23.

對福建大地和閩人的「關照」和「眷愛」。

　　正是出於對所生活工作地區文化狀態的「低俗」和「未開化」之「考量」，傳教士在地方情境化過程中積極致力於改造所謂「異教」的習俗，這與他們生活環境和經驗不無關係，亦與身處繁華大都市和京城等地的傳教士有很大不同（這些地區傳教士致力於改造政治經濟文化，參與中國現代化進程的行動氣息較濃）。換言之，處置於地方情境化的傳教士心理特徵，較多地帶有改造地方社會信仰與習俗的痕跡。誠如白威淑珍所理解的盧公明之文化觀照：「他向家中的客人形容中國（福州）社會時認為它是『野蠻的、世俗的、邪惡的和不道德的』，但它仍是可以救贖的，他將自己視作是結束這一切的基本的一部分……盧公明對於他的價值觀在福州地方的應用有絕對的信心」[109]。這或許代表了當時來閩大部分傳教士的心聲，因為在他們心裡，自己已經儼然成為地方文化改造進程的構建者之一。

　　地方情境化是一個尚待深入探討的研究範式或視閾，本文所作的僅是初步性的論述嘗試，它不僅包含適應（adaptation）、調和（accommodation）與本土化（indigenization）之涵義，亦與本地化（inculturation）即對異文化的融合、進入相並聯。情境化可以說是全球地域化之表現的衍生，它「使得人們理解其內部本土文化具體情境，讓基督教呈現一種滿足當地人最深的需要和穿透其世界觀，並使得人們接受追隨基督並將之駐留在其文化之中」[110]。傳教士在福建社會所開展的活動，顯然是這方面最好的注釋之一。而這些內涵，我們從前述傳教士著述所記錄和呈現的諸內容中，可以得到很好的說明。

---

109 Suzanne Wilson Barnett, "Justus Doolittle at Foochow: Christian Value in the Treaty Ports", in S. W. Barnett & John King Fairbank ed., *Christianity in China: Early Protestant Missionary Writings*, p.118

110 Darrell L. Whiteman, "Contextualization: The theory, the gap, the challenge", *International Bulletin of Missionary Research*, Jan 1997, Vol. 21.

第六節　小結

　　晚清來閩的西方傳教士們是一群受到良好教育、具有較高文化知識背景的神職人員。他們當中大多都有大學文憑，從高校畢業後一般又進入神學院培訓，具備很高的文化及神學素養，說明傳教士並非泛泛之輩，甚至很多可以說是精英人才。尤其是美國新教各派差會，都十分注重傳教士需具備高素質。誠如著名教會史家賴德烈先生所言：「大部分美國傳教士來自農村和中小城鎮。他們通常是各教派學院或大學的畢業生，若按常規，一般還會是一位神學院的畢業生。英國和美國傳教士在身體和精神方面都具有堅毅和自力更生的血質。他們通常來自虔誠的宗教家庭」[111]。他們不僅在教育水平上比同等家庭背景出身的其他年輕人高得多，而且一般具有強烈的責任心和良好的道德修養。良好的教育背景使這些歐美傳教士們能夠掌握較新的科學知識和西方文化特質，很多人對中國文化也有一定理解力，這就為他們日後在福建乃至中國從事文化交流和傳播西教奠定了基礎和前提條件。同時，也為他們中許多人成為撰著者、學問家並留下許多記述福建的著述作品以宣傳介紹中國地方文化埋下了伏筆。

　　從傳教士著述中，可以透視出西方傳教士考量福建社會的深層次文化語境，夾雜著複雜的文明觀和文化審視觀因素。它們至少包含著以下幾個層面：第一，東方主義的文化分野，製造「二元對立」的東西方文化對立的「摩尼教」情境，在這種文明分化過程中，福建社會異教形象被突出放大，中國野蠻落後的面相被置於西方進步文明的對立面而被審視；第二，殖民主義的文化心態，傳教士隨著西方列強殖民步伐，不僅參與到這種殖民行徑的過程中，他們的中國觀也不可避

111　Kenneth Scott Latourette, *A History of Christian Missions in China*, New York: The Macmillan Company, 1929, p.408.

免浸淫著殖民主義色彩，從而為西方入侵中國裝飾上一層「美麗」的外衣；第三，跨文化傳播和比較文化形象學的觀察語境，在跨文化觀照下，傳教士意識形態化和文化中心主義表現十分顯著，而福建乃至中國社會在西方比較形象學上呈現的「他者」角色，反襯出傳教士欲突出「自我」優越，而塑造一個相對「低劣」的異國形象，從而為其文化傳播提供合理的依據和口實；第四，也是最根本的考量，反映了傳教士潛意識中的福音「拯救」思想動機，西方傳教士言說、認識福建及至中國並塑造一種「異教」形象，從根本上看是出於傳教的需要，為基督教拯救全世界的普世主義提供理論根基和實踐注腳。質言之，西方傳教士考量福建社會的文化語境和思想觀照體現了他們內心世界固有的、消之不去的西方中心主義意識和西方文化本位觀。此外，更進一步看，傳教士著述的輿論宣傳亦是出於發動更多人關注與奉獻於傳教事業之目的，為的是激發本國人民對海外傳教運動的熱忱和投入更多支持。從後來歷史發展來看，他們的這些做法收到了成效，西方世界對中國的傳教活動持續不斷，到二十世紀初達致其最高潮，對中國晚清史和民國史的發展進程（尤其是社會變革轉型期）產生了不可磨滅的影響。

最後，我們還應注意著述中所反映的傳教士對福建社會之認知，還存在著傳教士群體共性與個性糾纏之微妙關係。與在北京、上海等大都會的城市傳教士相比，雖然來閩傳教士亦積極投身文教事業改良活動，體現出普世福音主義精神和社會福音派的印痕；但這些卻並不是最主要的，其表現亦不顯著。近代來閩傳教士群體由於長時期在福建地方工作生活，成為了某一區域的僑居者，在思想和心理、精神上無不打上「地方情境化」印記。他們因為區域環境之實際與生活圈所接觸人群事況及鄉土文化之故，更多地要去瞭解適應當地文化實際之需，包括學習福建方言以便「進入」異質文化圈內，置身於社會觀念和習俗的改造，並試圖用普世福音取代閩文化中氾濫充斥的民間習俗

儀規、宗教信仰和固風陋俗等等。這些才是他們更常要時時面對的，由是難免會表現出與其他地方不同的氣象。這也提醒我們在對中國基督教區域史進行研究時，應注意傳教士整體觀念與個人情感表達之關係，亦應注意到基督教全球地域化過程中所不可忽略的「地方情境化」之現象。

第六章
晚清西方傳教士述閩文獻的多重意義

　　晚清來華的傳教士記述福建社會的論著文獻（後文簡稱「述閩文獻」）不僅折射著撰述者的思想文化觀照，反映出東西方文化接觸、碰撞與交流的時代痕跡，表達著歷史的場景與面相及傳遞社會記憶；它們本身還是重要的歷史資料，為後世留存下一份份寶貴的文字及圖照資源財富。這種文獻信息的意義與價值，在東西方世界分別產生相應的重要影響，並呈現出兩端不同的基本維度。對於中國來說，它們是福建地方史研究重要的資料佐證和文獻補充，是閩人著述和福建地方文獻的姐妹資訊，對再現與探尋晚近福建社會歷史文化面貌和發展軌跡頗有裨益；對於西方世界而言，傳教士述閩論著成為十九世紀至二十世紀初西方人瞭解認知福建乃至中國最主要的窗口和信息來源管道，它們還在相當程度上為本國政府提供決策諮詢和成為漢學（中國學）研究的資料素材源泉。

第一節　對福建地方史研究的資料價值

　　通過前面的論述，可以發現西方傳教士對福建社會方方面面、零零碎碎、事無鉅細的介紹和記述，可謂龐雜豐富、包羅萬象。作為西方人，他們在記載所見事象時往往不顧取捨問題，見事皆錄，其中有很多自然是無關緊要的信息，因為這些在中文文獻中皆有豐富的論述和例證，傳教士記錄有時並不能成為新鮮的證據。不過，正是由於一

些不加思索的摘記，加之西方人自身觀察角度的迥異，他們也記刻下
了一些重要的歷史線索和文化事象，這些在福建地方文獻中或難於查
考，或語焉不詳、簡扼模糊。所以，傳教士們有時是下意識或流水帳
式的記錄，往往能在不經意間起到彌補中文史料之不足的作用，一些
時候還為今人保存下不少珍貴的史料片段與傳說故事。當然，在更多
時候，傳教士著述所起的是一種佐證、輔助和印證福建地方文獻的作
用。此外，前已述及，在傳教士論著中往往插配著許多圖片和照片，
這些舊圖片、老照片，幀刻著晚清社會真實面貌，再現當時社會風
貌，尤其是老照片，其鏡頭捕捉下了許多社會角落最真切的場景，留
住不少社會記憶信息，為我們帶來視覺衝擊的同時，有助於加深我們
對百多年前的社會環境的直觀認識。總之，傳教士著述反映著清末福
建社會諸方面的自然、人文景觀，借助它們可以有助於今人更好地認
識晚清福建社會真實面貌。

其一，正是由於觀察視角不同（傳教士較注重細節描寫），傳教
士著述的細描與福建地方文獻記載之簡扼形成對比。在這方面，傳教
士之西文著述可以和地方中文文獻相互參照，並在一定程度上彌補中
文史料之不足。

西方傳教士們在福建傳教與生活過程中，對於迥異於自身文化形
態的地方文化面相，充滿獵奇心態，一些人利用自己精細中國文化的
優勢或是深入田野進行調查的條件，對地方歷史和文化事象進行詳細
的描述，其中有很多的場景和片段細節，甚至一些雞零狗碎的東西，
往往都是國人不屑或不願意（或因立場、條件等限制）記載的，與此
相反，這些卻是讓傳教士充滿新鮮和好奇感的東西。因此，有些比較
真實反映地方歷史面貌和文化現象的細節描述，常出現在傳教士的作
品中。筆者在檢閱傳教士述閩論著中，發現許多此類碎語片段，無法
一一言盡，僅舉一些較具代表性的場景以窺觀其貌：

以對閩南小刀會的記述為例，我國學者對閩南小刀會起義不乏研

究，翻檢學者們的論著會發現，他們所使用的資料，已離不開西人著述的支持[1]，其中就包括傳教士的作品。如休士《廈門及其鄰縣》、畢腓力的《廈門概述》、英國傳教士吟唎（Augustus Frederick Lindley）的《太平天國革命親歷記》、約翰・斯嘉茲（John Scarth）《在華十二年》等，特別如《太平天國革命親歷記》與《在華十二年》，還是研究太平天國運動不可或缺的外文資料；《廈門概述》也是研究廈門對外貿易史和社會史的重要參考書。日本學者佐佐木正哉《咸豐三年廈門小刀會叛亂》是研究得較為全面和深入的代表作。他在文中除了使用地方文獻，還首次採用英文檔案和休士等西人論著中的描述，由於休士、吟唎、畢腓力等人或擔任外交職務、或與中外職能機構頗有往來，所以對其中細節描述有一定可信性。正是這些傳教士著述或與傳教士頗有往來的西方人之作品，為研究閩南小刀會起義尤其是在廈門地區發生的史實，提供了一些頗為必要的證據，這些資料對中文文獻記載不詳的地方有一定的補充作用，所以說它們有彌補中文史料的價值。

　　實際上，還有一部傳教士著述尚未引起學者們的關注，此即關於美國傳教士打馬字（John van Nest Talmage）的一部回憶錄傳記作品──《在華南四十年：打馬字牧師的生平》。打馬字（1819-1892），是美國歸正會傳教士，他於一八四七年抵達廈門，一八九二年離開，在廈從事傳教工作長達四十多年，期間曾親眼目睹廈門小刀會起義實況，同時他還擔任翻譯工作，與中外官員頗有交往，通過親身的經歷，有機會瞭解小刀會起義的一些詳細狀況。這本書保留不少打馬字信件，在信中提到不少關於廈門小刀會起義的細節信息，為我們瞭解這一歷史事實提供了一些寶貴的資料。

1　參見朱維干：《福建史稿》（下）（福州市：福建教育出版社，1986年），頁545-569；連立昌：《福建秘密社會》（福州市：福建人民出版社，1989年），頁148-155；洪卜仁：《閩南小刀會起義史料選編》，廈門市：鷺江出版社，1993年。

　　例如，書中記錄有起義爆發階段的情況，身處當時當地的傳教士幾乎把它等同於太平軍的同夥，「正當太平軍擾亂著清王朝的統治中心時，另一支勢力在其他周邊省份活動。一八五三年（咸豐三年）的廈門周圍地區，正醞釀組織著一場起義」。對此，打馬字在一八五三年六月三日的信件中還詳細介紹道：「（五月）十七日夜裡漳州爆發了起義。起義者出自一個活動多年的秘密組織，由於成員一般持有小刀，這個組織就被人們稱為小刀會。在海澄和石碼起義後，老百姓似乎是支持這些起義者的，後來他們北上到漳州，南下到廈門。與此同時，在同安和安溪也發生了起義。今天下午，我們得到消息，我們的傳道被抓起來砍頭……六月十日，廈門已經被收回，並且廈漳兩地之間地區已得到控制，起義者試圖重新奪回漳州城」[2]；等等。有關小刀會爆發初期，中文記載較模糊，打馬字的描述顯然有利於我們進一步瞭解小刀會起義的進程，同時也使我們看到小刀會起義軍在進入廈門初期與當地居民關係及其對戰局的影響等。這些具體的細節描述，一定程度上彌補了中文文獻記載的不足之處，有助於今人對這一問題的深入研究。

　　此類事例還有不少，如關於閩江船民經濟生活形態、關於福建茶葉對外貿易發展等現象都很具代表性，難以一一詳述。正是傳教士這種對歷史事象箇中細節不厭其煩地摘記和追求，使得其論著在不自覺間可在一定程度上彌補中文史料的一些不足之處。

　　其二，在傳教士英文著述中，為我們保存了一些較為珍貴的歷史資料和民間傳說故事。

　　傳教士在福建社會深入田野和各種場所進行訪問考察過程中，對一些民間的簿冊、楹聯、碑刻、告示，甚至是民間口頭文學或傳說故事等資料，進行了不厭其煩地輯錄和摘抄。這些來自地方田野的資

2　John Gerardus Fagg, *Forty Years in South China: the Life of Rev. John Van Nest Talmage*, pp.132-140.

料，如今有很多成為文史學界研究者青睞有加的「文獻寶庫」，誠如中國社會經濟史學界泰斗傅衣淩先生所言：「在收集史料的同時，必須擴大眼界，廣泛地利用有關輔助科學知識，以民俗鄉例證史，以實物碑刻證史，以民間文獻（契約文書）證史，這個新途徑對開拓我今後的研究方向是很有用的」[3]。傅先生強調的是在歷史研究中應注重社會調查，廣泛收集各種來自民間的文獻，因為它們反映著更為真實的社會大眾的一般性歷史。亦如陳支平教授所言：「歷史學家需要通過社會調查等手段，從民間社會的點點碎影中補充這歷史的殘缺，從社會下層發掘足以反映歷史變動的軌跡，以最大限度地接近歷史的真相」[4]。這一理念告訴我們必須重視和挖掘出自社會下層的田野資料，以獲取接近歷史真相的原始素材。在這方面，傳教士對於民間文獻的摘錄和輯佚，或許是隨手而為，卻在不經意間為後世留存下一些較為珍貴的社會史料和民間傳說故事。

前已述及，清代福州民間盛行的五帝信仰曾被官府列為淫祀加以禁止，特別是五帝崇拜迎神賽會更是官府嚴禁申飭的對象。這方面，近代寓閩傳教士摘錄的禁令布告的原文為我們提供了第一手的素材。在一八六七年的《教務雜誌》上連續刊發前後兩任閩浙總督左宗棠和吳棠發布的文告，為我們留存了這方面珍貴的資料，對於研究晚清福州地方民間信仰及社會文化史頗有裨益。兩則告示全文如下：

> 欽命督辦軍務太子少保兵部尚書閩浙總督部堂一等伯左（宗棠）為出示嚴禁事照得賽會迎神本干律禁移風易俗首黜異端本爵部堂久聞閩中俗喜怪誕民間信巫好鬼習為故常自駐節延平以來訪聞省城供有澗殿神號五帝民間私造塔骨各像假崇祀武聖為名重新澗宇每歲夏間創出海採蓮各色城廂內外按戶徵錢會有董

3　傅衣淩：〈我是怎樣研究中國社會經濟史的〉，《文史哲》1983年第2期。

4　陳支平：〈社會調查與史學研究〉，《東南學術》1994年第4期。

頭閒有總首耗民財以供淫祀竭物力以博奇觀義托大儺事同兒戲
在寡識者謂可祈福消災在守經者亦謂有舉莫廢出會之時優孟衣
冠輝煌閭巷地獄變相示見通衢甚至翎頂披執照耀輿台屨烏裙釵
裝扮閨閣蔑禮廢法冶容誨淫似茲世道是謂不祥猶有鬼神豈歆非
禮聞去秋省垣時疫流行迎賽更甚俾夜作書舉國若狂或毀柵以橫
行或留城以犯禁茲當防守戒嚴尤應預為禁斷合行出示曉諭為此
仰闔屬紳商軍民人等知悉爾等須知心存敬畏即災沴所由消事涉
矯誣亦神明所不佑自示之後務將從前私造塔骨各像迅速毀滅倘
敢違禁存留一經訪拿定即按律從嚴究辦其僧道人等毋得托詞神
降乩傳妄言禍福機祥轉相煽惑其迎賽一節軍務未竣以前概行停
止如敢故違定將倡首各人立正軍法各宜凜遵毋（毋）違特示
右仰通知　同治四年二月　初八　日給。[5]

頭品頂戴兵部尚書閩漸總督部堂吳（棠）兵部侍郎福建巡撫部
院李（福泰）出示申禁事照得迎神賽會律禁甚嚴官長失察均干
史議查閩中風俗向重讀書明理軍興以來教化久廢習俗日非其尤
甚者省會及外府地方多有澗殿塔骨神像等名目惡棍刁徒挨戶斂
錢嚴為惡習前爵都部堂左曾經通飭示禁在案茲本部堂院臨蒞是
邦惟恐刁徒故智復萌仍有賽會斂錢之舉亟應禁於未發該軍民人
等須知天道至公無私若是孝子順孫奉公守法即不拜廟燒香天豈
不加保佑若是奸盜邪淫無惡不作縱使逢神頂禮天豈稍事姑容古
人有言事父未能入廟歆誠皆末節悅親有道見佛不拜亦何妨至明
理言諒人人所能曉查從前刁徒各立名目橫收居民鋪戶銀錢其間
必有文武衙門從嚴禁止除祀典所載東獄神城隍神係在祈報之例
應照舊章外其餘不在祈報者概不准藉詞迎神送神希圖斂錢遊戲

5　*The Missionary Recorder* (May 1867), pp.22-23.

合再出示申禁為此示仰軍民人等知悉自示之後倘敢仍蹈前衍定
挐會首照例究辦並提地保人等重懲地方官失於查禁亦必撤參不
貸其各恪遵勿違特示　同治六年三月十七日給。[6]

　　盧公明所編撰的《英華萃林韻府》（簡稱《韻府》）這部辭典工具
書，留給我們不少這方面的驚喜。該書與一般的工具書不同，除了具
有詞典的性質和基本特徵，還闢有專門的一個部分，對中國歷史、地
理、經濟、經典文化，尤其是民間文學文化的內容進行收錄和提供英
文翻譯模板[7]。作者結合自身在福州與他地長期深入的考察和輯錄，
匯集了諸多民間碑刻、楹聯、俗諺及口頭文學等文化遺產，不自覺間
保存下了不少寶貴的社會文獻資料。其中有一些已難於在中文文獻中
查找；有的流傳至今，可佐證某一文化的前後繼承延續；有的還可與
今日民間文化信仰研究相互參照，提供參考價值。

　　例如，《韻府》中保留了有關福州廣東會館規條的文獻資料。廣東
會館是晚清時期廣東商人在福州活動的聯繫紐帶，反映的是當時閩粵
省際貿易網絡互動乃至海外貿易發展的格局，有助於我們考察晚清經
濟貿易的發展情況。但有關廣東會館的史料卻已難尋覓，《韻府》出
於翻譯和向西方世界傳遞中國民間文化的需要，保存了這方面重要信
息，其對廣東會館的規條（共十八條）進行逐一謄抄摘錄，舉述如下：

　　　　第一條，閩省茶市為盛，鄉里來此謀生者日繁，難保無官事交
　　　　　　涉別故牽連。如有此情查確該人果係善良無辜受累董理
　　　　　　人等聯名保結，以安商旅。
　　　　第五條，會館現無餘積，事事需銀，必藉抽釐以充公用。其抽
　　　　　　釐規例另有簿存，如有違例不交者，將其名勾銷，一切

6　*The Missionary Recorder* (July 1867), p.55.

7　參見林立強：《美國傳教士盧公明與晚清福州社會》，頁224。

事宜永不與聞，共以多報少者，一多報少者，一經查出
補繳釐金外，罰戲一本，以期劃一。

第七條，會館現已完竣，如動支一百以上亦須集眾公議。至逐
月所收釐銀或置業或出揭值理人等當善為布置，然值理
既經月月標明釐項。所存大概一目了然，如有各鄉里要
揭一面到值理商量，但需要妥人擔保，以重公項。

第九條，會館數目，值理洋行茶行雜貨行公舉一人，協同料
理，以一年為限。期滿將帳簿集眾公算，後各行輪舉一
人接管，倘上期管理該人允洽眾望，舉其再管，亦從其
便，以昭慎重。

第十四條，會館原燕集之所，不准婦人女子進殿拈香。如有不
遵條約者許看門逐出，以端風化。

第十五條，會館一切用費皆動支公項，其住館伺奉香火之僧以
及工人皆有月俸支給，至於捐送香油出自各人誠意然，
並無設立緣簿向人捐題，特此怖聞，以杜冒濫。

第十七條，本省新舊文武舉人入京會試，新舊科文武進士翰林
侍衛文武鼎甲入京供職繞道福州，幫送公車銀兩，俟蓄
儲饒裕再議例[8]。

以上可見，《韻府》中這一完整的摘錄為我們保存下有關福州廣
東會館活動情形全面而細緻的信息。從中可見會館的職能、經費來
源、用途及其管理方法與日常事物管理，特別是會館所具有的祠廟燒
拜功能和婦女不准進館、為路過福州的官員或舉人提供盤纏等事象，
這些條文對於研究福州廣東會館是十分寶貴的原始材料，對會館史研
究也有一定參考價值。

8　Justus Doolittle, *Vocabulary and Hand-Book of the Chinese Language*, Vol. 2, pp.399-402.

又如，《韻府》書中保存了一組清同治十年十二月福州府頒布的禁淫祠法令：

> 不准聚眾迎神並捏造請相出海名目，或棹龍舟從中漁利，鄉儺為驅授之舉存其意可也，何必迎神遠出竟將數處神像移來一所，呼酒進撰如宴會然可笑亦復可恨，至普度清醮雖非賽會只准一日刻期誦經，不宜踵事增華及用度麋費。

> 不准迎神像赴家藉詞醫病駭人聽聞，疾病無醫世之常事何得驚動神像，如神有靈豈不重降之殃乎。

> 不准街方添搭矮屋供奉土神，如男堂女室長爺矮爺之類，標榜名目倏東倏西最堪驚怪。

> 不准沿街張貼某神行臺公所字條，如威靈公太子及馬元帥溫將軍行（臺），大班公所隨駕公所之類。

> 不准粉作長爺矮爺，長爺有名謝必安，矮爺有名犯無救者。此乃無稽之談何必習其形似。

> 不准椿作凶惡罪犯，始猶出自兒童追後年壯之人亦多演粉，甚至蓄髮赭衣備諸醜態情殊可惡。

> ……

> 不准青年婦女入廟燒香，如請花求子等類情尤可鄙。[9]

再如，《韻府》一書中還收錄了福州附近道山觀、彌陀寺、呂祖宮、武廟（即關帝廟）、觀音堂、尚書廟、天后宮、大王廟、娘奶宮、醫宮

9　Justus Doolittle, *Vocabulary and Hand-Book of the Chinese Language*, Vol. 2, pp.517-518.

等處的碑銘；民間的祭祀和生日活動等詞句；搜集了各種佛道和民間
信仰的寺觀祠廟中大量的擲筊神諭和占卜籤（簽）詩[10]；還收錄難以勝
數的民間俗諺、楹聯、隱語及謎語等等，向西方世界報導了中國民間
口頭文學之繁盛現象，儼然一座集納民間市井文化的小型資源庫。

　　另外，盧公明在其巨著《中國人的社會生活》中為後世留存下不
少民間口碑文獻，尤其是民間傳說故事等口頭文化遺產，也頗具參考
價值。如前文所述臨水夫人在降妖過程中得到水鴨幫助，而民間供奉
臨水夫人不用鴨肉的故事；又如關於無諸的傳說。無諸神像放在其妻
子的右邊，而根據中國人的觀念，無諸坐的應是主位。像這樣丈夫將
主位讓給妻子的做法在中國是一種極不尋常的現象，盧公明對此特殊
現象進行解釋，他記錄下關於這個現象的傳說，「有一天，他（無
諸）開玩笑地對妻子吹牛道，只要他把靴子扔到井裡，就可以讓龍浮
出水面。她立刻否認了這一可能性，同時肯定地說，如果將她的一隻
耳環扔到井裡，可以把龍引誘出來。他許下諾言，要是她能用這種方
法將龍引出水面、而他卻不能用靴子達到同樣效果的話，他願意將主
位讓給她，今後就一直坐在他的左邊。她接受了這一主張。於是他把
靴子扔下去，但沒有龍浮出水面。她取下一隻耳環扔進井裡，龍馬上
出來取耳環上的珍珠！龍以其對珍珠的特別喜愛而著名，就像它對虎
的強烈仇恨一般。按照無諸的許諾，從那以後，這位妻子就一直坐在
丈夫的左邊。在他們死後，人們排列製作好的神像時，把妻子的塑像
放在主位上，即丈夫的左邊」[11]。此外，盧公明在書中還記載了有關
媽祖信仰起源、白公雞信仰等的傳說等等。這些傳說雖然有的荒誕不
經、有的尚待考證、有的似有其事，但它們為後世留存下一些地方口
碑文獻資料，這本身就是一件很有意義的工作。

---

10 參見林立強：《美國傳教士盧公明與晚清福州社會》，頁269-278，此不細述。
11 Justus Doolittle, *Social Life of the Chinese*, Vol. I, p.63.

　　其三，傳教士著述中不少記述片段或場景，可以印證福建地方中文文獻資料的記載。

　　西方傳教士的記載在更多的時候可以在中文文獻中找到對應的記錄和表述，我們在利用中文材料研究地方民俗文化的同時，可以合理運用傳教士的記述進行相互印證、參照或對比，從而使研究或觀點更具說服力。茲舉幾例：

　　例如，福州人有洗溫泉的習慣。清代，城內澡堂業頗為興盛，晚清時期私營溫泉已經成為人們生活休閒的一個重要場所，據乾隆《福州府志》介紹：「溫泉五，一在城中東隅，今名湯井巷有石槽十……一在湯門外百步，名石槽，一在湯門外河口，俗呼官湯，有屋覆之。前朝官府休暇間浴於此」[12]。施鴻保在《閩雜記》中載道光時「湯堂」雲：「閩縣井樓門外，有溫泉焉。居民於其處開設浴室，謂之湯堂，夏日尤多」[13]。清人陳池養有詩吟詠道：「溫泉怒湧近高城，洗卻塵埃亮體輕。最喜振衣無暑氣，荷花香送午風清」[14]。說明在清末福州社會溫泉經營業和時人酷愛洗溫泉的習慣。對此，我們可以從傳教士著述中找到佐證。四美在福州巡遊考察期間，就親眼目睹福州人泡溫泉的情景，「有一小群人帶我來到湯門（注：湯門以溫泉著稱，設多處溫泉浴池。福州的溫泉相傳發現於唐朝，但至清初才建有營業性的浴池，供人洗澡），又領我到一個小的郊區，那裡滿漢雜居。不久，我們到了一處公共溫泉浴池，只要花上兩個銅板，居民就可以在這些藥泉中沐浴。比起中國其他城市，此地人患皮膚病的要少得多。有些人把這歸功於洗溫泉澡。我首先看到的是，在一個直徑不到二米的圓池中，有二十來個人，在熱氣騰騰的水中只露出顆頭，一個緊挨著一個。福州人一般都不開玩笑，臉色陰沉。但從這些沒有身軀的二十個

12　〔清〕徐景熹修：（乾隆）《福州府志》，卷5，〈山川一附溫泉〉。

13　施鴻保：《閩雜記》，卷3，〈湯堂〉。

14　引自趙麟斌主編：《閩臺民俗散論》（北京市：海洋出版社，2006年），頁315。

頭上卻發出了一陣笑聲。有三、四個人坐在池邊，等待那二十個人中有人上來，騰出位置讓他加入洗澡的行列。有一兩個洗澡完後，在往身上抹油或塗藥膏，醫治身上的疼痛。遠一些的地方，還有一個澡池，也有二十個中國人緊緊地擠在淺淺的溫泉中……」[15]。這一記載印證了清代福州人泡溫泉習俗的說法，並增添有關描述性的信息。

又如，有清一代福建歷史上存在典賣妻子的陋俗，例如「嘉慶時，福建長汀人蘭貴隴，娶妻吳氏。吳氏結婚時十七歲，與蘭貴隴堂兄蘭應隴通姦，被丈夫發現，就以貧窮為名，托媒婆鄧秋媽出賣吳氏。媒婆找到王思封，王出彩禮番銀五十元，蘭貴隴寫立婚書，收清財禮，這時吳氏二十歲」[16]。這些說明典賣妻有相應的手續，即簽署契約書券。而在福建，「典賣其妻」通常被認為晦氣之事，一般不在家中簽約。例如，在福建漳州，典妻、賣妻和租妻的契約多在豬圈起草和簽訂，筆、墨用畢即棄如污物[17]。對於此一特殊的民俗事象，有關中文記載並不多，而傳教士的記述恰好能夠給我們提供一個相關的佐證，例如盧公明《中國人的社會生活》有記：「丈夫若欲將妻子賣給另一個男子需先徵得妻子的同意。買主會得到一份注明買賣目的的文件。夫妻都要在文件上簽字並塗上墨水印上掌印或腳印，有時只需夫妻雙方各摁一指印即可，印在簽名的下方。如若沒有這種印記，文件將無法生效。同時，文件的起草人，交易的中間人，擔保人也需簽名。與買賣妻兒有關的文件不在屋內起草或簽署，而是在街上或田裡，理由是屋內不吉利」[18]。這一記述證實了買賣妻子現象的存在及其所謂的「契約文件」，尤為難得的是，該記載印證了「典賣其妻」

15　《五口通商城市遊記》，頁277。

16　中國第一歷史檔案館檔案：《內閣全宗‧刑科題本‧婚姻類》，嘉慶四年；引自馮爾　　康：《古人生活剪影》（北京市：中國社會出版社，1999年），頁23。

17　汪毅夫：〈性別壓迫：「典賣其妻」、「買女贅婿」和「命長媳轉偶」〉，《福建論壇》　　（人文社科版），2007年第6期。

18　Justus Doolittle, *Social Life of the Chinese*, Vol. II. p.210.

通常不在家中簽約的「奇怪」現象，這位我們瞭解時人買賣妻風俗提
供了鮮明的證據。

　　再如，關於清末福建城市公共衛生狀況的記載。清末民初福建城
鄉公共衛生狀況甚差，時人潔淨意識不強，垃圾滿街、污水淤滯等現
象常見於市區城郊，加上特殊的氣候和地理環境，常致細菌滋生，疾
疫爆發。如晚清時期廈門「街市窄狹，民居稠密，架席片薄板蔽日而
又堆積糞土，薰蒸潮濕，宜疏其溝道，俾水得暢流宣洩淹鬱」[19]，這
種狀況一直持續到民國，「街市狹窄且污穢不堪，薰蒸潮濕，疫病屢
時作……廁所臭穢達於極點……」[20]；清末福州城區亦「由於人們生
活衛生條件較差，四害到處孳生，疫病連年，喪命者不計其數。僅清
代光緒年間連續三年瘟疫大流行……」[21]；時人曾諷刺福州有「四
多」：「臭溝污水多、垃圾瓦礫多、蚊蠅老鼠多、疾病疫癘多」，據
《福建省志・衛生志》記載：「在糞管方面，民國時期福州市區有廁
所二百七十處，糞缸二○三○口，其中廁所離河水、井水水源三十米
以上的占半數以上。城鎮垃圾成堆，環境衛生狀況很差。農村則人畜
共居，糞便污水橫流，環境衛生更差」[22]。這些狀況，在傳教士著述
中得到很多的證明。

　　西方傳教士甫達閩省各城鄉，即對當地衛生狀況甚差的環境皺起
眉頭，很多人因為水土不適而疾病常發，不得不抱憾離開閩地，所以
在傳教士著述中對各地惡劣的衛生環境頻作描述。例如，麥嘉湖在福
州遊歷和考察期間看到：「（福州）人口、房屋如此密集，以致沒有喘
口氣的多餘空間來淨化從骯髒的街道和擁擠的房屋中飄來的惡臭，和

---

19 〔清〕周凱修撰：（道光）《廈門志》，卷2，〈分域略〉。

20 廈門市修志局纂修：（民國）《廈門市志》，卷5，〈建置志〉。

21 《福州地方志：簡編》（下），政協福州市文史資料工作組編，1979年刊印，頁57。

22 福建省地方志編纂委員會編：《福建省志・衛生志》（北京市：中華書局，1995年），
　　頁9。

其他東方民族一樣，中國人也不愛乾淨。他們生活在污垢和污穢不潔之中，樂得其所……污水和惡臭的排水溝就在靠近他們房屋的面前流淌，也沒有人提出抗議」[23]；他在廈門期間曾擔任鼓浪嶼道路委員會秘書，對廈門城市公共衛生狀況較為瞭解：「道路下的排水溝要多糟有多糟。唯一的排水辦法是借助雨水的沖刷，但這一良好意圖卻因水溝經常堵塞而成泡影。腐臭的髒水找不到流暢的通道排出去，自然會從石板的間隙溢到街道上。在陰雨季節成了令人厭惡的東西。這種狀況造成了惡臭氣味的四處擴散……如排水溝出口處，公共污水池，門前空地等，一無例外地由於守舊的中國勢力的影響，臭氣立即在這裡扎下根。而人們對這種狀況極盡忍耐克制之能事。清潔工對它們置若罔聞。因而，由於當地居民的漠視，街道成了無人過問、令人厭惡和毫無藝術情趣的地方」[24]。陳安理在泉州亦見相似情形：「泉州沒有在排水系統問題上進行嘗試和努力，在不平坦的花崗岩街路下，只有一條排水溝來疏通地面上的污水，排水溝常堵塞，只能靠雨水沖刷」[25]等等，不一而足。

其四，傳教士著述中所插配的大量圖片照片，有助於增強人們對歷史直觀認識，它們對福建地方史研究提供著最真切的實物佐證。

從前述可知，在傳教士的西文著述中，往往插配著諸多的輔助圖照，這些社會記憶的「底版」，不僅真實地再現了過去逝去的場景和時態，還原了過往歷史的原本面貌；更有助於加強今人對過去歷史事象的直觀認識和舊影尋蹤。相形之下，福建地方文獻（除了輿地圖和市井畫冊等資料外）幾乎沒有這方面的習慣或技術，自然較缺乏圖照說明。茲舉幾例：

23　J. Macgowan, *Pictures of Southern China*, p.86.

24　廈門市志編撰委員會：《近代廈門社會經濟狀況》（福州市：鷺江出版社，1990年），頁317。

25　Annie N. Duncan, *The City of Springs or Mission Work in Chinchew*, p.37.

　　例如，筆者曾在一部地方文獻中讀到晚清福州萬壽橋（今解放大橋）橋面兩旁擺滿了商販貨攤的信息，開始時持半信半疑態度，後在傳教士著述中的幾張照片（見前章圖片）中得到答案，解開了筆者心中的疑團。照片中萬壽橋粗獷古樸的橋墩和橋身，映照著萬壽橋滄桑的風貌，橋面上熙熙攘攘的人流、橋面上路旁搭建的貨攤遮篷以及依稀可見的人群與商販買賣的場景等，襯托出時人生活的一般形態。而大橋不遠處江面上，密密麻麻的烏篷船和帆桅船，更是反映了閩江碼頭帆船貿易興盛繁榮的景象。讓人真切感受到清末福州閩江江域百姓經濟生活的日常狀態。

圖一　南臺江岸密集的船舶

圖片來源：John Macgowan, *Picture of Southern China.*

晚清福州的南臺（包括今福州臺江區南面與倉山北面及兩區之間的水域）是當時福州經濟中心地帶。在當時，形成了一個以萬壽橋（今解放大橋）為軸線，以閩江口江岸為基面，以南臺兩翼為外圍的經濟繁榮區。當時中外貿易匯聚於此，江面上密密集集的船舶正是因貿易需求而發展起來的。時至今日，該區域仍是福州城市經濟中心區之一。

　　晚清時期福州商品經濟活躍，占據著傳統的閩江流域山海貿易網絡的樞紐地位，加上作為最早一批被闢為通商口岸的沿海城市，十九世紀中後葉的福州城市經濟較為發達。閩江江面布滿密密麻麻的帆船、舢板、烏篷船等水上貿易交通工具。這類照片在傳教士著述中屢屢出現，使人深刻感受到閩江下游人民身處溝通閩省內陸和沿海地區經濟貿易往來，省際貿易往來以及福建與外國海上貿易在閩江兩岸的交匯承接[26]。這些鏡頭，為我們留住了時代的印痕，令人遐想連連。

　　再如，晚清廈門沿海地區苦力貿易興起，出國華工（西人稱之為「苦力」）是社會上最為悲慘的底層勞動者，他們的漂洋過海可謂一部充滿苦難與受虐的血淚史。關於這一歷史事象，學界給予諸多關注，而在傳教士著述中，為我們提供了反映此一現象的直觀真實的證據。在畢腓力《廈門概況》一書的四十九幅照片中，其中一幅即為廈門苦力工人被販賣到海外離開廈門港時的情景（見圖二），畫面中幾百人擁坐於一艘船上，如蜂巢一般密集不堪，真實地反映了苦力工人身處的悲慘場面。

　　老照片或圖片是歷史的舊底版，呈現的是社會記憶的歷史面貌，它們生動地展示了清末福建社會和民眾的生活百態、物質特徵和精神文化表現形態等。通過它們我們可以真切直觀地認知逝去的地方歷史，感受地方的滄桑痕跡。相比之下，我們在福建地方文獻中就很難得看到有這類大量圖照的輔助效果，照片方面因缺乏攝像技術自不待言；而圖畫方面也多付之闕如，比較常見到的有方志文獻典籍書前部分的輿地圖、民間書卷的一些畫像或是一些流行畫冊。這些畫像、圖冊的流行自然與西人留存下的圖照之規模和效果相去甚遠，這種缺失令人在查閱古人文獻時不免留下一絲絲遺憾，即似乎缺少某種直觀的效果。

---

26 詳參吳巍巍：〈晚清開埠後福州城市社會經濟的發展與變化——以西方人的考察為中心〉，《中國社會經濟史研究》2015年第2期。

圖二　被販賣出洋的苦力

圖片來源：Philip Wilson Pitcher, *In and About Amoy.*

晚清苦力貿易在福建一時成風，廈門則是其中的重災區。大批苦力迫於生計被販賣出洋，其境況悲慘不堪。從此圖密密集集的苦力擁擠在一艘船上的情景可見一斑。

第二節　對西方世界的多重影響

前已述及，西方傳教士在對國內傳播中國知識文化方面是最主要媒介載體之一。從十九世紀到二十世紀初，大量的西文書籍和文章都是出自傳教士的手筆。這些著述面向西方廣大讀者受眾群，使得其母國人民更全面而深刻地瞭解、認識中國及其周鄰的有關信息和文化形態等內容。王立新教授認為在此時間段內，傳教士著述是美國獲取中國知識的最主要管道。傳教士著述在開始階段帶有探索中國情報性質，目的是為本國政府和差會提供決策諮詢和參考，以便為西方國家

殖民擴張和宗教輸出做打探和鋪墊。傳教士著述及相關文獻還是傳教士抒發他們對中國的觀識情感和評判中國文化的言論發表平臺，其中平直的記述內容和深層的研究認知，逐漸演變為近代傳教士漢學在西方世界尤其是在美國的形成和發展，肇開美國漢學（中國學）研究的序幕和前奏。可以說，近代來華傳教士著述對於西方國家瞭解和認識中國社會起到了十分重要的「橋樑」作用。與這種總體性狀況相對應契合的是：晚清來閩傳教士記述福建社會的作品亦是其中重要組成部分之一，它們也在這三個層面發揮著自身對西方世界的影響。

一　為西方政府和差會等機構提供決策參考和諮詢

傳教士及其著述所傳遞的中國形象，為西方世界描畫了一幅生動的中國社會圖景，傳教士筆下的福建社會正是這幅圖卷中一塊重要組成部分。這些重要信息曾經一度為西方政府當局提供了決策參考資料，尤其對當時的東西方外交關係產生重要影響。

費正清先生曾指出，「新教傳教士是靠臆想生存的……這種臆想和十足的非現實主義觀念影響了美國的政策，因為只有美國的傳教團體掌握著第一手資料，而且美國的對華政策對他們有著切身利益」[27]。姑且不論傳教士所傳遞的中國社會信息是否「臆想十足」，但費氏明確指出傳教士著述（包括他們著作、書信、報告、札記、各類文章等）與美國對華政策制定之間存在密切關係。

傳教士與美國的亞洲政策有著溫情關係並非偶然。據美國學者丹涅特研究，在整個十九世紀，除非之前曾是傳教士的人外，極少數的美國官員對於他們派駐的國家的語言文字有任何正確的知識，他們對這些海外國家瞭解，多半不是靠本地翻譯人員，就是靠其他國家的外

27　〔美〕費正清：《觀察中國》，頁28。

國人或傳教士。例如美國自一八三〇年起，在將近四十年之中，與中國政府代表間的往來公事，大部分都是由裨治文、伯駕或衛三畏經手辦理。正是由於自身具備良好的有關中國等亞洲國家的知識文化素養，傳教士頗受歐美政府外交當局青睞，他們得以以傳教士加外交官（領事官員）的身分參與中美事務關係處理，有機會搜集瞭解更多關於中國知識，而這些知識又反過來加促他們為政府決策制訂提供參考和諮詢。實際上，不僅是我們已熟知和常談及的裨治文、衛三畏、伯駕、李太郭等人，美國在中國各通商口岸的對華外交和領事官員，都與差會派往該地的傳教士關係密切，在福建亦如此。

以福州為例，筆者在翻譯《美國駐福州領事公文急件目錄》時就發現，其中不少是關於傳教士的條目，如一八八〇年五月二十九日關於「保護美以美會傳教士薛承恩（Nathan Sites）到延平傳教」的條目、一八八四年九月十二日「美國領事執行官受美部會傳教士夏查理（Hartwell）委託代辦有關事宜」的條目等等；還有不少關於傳教士逝世的信息發布等擬目。另據丹涅特所述，在一八五四年以前，（美國駐在）廈門的領事館，即便有人加以照管，大半也是傳教士負責其事[28]。這些都表明各地傳教士與美國官方之間「超親密的友誼」，這種關係促發傳教士為母國政府擔負提供有關其所在地乃至宏觀的中國社會各方面信息，成為政府打探情報的一大輔助力量。誠如費正清所言：「他們（傳教士）集傳教士、商人和外交官於一身，以『武器和貿易力量為後盾』，是『西方入侵的一部分』」[29]。

傳教士不僅在中國本土為母國官方機構提供情報信息和決策諮詢，更多的是通過撰述各類論著，並將這些書籍、刊物發回本國，對

---

28 參見〔美〕丹涅特著，姚曾廙譯：《美國人在東亞》（北京市：商務印書館，1959年），頁471-473。

29 〔美〕費正清著，陶文釗編：《費正清集》（天津市：天津人民出版社，1992年），頁241。

遠在大洋彼岸的母國政府和相關機構起到政策參謀的作用。大多數的
美國傳教士們在華傳教的同時，留心搜集有關「中國民族、語言、地
理、歷史、商業和文化等情報，寄回國內」[30]。這些活動，有助於美
國國內人士進一步加強對中國的瞭解，更為今後美國政府制訂對華門
戶開放政策提供有利的依據。以《中國叢報》為例，該刊創辦除了前
述的認識、瞭解中國，傳播各方面中國文化知識的目的外，還在此基
礎上報導和反映中外貿易發展情況，並適時提出各種政治主張，為西
方的擴張出謀劃策[31]。又如，一八四二年成立的美國東方學會標誌美
國中國研究正式肇開，而從一開始美國東方學就具有「要為美國國家
利益服務，為美國對東方的擴張政策服務」的基本特徵[32]。這同歐洲
漢學重視中國古典文化、歷史研究有著截然不同的價值取向。誠如丹
涅特所言：「傳教士所印行的書籍對於美國的亞洲政策起了一個雖然
比較間接，可是更加廣泛的影響……若說此後四十多年（自一八四七
年《中國總論》出版後始），傳教士們所寫的書籍，乃是形成美國對
中國……的任何正確輿論的唯一根源，實非過甚其辭」[33]。

　　傳教士回國後的演講、報告等各種組織活動，這些是他們傳播中
國知識的有效渠道。正是通過這些管道，美國傳教士對中國問題的認
識和看法對一些美國重要政治人物產生了影響。美國首任來華全權代
表顧盛（Caleb Cushing）在來華之前，就是得益於衛三畏在美國所作
的巡迴演講。顧盛寫信讚揚衛三畏的行動，肯定其「對中國有廣博的

---

30 *Foreign Relations of the United States*, 1888, p.221; also see C. Denby, *China and Her
　　People*, Vol. 1, New York, pp.212, 214-215, 220-221, 引自仇華飛：《早期中美關係研
　　究（1784-1844）》（北京市：人民出版社，2005年），頁42。

31 參見陳君靜：《大洋彼岸的回聲：美國中國史研究歷史考察》（北京市：中國社會科
　　學出版社，2003年），頁24。

32 侯且岸：《當代美國的「顯學」──美國現代中國學研究》（北京市：人民出版社，
　　1995年），頁31。

33 〔美〕丹涅特著，姚曾廙譯：《美國人在東亞》，頁474。

知識和正確的認識，值得稱讚而功勳卓著」[34]。美國傳教士不管是否曾在各地駐華外交機構中工作過，往往都能在不同方面和不同程度上為美國向外擴張這個總目標獻策獻力，為美國對華政治、經濟、文化侵略提供對策參考。他們發回的大量關於中國情況的報告和信件，也是美國政府瞭解中國的重要情報。

　　不僅如此，傳教士的著述還為西方殖民當局商業活動提供信息和決策諮詢。關於此，前文已有述及，例如郭士立一八三一至一八三三年沿海航行日誌中對商業經濟情報搜集；美部會傳教秘書史蒂芬攜鴉片販子戈登同郭氏試圖採集福建茶葉信息而強行駛入閩江的茶山冒險探查等，此不再作贅述。傳教士留下的文字記錄（這些探險考察活動都留下有專門的文章、報告、日記甚至是書著），比較詳細地介紹沿途見聞，特別是商品貿易經濟信息，為商人和本國殖民政府從事商業，提供了不可多得的第一手資料。

　　當然，不應忘記的是，傳教士著述這種情報探索性質最初源於為傳教士所屬差會提供海外世界傳教工場的各種信息，以便為制定全球傳教計劃提供決策參考與資鑒。例如，美國新教差會美部會總會在寫給首位派往中國的傳教士裨治文的信中說道：「在你的工作和其他環境允許的情況下，我們期望你把有關中國人性格特徵、生活條件、方式、禮儀習俗，尤其是這些受他們宗教影響的情況，向差會總部作出完整的報告」[35]。裨治文創辦的《中國叢報》是美國對中國研究最早的代表及其有影響的作品，它從一開始就出於為母國差會提供「有關中國及其附近國家最可靠、最有價值的情報」的目的，對中國政治制度、政府機構、法律條例、朝廷要員、中外關係、內政貿易、山川海港、礦藏物產、軍隊裝備、文化教育、語言文字、宗教道德、風俗習

---

34 陳君靜：《大洋彼岸的回聲：美國中國史研究歷史考察》，頁37。

35 Eliza J. Gillett Bridgman, *The Pioneer of American Missions in China: The Life and Labors of Elijah Coleman Bridgman*, New York: Anson D. F. Randolph, 1864, p.26.

慣等，有相當詳細介紹，特別注重報導中國的時事政情[36]。這些都是
當時西方傳教士瞭解傳教對象中國的必要信息。

　　同樣，來閩傳教士著述中也表現出這方面特徵，它們在開始階段
亦具有為所屬母國差會搜集情報信息，為差會制定決策起建言和參鑒
作用。一八四三年，已經在廈門開闢傳教場域的雅裨理就曾致信美部
會，建議盡早到福州建立傳教站點。一八四六年，羅啻向差會寫了一
封長信，正式向美部總會提請建議在福州設立一個傳教團，他認為福
州作為福建省會城市，其政治文化影響大，極具商業貿易潛力，而且
人口眾多，氣候也不錯。羅啻指出，在其他差會尚未占領該地之前，
美部會應該馬上向那裡派遣傳教士[37]。可以說，這些與美部會關係緊
密的歸正會傳教士們的呼籲，對美部會的決策起到推動作用。一八四
五年英國聖公會主教四美在福州遊歷考察期間，也認為這裡是一個理
想的傳教地點，並建議聖公會盡快在此建立傳教站點。他詳細論證了
開闢福州傳教工場的理由，如福州人尚未見識過外國的優越性和文明
程度、對福州方言的克服、福州城市規模、人口數量及其地方上僅次
於廣州的重要性、福州當局思想開放等等，最後四美指出：「……關
於福州的最後也是最重要的看法，即福州作為一個傳教基地的適宜性
質與程度……人口眾多的福建省會卻至今沒有一個篤信福音的傳教
士，這或許就是為什麼應該在福州開展傳教活動的最有說服力的理
由」[38]。

　　正是在傳教士開拓探索的努力下，新教差會最終制定決策，向福
州派遣傳教士開闢傳教站，這一工作由美國方面率先進行。一八四七
年一月二日，美部會派出的傳教士楊順第一個到達福州建立教務據

---

36 參見朱政惠：《美國中國學史研究——海外中國學探索的理論與實踐》（上海市：上
　　海古籍出版社，2004年），頁52。

37 *The Missionary Herald*, Vol. 42 (1846), pp.162-163.

38 《五口通商城市遊記》，頁296-297。

點，將閩省省會正式納入傳教工場體系中。楊順到達榕城後不久即撰寫有關福州的概況報告，向差會匯報福州的綜合信息，包括閩江及福州周邊地區與城郊環境、人口數量、感興趣的對象、民眾身體與道德性徵、對外人態度、方言、氣候、物產、商業及作為傳教場域的重要性等[39]，他還致信美部總會，闡述福州是一個理想的傳教地點的結論[40]。正是在這些傳教士著述介紹的影響下，他們所屬差會源源不斷派遣傳教士至閩地工作活動，足見其對差會制定決策所起的情報參考作用。

二　是西方國家民眾瞭解認識中國主要信息來源，影響著大眾對中國形象的看法

　　美國民眾對中國最初認識主要來源於英國等西歐的著者，他們有許多著作都在美國翻印發行。早期美國人對中國認識受歐洲漢學影響，對中國充滿了無限遐想、充斥著「神秘的幻夢」。直到十九世紀中葉以後，隨著美國傳教士入華活動並開始出版記述中國的作品後，美國民眾對中國認識有了更為直接而真實的信息源。此後，越來越多傳教士記述中國的著述紛紛湧現，它們所渲染和描繪的中國形象愈益豐滿突兀，影響著廣大美國民眾對中國形象的認知。誠如丹涅特那句廣為人知的名言所說：「在十九世紀的大部分期間，美國人是通過傳教士的眼睛來觀察亞洲的」。[41]

　　傳教士著述出版發行主要面向西方世界讀者，成為西方大眾獲取中國信息諮詢的最主要取道。以傳教士核心期刊 *The Chinese Recorder*

39　S. Johnson, "Notices of Fuhchau", *Chinese Repository*, Vol. 16., p.483.

40　"Fuh Chau, Letter from Mr. Johnson, January 9, 1847", *The Missionary Herald*, Vol. 43 (1847), pp.224-226.

41　〔美〕丹涅特著，姚曾廙譯：《美國人在東亞》，頁474。

（《教務雜誌》）為例，一八六七年創辦於福州的《教務雜誌》在其刊
物介紹上，就明確說明該刊發行銷售和通過郵局郵寄送往的地區範
圍，主要是歐美國家各單位和在華西方人群團體等英語讀者。一八七
〇至一八七二年擔任該雜誌主編的盧公明曾介紹道，《教務雜誌》郵
購發行的國家包括「中國、日本、澳大利亞、印度、爪哇、菲律賓、
泰國、新加坡和美國的任何口岸；英國、德國、比利時、法國等國家
和地區」[42]。可見，《教務雜誌》有一定的讀者基礎和受眾群，既然是
英語出版物，接受來自教會書刊的輿論和知識的受眾自然是西方世界
人群，這些報刊書籍成為西方世界讀者獲取各方面關於東方知識的主
要來源渠道，即如《教務雜誌》「專注於擴充關於中國及其近鄰的科
學、文學、文明、歷史和宗教等方面知識」[43]一樣，它們起到了對西
方世界介紹宣傳東方的知識和輿論導向作用。

　　傳教士回國後，不斷向本國人民介紹他們在中國所瞭解的一切，
由於他們在中國問題方面可以說是絕對權威，人們必須通過他們獲取
有關中國的「真實」信息。美國本土民眾對中國的看法很大程度上取
決於傳教士們提供的材料，這些材料自然包括傳教士本人對中國的認
識。許多的傳教士們通過各種場合的演說、參與會議和發布報告等渠
道，向人們傳遞中國文化知識。同樣，當時來閩傳教士群體，也通過
這種回國後向大眾傳播中國知識的途徑和管道，以及出版有關中國
（主要是福建）事象的論著，影響著人們對中國的認知。茲舉例言之：

　　在福州工作近二十年的盧公明曾兩度回國，一八六四年他因失音
症返美，此次回國期間，其宏著《中國人社會生活》得以出版，此書
被西方學界認為是研究中國人社會生活問題「最好的最具綜合性的一
部著作」，「西方人對中國人日常生活的認識往往取決於他們在本國的

42　*The Chinese Recorder* (October 1870).

43　*The Chinese Recorder* (June 1870).

經驗，有兩例子……另外一篇來自盧公明的《中國人的社會生活》——這也許是此類評述中取材最為豐富的一本書」[44]。在美國期間，盧公明頗受大眾尤其是教內人士的推崇。一八六五年十月，他參加了教會在芝加哥召開的一年一度的會議。會議期間，盧公明的演說得到了大家的認同支持。在芝加哥這段時間，他還在多座教堂發表了演講，並得到了人們的好評。一八七三年，盧公明再次回到美國並在紐約定居下來，這段在美國最後的歲月裡，盧公明依然頗受人們的歡迎和認可，並收到了許多機構發出的邀請。他還積極地為各所教堂、主日學校和青年基督教聯合會等團體機構作主題為「中國社會和宗教習俗」的巡迴演講，這些演說還從中國藝術家原始的描繪中，通過一些文章和物件以及一些綢布、圖片詳加闡明[45]；此外，他還在一些重要的活動上發表了有關中國人社會生活方面的演說，讓更多的美國人瞭解中國社會、瞭解中國人民。

　　美以美會傳教士萬為，在美國地方可謂是一位頗具名聲的人士。他於一八四六至一八五〇年擔任美國伊利諾斯州麥肯德瑞學院（McKendree College，即今天 McKendree University[46]）院長，一八五〇年還曾擔任迪金森學院（Dickinson College[47]）自然哲學和化學系主任；他在福建工作和活動時間約八年，留存下若干有一定影響的作品。例如他於一八七六年在美國編製的一幅《福州市內及郊區地圖》（*A map of the city and suburbs of Foochow*），為西方人瞭解福州地理地圖提供十分準確直觀的信息，他本人還曾擔任過地理課的教師，說明其地理地圖學知識豐富而扎實。萬為返美後，曾於一八七二年擔任

---

44 〔英〕約‧羅伯茨編著，蔣重躍、劉林海譯：《十九世紀西方人眼中的中國》，頁90。

45 "Editors' Table", *Hamilton Literary Monthly* (May 1874).

46 McKendree University是美國伊利諾斯州第一座也是最好的一座大學，號稱 "Illinois' First and Finest".

47 該校位於賓夕法尼亞州卡萊爾市（Carlisle, Pa.），是美國少數幾所頂級的高等文科類院校之一。

出版地設在俄亥俄州辛辛那提的《婦女文庫》（*Ladies Repository*）雜誌的編輯，四年後在教會半工半休，大部分時間花在寫作和為衛理公會教堂服務。通過編輯、寫作和演講等形式，萬為以其獨特的風格影響其聽眾，其中自然不乏中國知識的傳遞。「他是一個有著顯著的智慧能力的人，一位充滿力量的牧師，有時通過他那有著令人驚訝的力量的演講論說令聽眾深受滌蕩……他的私人信件通常十分有趣地表達闡述。他是一個天才的同事，有傑出的談話能力，性格率真，憎惡虛偽。在他的著述中有著獨特的諷刺的表現方式，流傳廣泛，他是一位全面的學者」[48]。如此高的評價，恐怕在來閩傳教士群體中是比較少見的，也反映出他在本國當地的影響力和感染力。

有關傳教士回國通過各種途徑向本國人民傳遞福建乃至中國知識的事例還有很多，以上所舉僅是犖犖大端者。通過審視不難看出，西方傳教士對母國人群大眾傳遞有關中國信息存在的一個共同特點就是，希望憑藉自身影響，通過講演、報告和大學任教授課等各種形式，向西方民眾講述、描畫中國事象。正是通過他們這種不懈地努力，逐漸構建出美國人心目中關於中國形象的那一幅幅圖像。

由於傳教士是當時傳播中國文化知識最主要的載體和媒介，觀眾對歸國傳教士演講的興趣不斷增強。這樣，傳教士的影響，不僅在於向中國人傳播西方文化，而且也把中國文化甚至是中國社會的各種風俗習慣、中國人的排外情緒等向美國人民和政府傳播。既在很大程度上影響了美國政府制訂對華政策，更廣泛地影響著美國人民對中國的看法[49]。

傳教士對於中國的介紹與研究對西方人如何審視中國產生了極大

---

[48] "Obituary of Erastus Wentworth", in *Obituary Record of Alumni of Wesleyan University for the Academic Year Ending June 24, 1886*, Middletown, Conn., 1886.

[49] 參見仇華飛：《早期中美關係研究（1784-1844）》（北京市：人民出版社，2005年），頁43。

的影響，而實際上，傳教士們對中國的認識並不全面，因為傳教士在中國所能瞭解的情況畢竟有限，而且每個人對中國的認識又不盡相同。這樣，傳教士們回國後他們常常在演講和文章中向美國人傳達一些不公正的立場和態度，有時可能誤導美國普通民眾對中國的認識。此外，傳教士們的演講和書刊使美國國內長期存在的「中國神話論」完全破滅。有的美國學者甚至認為，「美國公眾對中國認識的轉移是因為基督新教的『十字軍東侵』」[50]。美國傳教士塑造的中國形象更是主導了十九世紀乃至二十世紀上半葉美國人的中國觀，中國常常是以「劣等民族、失敗者和臣民、西方利益的犧牲者，輕視和憐憫的對象，最後成為美國人眼中的被保護人」[51]等形象被呈現給大眾的。這些傳教士塑造出的中國形象不僅誤導西方民眾，而且影響西方各國對華政策。正是這種中國觀演化出美國民眾對中國普遍的「家長」情結和「施恩」心態。

　　西方傳教士著述最終主要面向其本國民眾，他們對福建乃至中國的記述和認識，不僅為歐美政府官方和殖民者們提供情報信息和決策諮詢參考，也是西方大眾瞭解觀識中國的主要信息來源和知識傳播管道。換言之，傳教士及其著述扮演著傳遞中國社會文化的媒介作用，他們「塑造」的福建（中國）形象在相當程度決定了歐美大眾人士對中國的認識與看法。

---

50 Ray Allen Billington, *The Protestant Crusade*, New York, 1938, 引見臺灣中研院近代史研究所編：《近代史研究所集刊》第9期，頁451。

51 Harold R. Isaacs, *Scratches on Our Minds: American Images of China and India*, Connecticut: Greenwood Press, 1958, p.96.

三　為西方漢學研究提供原始資料素材，是漢學家們的寶貴資源庫（以美國為中心）

　　美國漢學（中國學）奠基人費正清先生對傳教士著述曾給予很高的評價，他認為十九世紀新教傳教士著述文獻包含著豐富的反映近代中國史和中西關係史信息，「傳教士作家們努力使自己勝任學者之職，從而具有更大的影響力以改變中國，但他們卻因此發現自己站在雙行道上。他們在向西方傳遞中國形象的同時也塑造了中國人對外部世界的觀點。他們的切身目標是要從宗教上影響中國人，但結果他們的歷史功績卻是充當了中西雙方的溝通渠道」[52]，這樣的地位應引起相關學者的高度重視，並以此作為美國漢學和中國研究的基礎資料，從而構建一種突破傳統西歐漢學的新模式，他說：「歐洲的漢學研究與這樣的一種理想結合在一起，即一個研究中國的西方學者必須有能力親自閱覽中文原著，善於使用卷帙浩繁的中文參考書。這就貶低了在中國沿海的所有傳教士和領事從事漢學研究的作用」[53]。正是以此為觀照，他提倡美國漢學研究應注重對傳教士活動及其撰寫的著述進行研究，從而開創了美國中國學的新的風格和範式。

　　前已述及，新教傳教士是一群教育水平和知識文化素質較高的群體，他們對中國事象的報導和研究著述對於近代以來美國國內學界而言，具有很強的專業性和權威性。正是由於傳教士身負中國事情專家的角色，他們在國內很快便成為公眾人物，頗受民眾歡迎。許多傳教士都撰述有中國研究的專著或各類文章，這些著述的出版又使得他們

---

52 John K. Fairbank, "The Place of Protestant Writings in China's Cultural History", in Suzanne Wilson Barnett & John King Fairbank ed, *Christianity in China: Early Protestant Missionary Writings*, p.4.

53 〔美〕費正清著，陸惠勤等譯：《費正清對華回憶錄》（上海市：上海知識出版社，1991年），頁113。

在講解中國歷史文化等問題方面占據一席之地，他們在國內成為各大學、教會、教堂、宗教和學術機構等各類公共場所、單位以及公眾集會爭相邀請的對象，正是通過在這些場合發表各類演說、報告和講座等，甚至還被各大高校聘請為大學教授，傳教士儼然成為人們認識瞭解中國文化的一扇扇「窗口」。當時許多大學還相繼設立中文課程，一些早期在中國傳教的基督教傳教士不僅擔任中文課程教學，還從事中國問題研究，成為美國的第一批「東方學者」、「漢學家」和「中國通」。他們在講授中華歷史文明時，分別從不同的角度向美國學生介紹中國社會，文化和中國人的心理特徵等，對早期美國人瞭解、認識中華傳統文明起到促進作用。例如，人們比較熟知的衛三畏回國後，被聘為耶魯大學教授，傳授漢學知識；裨治文、顧盛、衛三畏等人組織成立的美國東方學會，專門研究中國等東方國家問題；明恩溥《中國人性格》一書暢銷風靡美國，影響著大眾對中國的看法；等等。

　　同樣，入閩傳教士群體也在漢學研究占據一席之地，他們的著述亦成為本國漢學研究重要的資料素材，為後世漢學家們起到了資源庫的作用。

　　這裡僅以盧公明為例，盧氏是美國漢學史上一位重要人物。其漢學業績主要可以表現在他在中國研究領域所取得的成就，即憑藉《中國人的社會生活》和《英華萃林韻府》兩部代表作而躋身美國傳教士漢學家之列，這是值得後人記取的。北京語言文化大學漢學研究所閻純德教授曾言：「美國最初的漢學著作有衛三畏於一八四八年出版的《中國總論：中華帝國的地理、政府、教育、社會、生活、藝術、宗教及其居民觀》、盧公明的《中國人的社會生活》、麥都思的《中國：現狀與前景》、明恩溥的《中國的特色》等……」[54]。何寅等主編的《國外漢學史》在論及美國傳教士漢學家群體時也言：「除了裨治

---

54 參見閻純德：〈從「傳統」到「現代」：漢學形態的歷史演進〉，《文史哲》2004年第5期。

文、衛三畏等美國早期漢學研究的先驅者外，近代美國漢學發展史上
還出現以傳教士為主的漢學研究群體。他們是丁韙良、明恩溥、狄考
文、衛斐利、盧公明等」[55]。從這些論著不難看到，盧公明作為漢學
家的地位已經是學界所共識的不爭事實。

　　盧氏漢學成就首先突出表現在其成名作《中國人的社會生活》。
許多二十世紀的國外歷史學家對盧公明《中國人的社會生活》這一代
表作評價頗高。如《十九世紀西方人眼中的中國》的作者英國人約·
羅伯茨認為，與同時期的其他描述性著作相比，該書材料很有代表
性，被認為是同類作品中涉及中國人社會生活方面內容「取材最為豐
富的一本書」[56]。《西方的中華帝國觀》的作者美國人 M·G·馬森則
指出：「(《中國人的社會生活》) 是一部最好的和最具綜合性的著作。
即使這部著作對中國人——特別是生活在福州及其郊區的人們的生活
和習俗處理方法過於簡單，但是其中的許多習俗描寫對這個帝國的其
他地區還是具有普遍性的」[57]。據美國學者蘇珊·巴尼特的研究，盧
公明的著作還「對洋務派和改良派的知識分子有一定的影響」[58]。這
從另一個側面反映出他作為近代美國漢發展史上出現的以傳教士為主
的漢學研究群體中一員的重要性。不僅如此，此書還是美國早期漢學
開拓者或傳教士們和研究福建歷史的必備參考書，例如在衛三畏的宏
著《中國總論》中，就不少地方援引盧公明此書的事例和片段描寫作
為論據；而到了二十世紀初，來閩傳教士在撰寫有關福建社會的論著
中，還頻頻引用《中國人的社會生活》一書的章句和作為比照的文本
對象，如畢腓力的《廈門概述》、Anti-Cobweb 僑民團體編撰的《福

---

55 何寅、許光華主編：《國外漢學史》（上海市：上海外語教育出版社，2002年），頁
　　295。

56 〔英〕約·羅伯茨編著，蔣重躍等譯：《十九世紀西方人眼中的中國》，頁90。

57 〔美〕M·G·馬森著，楊德山等譯：《西方的中華帝國觀》，頁40。

58 Suzanne Wilson Barnett, "Justus Doolittle at Foochow: Christian Values in the Treaty
　　Ports", p.108.

建省研究》、萬拔文的《在華十二年》等，不一而足。充分說明了盧氏一書對同時代人及後來工作者有著重要的影響。

　　值得一提的是，《中國人的社會生活》一書與衛三畏《中國總論》、明恩溥《中國人的特性》等著作，在美國各大學研究中國問題的機構被視為經典，是研究十九世紀中國社會問題必不可少的參考書，該書「在西方很有影響，曾多次再版」[59]。實際上，我們從與盧公明同時代的傳教士對此書的廣泛引用和後來研究者對此書的推崇和重視及多方徵引，即可看到是書在西方漢學研究學界的重要影響。

　　《中國人的社會生活》成為西方人研究中國不可或缺的參考書，也成為學者們不得不提及的近代美國漢學著作，說明該書在美國對中國研究方面的重要地位。而《英華萃林韻府》作為英漢詞典工具書，一方面固然表現出盧公明出眾的語言天賦和中國語言文字的諳熟，更為重要的是，這部工具書更反映出其漢學研究水平，此書深刻體現了盧氏對中國社會文化的精悉和不遺餘力向西方傳遞有關信息。

　　盧公明在《英華萃林韻府》中收錄各種反映地方民間社會文化的詞條和語句，向西方世界傳遞著來自一般性的中國社會文化的面相與常態，極大地深化了「中學」西播的內涵，在中西文化交流史中有重要突破。書中表現出對民間節慶與習俗文化、民間宗教信仰的表現形態、民間諺聯俗語，民間口頭文學與市井文化等方面內容的高度關注。誠如學者所言，此書「無論從視野抑或內容上看，都突破了西方前人觀察視閾和認識水平的窠臼，將對中國文化的考察鏡頭拉伸、聚焦至更為底層的大眾習俗文化，拓展了文化傳播的內容與向度，也深化了東西方文化交流進程中『中學西漸』這一維度之內涵」[60]。

59　參見王立新：《美國傳教士與晚清中國現代化》（天津市：天津人民出版社，1997年），頁304。

60　參見林金水、吳巍巍：〈傳教士・工具書・文化傳播——從《英華萃林韻府》看晚清「西學東漸」與「中學西傳」的交匯〉，《福建師範大學學報》2008年第3期。

　　入閩傳教士也與其他傳教士一樣，在總體上對福建乃至中國的社會實景與歷史文化持俯視和否定的態度。他們在審視福建社會時往往以優秀民族和救世主自居，對地方傳統文化尤其是民間信仰習俗進行批判和貶低，有時甚至無視傳統文化的思想價值。這些傾向主要表現為過分渲染中國民族「劣性」、認為中國保守自大而導致落後、認為中國社會內部「停滯」而缺乏推動力[61]等等，正是這樣一種站在文化優越感的角度審視異文化，滋生出傳教士以為只有西方基督文明才能幫助、推動中國進入「現代化」社會的思想，這些中國觀對後來美國中國學研究產生深遠影響。美國漢學（中國學）研究在今後相當長的一段時間內，就是按照「西方衝擊－中國回應」的模式而展開的。可以說，傳教士著述內容及其所表達觀點與文化觀照，在很大程度上影響著美國漢學研究的指導觀點，從這個意義上看，它們起到了西方漢學家資源庫和參考書的作用。

第三節　小結

　　通過結合晚清來華傳教士的西文述閩文獻與福建地方中文文獻的相互比照不難看出：儘管存在觀察和認識角度等方面的差異，數量眾多、汗牛充棟的傳教士論著文獻就如同一座資源豐富的礦藏和資料庫，它們的出現有助於擴大福建地方史資料的來源、拓展認識問題的視野和豐富歷史文獻的庫存容量。傳教士們獨特的思維觀照和記述角度，特別是他們對歷史事象細節不厭其煩地執著介紹，在一定程度上可補中文史料記述簡略扼要之不足，更可廣泛地印證地方文獻的記載；傳教士著述還為我們保存了一些珍貴的中文史料和民間傳說故事等口碑文獻；著述中插配的大量圖片和老照片，直觀地印刻著逝去的

61　參見陳君靜：《大洋彼岸的回聲：美國中國史研究歷史考察》，頁30-35。

歷史畫面，為今人瞭解晚清福建社會面相提供實物佐證，殊為難得。這些都是我們在對福建歷史的研究中可以大力挖掘的寶貴資源，對於今日研究工作不無裨益。目前學界對這部分材料的發掘及利用雖已開展和逐步推進，但還稍顯不夠，這在今後福建地方史研究工作中值得加強和重視。

　　而在另一個時空維度中，大洋彼岸的西方世界也深深受惠於入閩傳教士的著述文獻。它們不僅與殖民政治「緊密結伴」，為西方政府和相關機構的決策提供參考資鑒作用；還是西方最廣泛讀者大眾瞭解認識福建乃至中國的主要信息媒介來源，打開了西方窺視古老東方的一扇扇「天窗」；亦是西方漢學（中國學）家們的資料源泉之一，成就了西方漢學界研究模式的轉型。它們對西方世界的影響甚至比東方來的大。從這個意義上看，晚清來華傳教士述閩文獻論著如同架設了一座溝通東西方文化的橋樑，在這座橋上，既有東方風景如畫的豐富內涵和優美意境，亦能看到西方世界的文化觀照與他山之石。要之，晚清來華西方傳教士及其文字圖照記錄，在東西方兩端，皆於有功焉。

結語

　　晚清以降，中西交往成為時代主旋律之一，而傳教士則在此波東西方文化交流潮流中扮演了十分關鍵的角色。他們不但擔負起傳播西學和基督教的重任，同時也承載著向西方世界傳遞中國社會信息的使命。西方傳教士對福建社會的記述與播報無疑是這個領域的一塊重要內容。由於傳教工作使然，只有他們才深入民間基層社會，與底層百姓接觸最多，最常打交道，所以他們對福建民間社會文化瞭解掌握頗深，這從他們的著述中可以深刻體會出。同時，傳教士也必須與上層建築，包括地方官府和文人士大夫交往互動，他們對地方政治、經濟、教育等情況也頗為精悉。正是在這樣局面下，傳教士成為西方人群體中播報地方社會文化信息的主要力量。作為異質文化的另一端，他們對東方地方文化的關懷一方面體現了西方人的好奇與獵奇心理；另一方面也說明他們深入探索中國社會實況的強烈願望。所以他們在傳教同時，撰文著書記述福建社會方方面面的狀況，為後世留下一筆寶貴的文獻資料。西方傳教士著述之價值及其重要意義，可以說是不言而喻。通過對規模龐大、數量可觀的傳教士著述文獻進行梳理鈎沉，我們可以得出如下認識：

　　第一，西方傳教士眼中的晚清福建社會，呈現出一幅東方式的傳統格局、落後的原始狀態和罪惡的社會習俗交織的畫面。他們繼承了晚清以前西人的認識，對東方田園詩般的生活充滿嚮往，當他們發現這種傳統的遺存時自然地興奮不已，並在其著述中詳細記錄了點點滴滴情形；然而作為「沐浴」著西方資本主義文明之光的傳教士來說，倨傲的心態使得他們對福建地方社會的審視已經帶有俯視的色彩，福

建社會在其眼中已經是一個嚴重落後的「異教之地」；更由於傳教士還擔負著傳播基督教、拯救「異教」靈魂的使命，他們對福建社會破陋的事象表現出一種批判的狀態，並將之放在西方文明的對立面，並欲改造之而後快。正是基於這些因素，使傳教士福建觀呈現出一種多元的複雜的狀態，但在根本上不離西方人的「西方中心」普遍性思維。

第二，西方傳教士對晚清福建社會的記述與認識，從總體上看表現出一種不肯錯過每一個細節的特點。他們對福建社會事象的記錄無論巨細，幾乎是「面面俱到」。就連閩人生活中的一言一行，也在其著述中可以找到蹤跡。為什麼傳教士記述得如此細緻？這固然與他們探索中國地方社會文化，向西方宣傳介紹福建不無關係，但我們不可忽略的事實是，許多傳教士長期生活在福建各地，有的甚至終老一生，客死他鄉，傳教士可以說儼然成為當地土著，他們穿中國服裝、操地方方言、遵守民風民俗等，正是這種「文化的親近」，使得他們成為報導福建地方狀況的「西來代言人」，成為向西方世界傳遞關於中國的信息知識的主要力量。

第三，傳教士畢竟骨子裡是西方人，他們的教育是西方的、生活是西式的、思想是西方中心本位的，這些都決定他們終究與福建社會難以完全融合。正是這種根本上的差異，傳教士在著述中處處表現出了一種文化上的比較和觀照，他們用福建這面「鏡子」，襯托出西方的美好；用西方這面「鏡子」，映照東方的頹敗，由此證明西方文明比東方優越的立場，並與之傳教的天職互相配合，共同渲染營造出一個有待「拯救」的異教土地氛圍，並將這些信息帶回國內，以吸引更多西方人將目光和關切投向中國。

第四，較之晚清以前的西方人著述，傳教士介紹晚清社會作品更為貼近社會大眾的現實狀況，換句話說，其關懷更注重現實和實用性，他們等於把福建社會信息原原本本傳遞給母國，在自覺與不自覺間具有情報搜集和打探的色彩。正是這種現實性和實用性，一方面，

決定了傳教士著述不可能像正規的漢學研究那樣，對中國傳統文化作出精到的見解和評判，它們只能在描述著社會上發生或從他人處聽聞而來的信息，體現出一定的隨意散漫和認識表面化；另一方面，也使得傳教士作品具有一般作品無法替代的真實性和資料性，這是我們在剝除傳教士著述中意識形態外衣後應當加以重視並資以利用的。

上述認識主要是從西方傳教士著述的內容及其反映的傳教士思想心態等方面進行分析，從中不難看出晚清來華傳教士與福建社會文化發生著一些複雜的微妙關係，這種關係可謂是一種既對立又統一的辯證體。總體來說，西方傳教士與福建社會文化的互動關係，映射著外國人視野中的福建地方歷史文化的多元內涵。這種「他者」視閾下的福建文化觀有著與本土知識分子和閩人著述明顯不同的書寫風格、表現手法、體例編排、時代內涵乃至精神思想。這一「另類」的福建地方文化史，其突出特點是偏重微觀、精細的考察與帶著批判之觀念的審視：傳教士在細微處、在人們習以為常而忽略之處、在學者研究的空白處等領域，書寫著西方人視野中的福建歷史與文化。可以說，這些西文著述的內涵及其中表達的觀點與思想，對於目前我們的福建地方歷史與文化之研究，能夠提供一種新的視野，增添一些新的內涵，是一種有益的補充和參證，並能起到一定的借鑒作用。

若從更大範圍來看，或從更深一層的角度來說，傳教士著述文獻及其所反映的福建社會文化事象，還在當時東西文化交流的歷史進程中占據著重要的地位和發揮著重要影響。要之，我們還可以從傳教士著述文獻審視近代的東西方文化交流。

近代東西方交往與文化交流從總體上看，已經失去了往昔平等對話的色彩，西方人占據了絕對的主動，主導著時下所謂的「話語霸權」。既然是霸權，就是說書寫、宣傳東方文明信息的角色基本由西人擔任，東方文化的主人中國人反而不見聲音。這種奇特的現象從根本上反映了世界歷史的時代進程。眾所周知，西方文明憑藉經濟、科

技、軍事等的優勢向全球進軍，將資本主義擴延至世界各地，配合這種資本主義全球化的需要，西方基督宗教的傳播逐漸活躍在歷史的舞臺，作為宗教文化傳導者的傳教士日益成為西方文化意識形態和價值觀念普世化擴張鏈環中不可或缺的一環。資本主義全球化的主角是殖民者，而文化播散的主角則為傳教士。既是文化擴張，免不了與他者的異質文化發生撞擊，但在負懷文明優越感的前提下，他們對東方文明觀照的語調已開始轉向否定和批判。歷史的天秤已經倒向西方一邊，時代航向已無法逆轉。著名歷史學家蔣廷黻說：「中西的關係是特別的。在鴉片戰爭以前，我們不肯給外國平等待遇；在以後，他們不肯給我們平等待遇」。誠哉斯言！歷史是平等的，卻又是不平等的。西方傳教士在渲染東方文化信息占據話語霸權地位，中國卻處於「失語」的境態，這種不平等不止是中西文化的差距而導致，也因為我們自身的不主動而造成。

　　當十九世紀初西方人不斷探求中國知識時（以便為日後侵略行動和傳教活動搜集情報信息），中國還沉醉在天朝上國的迷夢中，那時距英國馬戛爾尼使團被拒絕才半個世紀左右；即使是在鴉片戰爭驚醒了大清帝國統治者們的時候，也只有林則徐、徐繼畬、魏源等少數睜眼看世界的士大夫分子，其時的知識界、文化界還根本沒有形成主動獲取西方知識、瞭解西方社會文化的氛圍，更遑論主動地擔負傳遞中國知識信息給西方的任務。雖然在接下來的十九世紀中後葉中國也開始掀起了「西學東漸」和「東學西漸」的文化交流浪潮，而且國人也開始在引進西學方面逐漸占據主動和主導地位，但在向世界宣傳自身文化知識方面卻做得很不夠，這種「形象樹立工程」的話語主導權在西方人手中，他們按照自己的認識視野、個人見解和種種目的來向西方宣播東方文明形態和東方文化的內涵。

　　前已述及，西方人掌控話語主導權雖然也具有與地方社會文化契合的氣息，但在本質上很難脫離西方中心觀和殖民主義色彩。這種單

方向文化輸出的管道所將導致的後果是對中國形象的扭曲和損壞。傳教士因著傳播所謂「文明的」宗教福音的目的，必須樹立一個對立面進行批判打擊，從而襯托自身的優越和美好。正是這種潛在的動因，使得他們所書寫、記述及傳遞的福建社會文化信息難免片面甚至隨性。我們從傳教士記述晚清福建社會的文本內容中不難看到，他們傳遞的往往並不是福建文化的精華，而是更為偏注現實社會的「異教」行徑和傳統的慣俗陋習，甚至是一些文化的沉渣，表現出傳播者對異文化報導的主觀選擇性和目的性。這種單線性作用的渲染和報導，對西方世界所產生的不良影響是難以估量的。

　　由傳教士引介的福建社會文化信息是西方人認知福建地方事象知識的主要來源，由此傳遞給大眾的文化信息是一個亟待基督教拯救的「異教」蠻地，原本美好的東方烏托邦現在已是落後、破舊的不文明、未開化之地，那裡的人民則是「罪惡」的異教徒，需要基督福音施恩改造之。這些「形象重塑」不僅深刻影響了西方民眾對中國地方社會的看法和認識，也成為西方文學、影視作品常常使用的資料素材的源頭，如傅滿洲、陳查理等影視人物，賽珍珠《大地》所塑造的東方農民形象等，它們所傳遞的是一幅幅更基於現實的，而表現出為傳統的和落後的東方圖景，進一步影響了西方世界對中國形象的認知。不僅對大眾文化的穿透如此，傳教士著述傳遞的中國信息還影響著政府決策和命令，例如十九世紀八十年代美國政府排華法案的頒布，其輿論基礎正是對黃皮膚的華人輕蔑與排斥而導致的結果，中國人的形象被定位為墮落和不道德的「黃禍」化身，這些都明顯受到傳教士等西方人士著述中對中國人的描述的影響，這種情感上的偏好也不免成為美國政府制定政策的參考依據之一，等等。此外，如前所述，傳教士著述內容還對美國漢學的轉型產生影響，使其更多關注現實關係和中國實際性問題事務，這些都是傳教士著述大肆渲染的內容和占據主體部分的篇幅。更為令人側目的是，在東西方交往愈益頻繁和密切的

當代時空情境下，仍有不少西方人抱守著他們的「古人」的看法。這些現代西方人心目中的中國形象，仍然停留在過去的認知階段，他們心中的中國形象底版，是那種與現代性大反其道的灰暗色調間或田園詩般的形態，他們找尋的也正是表現出此種面貌的中國「原生態」。由此可見，文化交流的某種「缺失」，將對後世產生多大的影響！歷史留給我們的教訓和啟示，實在太多太多。

時至今日，我們仍常可見到在東西方文化交流互動中，中國對自身文化宣傳介紹處於失語的被動地位，不少國學方面的研究由西方人士掌握著話語主導權。葛兆光先生在《域外中國學十論》一書中以「缺席的中國」為題作代序，說的就是當前域外研究中國的學問似乎成了西方人的「座談會」，而少了中國人的席位。西方人的研究宣傳不可避免帶有他們的認知局限和西式思維結構，甚至還會出現低級的錯誤。這種非全面的格局自然難逃其局限性，這與晚清時期傳教士記述、報導福建社會，輸出中國地方文化信息有著驚人相似，其中的弊端是很明顯的，同時也警示我們應當主動擔負起傳遞國學文化信息的重責；而從另一個層面上看，堅持對外開放和中西方的互動交流已被證明是正確的選擇，只有雙向的交流，才是客觀而全面的對話的基礎。

「百年煙雲，滄海一粟」。西方傳教士在近代福建社會舞臺活動一個多世紀之久，他們在很多方面留下印痕並對地方社會產生重要影響。他們所留存的大量記述晚清福建社會的著作文獻，如今卻靜靜地躺在布滿灰塵的櫥架上，也許很久都不會有人知道。但其寶貴價值卻不會因時間流逝而流失，而是恰恰相反。這些著述中還有許多重要的內容，也有很多的文化意義有待進一步發掘。如傳教士著述對西方人心理產生的影響、對福建知識分子乃至中國文人的反作用等。雖然其中有些是本書目前尚無法解決的，但它們都將隨著今後研究的深入開展而繼續跟進。

後記

　　本書之基礎為本人的博士論文，二〇一一年曾於海洋出版社出版（書名為《西方傳教士與晚清福建社會文化》）。圖書出版後，得到國內學界的積極關注，前後共有多位學者撰寫書評與圖書推介，被認為是區域社會史研究與中國基督教史研究的新探索和新成果。十餘年時間倏忽而過，在這期間，筆者不斷閱讀和積累了一些新的資料，逐漸修正和完善了部分認識與觀點，並期待能有一個合適的機會將本書進行再版。如今，這個願望終於得以實現。

　　在本校文學院與臺灣萬卷樓圖書有限公司的策劃合作下，福建師範大學學術精品入臺工程持續開展，迄今已刊出六輯（每輯十部）。本書有幸得以被選入第七輯，在此由衷感謝他們付出的辛苦和努力。

　　本書的出版，得到本校文學院李小榮院長、鍾偉蘭書記、葉祖淼副書記、周雲龍副院長及各位領導的關心和支持，得到多位學院行政同仁的事務性協助和幫忙。本人碩士導師林金水教授撥冗賜序，在此深表謝意！

　　筆者深知，學術探索無止境，本書必定還存在諸多不足，敬請讀者批評指正、不吝賜教。全書的文責概由筆者本人自行擔負。

吳巍巍

壬寅孟秋於新華寓所

參考文獻

一　外文文獻

（一）檔案、報紙期刊、會議記錄等

A. B. C. F. M. Papers（美部會檔案文件）

Canton Register（廣州記錄報）

China Centenary Missionary Conference Records: Report of the Great Conference held at Shanghai, 1907（1907年傳教士大會記錄）, Printed in Shanghai under the direction of the Conference Commit-tee, New York: American Tract Society, 1907.

China Mission at Amoy, Annual Report & Occasional Paper（廈門差會）, 1863-1873.

China Mission Hand-Book（中國差會手冊）, First Issue, American Presbyterian Mission Press, 1896.

China Through the Western Eyes（「西方人眼中的中國」縮微膠片）

China News from the American Board of Commissioners for Foreign Missions, Boston（美部會中國消息）, 1927.

Chinese Repository（中國叢報）, 1832-1851.

Church Missionary Society Archive（英國聖公會檔案）

Foochow Messenger（福州使者）, 1903-1940.

Goldthwaite（地理雜誌）, 1892.

Hamilton Literary Monthly（漢密爾頓文學月刊）, 1874.

Journal of the China Branch of the Royal Asiatic Society（皇家亞洲文會中國支會會刊），1888.

Journal of the North-China Branch of the Royal Asiatic Society（皇家亞洲文會北中國支會會刊）

Journal of the Royal Asiatic Society of Great Britain and Ireland（亞洲文會會刊）

Methodist Quarterly Review（衛理公會評論季刊）

Missionary Files: Methodist Episcopal Church Missionary Correspondence, 1846-1912（美以美會檔案文件）

Missionary Advocate（傳教士呼聲）

Missionary Herald（傳教士先驅報）

North China Herald（北華捷報）

R. C. A. Archives（歸正會檔案）

Records of the General Conference of the Protestant Missionaries of China, held at Shanghai, May 10-24, 1877（1877年傳教士大會記錄），Shanghai: American Presbyterian Mission Press, 1878.

Records of the General Conference of the Protestant Missionaries of China, held at Shanghai, May 7-20, 1890（1890年傳教士大會記錄），Shanghai: American Presbyterian Mission Press, 1890.

Shanghai Budget（上海錦囊與每週差報）

The China Review, or notes & queries on the Far East（中國評論），1872-1901.

The Chinese Recorder and Missionary Journal（教務雜誌），1867-1941.

The Chronicle of the London Missionary Society（倫敦會編年）

The Educational Review（教育季刊），1907-1938.

The Illustrated London News（倫敦新聞畫報）

The Journal and Proceedings of The Royal Geographical Society（倫敦皇家地理學會雜誌），1879.

The Journal of The Asiatic Society of Bengal（亞洲學會雜誌）

The Ladies Repository（婦女叢報）

The Missionary Recorder（傳教士雜誌）, 1867.

The Princeton Review（普林斯頓評論）, 1866.

T'oung pao《通報》, 1890-1899.

"Minutes of the Tenth Session of the Foochow Woman's Conference of the Methodist Episcopal Church", Foochow, 1894.

（二）日記、回憶錄、傳記與書信集等

Alexander Wylie, Memorials of Protestant Missionaries to the Chinese: Giving a List of Their Publications, and Obituary Notices of the Deceased with Copious Indexes, Shanghai: American Presbyterian Mission Press, 1867.

Charles Gutzlaff, Journals of Three Voyages along the Coast of China in 1831, 1832 & 1833, Second Edition, London: Frederick Westley and A. H. Davis, 1834.

Hartwell, "Early Days in Foochow", The Chinese Recorder and Missionary Journal, Sep-1897.

David Abeel, Journal of A Residence in China and Neighbouring Countries from 1830-1833, London: James Nisbet and Co., 1835.

Edward Bliss Jr, Beyond the Stone Arches: An American Missionary Doctor in China, 1892-1932, New York: John Wiley & Sons, 2001.

Eliza J. Gillet Bridgman ed, The Pioneer of American Missions in China: The Life and Labors of Elijah Coleman Bridgman, New York: 1864.

F. J. Wiens, Fifteen years Among the Hakkas of South China, Unpublished.

George Smith, A Narrative of An Exploratory Visit to Each of the Consular Cities of China, in the years 1844, 1845, 1846, London: Seeley, 1847.

G. R. Williamson, Memoir of the Rev. David Abeel, D.D.: Late Missionary to China, Wilmington. Delaware: Scholarly Resources Inc., 1972.

Jin Ko-niu: A Brief Sketch of the Life of Jessie M. Johnston for Eighteen Years W. M. A Missionary in Amoy, by Her Sister Meta and Lena, T. French Downie,1907.

John Gerardus Fagg, Forty Years in South China: the Life of Rev. John Van Nest Talmage, New York: Anson D. F. Randolph & Company, 1894.

J. M. Douglas, Memorials of Rev. Carstairs Douglas, Missionary of the Presbyterian Church of England at Amoy, China, London: Waterlow and Sons Ltd., 1877.

Justus Doolittle, The Diary of Justus Doolittle（盧公明日記手稿），美國漢密爾頓大學圖書館藏。

Mary E. Watson, Robert and Louisa Stewart: in Life and in Death, London: Marshall Brothers, 1895.

Memoirs of the Rev. Walter M. Lowrie, Missionary to China, edited by his father, New York: Robert Carter & Brothers; Philadelphia: William S. Martien, 1850.

P. W. Pitcher, Fifty Years in Amoy, or A History of the Amoy Mission, New York: The Board of Publication of the Reformed Church in America, 1893.

R. S. Rust edited, Isaac W. Wiley, Late Bishop of the M. E. Church: a Monograph, Cincinnati: Cranston and Stowe, 1885.

Stephen Johnson, "Early Reminiscences of Foochow", The Chinese Recorder and Missionary Journal, Mar-Apr 1880.

W. S. Pakenham-Walsh, Twenty Years in China, Cambridge: W. Heffer & Sons, 1935.

W. S. Swanson, "Ten Years of Missionary Life in Amoy", The Chinese Recorder and Missionary Journal, Jun-1870.

"To save their heathen souls": Voyage to and Life in Fouchow, China, based on Wentworth Diaries and Letters, 1854-1858 / edited by Polly Park, Allison Park, Pennsylvania: Pickwick Publications, 1984.

（三）著作與文章

A British resident, *Twelve Years in China, the People, the Rebels and the Mandarins*, Edinburgh: Thomas Constable and Co., 1860.

Annie N. Duncan, *The City of Springs or Mission Work in Chinchew* (泉州), Edinburgh and London: Oliphant Anderson & Ferrier, 1902.

Benjamin Lincoln Ball, *Rambles in Eastern Asia, including China...Amoy, Fouchow*, and Macao, Boston: James French, 1856.

Benson Lee Grayson, *The American Image of China*, New York: Frederick Ungar Publishing Co., 1979.

Chia-yao, Pan, *The Chinese Response to the Early Protestant Missions at the Chinese Treaty-ports 1842-1852: A Study of the Missionary Work of the American Board of Commissioners for Foreign Missions in Canton and Amoy between 1842 and 1852,* presented to the Faculty of the Luthenran School of Theology at Chicago, 1987.

Chris White, *Authentically Chinese, Thoroughly Christian: Stories of*

Minnan Protestants, 1846-1937, dissertation of Xiamen University, 2011.

Clifon J. Phillips, *Protestant America and the Pagan World: the First Half Century of the American Board of Commissioners for Foreign Missions, 1810-1860*, Cambridge Mass: Harvard University Press, 1969.

Colin Mackerras, *Western Images of China*, Oxford University Press, 1989/1999.

Colin Mackerras (editor), *Imperialism, Colonialism & Nationalism in East Asia: History through Documents*, Melbourne: Longman Australia, 1994.

Creagh, E. Fitzgerald, *A Journey Overland from Amoy to Hankow in 1879*, The Journal and Proceedings of The Royal Geographical Society.

C. J. H. Halcombe, *The Mystic Flowery Land: A Personal Narrative*, London: Luzac & Co., 1896.

Daniel Bays, *Christianity in China, from the 18th Century to the Present*, Stanford University Press, 1996.

Darrell L Whiteman, "Contextualization: The Theory, the Gap, the Challenge", *International Bulletin of Missionary Research*, Jan 1997, Vol. 21.

David Martin Jones, *The Image of China in Western Social and Political Thought*, New York: Pal-grave, 2001.

Donald MacGillivrary, *A Century of Protestant Missions in China (1807-1907)*, Shanghai: American Presbyterian Mission Press, 1907.

Edward Band, *Working His Purpose Out: the History of the English Presbyterian Mission, 1847-1947*, London: Publishing Office of the Presbyterian Church in England, 1947.

Edwin Joshua Dukes, *Everyday Life in China, or Scenes along River and Road in Fuh-Kien*, London: The Religious Tract Society, 1885.

Elizabeth L Malcolm, "The Chinese Repository and Western Literature on China 1800 to 1850", *Modern Asian Studies,* Printed in Great Britain, 1973, London: Cambridge University Press,1967.

Ellsworth C Carlson, *The Foochow Missionaries 1847-1880* (《福州教士》), Cambridge, Mass.: East Asian Research Center, Harvard University, 1974.

Eugene Stock, *The Story of the Fuh-Kien Mission of the Church Missionary Society*, London: Church Missionary House, Salisbury Square, E. C.,1882.

C. Phillips, *Peeps into China, or the Missionary's Children*, London, Paris, New York & Melbourne, 1882.

E. Faber, *China in the Light of History*, Shanghai: American Presbyterian Mission Press, 1897.

E. H. Parker, *John Chinaman and a few Others*, London: Hazell, Watson, and Viney, Ltd., 1901.

E. J. Hardy, *John Chinaman at Home*, London: T. Fisher Unwin, 1905.

Floy Hurlbut, *The Fukienese: A Study in Human Geography*, Published independent by the Author, 1939.

Frank Thomas Cartwright, *From Foochow to the Interior*, 1923.

George Hughes, *Amoy and the Surrounding Districts*, Hongkong: De Souza & Co., 1872.

George Uvedale Price, *Rambles with a Camera: or a series of photographs with descriptive text illustrating the physical features, scenery, temples, types of native life, etc.of the island of Amoy and its immediate neighborhood*, 1893.

Gerald F. DeJong, *The Reformed Church in China, 1842-1951*, Grand Rapids, Mich.: Eerdmans, 1992.

Grosier, *A General Description of China: containing the Topography of the Fifteen Provinces*, London: G. G. J. and J. Robinson, 1888.

G. Currie Martin, *One Hundred and Fifty Days in China*, London: London Missionary Society, 1910.

G. F. Barbour, *China and the Missions at Amoy, with letters of W. C. Burns*.

Harold R. Isaacs, *Scratches on Our Minds: American Images of China & India*, Connecticut: Green-wood Press, 1958.

Henry Charles, *China and the Chinese: their Religion, Character, Customs, and Manufactures*, London: 1849.

Henry Noel Shore, *The Flight of the Lapwing: A Naval Officer's Jottings in China...Japan*, London: Longmans Green and Co., 1881.

Herbert Allen Giles, *A Short History of Koolangsu*, Amoy: A.A.Marcal, 1878.

Irene H. Barnes, *Behind the Great Wall: The Story of the C. E. Z. M. S. Work and Workers in China*, London: Marshall Brothers, 1896.

I. W. Wiley, *China and Japan: A Record of Observations*, Cincinnati: Hitchock and Walden, 1879.

I. W. Wiley edited, *The Mission Cemetery and the Fallen Missionaries of Fuh Chau, China, with an Introductory Notice of Fuh Chau and its Missions*, New York: Carlton & Porter, 1858.

James F. Roche, L. L. Cowen, *The French at Foochow*, Shanghai: "Celestial Empire" Office, 1884.

James W. Fraser, *The School in the United States: A Documentary History*, Boston: McGraw-Hill, 2001.

Jan Jakob Marin de Groot, *Jaarlijksche Feesten en Gebruiken van de Emoy-Chineezen*, University of Michigan Library, 1880.

Jane R. Edkins, *Chinese Scenes and People*, London: James Nisbet and Co., 1863.

Jas Johnston, *China and Formosa: the Story of the Mission of the Presbyterian Church of England*, London: Hazell Watson & Viney, Ltd, 1897.

John King Fairbank edited, *The Missionary Enterprise in China and America*, Harvard University Press, 1974.

John Macgowan, *A Manual of the Amoy Colloquial* (《英華口才集》), Hong Kong: Printer by De Souza & Co., 1869.

John Macgowan, *Beside the Bamboo*, London: London Missionary Society, 1914.

John Macgowan, *Christ or Confucius, Which? or the Story of the Amoy Mission*, London: London Missionary Society, 1895.

John Macgowan, *How England Saved China*, London: T. Fisher Unwin, 1913.

John Macgowan, *Lights and Shadows of Chinese Life*, Shanghai: North China Daily News & Herald Ltd., 1909.

John Macgowan, *Men and Manners of Modern China*, London: T. Fisher Unwin, 1912.

John Macgowan, *Pictures of Southern China*, London: The Religions Tract Society, 1897.

John Macgowan, *Remarks on the Social Life and Religious Ideas of the Chinese, tailed Donald Matheson, Narrative of The Mission to China of The English Presbyterian Church*, London: James Nisbet & Co., 21 Berners Street, 1866.

John Macgowan, *Sidelights on Chinese Life*, London: Kegan Paul, Trench, Trbner, 1907.

John Macgowan, *The Imperial History of China: being a History of the*

Empire as compiled by the Chinese Historians, Shanghai: printed at the American Presbyterian Mission Press, 1906.

John R. Wolfe, *The Wu Shih Shan Trial*, Hong Kong: printed at the "Daily Press" Office, 1879.

John Thomson, *Foochow and the River Min*, 1872.

John Thomson F. R. G. S, *The Land and the People of China*, New York: Pott Young & Co., 1876.

John Thomson F. R. G. S, *Through China with a Camera*, London and New York: Harper Brothers, 1899.

Jonathan Goldstein etc. ed, *America Views China: American Images of China Then and Now*, 1991.

Joseph Tse-Hei Lee, *The Bible and the Gun: Christianity in South China, 1860-1900*, New York and London, Routledge, 2003.

Justus Doolittle, *Social Life of the Chinese, with some account of their religious, governmental educational, and business customs and opinions, with special but not exclusive references to Fuhchau*, New York: Harper & Brothers, Publishers, 1865.

Justus Doolittle, *Vocabulary and Hand-Book of the Chinese Language* (《英華萃林韻府》), Foochow: Rozario, Marcal and Company, 1872.

J. B. Hartwell, *The Foochaw Essays: A Statement*, The American Presbyterian Mission Press, 1877.

J. E Walker, *Some Plants of Fukien Province*, S.1.: s.n,1v.

J. V. N. Talmage, *History and Ecclesiastical Relations of Churches Presbyterial Order at Amoy*, New York: Wynkoop, Hallenbeck & Thomas, 1863.

J Van Nest Talmage, *The Anti-Missionary Movement in South China: more*

Especially in the Amoy District and Adjacent Localities, Hong Kong: printed by De Souza & Co., 1871.

Kenneth Scott Latourette, *A History of Christian Missions in China*, New York: The Macmillan Company, 1929.

Kwang-Ching, Liu edited, *American Missionaries in China, Papers from Harvard Seminars*, Cambridge, Massachusetts: Harvard University Press, 1966.

Kwok Pui-lan, *Chinese Women and Christianity (1860-1927)*, Atlanta, 1992.

"List of Protestant Missionaries sent to the Chinese, written in 1855", *A. B. C. F. M Papers*, 16.3.8.

"List of Protestant Missionaries to the Chinese, with the present positions of those now among them", *Chinese Repository*, vol.20.

Major Henry Knollys, *English Life in China*, London: Smith, Elder, & Co., 1885.

Marry Gertrude Mason, *Western Concepts of China and the Chinese 1840-1876*, New York: 1939.

Mary Darley, Cameos of a Chinese city (《建甌城》), London: C. E. Z. M. S., 1917.

Mary E. Darley, *The Light of the Morning: The Story of C. E. Z. M. S. Work in the Kien-ning Prefecture of the Fuh-kien Province, China*, London Church of England Zenana Missionary Society, 1903.

Members of the Anti-Cobweb Society, *Fukien: Arts and Industries*, Foochou, 1933.

Mrs. Henrietta Shuck, *Scenes in China: or Sketches of the Country, Religion, and Customs of the Chinese*, Philadelphia: American Baptist Publication Society, 1851.

Mrs. Thomas Francis Hughes, *Among the Sons of Han*, London: Tinsley Brothers, 1881.

Paul A. Varg, *Missionaries, Chinese and Diplomats: the American Protestant Missionary Movement in China, 1890-1952*, Princeton, N. J.: Princeton Univ. P., 1958.

Paul Hutchinson, *China's Real Revolution*, New York: Missionary Education Movement of U. S.and Can, 1924.

Philip Babcock Gove ed., *Webster's Third New International Dictionary*, G & C. Marriam Company, 1976.

Philip Wilson Pitcher, *A Sketch of KuLiang Mountain and Environments*, Foochou, China: Methodist Publishing House, 1907.

Philip Wilson Pitcher, *In and About Amoy*, Shanghai and Foochow: The Methodist Publishing House in China, 1909/1912.

Robert Fortune, *A Journey to the Tea Countries of China, including Sung-Lo and the Bohea Hills*, London: John Murray, 1852.

Robert F. McClellan Jr, *The American Image of China, 1890-1905*, Ann Arbor, Mich: University Microfilms International, 1987.

Robert McClellan, *The Heathen Chinee: A Study of American Attitudes toward China, 1890-1905*, Ohio: Ohio State University Press, 1970 (Columbus: Ohio State University Press, 1971).

Rounsevelle Wildman, *China's Open Door: a Sketch of Chinese Life and History*, Boston: Lothropn Publishing Company, 1900.

Rudolf Lowenthal, *The Religious Periodical Press in China* (羅文達主編：《中國宗教期刊》), The Synodal Commission in China, Peking, 1940.

Ryan Dunch, *Fuzhou Protestants and the Making of a Modern China, 1857-1927*, New Haven & London: Yale University Press, 2001.

R. K. Douglas, *Europe and Far East (1506-1912)*, New York: G. P. Putnam's Sons, 1913.

R. M. Gwynn, *"T. C. D." in China: A History of the Dublin University Fukien Mission 1885-1935*, Church of Ireland Printing and Publishing, 1936.

R. S. Maclay, *Life Among the Chinese*, New York: Carlton & Porter, 1861.

Stuart Creighton Miller, *The Chinese Image in the Eastern United State, 1784-1882*, Columbia University, 1966.

Stuart Creighton Miller, *The Unwelcome Immigrant: The American Image of the Chinese, 1785-1882*, Berkeley: University o f California Press, 1974.

Suzanne Wilson Barnett & John King Fairbank ed., *Christianity in China: Early Protestant Missionary Writings*, Cambridge, Harvard University Press, 1985.

Suzanne Wilson Barnett, "Protestant Expansion and Chinese Views of the West", *Modern Asian Studies*, Vol. 6, No. 2 (1972) .

The Anti-Cobweb Club, *Fukien: A Study of A Province in China*, Shanghai: Presbyterian Mission Press, 1925.

Thomas G. Paterson, *Major Problems in American Foreign Policy: Documents and Essays*, Lexing-ton. 1992.

Cochrane, *Survey of the Missionary Occupation of China*, Shanghai: The Christian Literature Societyfor China, 1913.

Valentin H. Rabe, *The Home Base of American China Missions*, Harvard University Press, 1978.

War Office, *Handbook to Map of Fu-Chien*, London: Harrison and Sons, 1908.

William C. Milne, *Life in China*, London: G. Routledge & Co., 1857.

William Edgar Geil, *Eighteen Capitals of China*, Philadelphia & London: J. B. Lippincott Company, 1911.

William E. Strong, *The Story of the American Board: An Account of the First Hundred Years of the A. B. C. F. M.*, The Pilgrim Press, 1910.

W. A. P Martin, *The Awaking of China*, London: 1907; New York: Doubleday, Page & Company, 1910.

W. A. P. Martin, *A Cycle of Cathay: or China, South and North, with Personal Reminiscences*, Edinburgh: Oliphant & Anderson and Ferrier, 1896.

W. H. Medhust, *The Foreigner in Far Cathy*, London: Edward Stanford, 1872.

W. N. Brewster, *The Evolution of New China*, Cincinnati: Jennings and Graham, 1907.

W. Tyrone Power, *Recollections of A Three Years' Residence in China*, London: Richard Bentley, 1853.

二　中文文獻

（一）地方史志、筆記文集、資料集等

〔道光〕《建陽縣志》　福建省建陽縣地方志編纂委員會　1986年7月整理本

〔道光〕《順昌縣志》　臺北市　成文出版社　1974年

〔道光〕《廈門志》　臺北市　成文出版社　1967年

〔光緒〕《浦城縣志》　臺北市　成文出版社　1967年

〔光緒〕《邵武府志》　臺北市　成文出版社　1967年

〔康熙〕《松溪縣志》　福建省松溪縣地方志編纂委員會　1986年7月整理本

〔美〕丁荷生、鄭振滿主編　《福建宗教碑銘匯編》興化、泉州府分冊　福州市　福建人民出版社　1995、2003年

〔民國〕《建寧縣志》　臺北市　成文出版社　1967年

〔民國〕《建甌縣志》　臺北市　成文出版社　1967年

〔民國〕《建陽縣志》　臺北市　成文出版社　1970年

〔民國〕《閩侯縣志》　臺北市　成文出版社　1966年

〔民國〕《閩清縣志》　臺北市　成文出版社　1967年

〔民國〕《南平縣志》　臺北市　成文出版社　1974年

〔民國〕《順昌縣志》　中國地方志集成本

〔民國〕《同安縣志》　臺北市　成文出版社　1967年

〔民國〕《廈門市志》　北京市　北京方志出版社　1999年

〔民國〕《永春縣志》　臺北市　成文出版社　1975年

〔民國〕《永泰縣志》　臺北市　成文出版社　1967年

〔民國〕蔡人奇撰　《藤山志》　1948年鉛印本

〔民國〕陳衍總纂　《福建新通志》　福建師大圖書館古籍部藏

〔民國〕劉超然修　《崇安縣新志》1942年版　武夷山市市志編纂委
　　　　員會整理　1996年本

〔民國〕張燦等修　《重修邵武縣志》　1936年鉛印本

〔明〕馮夢龍　《壽寧待志》　福州市　福建人民出版社　1983年

〔明〕何喬遠　《閩書》　福州市　福建人民出版社　1994年

〔明〕黃仲昭修纂　《八閩通志》　福州市　福建人民出版社　1990年

〔明〕王應山　《閩大記》　福州市　福建師大圖書館古籍部藏

〔明〕謝肇淛撰　《五雜組》　上海市　上海書店出版社　2001年

〔乾隆〕《長泰縣志》　福建省長泰縣地方志編纂委員會　1990年2月
　　　　整理本

〔乾隆〕《海澄縣志》　臺北市　成文出版社　1968年

〔乾隆〕《晉江縣志》　臺北市　成文出版社　1967年

〔乾隆〕《馬巷廳志》　臺北市　成文出版社　1967年

〔清〕陳盛韶　《問俗錄》　北京市　書目文獻出版社　1983年

〔清〕陳壽祺總纂　《重纂福建通志》　道光朝修　同治十年重刻本

〔清〕董天工修纂　《武夷山志》　北京市　方志出版社　1997年

〔清〕郭柏蒼等纂　《烏石山志》　道光于麓古天開圖畫樓鐫刻本

〔清〕郭柏蒼著、胡楓澤校點　《閩產錄異》　長沙市　岳麓書社
　　　　1986年

〔清〕黃任等輯　《鼓山志》　中華山水志叢刊第35冊　乾隆刻本

〔清〕里人何求纂　《閩都別記》　福州市　福建人民出版社　1987年

〔清〕梁章鉅　《歸田瑣記》　北京市　中華書局　1981年

〔清〕梁章鉅　《楹聯叢話》　北京市　中華書局　1987年

〔清〕林春溥編　《榕城紀纂》　抄竹柏山房藏原稿本

〔清〕林楓輯　《榕城考古略》　福建師大圖書館古籍部藏

〔清〕林　紓　《閩中新樂府》　福建師大圖書館古籍部藏

〔清〕施鴻保　《閩雜記》　福州市　福建人民出版社　1985年

〔清〕吳　增　《泉俗激刺篇》　載泉州市民政局、泉州市編纂委員
　　　　會編　《泉州舊風俗資料匯編》　1985年

〔清〕徐景熹修　《（乾隆）福州府志》　中國地方志集成本

〔清〕徐　珂編　《清稗類抄》　北京市　中華書局　1984-1986年

〔清〕張集馨　《道咸宦海見聞錄》　北京市　中華書局　1981年

〔清〕張際亮撰　《南浦秋波錄》　清光緒刻本

〔清〕鄭祖庚纂修　《侯官縣鄉土志》　臺北市　成文出版社　1974年

〔清〕鄭祖庚纂修　《閩縣鄉土志》　臺北市　成文出版社　1974年

〔清〕周亮工　《閩小記》　福州市　福建人民出版社　1985年

〔清〕左宗棠　《左宗棠全集》　上海市　上海書店出版社　1986年

〔日〕野上英一著　徐吾行譯　《福州考》　福建師大圖書館古籍部藏

《必庵手抄《漳州府志》》　漳州市圖書館　2005年8月影印本

《籌辦夷務始末（同治朝）》　北京市　中華書局　1979年版第55卷

《福建白話報》　清光緒甲辰年（1904）出版

陳夢麟輯　《福州諺語詩》　福建師範大學館藏1965年寫本

陳文濤編纂　《福建近代民生地理志》　福州市　遠東印書局　1929
　　　年印行

池賢仁等編　《近代福州及閩東地區社會經濟概況》　福州市　華藝
　　　出版社　1992年

福建省地方志編纂委員會編　《福建省志・衛生志》　北京市　中華
　　　書局　1995年

福建省地方志編纂委員會編　《福建省志・交通志》　北京市　方志
　　　出版社　1998年

福建省文史研究館編　《鄭麗生文史叢稿》上、下冊　福州市　海風
　　　出版社　2009年

福建師範大學圖書館古籍組編　《福建地方文獻及閩人著述綜錄》
　　　八閩叢書　1986年刊印本

福建協和大學福建文化研究會編　《福建文化》（1931-1948）　福建
　　　師大圖書館特藏

洪卜仁　《閩南小刀會起義史料選編》　廈門市　鷺江出版社　1993年

胡樸安　《中華全國風俗志》上、下編　石家莊市　河北人民出版社
　　　1986年

臺灣銀行經濟研究室編　《福建省例》　《臺灣文獻叢刊》第199種

臺灣中研院近代史研究所集刊編委會　《中央研究院近代史研究所集
　　　刊》第1-49期

翁國樑撰　《福建歲時風俗考》　福建沙縣前行出版社鉛印本　1945年

廈門市志編撰委員會　《近代廈門社會經濟概況》　廈門市　鷺江出
　　　版社　1990年

徐吾行編　《近代福建地方大事記》　福建師範大學圖書館藏　1985
　　　年複印稿本

張星烺編注　《中西交通史料匯編》第1-6冊　北京市　中華書局
　　　1977-1979年

鄭麗生輯　《福州風土詩》　1963年手抄本

鄭麗生輯　《福州歲時風俗類徵》　福建師範大學館藏抄本

鄭麗生輯　《福州竹枝詞》　福建師大圖書館藏手抄本

鄭貞文署　《(民國)福建通志》　福建師大圖書館古籍部藏

政協福州市文史資料工作組編　《福州地方志簡編》　內刊1979年

政協連城縣文史資料委員會　《連城文史資料》第11輯

政協漳浦縣文史資料委員會　《漳浦文史資料》第9輯

(二) 教會文獻

〔法〕杜赫德編　耿昇等譯　《耶穌會士中國書簡集──中國回憶
　　　　錄》第1-6冊　鄭州市　大象出版社　2001-2005年

〔美〕盧公明　《勸誡鴉片論》、《賭博明論》等（傳教小冊）　美國
　　　　哈佛大學館藏縮微膠片

《道南》　廈門鼓浪嶼　聖教書局發行

《廢婢運動消息》　美會福州年議會宗教教育部基督化家庭兒童事業
　　　　委員會編印　1936年《福聲》　中華聖公會福建教區刊行

《華美教保》月報　1904-1907年

《教會新報》　臺北市　華文書局印行

《金聲》　金井金聲月刊社編　廈門市　鼓浪嶼啟新印書局

《鷺江報》　（英）山雅各輯辦　廈門太史巷報館發行

《美以美會綱例》　福州美華書局活版　光緒二十一年

《閩南聖會報》　鼓浪嶼　閩南聖教書局

《石生雜誌》　鼓浪嶼　石生雜誌社

《中華基督教歷史》甲編（特刊）　《神學雜誌》第10卷第3號
　　　　1924年

福建聖公會　《福建教區百年史略》　福建教區百周年紀念刊　1950年

福州美以美會　《福州美以美會天安堂八十周年紀念刊》　1936年

金陵神學院　《中華基督教歷史》　金陵神學志特刊20卷

林樂知主編　《萬國公報》　臺北市　華文書局印行

林顯芳編　《福州美以美年會史》　福州市　美華書局　1936年

美國平信徒調查團編　《宣教事業平議》　徐寶謙等譯　上海市　商
　　　　務印書館　1934年

臺灣中研院近代史研究所編　《教務教案檔》第1-7輯　臺北市　中
　　　　研院近代史研究所出版　1974-1981年

許聲炎等編著　《閩南中華基督教會簡史》　閩南中華基督教會出版
　　　　1934年

中國婢女救拔團總部編　《中國婢女救拔團三周年紀念特刊》　1934年

中國第一歷史檔案館、福建師範大學歷史系合編　《清末教案》第1-
　　　　5冊　北京市　中華書局出版社　1996-2000年版

中華基督教續行委辦會編　《中華基督教會年鑒》第1-13期　中國教
　　　　會研究中心、橄欖文化基金會聯合出版　1914-1936年

中華續行委辦會調查特委會編　蔡永春、文庸、楊周懷、段琦譯
　　　　《中華歸主──中國基督教事業統計一九〇一～一九二〇》
　　　　北京市　中國社會科學出版社　1987年

（三）專著、譯著

〔澳〕麥卡林著　何吉賢等譯　《西方人看中國》　北京市　中國廣
　　　　播電視出版社　1992年

〔比〕Nicolas Standaert（鍾鳴旦）著　陳寬薇譯　《本地化：談福音
　　　　與文化》　臺北市　光啟出版社　1993年版

〔德〕花之安　《自西徂東》　近代中國史料叢刊三編　第80輯

〔德〕夏瑞春編　陳愛政等譯　《德國思想家論中國》　南京市　江
　　　　蘇人民出版社　1995年

〔法〕保羅・克洛代爾著　徐知免譯　《認識東方》　天津市　百花
　　　　文藝出版社　1997年版

〔法〕福柯著　嚴鋒譯　《權利的眼睛：福柯訪談錄》　上海市　上海人民出版社　1997年

〔法〕古伯察著　張子清等譯　《中華帝國紀行》　南京市　南京出版社　2006年

〔法〕老尼克著　錢林森等譯　《開放的中華──一個番鬼在大清國》　濟南市　山東畫報出版　2004年

〔法〕佩雷菲特著　王國卿等譯　《停滯的帝國──兩個世界的撞擊》　北京市　生活・讀書・新知三聯書店　1993年

〔法〕沙百里著　耿昇譯　《中國基督徒史》　北京市　中國社會科學出版社　1998年

〔美〕E・A・羅斯著，公茂虹、張皓譯　《變化中的中國人》　北京市　中華書局出版社　2006年

〔美〕J・M・布勞特著　譚榮根譯　《殖民者的世界模式：地理傳播主義和歐洲中心主義史觀》　北京市　社會科學文獻出版社　2002年

〔美〕M. G.馬森著　楊德山等譯　《西方的中華帝國觀》　北京市　時事出版社　1999年

〔美〕阿爾文・施密特著　汪曉丹等譯　《基督教對文明的影響》　北京市　北京大學出版社　2004年

〔美〕愛德華・V・吉利克著　董少新譯　《伯駕與中國的開放》　桂林市　廣西師範大學出版社　2008年

〔美〕愛德華・W・薩義德著　李琨譯　《文化與帝國主義》　北京市　生活・讀書・新知三聯書店　2003年

〔美〕愛德華・W・薩義德著　王宇根譯　《東方學》　北京市　生活・讀書・新知三聯書店　1999年

〔美〕畢腓力著　何丙仲譯　《廈門縱橫──一個中國首批開埠城市的史事》　廈門市　廈門大學出版社　2009年

〔美〕丹涅特著　姚曾廙譯　《美國人在東亞》　北京市　商務印書
　　　館　1959年

〔美〕德雷克著　任復興譯　《徐繼畬及其瀛環志略》　北京市　文
　　　津出版社　1990年

〔美〕丁韙良著　沈弘等譯　《花甲憶記：一位美國傳教士眼中的晚
　　　清帝國》　桂林市　廣西師範大學出版社　2004年

〔美〕丁韙良著　沈弘譯　《中國覺醒：國家地理、歷史與炮火硝煙
　　　中的變革》　北京市　世界圖書出版公司　2010年

〔美〕多米尼克・士風・李著　李士風譯　《晚清華洋錄》　上海市
　　　上海人民出版社　2004年

〔美〕費正清、劉廣京主編　《劍橋中國晚清史》　北京市　中國社
　　　會科學出版社　1985年

〔美〕費正清著　《觀察中國》　北京市　世界知識出版社　2002年

〔美〕費正清著　陶文釗編　《費正清集》　天津市　天津人民出版
　　　社　1992年

〔美〕費正清著　張理京譯　《美國與中國》　北京市　世界知識出
　　　版社　2000年

〔美〕費正清著　張沛譯　《中國：傳統與變遷》　北京市　世界知
　　　識出版社　2002年

〔美〕哈羅德・伊羅生著　于殿利、陸日宇譯　《美國的中國形象》
　　　北京市　中華書局　2006年

〔美〕懷禮著　王麗、戴如梅譯　《一個傳教士眼中的晚清社會》
　　　北京市　國家圖書館出版社　2013年

〔美〕何天爵著　鞠方安譯　《真正的中國佬》　北京市　光明日報
　　　出版社　1998年

〔美〕亨特著　沈正邦譯　《舊中國雜記》　廣州市　廣東人民出版
　　　社　1992年

〔美〕柯文著　林同奇譯　《在中國發現歷史：中國中心觀在美國的
　　　興起》修訂本　北京市　中華書局　2004年

〔美〕克利福德‧格爾茨著　韓莉譯　《文化的解釋》　南京市　譯
　　　林出版社　1999年

〔美〕拉里‧Ａ‧薩默瓦、理查德‧Ｅ‧波特主編　麻爭旗等譯　《文
　　　化模式與傳播方式──跨文化交流文集》　北京市　北京廣
　　　播學院出版社　2003年

〔美〕拉里‧Ａ‧薩默瓦、理查德‧Ｅ‧波特著　閔惠泉等譯　《跨文
　　　化傳播》第四版　北京市　中國人民大學出版社　2004年

〔美〕賴德烈著　陳郁譯　《早期中美關係史1784-1844》　北京市
　　　商務印書館　1963年

〔美〕賴德烈著　雷立柏等譯　《基督教在華傳教史》　香港　道風
　　　書社　2009年

〔美〕勞倫斯 Ａ‧克雷明著　周玉軍等譯　《美國教育史》三卷本
　　　北京市　北京師範大學出版社　2003年

〔美〕雷孜智著　尹文涓譯　《千禧年的感召：美國第一位來華新教
　　　傳教士裨治文傳》　桂林市　廣西師範大學出版社　2008年

〔美〕盧茨著　曾鉅生譯　《中國教會大學史：1850-1950年》　杭
　　　州市　浙江教育出版社　1987年

〔美〕盧公明著　陳澤平譯　《中國人的社會生活：一個美國傳教士
　　　的晚清福州見聞錄》　福建人民出版社　2009年

〔美〕羅溥洛主編　包偉民等譯　《美國學者論中國文化》　北京市
　　　中國廣播電視出版社　1994年

〔美〕瑪麗‧奧古斯塔‧羅啻著　周維江、黃秀君譯　《中國故事──
　　　羅啻女兒回憶廈門生活（1851-1859）》　廈門市　廈門大學
　　　出版社　2020年

〔美〕馬士著　張匯文等譯　《中華帝國對外關係史》第1-3卷　上
　　　海市　上海書店出版社　2000年

〔美〕麥克福著　金雲銘譯　《十八世紀前遊閩西人考》　　《福建文
　　　化》第2卷第2期

〔美〕明恩溥著　陳午晴、唐軍譯　《中國鄉村生活》　北京市　中
　　　華書局　2006年

〔美〕明恩溥著　佚名譯　《中國人的氣質》　北京市　中華書局
　　　2006年

〔美〕潘維廉著　《老外看福建》　廈門市　廈門大學出版社　2005年

〔美〕潘維廉著　《老外看老鼓浪嶼》　廈門市　廈門大學出版社
　　　2010年

〔美〕史景遷著　夏殿霞譯　《中國縱橫——一個漢學家的學術探索
　　　之旅》　上海市　上海遠東出版社　2005年

〔美〕泰勒・何德蘭、〔英〕坎貝爾・布朗士著　魏長保等譯　《孩
　　　提時代——兩個傳教士眼中的中國兒童生活》　北京市　群
　　　言出版社　2000年

〔美〕特拉維斯・黑尼斯三世等著　周輝榮譯　《鴉片戰爭：一個帝
　　　國的沉迷和另一個帝國的墮落》　北京市　生活・讀書・新
　　　知三聯書店　2005年

〔美〕衛斐列著　顧鈞等譯　《衛三畏生平及書信：一位美國來華傳
　　　教士的心路歷程》　桂林市　廣西師範大學出版社　2004年

〔美〕衛三畏著　陳俱譯　《中國總論》上、下冊　上海市　上海古
　　　籍出版社　2005年

〔美〕約翰・斯塔德著　李濤譯　《一八九七年的中國》　濟南市
　　　山東畫報出版社　2004年

〔葡〕費爾南・門德斯・平托等著　王鎖英譯　《葡萄牙人在華見聞
　　　錄》　澳門文化司署等　1998年

〔西〕門多薩撰　何高濟譯　《中華大帝國史》　北京市　中華書局
　　　1998年

〔英〕安德遜著　費振東譯　《英國人眼中的大清王朝》　北京市
　　群言出版社　2001年

〔英〕奧爾德里奇著　諸惠芳等譯　《簡明英國教育史》　北京市
　　人民教育出版社　1987年

〔英〕博克舍編注　何高濟譯　《十六世紀中國南部行紀》　北京市
　　中華書局　1990年

〔英〕何伯英著　張關林譯　《舊日影像：西方早期攝影與明信片上
　　的中國》　上海市　東方出版中心　2008年

〔英〕吉伯特‧威爾士、亨利‧諾曼著　劉一君等譯　《龍旗下的臣
　　民──近代中國社會的禮俗》　北京市　光明日報出版社
　　2000年

〔英〕雷蒙‧道森著　常紹民、明毅譯　《中國變色龍》　北京市
　　中華書局出版社　2006年

〔英〕立德夫人著　劉雲浩、王成東譯　《穿藍色長袍的國度》　北
　　京市　中華書局　2006年

〔英〕馬禮遜夫人編　顧長聲譯　《馬禮遜回憶錄》　桂林市　廣西
　　師範大學出版社　2004年

〔英〕麥高溫著　朱濤、倪靜譯　《中國人生活的明與暗》　北京市
　　中華書局　2006年

〔英〕奈吉爾‧巴利著　何穎怡譯　《天真的人類學家：小泥屋筆
　　記》　臺北市　商周出版社　2001年

〔英〕齊亞烏丁‧薩達爾著　馬雪峰、蘇敏譯　《東方主義》　長春
　　市　吉林人民出版社　2005年

〔英〕施美夫著　溫時幸譯　《五口通商城市遊記》　北京市　北京
　　圖書館出版社　2007年

〔英〕蘇慧廉著　關志遠等譯　《李提摩太在中國》　桂林市　廣西
　　師範大學出版社　2007年

〔英〕約・羅伯茨編著　蔣重躍、劉林海譯　《十九世紀西方人眼中的中國》　北京市　時事出版社　1999年

〔英〕約翰・湯姆森著　楊博仁等譯　《鏡頭前的舊中國：約翰・湯姆森遊記》　北京市　中國攝影出版社　2001年

《費正清對華回憶錄》　上海市　上海知識出版社　1991年

《西方人筆下的中國風情畫》　上海市　上海畫報出版社　1997年

安平秋、〔美〕安樂哲編　《北美漢學家辭典》　上海市　人民文學出版社　2001

北京太平天國歷史研究會編　《太平天國史譯叢》第2輯　北京市　中華書局　1983年版

曹孚編　《外國教育史》　北京市　人民教育出版社　1979年

常建華　《清代的國家與社會研究》　北京市　人民出版社　2006年

陳建明、劉家峰主編　《中國基督教區域史研究》　成都市　巴蜀書社　2008年

陳君靜　《大洋彼岸的回聲──美國中國史研究的歷史考察》　北京市　中國社會科學出版社　2003年

陳開俊等譯　《馬可波羅遊記》　福州市　福建科學技術出版社　1981年

陳永正主編　《多學科視野中的閩都文化》　福州市　福建人民出版社　2009年

陳增輝　《福建基督教史稿》　福建師範大學社會歷史學院宗教研究所資料室藏　未刊稿

陳支平　《福建六大民系》　福州市　福建人民出版社　2001年

陳支平　《近500年來福建的家族社會與文化》　上海市　上海三聯書店　1991年

陳支平、李少明　《基督教與福建民間社會》　廈門市　廈門大學出版社　1992年

陳支平主編　《福建宗教史》　福州市　福建教育出版社　1996年

仇華飛　《早期中美關係研究》　北京市　人民出版社　2005年

杜文凱編　《清代西人見聞錄》　北京市　中國人民大學出版社
　　　1985年

段懷清　《傳教士與晚清口岸文人》　廣州市　廣東人民出版社
　　　2007年

段懷清、周俐玲　《《中國評論》與晚清中英文學交流》　廣州市
　　　廣東人民出版社　2006年

方寶璋　《閩臺民間習俗》　福州市　福建人民出版社　2003年

方　豪　《中國天主教史人物傳》　北京市　中華書局　1988年

方　豪　《中西交通史》　長沙市　岳麓書社　1987年重印本

馮承鈞譯　《馬可波羅行紀》　上海市　上海書店出版社　1999年

馮爾康　《古人生活剪影》　北京市　中國社會出版社　1999年

馮爾康、常建華　《清人社會生活》　北京市　天津人民出版社
　　　1990年

福建省檔案館編著　《近代福建社會略影》　北京市　中國檔案出版
　　　社　2008年

福建省檔案館編　《流年似水：外國攝影家眼中的閩江與福州》　內
　　　部資料　2012年

福建省民俗學會編　《閩臺婚俗》　廈門市　廈門大學出版社　1991年

福建省民俗學會編　《閩臺歲時節日風俗》　廈門市　廈門大學出版
　　　社　1992年

福建省炎黃文化研究會編　《閩文化源流與近代福建文化變遷》　福
　　　州市　海峽文藝出版社1999年

福建省炎黃文化研究會等編　《閩都文化研究》　福州市　海峽文藝
　　　出版社2006年

福建省炎黃文化研究會等編　《畬族文化研究》北京市　中國民族出
　　　版社　2007年

福建省政協文史資料委員會編　《文史資料選編——基督教天主教編》　福州市　福建人民出版社　2003年

福州市民間文學三集成編委會主編　《中國諺語集成・福建卷・福州市分卷》　內刊1989年

高黎平　《美國傳教士與晚清翻譯》　天津市　百花文藝出版社　2006年

葛桂錄　《他者的眼光：中英文學關係論稿》　銀川市　寧夏人民教育出版社　2003年

葛兆光　《域外中國學十論》　上海市　復旦大學出版社　2002年

顧長聲　《傳教士與近代中國》　上海市　上海人民出版社　1981年、1991年增訂版

顧長聲　《從馬禮遜到司徒雷登：來華新教傳教士評傳》　上海市　上海人民出版社　1985年

顧衛民　《基督教與近代中國社會》　上海市　上海人民出版社　1996年

郭廷以　《近代中國史》（合訂本）　臺北市　臺灣商務印書館　1941年

郭衛東　《轉折：以早期中英關係和《南京條約》為考察中心》　石家莊市　河北人民出版社　2003年

何丙仲輯譯　《近代西人眼中的鼓浪嶼》　廈門市　廈門大學出版社　2010年

何寅、許光華主編　《國外漢學史》　上海市　上海外語教育出版社　2000年

何兆武、柳御林主編　《中國印象——世界名人論中國文化》　桂林市　廣西師範大學出版社　2001年

洪卜仁主編　《廈門舊影》　北京市　人民美術出版社　1999年

侯且岸　《當代美國的「顯學」——美國現代中國學研究》　北京市　人民出版社　1995年

胡大澤編著　《美國的中國近現代史研究》　北京市　中國社會科學
　　　出版社　2004年

胡衛清　《普世主義的挑戰──近代中國基督教教育研究1877-
　　　1927》　北京市　上海人民出版社　2000年

華少庠、陳舟編著　《衝突與融合──圖說世界格局中的晚清》　成
　　　都市　四川人民出版社　2004年

黃榮春　《水澗集》　北京市　方志出版社　2006年

黃新憲　《基督教教育與中國社會變遷》　福州市　福建教育出版社
　　　1996年

賈逸君　《中華婦女纏足考》　北京市　北平文化學社　1929印行

姜智芹　《鏡像後的文化衝突與文化認同：英美文學中的中國形象》
　　　北京市　中華書局　2008年

姜智芹　《文學想像與文化利用：英國文學中的中國形象》　北京市
　　　中國社會科學出版社　2005年

焦潤明、蘇曉軒編著　《晚清生活略影》　遼寧市　瀋陽出版社
　　　2002年

解本亮　《凝視中國──外國人眼裡的中國人》　北京市　民族出版
　　　社　2004年

樂黛雲、〔法〕阿蘭·勒·比雄主編　《獨角獸與龍：在尋找中西文
　　　化普遍性中的誤讀》　北京大學出版社　1995年

李定一　《中美早期外交史》　北京市　北京大學出版社　1997年

李國祁　《中國現代化的區域研究：閩浙臺地區1860-1916》　臺北
　　　市　中研院近代史研究所　1985年

李金強著　《區域研究：清代福建史論》　香港教育圖書公司　1996年

李天綱編譯　《大清帝國城市印象──十九世紀英國銅版畫》　上海
　　　市　上海古籍出版社　2002年

李學勤主編　《國際漢學漫步》（上、下卷）　石家莊市　河北教育
　　　出版社　1997年

李志剛　《基督教與近代中國文化論集》（一、二、三集）　臺北市　宇宙光出版社　1989年

連立昌　《福建秘密社會》　福州市　福建人民出版社　1989年

梁家麟　《福臨中華──中國近代教會史十講》　香港　天道書樓　1998年

林國平　《閩臺民間信仰源流》　福州市　福建人民出版社　2003年

林國平、彭文宇　《福建民間信仰》　福州市　福建人民出版社　1993年

林金水　《利瑪竇與中國》　北京市　中國社會科學出版社　1996年

林金水、吳巍巍、崔軍鋒主編　《福建與中西文化交流史論》　北京市　海洋出版社　2015年

林金水、謝必震主編　《福建對外文化交流史》　福州市　福建教育出版社　1997年

林金水主編　《福建基督教史初探》　臺北市　宇宙光出版社　2006年

林金水主編　《臺灣基督教史》　北京市　九州出版社　2003年

林開明主編　《福建航運史》（古近代部分）　北京市　人民交通出版社　1994年

林立強　《美國傳教士盧公明與晚清福州社會》　福州市　福建教育出版社　2005年

林立強　《晚清閩都文化之西傳──以傳教士漢學家盧公明為個案》　北京市　海洋出版社　2010年

林慶元主編　《福建近代經濟史》　福州市　福建教育出版社　2001年

林　拓　《文化的地理過程分析──福建文化的地域性考察》　上海市　上海書店出版社　2004年

林蔚文　《福建民間動物神靈信仰》　北京市　方志出版社　2003年

林蔚文　《閩臺民間熟語研究》　北京市　中國文聯出版社　2007年

林文慧撰　《清季福建教案之研究》　臺北市　臺灣商務印書館　1989年

林　星　《城市發展與社會變遷：福建城市現代化研究》　天津市　天津古籍出版社　2009年

林育德　《記憶版圖》　長沙市　岳麓書社　2003年

林育德　《記憶郵遞──百年前發自中國的50張明信片》　北京市　北京圖書館出版社　2004年

林治平　《基督教入華百七十年紀念集》　臺北市　宇宙光出版社　1977年

林治平　《基督教與中國近代化論集》　臺北市　臺灣商務印書館　1970年

林治平　《近代中國與基督教論文集》　臺北市　宇宙光出版社　1980年

林治平主編　《基督教與中國現代化國際學術研討會論文集》　臺北市　宇宙光出版社　1994年

劉海峰、莊明水　《福建教育史》　福州市　福建教育出版社　1996年

劉禾著　《語際書寫：現代思想史寫作批判綱要》　上海市　上海三聯書店　1999年

劉禾著、宋偉傑等譯　《跨語際實踐──文學，民族文化與被譯介的現代性》　北京市　生活‧讀書‧新知三聯書店　2002年

劉樹森編　《基督教在中國：比較研究視角下的近現代中西文化交流》　上海市　上海人民出版社　2010年

劉　雙、于文秀著　《跨文化傳播：拆解文化的圍牆》　哈爾濱市　黑龍江人民出版社　2000年

呂　超　《外國人的中國觀》　瀋陽市　遼寧教育出版社　1993年

羅志田　《權勢轉移：近代中國的思想、社會與學術》　長沙市　湖北人民出版社　1999年

馬金鵬譯　《伊本‧白圖泰遊記》　銀川市　寧夏人民出版社　1985年

茅海建　《天朝的崩潰──鴉片戰爭再研究》　北京市　生活‧讀書‧新知三聯書店　1995年初版　2005年再版

孟華主編　《比較文學形象學》　北京市　北京大學出版社　2001年

莫東寅　《漢學發達史》　鄭州市　大象出版社　2006年

秦啟文、周永康著　《形象學導論》　北京市　社會科學文獻出版社　2004年

區結成　《當中醫遇上西醫》　北京市　生活‧讀書‧新知三聯書店　2005年

任復興主編　《徐繼畬與東西方文化交流》　北京市　中國社會科學出版社　1993年

任繼愈主編　《國際漢學》　鄭州市　大象出版社　1998年

桑　兵　《國學與漢學：近代中外學界交往錄》　杭州市　浙江人民出版社　1999年

沈弘編著　《晚清印象──西方人眼中的近代中國》　北京市　中國社會科學出版社　2005年

沈嘉蔚編撰、竇坤等譯　《莫理循眼裡的近代中國》　福州市　福建教育出版社　2005年

蘇　精　《上帝的人馬──十九世紀在華傳教士作為》　香港　基督教中國宗教文化研究社　2006年

孫燕京　《晚清社會風尚研究》　北京市　中國人民大學出版社　2002年

湯　清　《中國基督教百年史》　香港　道聲出版杜　1987年

唐文基主編　《福建古代經濟史》　福州市　福建教育出版社　1995年

陶飛亞　《邊緣的歷史──基督教與近代中國》　上海市　上海古籍出版社　2005年

陶飛亞、吳梓明　《基督教大學與國學研究》　福州市　福建教育出版社　1998年

滕大春編著　《美國教育史》　北京市　人民教育出版社　1994年

滕大春主編　《外國近代教育史》　北京市　人民教育出版社　1989年

汪毅夫　《客家民間信仰》　福州市　福建教育出版社　1995年

汪毅夫　《閩臺地方史研究》　福州市　福建教育出版社　2008年

汪毅夫　《閩臺歷史社會與民俗文化》廈門市　鷺江出版社　2000年

汪毅夫　《閩臺區域社會研究》　廈門市　鷺江出版社　2004年

汪毅夫　《閩臺緣與閩南風》　福州市　福建教育出版社　2006年

汪毅夫　《中國文化與閩臺社會》福州市　海峽文藝出版社　1997年

汪征魯主編　《福建史綱》　福州市　福建人民出版社　2003年

王爾敏　《明清社會文化生態》　臺北市　臺灣商務印書館　1997年

王爾敏　《五口通商變局》　桂林市　廣西師範大學出版社　2006年

王國強　《《中國評論》（1872-1901）與西方漢學》　上海市　上海
　　　　書店出版社　2010年

王佳楠等　《明信片清末中國》　北京市　中國人民大學出版社
　　　　2004年

王建平、曾華　《美國戰後中國學》　瀋陽市　東北大學出版社
　　　　2003年

王立新　《美國傳教士與晚清中國現代化》　天津市　天津人民出版
　　　　社　1997年

王立新、史靜寰　《基督教教育與中國知識分子》　福州市　福建教
　　　　育出版社　1998年

王明倫選編　《反洋教書文揭帖選》　濟南市　齊魯書社　1984年

王日根　《鄉土之鏈：明清會館與社會變遷》　天津市　天津人民出
　　　　版社　1996年

王耀華主編　《福建文化概覽》　福州市　福建教育出版社　1994年

王　毅　《皇家亞洲文會北中國支會研究》　上海市　上海書店
　　　　2005年

王英杰等著　《美國教育》　長春市　吉林教育出版社　2000年

王振忠　《近六百年來自然災害與福州社會》　福州市　福建人民出
　　　　版社　1996年

王治心撰　《中國基督教史綱》　上海市　上海古籍出版社　2004年

文安主編　《晚清述聞》　北京市　中國文史出版社　2004年

吳孟雪　《明清時期歐洲人眼中的中國》　北京市　中華書局　2000年

吳義雄　《在宗教與世俗之間——基督教新教傳教士在華南沿海的早
　　　　期活動研究》　廣州市　廣東教育出版社　2000年

廈門大學歷史研究所、中國社會經濟史研究室編著　《福建經濟發展
　　　　簡史》　廈門市　廈門大學出版社　1989年

謝重光　《閩臺客家社會與文化》　福州市　福建人民出版社　2003年

忻劍飛　《世界的中國觀：近二千年來世界對中國的認識史綱》　上
　　　　海市　學林出版社　1991年

邢福增　《文化適應與中國基督徒》　建道神學院　1995年

邢福增、梁家麟　《中國祭祖問題》　建道神學院　1997年

熊月之　《西學東漸與晚清社會》　上海市　上海人民出版社　1994年

徐鳳文、王昆江　《中國陋俗》　天津市　天津人民出版社　2001年

徐吾行　《福州錢莊史略》　福州市　福建師範大學手稿藏本　1959年

徐曉望　《福建民間信仰源流》　福州市　福建教育出版社　1993年

徐曉望　《媽祖的子民：閩臺海洋文化研究》　上海市　學林出版社
　　　　1999年

徐曉望主編　《福建思想文化史綱》　福州市　福建教育出版社
　　　　1996年

徐曉望主編　《福建通史》1-5卷　福州市　福建人民出版社　2006年

徐有威、〔英〕貝思飛主編　《洋票與綁匪——外國人眼中的民國社
　　　　會》　上海市　上海古籍出版社　1998年

徐宗澤　《中國天主教傳教史概論》　上海市　上海書店　1990年

許善斌　《證照百年：舊紙片上的中國生活圖案》　北京市　中國言
　　　　實出版社　2006年

許在全主編　《泉州文史研究》　北京市　中國社會科學出版社
　　　　2004年

嚴昌洪　《二十世紀中國社會生活變遷史》　北京市　人民出版社
　　　2007年

嚴昌洪　《西俗東漸記——中國近代社會風俗的演變》　長沙市　湖
　　　南出版社　1991年

閻純德主編　《漢學研究》　北京市　中國和平出版社　1996年

楊大春　《晚清政府基督教政策初探》　北京市　金城出版社　2004年

楊齊福　《近代福建社會史論》　北京市　社會科學文獻出版社
　　　2011年

楊齊福　《科舉制度與近代文化》　北京市　人民出版社　2003年

姚賢鎬編　《中國近代對外貿易史資料》　北京市　中華書局　1962年

姚運標　《美國公共教育中的宗教問題研究》　合肥市　安徽人民出
　　　版社　2006年

游汝傑　《西洋傳教士漢語方言學著作書目考述》　黑龍江教育出版
　　　社　2002年

俞　強　《鴉片戰爭前傳教士眼中的中國》　濟南市　山東大學出版
　　　社　2010年

曾意丹編撰　《福州舊影》　北京市　人民美術出版社　2000年

張功臣　《外國記者與近代中國1840-1949》　北京市　新華出版社
　　　1999年

張功臣選編　《歷史現場——西方記者眼中的現代中國》　北京市
　　　新世界出版社　2005年

張國剛　《從中西初識到禮儀之爭——明清傳教士與中西文化交流》
　　　北京市　人民出版社　2003年

張國輝　《晚清錢莊與票號研究》　北京市　中華書局　1989年

張京媛主編　《後殖民理論與文化批評》　北京市　北京大學出版社
　　　1999年

張　力、劉鑒唐　《中國教案史》　成都市　四川省社會科學院出版
　　　社　1987年

張　鳴、吳靜妍主編　《外國人眼中的中國》第1-8卷　長春市　吉林攝影出版社　2000年

張西平　《傳教士漢學研究》　鄭州市　大象出版社　2005年

張西平　《《中國叢報》篇名目錄及分類索引》　桂林市　廣西師範大學出版社　2008年

張西平、卓新平編　《本色之探：二十世紀中國基督教文化學術論集》　北京市　中國廣播電視出版社　1999年

張仲禮主編　《東南沿海城市與中國近代化》　上海市　上海人民出版社　1996年

趙麟斌主編　《閩臺民俗散論》　北京市　海洋出版社　2006年

趙英蘭編著　《民國生活略影》　瀋陽市　瀋陽出版社　2002年

鄭劍順　《福州港》　福州市　福建人民出版社　2001年

鄭曦原編　《帝國的回憶：《紐約時報》晚清觀察記》　北京市　當代中國出版社　2007年

鄭振滿　《明清福建家族組織與社會變遷長沙》　長沙市　湖南教育出版社　1992年

中國社會科學院情報研究所編　《美國中國學手冊》　北京市　中國社會科學出版社　1981年

中華世紀壇世界藝術館編著　《晚清碎影：約翰・湯姆遜眼中的中國》　北京市　中國攝影出版社　2009年

中外關係史學會、復旦大學歷史系編　《中外關係史譯叢》1-5輯　上海市　上海譯文出版社

中外關係史學會編　《中外關係史論叢》1-5輯　北京市　世界知識出版社

鍾敬文主編　《民俗學概論》　上海市　上海文藝出版社　1998年

周鴻鐸主編　《文化傳播學通論》　北京市　中國紡織出版社　2005年

周立方　《福建十年民俗調查》　廈門市　廈門大學出版社　2007年

周　寧　《天朝遙遠──西方的中國形象研究》　北京市　北京大學
　　　　出版社　2006年

周　寧編著　《二〇〇〇年西方看中國》　北京市　團結出版社
　　　　1999年

朱　峰　《基督教與近代中國女子高等教育：金陵女大與華南女大比
　　　　較研究》　福州市　福建教育出版社　2002年

朱　峰　《在信仰與實踐之間：福建基督教史鉤沉》　香港　匯美傳
　　　　意　2002年

朱杰勤譯　《中外關係史譯叢》　北京市　海洋出版社　1984年

朱維干　《福建史稿》上、下冊　福州市　福建教育出版社　1985、
　　　　1986年

朱政惠　《美國中國學史研究──海外中國學探索的理論與實踐》
　　　　上海市　上海古籍出版社　2004年

鄒振環　《西方傳教士與晚清西史東漸》　上海市　上海古籍出版社
　　　　2007年

（四）論文

〔比〕鍾鳴旦　〈基督教在華傳播史研究的新趨勢〉　載《國際漢
　　　　學》第4期　鄭州市　大象出版社　1994年版　《勾畫中國
　　　　的基督教史》　張先清譯　載卓新平主編　《相遇與對話》
　　　　北京市　宗教文化出版社　2003

曹立前　〈基督教傳教士在近代中國的文化活動及其影響〉　《山東
　　　　師範大學學報》（人文社會科學版）1989年第2期

陳存洗、林蔚起、林蔚文　〈福建南平樟湖坂崇蛇習俗的初步考察〉
　　　　載《東南文化》1990年3期

陳繼容　〈中國禮儀本地化展望〉　《神學年刊》2001年第22期

陳澤平　〈十九世紀傳教士研究福州方言的幾種文獻資料〉　《福建
　　　　師範大學學報》2003年第3期

陳支平　〈社會調查與史學研究〉　《東南學術》1994年第4期

程鎮芳　〈五口通商前後福建茶葉貿易商路論略〉　《福建師範大學學報》（哲社版）1991年第2期

崔麗芳　〈被俯視的異邦：十九世紀美國傳教士著作中的中國形象研究〉　南開大學博士學位論文　2005年

戴一峰　〈近代福建的人口遷移與城市化〉　《中國經濟史研究》1989年第2期

傅衣淩　〈我是怎樣研究中國社會經濟史的〉　《文史哲》1983年第2期

胡　謙　《美國的中國形象觀與排華法的廢除》　首都師範大學碩士學位論文　2005年

姜嘉榮　〈近代中國基督教區域研究述評——以中國及西方研究為個案〉　《近代中國基督教史研究集刊》1999年第2卷

姜嘉榮　〈清季閩南基督教會之研究（1842-1892）〉　香港浸會大學碩士論文未刊稿　2000年

李金強　〈中國基督教史研究之興起及其發展〉　陶飛亞　〈1949年以來國內中國基督教史研究述評〉　載《近代中國基督教史研究集刊》1998年第1卷

李天綱　〈美國的「傳教士漢學」形成及其特徵〉　載徐以驊主編《宗教與美國社會》第2輯　北京市　時事出版社　2004年版

李　穎　〈基督教與近代中國的反纏足運動——以福建為中心〉　《東方論壇》2004年第4期

李　穎　〈閩地祖先崇拜習俗的西方印像〉　《閩江學院學報》2008年第1期

李　穎　〈耶穌拯救中國？——倫敦會傳教士麥嘉湖研究〉　福建師範大學博士論文　2003年

梁碧瑩　〈美國傳教士與近代中西文化交流〉　《中山大學學報》（社會科學版）1989年第3期

梁　曄　〈英國漢學家費笠士筆下的福建古橋樑〉　《福建史志》
　　　　2021年第3期

廖大珂　〈西方遊歷家看福建〉　《南洋問題研究》　1998年第1期

廖大珂　〈早期西班牙人看福建〉　《南洋問題研究》　2000年第2期

林金水　〈在閩傳教士與漢英福建方言字典〉　《福建宗教》　1997
　　　　年第1期

林金水　《中西禮儀之爭在福建》　《教育評論》　1995年第3期

林金水、吳巍巍　〈傳教士・工具書・文化傳播──從《英華萃林韻
　　　　府》看晚清「西學東漸」與「中學西傳」的交匯〉　《福建
　　　　師範大學學報》　2008年第3期

林金水、張先清　〈福建基督教史的研究回顧與展望〉　《基督宗教
　　　　研究》第2輯　宗教文化出版社　2000年版

林立強　〈美國公理會傳教士盧公明與晚清福州民間信仰〉　《世界
　　　　宗教研究》2005年第2期

林蔚文　〈福建南平樟湖坂崇蛇習俗的再考察〉　載《東南文化》
　　　　1991年第5期

劉大可　〈論清代閩臺地區的乞丐問題〉　《福州大學學報》2006年
　　　　第4期

馬少甫　〈美國早期傳教士中國觀和中國學研究──以裨治文為中心
　　　　的考察〉　華東師範大學博士學位論文　2007年

孫榮耒　〈敬惜字紙的習俗及其文化意義〉　《民俗研究》2006年第
　　　　2期

汪毅夫　〈赤腳婢、奶丫頭及其他──從晚清詩文看閩臺兩地的錮婢
　　　　之風〉　《福州大學學報》2007年第1期

汪毅夫　〈從福建方志和筆記看民間信仰〉　《東南學術》2005年第
　　　　5期

汪毅夫　〈流動的廟宇與閩臺海上的水神信仰〉　《世界宗教研究》
　　　　2005年第2期

汪毅夫　〈閩臺地方史料叢抄──拙稿續證錄〉　《福建師範大學學報》2006年第4期

汪毅夫　〈閩臺冥婚舊俗之研究〉　《臺灣研究集刊》2007年第3期

汪毅夫　〈清代福建的溺女之風與童養婚俗〉　《東南學術》2007年第2期

汪毅夫　〈清至民國時期福建的婢女救濟及其績效〉　《東南學術》2008年第6期

汪毅夫　〈性別壓迫：「典賣其妻」、「買女贅婿」和「命長媳轉偶」──閩、臺兩地的部分證言、證物和案例〉　《福建論壇》（人文社科版）2007年第6期

王海鵬　〈近代來華傳教士關注中國社會風俗原因初探〉　《唐都學刊》2009年第5期

王立新　〈後殖民理論與基督教在華傳教史研究〉　《史學理論研究》2003年第1期

王立新　〈十九世紀在華基督教的兩種傳教政策〉　《歷史研究》1996年第3期

王立新　〈試論美國人中國觀的演變（18世紀-1950）〉　《世界歷史》1998年第1期

王樓進　〈清末民初西方的中國形象〉　首都師範大學碩士學位論文2007年

王　毅　〈百年來西方中國觀的研究綜述〉　《貴州師範大學學報》（社會科學版）2010年第3期

翁偉志　《他山之石：明恩溥的中國觀研究》　福建師範大學博士學位論文　2007年

吳春香　《東方烏托邦的鏡像：明清基督教來華傳教士筆下的中國形象探討》　蘇州大學碩士學位論文　2007年

吳巍巍　〈十九世紀美國傳教士中國觀建構之文化心態論析〉　《宗教學研究》2016年第2期

吳巍巍　〈從傳教士著述看清末福州道士階層〉　《福建宗教》2008
　　　　年第1期

吳巍巍　〈近代來華西方傳教士對中國溺嬰現象的認識與批判〉
　　　　《江南大學學報》2008年第6期

吳巍巍　〈近代中國基督教史上的「傳教區劃」現象探論──以福建
　　　　為考察中心〉　《世界宗教研究》2015年第1期

吳巍巍　〈晚清開埠後福州城市社會經濟的發展與變化──以西方人
　　　　的考察為中心〉　《中國社會經濟史研究》2015年第2期

吳巍巍　〈西方傳教士對晚清福建教育與考試的關注及認識〉　《教
　　　　育與考試》2008年第2期

吳義雄　〈商人、傳教士與西方「中國學」的轉變〉　《中山大學學
　　　　報》(社會科學版) 2005年第6期

吳梓明、陶飛亞　〈晚清傳教士對中國文化的研究〉　《文史哲》
　　　　1997年第2期

伍　輝　〈西方的中國形象變遷研究〉　山東大學碩士學位論文
　　　　2008年

徐炳三　〈基督教與近代福建女俗改良〉《民俗研究》2006年第4期

徐曉望　〈從溺嬰習俗看福建歷史上的人口自然構成問題〉　《福建
　　　　論壇》(經濟社會版)　2003年第3期

閻純德　〈從「傳統」到「現代」：漢學形態的歷史演進〉　《文史
　　　　哲》2004年第5期

楊慧林　〈「本地化」還是「處境化」：漢語語境中的基督教詮釋〉
　　　　《世界宗教研究》2003年第1期

楊慧瓊　〈基督教在華傳播中信仰上的文化適應〉　《福建論壇》
　　　　(人文社會科學版) 2010年第12期

楊齊福　〈近代來華傳教士對科舉制度的反思與批判〉　《福建師範
　　　　大學學報》(哲學社會科學版) 2003年第3期

張金紅　〈胡約翰與福建安立甘會研究〉　福建師範大學博士學位論文　2007年

張群芳　〈近代來華傳教士筆下的中國形象〉　《樂山師範學院學報》2004年第6期

趙建群　〈清代「溺女之風」述論〉　《福建師範大學學報》　1993年第4期

中國第一歷史檔案館（酈永慶編選）　《第一次鴉片戰爭之後福州問題史料》　《歷史檔案》　1990年第2期

周典恩　〈近代來華新教傳教士與閩臺方言字典〉　《世界宗教研究》2008年第2期

朱　峰　《傳教士麥利和與清季福建社會》　福建師範大學碩士學位論文　1998年

附錄一
晚清傳教士述閩主要作品一覽表

一　專著類

標題	作者	出版社	出版時間	備註
Journals of Three Voyages along the Coast of China in 1831,1832 & 1833 《中國沿海三次航行日誌（1831-1833）》	Charles Gutzlaff 郭士立（或譯作郭實臘）	London: Frederick Westley and A. H. Davis	1834	該書是郭士立1831-1833年對中國沿海進行考察後撰寫的，其中有專門章節為對福建的考察記錄。
A Narrative of An Exploratory Visit to Each of the Consular Cities of China, in the years 1844,1845,1846 《五口通商城市遊記1844-1846》	George Smith 四美	New York: Harper & Brother, Publishers	1847	原書初版於London: Seeley。此書為四美遊記匯編，其中福州與廈門部分占據很大篇幅，此書中譯本即《五口通商城市遊記》。
The Mission Cemetery and the Fallen Missionaries of Fuh Chau, China, with an Introductory Notice of Fuh Chau and its Missions 《福州教會墓地與逝世的傳教士：附福州與在榕差會簡介》	Isaac W. Wiley 懷禮	New York: Carlton & Porter	1858	

標題	作者	出版社	出版時間	備註
Life Among the Chinese 《生活在中國人之間》	R.S. Maclay 麥利和	New York: Carlton & Porter	1861	
Social Life of the Chinese, with some account of their religious ,governmental educational, and business customs and opinions, with special but not exclusive references to Fuhchau 《中國人的社會生活》	Justus Doolittle 盧公明	New York: Happer & Brothers, Publishers	1865	該版1867年由出版公司重印。
The Anti-Missionary Movement in South China: more Especially in the Amoy District and Adjacent Localities 《華南的反教運動》	John Van Nest Talmage 打馬字	Hong Kong: printed by De Souza & Co	1871	該書副標題為：致美國駐廈門領事李仙得的信
The Foochaw Essays: A Statement 《福州隨筆》（或《福州雜記》）	J. B. Hartwell 海牙西	The American Presbyterian Mission Press	1877	
The Wu Shih Shan Trial 《烏石山事件》	John Richard Wolfe 胡約翰	Hong Kong: the "Daily Press" Office	1879	
The Story of the Fuh-Kien Mission of the Church Missionary Society 《英國聖公會在福建傳教的故事》	Eugene Stock 施友琴	London: Church Missionary House	1882	

標題	作者	出版社	出版時間	備註
Everyday Life in China, or Scenes along River and Road in Fuh-kien《在中國的日常生活：福建水陸景觀》	Edwin Joshua Dukes 陸一約	London: The Religious Tract Society	1885	
Fifty Years in Amoy《在廈門五十年》	P. W. Pitcher 畢腓力	New York: The Board of Publication of the Reformed Church in America	1893	
Christ or Confucius, Which? Or the Story of the Amoy Mission《耶穌還是孔子？廈門差會的故事》	John Macgowan 麥嘉湖	London: London Missionary Society	1895	
Behind the Great Wall: the Story of the C.E.Z.M.S. Work and Workers in China《英國聖公會婦女布道會在華工作和成員的故事》	Irene H. Barnes	London: Marshall Brothers	1896	C.E.Z.M.S.（英國聖公會婦女布道會）是一個專門在福建活動的女性傳教團體，此書與The Light of the Morning皆記述了女性傳教士對福建社會事象的觀識和看法。
Pictures of Southern China《華南生活寫實》	John Macgowan	London: The Religious Tract Society	1897	第二～四章為專述福建的部分。
The City of Springs or Mission Work in Chinchew《泉州城：泉州的差會工作》	Annie N.Duncan 陳安理	Edinburgh and London Oliphant Anderson & Ferrier	1902	

標題	作者	出版社	出版時間	備註
The Light of the Morning: the Story of C.E.Z.M.S. Work in the Kien-Ning Prefecture of the Fuh-kien Province, China 《黎明之光：英國聖公會婦女布道會在福建省建寧府的故事》	Mary E. Darley	London: Church of England Zenana Missionary Society	1903	
A Skecth of KuLiang Mountain and Environments 《鼓嶺及其周圍環境概覽》	P. W. Pitcher	Foochou: Methodist Publishing House	1907	
In and About Amoy 《廈門概述》	P. W. Pitcher	Shanghai and Foochow: The Methodist Publishing House in China	1909	此書1912年再版
Sidelights on Chinese Life 《華人生活雜聞》	John Macgowan	London: Kegan Paul, Trench, Trbner	1907	此書與下書實際是麥氏根據在廈門的觀察見聞所寫，所記主要為廈門與閩南地區的情況。
Lights and Shadows of Chinese Life 《中國人生活的明與暗》	John Macgowan	Shanghai: North China Daily News & Herald Ltd	1909	此書1912年出版修訂本，修訂本書名為 Men and Manners of Modern China，由 London: T.Fisher Unwin公司出版，國

標題	作者	出版社	出版時間	備註
				內中譯本即根據此版本翻譯。
Some Plants of Fukien Province《福建的植物》	J. E. Walker 和約瑟	不詳	19??	此書館藏於北京國圖，出版信息不詳。
Beside the Bamboo《竹樹腳》	John Macgowan	London: London Missionary Society	1914	竹樹腳是閩南話，意為竹子旁邊，原為一街名，基督教會在此建立教堂，即命名為竹樹腳教堂（今廈門竹樹堂）。該書以作者個人獨特的視角描繪了晚清時期閩南地區社會經濟和民俗風情。
Cameos of a Chinese City (Kien-Ning City)《一座中國城市的瑰寶：建甌城》	Mary Darley（即Mary E. Darley）	London: C. E. Z. M. S.	1917	這幾部書雖為民國時期出版的作品，但其中有相當篇幅講述的是晚清時期福建社會的歷史與文化事象，故在此將其列舉，供讀者參考。
From Foochow to the Interior《從福州到內地》	Frank Thomas Cartwright 葛惠良	不詳	1923	
Fukien: A Study of A Province in China《福建：中國一個省份的研究》	The Anti-Cobweb Club	Shanghai: Presbyterian Mission Press	1925	
Fukien: Arts and Industries《福建藝術和工業》	Members of the Anti-Cobweb Society	Foochou	1933	

標題	作者	出版社	出版時間	備註
Twenty Years in China《在華二十年》	W.S.Pakenham-Walsh 萬拔文	Cambridge: W.Heffer&Sons LTD.	1935	
"T.C.D." in China：a History of the Dublin University Fukien Mission 1885-1935《三一學院：都柏林大學福建教團》	R.M.Gwynn; E.M.Norton; B.W.Simpson	Church of Ireland Priting and Pulishing	1936	
The Fukienese: A Study in Human Geography《福建人：一項人文地理的研究》	Floy Hurlbut 洪小姐	Published Independent by the Author	1939	
"To save their heathen souls": voyage to and life in Fouchow, China, based on Wentworth diaries and letters, 1854-1858《拯救異教靈魂：前往福州的旅程和生活，以萬為1854-1858年書信和日記為基礎》	edited by Polly Park	Allison Park, Pa.: Pickwick Publications	1984	此書主要內容為美以美會傳教士萬為1854-1858年在福州期間與親友的信文及其日記，記錄了作者對福州社會文化的觀察和認識，係第一手的資料彙編。

　　說明：以上所列為晚清時期傳教士對福建進行專門記述的主要作品，因視野所限，收錄難免有所遺漏，敬請讀者批評；而數量更為宏巨的是眾多來華傳教士整體性記述中國社會的作品以及傳教士檔案、日記、遊記、信件、手稿等，其中包含極多的有關福建的片段，無法一一列舉，只能在正文中作更全面的體現。另外，有關近代來華傳教士編撰的福建方言辭典和工具書也有不少，其中不乏對福建社會文化

的記載和介紹，惟因主旨關係未做收錄，但在本書正文中亦有對部分辭典或工具書進行了介紹和使用。還需說明的是，有清一代臺灣大部分時間是作為福建省管轄的府一級行政單位，一八八五年才獨立成為省一級行政單位，本應納入本書論述範疇；實際上，近代來華傳教士也有不少對臺灣進行考察介紹和研究的論著，筆者對此亦有專門收集，因篇幅和主旨所限，這部分暫不展開論述，留待另闢專書研究。

二　文章類

標題	作者	所載刊物名稱	刊發時間	卷、期號
Fuhkien People will Disposed, and ready to be Instructed 《福建民眾準備接受指導》		The Chinese Repository	1832年5月	vol.I
Temple of Teen How at Meichow 《湄洲島的天后廟》	Charles Gutzlaff	The Chinese Repository	1834年12月	vol.II
Expedition to the Bohea (Wooe) Hills: Arrival in the River Min; Passage of the Capital, Fuhchow foo 《武夷茶山探險》	Edwin.Steven 史蒂芬	The Chinese Repository	1835年6月	vol.IV
Remarks on the Fuhkien Dialect 《福建方言的特徵》	W.H.Medhurst 麥都思	The Chinese Repository	1835年8月	vol.IV
Description of the Tea Plant 《茶園描述》		The Chinese Repository	1839年7月	vol.VIII

標題	作者	所載刊物名稱	刊發時間	卷、期號
Sketch of Teen Fe, or Matsoo Po, the Goddess of Chinese Seamen, translated from the Sow Shin Ke（搜神記）《天妃或媽祖，中國海民的女神》	J. L. Shuck 叔未士	The Chinese Repository	1841年2月	vol.X
Kúlangsú and Amoy 《鼓浪嶼和廈門》	David Abeel 雅裨理	The Chinese Repository	1842年9月	vol.XI
Topography of the Province of Fuhkien 《福建地理地形》	E.C.Bridgman 裨治文	The Chinese Repository	1842年12月	vol.XI
Notices of Amoy and its Inhabitants 《對廈門及其居民的關注》	摘自雅裨理的日記	The Chinese Repository	1843年5月	vol.XII
Notices of Infanticide collected from the People of Fuhkien 《福建溺嬰的信息》	David Abeel	The Chinese Repository	1843年10月	vol.XII
Narrative of a Recent Visit to the Chief City of the Department of Changchau, in the Province of Fukien 《訪問漳州府的信息》	W. M. Lowrie 婁禮華	The Chinese Repository	1843年10月	vol.XII
Journal kept at Kúlangsú and Amoy 《在鼓浪嶼和廈門的訪遊日記》	摘自雅裨理的日記	The Chinese Repository	1844年2月	vol.XIII

標題	作者	所載刊物名稱	刊發時間	卷、期號
Notices of Amoy and its Inhabitants (continue)《對廈門及其居民的關注》（續）	摘自雅裨理的日記	The Chinese Repository	1844年5月	vol.XIII
Report of the Dispensary at Amoy from Feb1844 to July1845《廈門養療所報告1844-1845》	J. C. Hepburn 合文（平文）	The Chinese Repository	1846年4月	vol.XV
Notices of Fuhchau《福州概述》	George Smith	The Chinese Repository	1846年4月	vol.XV
Amoy: Memoranda of the Protestant Missions from their Commencement, with Notices of the City and Island《廈門：傳教士對於這個島嶼的評論、關注城市信息的備忘錄》	resident missionaries 當地傳教士群體	The Chinese Repository	1846年7月	vol.XV
Notices of an Excursion to Changchau, Chief City of one of the Principal Departments in the Province of Fuhkien《遊覽漳州城市見聞》	M. I. Hedde; W. J. Pohlman 波羅滿	The Chinese Repository	1847年2月	vol.XVI
Notices of Fuhchau《福州概述》	Stephen Johnson 楊順	The Chinese Repository	1847年10月	vol.XVI
A Trip up The River Min《閩江上遊行》	R. S. Maclay	The Chinese Repository	1849年8月	vol.XVIII

標題	作者	所載刊物名稱	刊發時間	卷、期號
Religious Intelligence: Church at Amoy; Trip up the River Min; Department and Arrivals of Missionaries 《廈門教堂、閩江上遊行和傳教士來往》	W. J. Pohlman	The Chinese Repository	1849年8月	vol.XVIII
Paper Money among the Chinese, and Description of a Bill from Fuhchau 《福州的紙幣描述》	Samuel W. Williams 衛三畏	The Chinese Repository	1851年6月	vol.XX
A Short Historical and Statistical Account of the Province of Hok-Keen 《福建省簡史和統計說明》		Canton Register	1837年10月	
On the Division and Subdivisions of Hok-Keen 《福建行政區劃》		Canton Register	1837年10月	
Remarks on the Population of Hok-Keen 《談福建的人口》		Canton Register	1837年10月	
A General Discourse of the Province of Fuhkeen 《福建省概述》		Canton Register	1837年10月	
Sailing Direction for the River Min 《閩江航行指南》		North-China Herald	1855年3月3日	
Koo-San, or Drum Hill 《鼓山》	W. H. Medhurst; W. T. Lay	North-China Herald	1855年9月1日	

標題	作者	所載刊物名稱	刊發時間	卷、期號
A Visit of Foo-Chao-Foo and the Surrounding Country 《福州府及其周鄰訪問記》	W. H. Medhurst	North-China Herald	1856年10月11日	
Feng-Shui and British Right of Residence at Foochow 《風水與英國人在福州居住的權利》	Robert W Stewart 史犖伯	North-China Herald	1880年5月18日	
The Situation at Foochow 《福州的情形》	L. L. Lloyd 羅為霖	North-China Herald	1900年8月15日	
Incidents of A Country Trip 《（福建）鄉村之行見聞》	N. Sites 薛承恩	The Missionary Recorder（《教務雜誌》的前身，一年後即更名為The Chinese Recorder and Missionary Journal，簡稱為The Chinese Recorder）	1867年1-3月	
A Proclamation against Certain Idolatrous Practices 《一道禁止偶像崇拜行為的告諭（福州）》	S. F. Woodin 吳思明	The Missionary Recorder	1867年5月	
The Island of Lam-Yit 《南日島》	W. H. Medhurst; E. Stevens	The Chinese Recorder	1868年5月	
A Visit to Some of Out-Stations of the Church	Bishop of Victoria	The Chinese Recorder	1868年6月	

標題	作者	所載刊物名稱	刊發時間	卷、期號
Mission in the Prefecture of Foochow《參訪福州府傳教團外圍站點》	維多利亞主教			
Persecution in Lo-Yuen《羅源縣的迫害》	John Richard Wolfe 胡約翰	The Chinese Recorder	1868年7月	
Proclamation by the Magistrate of Ku-T'ien《古田知縣的曉諭》	S. L. Baldwin (editor) 保靈	The Chinese Recorder	1868年10月	
The Foochow Arsenal《福州兵工廠》	Editor	The Chinese Recorde	1870年1月	引自《北華捷報》，Arsenal即（福州）船政局。
A Trip to Kien-Ning《建寧之旅》	U. S. M	The Chinese Recorder	1870年1、2、3、4月	
Overland Trip from Kiukiang to Foochow《從九江到福州的陸路旅行》	M. N. G. Hollingworth, A. K. Cunning-ham, F. M. Youd	The Chinese Recorder	1870年6、7、8月	
Manual of the Foochow Dialect《福州方言手冊簡介》	Justus Doolittle	The Chinese Recorder	1871年7月	
Serpent Worship in China《中國的蛇崇拜》	R.S.Maclay	The Chinese Recorder	1872年4月	
Birth Place of Chu-Hi《朱熹誕生地》	R.S.Maclay	The Chinese Recorder	1872年5月	

標題	作者	所載刊物名稱	刊發時間	卷、期號
A Visit to the Island of Hai-Tan 《海壇島之行》	N.J.Plumb 李承恩	The Chinese Recorder	1876年5-6月	
Shaowu in Fuh-Kien: A Country Station 《福建邵武：一個農村教站》	James E.Walker 和約瑟	The Chinese Recorder	1878年9-10月	
From Kiukiang to Shaowu 《從九江到邵武》	James E.Walker	The Chinese Recorder	1879年3-4月	
War and its Effects at Foochow 《戰爭及其對福州的影響》	C.Hartwell 夏查理	The Chinese Recorde	1885年3月	本文講述中法戰爭對福州的影響及時局形勢。
FOO-CHOW 《福州》（詩）	W.W.Runyan	The Chinese Recorder	1885年3月	
A Visit to the Dogheaded Barbarians or Hill People 《訪福州附近的畲族人或稱山宅》	F. Ohlinger 武林吉	The Chinese Recorder	1886年7月	
A Glimpose of Fuh-kien Mountains an Mountaineers 《福建山區和山民一瞥》	James E. Walker	The Chinese Recorde	1888年4月	
The Betrothal and Marriage Customs of China (Foochow) 《中國（福州）訂婚和結婚的習俗》	Miss Ella J Newton 唐爾雅	The Chinese Recorder	1892年8月	
Foochow and Vicinity 《福州及其近郊概況》	J. H. Worley 華雅各	The Chinese Recorder	1893年9月	

標題	作者	所載刊物名稱	刊發時間	卷、期號
Notes from Foochow 《福州紀事》	J. E. Walker	The Chinese Recorder	1901年1月	
Reform in Fukien 《福建的改革》	J. H. Worley	The Chinese Recorder	1908年10月	
An Outline History of the Hakkas 《客家歷史綱要》	E. J. Eitel 歐德理	The China Review	1873年11月	Vol. 2, No. 3
On the Origin and History of the Hakkas 《客家的起源和歷史》	CH. Piton 畢安	The China Review	1874年2月	Vol. 2, No. 4
Hakka Marriage Customs 《客家婚俗》		The China Review	1880年3月	Vol. 8, No. 5
Amoy: Physical Features, Monuments, Temples, &c. 《廈門：自然特徵、山與廟宇》	J. Sadler 山雅各	The China Review	1897年	Vol. 22, No. 5
The Poppy Growth about Amoy 《廈門的罌粟生長》	J. Sadler	The China Review	1897年	Vol. 22, No. 5
Chinese Customs and Superstitions; or, What they do at Amoy 《中國人習俗和迷信或他們在廈門所作的行為》	J. Sadler	The China Review	1897年	Vol. 22, No. 6
Christian Missions in Amoy and the District 《廈門及周邊地區的基督教會》	J. Sadler	The China Review	1897年	Vol. 22, No. 6

標題	作者	所載刊物名稱	刊發時間	卷、期號
The Mission Cemetery of Fuh-Chau 《福州的教會公墓》	J. W. Wiley	The Ladies Repository	1858年9月	
La bonzerie de Kou-Chan 《鼓山寺廟》	福建多明我會士	待考	1870年	
The New Amoy Gospel Boat 《廈門新造福音船》	Frank P. Joseland 蘭成美	The Chronicle of the London Missionary Society	1890年5月	
The Women of Ting-Chiu 《汀州婦女》	J. Sadler	The Chronicle of the London Missionary Society	1902年	
Six Hundred Miles by Road and River 《（從廈門到汀州之間） 600英里的水陸旅程》	Frank P. Joseland	The Chronicle of the London Missionary Society	1902年	

　　說明： 以上所列主要為晚清時期傳教士群體專門記述福建社會文化事象的文章；而更為大量的是傳教士介紹福建傳教事務進展情況或動態見聞等方面的文章，這部分則暫不作收列。另外，非傳教士群體的西人述閩文章亦不在少數，本書另製作附錄三之列表及參考文獻部分可瞭解相關情況。實際上，後兩方面的文章也不同程度地對晚清福建社會文化進行了渲染和記述，正文當中皆有一定的涉及。

附錄二
近代來閩基督新教差會機構名錄

差會英文名稱	中文名稱	所屬國家	來閩時間
Board of Foreign Missions of the Reformed Church / The Reformed (Dutch) Church in America，簡稱 R. C. A	歸正會	美國	1842
London Missionary Society，簡稱 L. M. S	倫敦會	英國	1844
English Presbyterian Mission，簡稱 E. P. M	長老會	英國	1850
American Board of Commissioners for Foreign Mission，簡稱 A. B. C. F. M	美部會（公理會）	美國	1847
Church Missionary Society，簡稱 C. M. S（或 Anglican Church）	聖公會（安立甘會）	英國	1850
American Methodist Episcopal Mission，簡稱 A. M. E. M	美以美會（衛理公會）	美國	1847
Episcopal Church in the United States of America	美國聖公會	美國	1842
American Presbyterian Mission，簡稱 A. P. M	美長老會	美國	1842
Swedish Mission	瑞典傳道會	瑞典	1850
American Baptist Missionary Union	浸禮會	美國	1873
Church of England Zenana Missionary Society，簡稱 C. E. Z. M. S	聖公會婦女布道會	英國	1883

差會英文名稱	中文名稱	所屬國家	來閩時間
Seventh Day Adventist	基督徒復臨安息會	美國	1905
Young Men's Christian Association，簡稱 Y. M. C. A	青年會	美國	1910
Young Women's Christian Association，簡稱 Y. W. C. A	女青年會	美國	待考

附錄三
其他西人群體記述晚清福建社會的作品一覽表

著作或文章標題	作　者	出版社（或期刊名稱、期號）	出版（或發表）時間	備註
Memorandum of an Excursion to the Tea Hills which Produce the Description of Tea known in Commerce under the Designation of Ankoy (Nganke) Tea	G. J. Gordon	The Journal of The Asiatic Society of Bengal, Vol.4	1835年2月	
		The Chinese Repository, Vol.4	1835年6月	
Objections to the Proposed Orthography of the Chinese, as Applies to the Dialects of Fuhkien	A Correspondent	The Chinese Repository, Vol.5	1837年3月	
Progress of the Expedition and Capture of Amoy	H.B.M	The Chinese Repository, Vol.10	1841年9月	
Gough and Paker's Dispatch on Capture of Amoy	Hugh Gough/William Parker	The Chinese Repository, Vol.11	1842年3月	
Survey of the Harbor of Amoy	Captain Richard Collinson 科林森船長	The Chinese Repository, Vol.12	1843年3月	
Sailing Directions to Accompany Seven Charts of the Coast of China,	Captain Richard Collinson等	The Chinese Repository, Vol.12	1843年8月	該文為從廈門灣到揚子江口的旅行

著作或文章標題	作　者	出版社（或期刊名稱、期號）	出版（或發表）時間	備註
between Amoy Bay, and the Yangtsz Kiang				指南
Sailing Directions for the Pang-hú	Captain Richard Collinson	The Chinese Repository, Vol.14	1845年6月	澎湖航行指南及該島情況
Notices of the City of Fuhchau fu, with Remarks on the Navigation of the River Min	Richard Collinson	The Chinese Repository, Vol.15	1846年5月	
Life and Writings of Chú	待考	The Chinese Repository, Vol.18	1849年4月	朱熹生平和著述簡介
Another Proclamation against Certain Idolatrous Practices	W. T. Lay 李華達	The Missionary Recorder	1867年7月	
Kushan	W. T. Lay	The Missionary Recorder	1867年11、12月	
Marco Polo and Ibn Batuta in Fookien	George Phillips 費笠士	The Chinese Recorder	1870年6月	
Marco Polo and Ibn Batuta in Fookien (Part 2)	George Phillips	The Chinese Recorder	1870年7月	
Marco Polo and Ibn Batuta in Fookien (Part 3)	George Phillips	The Chinese Recorder	1870年8月	
Marco Polo and Ibn Batuta in Fookien (Part 3 Concluded)	George Phillips	The Chinese Recorder	1870年9月	
Marco Polo and Ibn Batuta in Fookien (Supplementary Paper)	George Phillips	The Chinese Recorder	1870年10月	

著作或文章標題	作　者	出版社（或期刊名稱、期號）	出版（或發表）時間	備註
Zaitun Researches (Part vI) 刺桐研究	George Phillips	The Chinese Recorder	1875年12月	
Zaitun Researches (Part vII)	George Phillips	The Chinese Recorder	1876年2月	
Zaitun Researches (PartvIII)	George Phillips	The Chinese Recorder	1876年9月	
Zaitun Researches (PartvIV)	George Phillips	The Chinese Recorder	1876年12月	
Zaitun Researches (PartvV)	George Phillips	The Chinese Recorder	1877年 3-4月	
Notices of Southern Mangi	George Phillips	The Chinese Recorder	1874年12月	
Account of the Paper Currency and Banking System of Fuchowfoo	H. S. Parkes 巴夏禮	Journal of the Royal Asiatic Society of Great Britain and Ireland《亞洲文會會刊》, Vol.13	1852年	
List of Ferns Found in the Valley of the Min River, Foochow	G.C.Anderson	Journal of the North-China Branch of the Royal Asiatic Society《皇家亞洲文會北中國支會會刊》, Vol.16	1881年	
A Journey in Fukien	E. H. Parker 莊延齡	Journal of the North-China Branch of the Royal Asiatic Society, Vol.19	1884年	
The Identity of Marco Polo's Zaitun with Changchau	George Phillips	T'oung pao《通報》, Vol.1	1890年	
Some Fuh-Kien Bridges	George Phillips	T'oung pao, Vol.5	1894年	

著作或文章標題	作　者	出版社（或期刊名稱、期號）	出版（或發表）時間	備註
Two Mediaeval Fuh-kien Trading Ports, Chuan-Chow and Chang-chow (PartI)	George Phillips	T'oung pao, Vol.6	1895年	
Two Mediaeval Fuh-kien Trading Ports, Chuan-Chow and Chang-chow (PartII)	George Phillips	T'oung pao, Vol.7	1896年	
福建勞工的社會生活	Edward Bedloe 璧洛	Goldthwaite 《地理雜誌》	1892年	西文原題名待考
The Small Knife Rebels	George Hughes 休士	The China Review, Vol. 1, No. 4	1873年2月	
Female Infanticide	George Hughes	The China Review, Vol. 2, No. 1	1873年7月	
The Hsi Yuan Lu, or Instructions to Coroners 《洗冤錄》	H. A. Giles 翟理思	The China Review, Vol. 3, No. 1	1874年7月	
The Hsi Yuan Lu, or Instructions to Coroners (Continued from page 38)	H. A. Giles	The China Review, Vol. 3, No. 2	1874年9月	
The Hsi Yuan Lu, or Instructions to Coroners (Continued from page 99)	H. A. Giles	The China Review, Vol. 3, No. 3	1874年11月	
Tonic and Vocal Modification in the Foochow Dialect	E. H. Parker	The China Review, Vol. 7, No. 3	1878年	
New Foochow Colloquial Words	E. H. Parker	The China Review, Vol. 7, No. 6	1879年	

著作或文章標題	作　者	出版社（或期刊名稱、期號）	出版（或發表）時間	備註
Syllabary of the Hakka Language or Dialect	Edward Harper Parker（同上，即）莊延齡	The China Review, Vol. 8, No. 4	1880年-Jan	
Foochow Syllabary	Edward Harper Parker	The China Review, Vol. 9, No. 2	1880年	
Aborigines at Canton and Foochow	Editor	The China Review, Vol. 10, No. 1	1881年7月	
Hakka Songs		The China Review, Vol. 11, No. 1	1882年7月	
		The China Review, Vol. 12, No. 6	1884年5月	
		The China Review, Vol. 13, No. 1	1884年7月	
Some Hakka-Songs	R. Eichler	The China Review, Vol. 12, No. 3	1883年11月	
Hakka Folk-Lore		The China Review, Vol. 12, No. 3	1883年11月	
The Life of Koxinga（國姓爺）	George Phillips	The China Review, Vol. 13, No. 2	1884年8月	國姓爺即指鄭成功
Chinese Proverbs in the Amoy Vernacular	J. M.	The China Review, Vol. 15, No. 5	1887年3月	
The Chao Chung Temple at Pagoda Anchorage	R. W. Hurst 胡力穡	The China Review, Vol. 16, No. 3	1887年11月	
Early Spanish Trade with Chin-cheo (Chang-chow)	George Phillips	The China Review, Vol. 19, No. 4	1891年	
Is the Chincheo of Mendoza Chinchew or Changchow?	George Phillips	The China Review, Vol. 20, No. 1	1892年	

著作或文章標題	作　者	出版社（或期刊名稱、期號）	出版（或發表）時間	備註
The Copper Cash Current in Amoy	W. J. Clennell 樂民樂	The China Review, Vol. 20, No. 5	1893年	
Some Episodes in the History of Amoy	Cecil A. V. Bowra包羅	The China Review, Vol. 21, No. 2	1894年	
A Trip on Fuhkien Waterways	Cecil A. V. Bowra	The China Review, Vol. 21, No. 5	1895年	
Amoy: General Geographical Description, & c.	S. J. H. E.	The China Review, Vol. 22, No. 3	1896年	
Amoy Emigration to the Straits	Christopher Thomas Gardner 嘉托瑪	The China Review, Vol. 22, No. 4	1897年	
Coast about Amoy Harbour, Currents, & c.	G. B. Eldridge	The China Review, Vol. 22, No. 4	1897年	
Natural History of Amoy	ST. Julien Hugh Edwards	The China Review, Vol. 22, No. 5	1897年	
Sport in Amoy	R. H. Bruce	The China Review, Vol. 22, No. 5	1897年	
The Flora of Amoy	Miss Ellen Brown	The China Review, Vol. 22, No. 5	1897年	
The Trade of Amoy	T. A. W. S	The China Review, Vol. 22, No. 6	1897年	
Suggestions to Chinese for Mining in Amoy	Christopher Thomas Gardner	The China Review, Vol. 23, No. 5	1899年	
《閩江》		Shanghai Budget《上海錦囊與每週差報》	1872年8月31日	

著作或文章標題	作　者	出版社（或期刊名稱、期號）	出版（或發表）時間	備註
The Port of Foochoo		The Illustrated London News《倫敦新聞畫報》	1880年2月21日	
Foochou et la Riviere Min《福州與閩江（法文版）》		《地理學會學報》第6期	1884-1885年	
Foo-Chow Foo		North-China Herald	1855年6月30日	
Customs Duties at Foochow	Caleb Jones	North-China Herald	1856年10月11日	
Foochow		North-China Herald	1858年5月15日	該文記述了因稻米匱乏和銅錢漲價導致的社會騷亂
The Foochow Arsenal	J G D	North-China Herald	1870年4月21日	此後在1871年7月，1874年3月，1876年3月，1890年8月，1896年10月，1903年4/10/11月和1904年2月，分別刊載多篇主題關於Foochow

著作或文章標題	作　者	出版社（或期刊名稱、期號）	出版（或發表）時間	備註
				Arsenal的文章
Foochow Regatta		North-China Herald	1870年6月2日	
Diagrams of the Foochow Tones in Their Full Form		North-China Herald	1870年10月1日	
Placard Posted in Foochow		North-China Herald	1871年8月25日	
Foochow Shipping		North-China Herald	1872年10月17日	
			1873年6月14日	
Amoy-The Formosa Affair		North-China Herald	1874年8月15日	即「牡丹社事件」
Review of the Foochow Garrison		North-China Herald	1875年7月3日	
The Riotous Proceedings at Foochow	Great Lake	North-China Herald	1878年10月10日	
The Foochow Tea Trade	S. F. W	North-China Herald	1880年5月11日	
			1888年9月21日	
The Amoy-Formosa Tea Trade	George Brown	North-China Herald	1881年5月27日	
The Upper Min（閩江上游）	A Correspondent of the *Foochow Herald*	North-China Herald	1882年6月10日	

著作或文章標題	作　者	出版社（或期刊名稱、期號）	出版（或發表）時間	備註
A New School at Foochow		North-China Herald	1882年4月12日	摘自 *Foochow Herald*
The Defences of Foochow		North-China Herald	1883年11月28日	
The French at Foochow	A Correspondent			
Interruption Telegraphic Communication With Foochow, Telegrams From Foochow		North-China Herald	1884年8月1日	
Foochow: Consular Notification to the British Mercantile Community of Foochow; Petition of the Foochow Tea Guild to Consul Sinclair; Rules Framed by the Tea Guild	Charles A. Sinclair; R. W. Hurst	North-China Herald	1885年5月29日	
Foochow: The Tea Dispute		North-China Herald	1885年6月26日	
The Dogheaded Barbarians of Fukien	Editor	North-China Herald	1886年7月9日	
Typhoon in Foochow		North-China Herald	1888年8月24日	引自 *Foochow Echo*
The Quality of Foochow Tea	Elliot Lack; Porter	North-China Herald	1889年11月1日	
The Charge of Smuggling at Amoy	E. Mackintosh	North-China Herald	1891年6月12日	

著作或文章標題	作　者	出版社（或期刊名稱、期號）	出版（或發表）時間	備註
Superstition of the Foochow Boat People		North-China Herald	1892年1月8日	
Financial Difficulties at Foochow	A Native Correspondent	North-China Herald	1893年9月8日	
The Collision in Amoy Harbour		North-China Herald	1894年6月8日	
Foochow: Tea	A Correspondent	North-China Herald	1894年6月8日	
			1894年6月22日	
Reforming The Foochow Native Customs		North-China Herald	1895年6月28日	
Foochow: Local Disturbance	Our Own Correspondent	North-China Herald	1895年4月19日	
The Diamond Jubilee Celebrations in Amoy	A Correspondent			一八九七年，英國維多利亞女王舉行了其在位六十周年的鑽石禧年慶典。該慶祝活動也延伸至了遠在中國的廈門和福州。
The Diamond Jubilee at Foochow	A Correspondent（Qui）	North-China Herald	1897年7月2日	
Foochow: Our Last Tiger; The Foochow Arsenal; The Weather	A Correspondent	North-China Herald	1897年8月20日	

著作或文章標題	作　者	出版社（或期刊名稱、期號）	出版（或發表）時間	備註
Hsinghua, Fukien: Probably a Japanese Visitor, Another Boat, etc.	A Correspondent	North-China Herald	1899年7月3日	
The Fukien Riots	A Correspondent	North-China Herald	1899年7月24日	
The English Naval School at the Foochow Arsenal		North-China Herald	1899年10月9日	
The Foochow Flood Fund	C. B. Rickett	North-China Herald	1900年8月29日	
The Manufacture of Smokeless Powder in Foochow		North-China Herald	1901年9月25日	
Foochow Gun Club		North-China Herald	1902年6月4日	來自*Daily Echo*
Amoy: The Dragon Festivals	A Correspondent	North-China Herald	1902年6月25日	
Foochow: The Drought, The Growth of the Poppy...	A Correspondent	North-China Herald	1902年2月12日	
Foochow Port Regulations	one Interested	North-China Herald	1902年8月20日	
The Fire at Amoy		North-China Herald	1902年10月15日	
Amoy: Naval Movements, The Coming Flower Show and Surveying the Harbour	A Correspondent	North-China Herald	1903年2月18日	
Foochow: The Weather...Tea; Foochow Club Catalogue	A Correspondent	North-China Herald	1904年6月24日	

著作或文章標題	作　者	出版社（或期刊名稱、期號）	出版（或發表）時間	備註
The Foochow Tea Market	Our Own Correspondent	North-China Herald	1905年5月26日	
The Kienning Prefecture, Fu	A Correspondent	North-China Herald	1905年6月16日	
The Tung'an Outrage	A Correspondent	North-China Herald	1906年6月29日	該文講述西人前往廈門北郊之外的同安的情景
Foochow Social Matters	Our Own Correspondent	North-China Herald	1907年8月30日	
Foochow: The Opium Movement	Our Own Correspondent	North-China Herald	1908年6月20日	
Foochow: From Day to Day	Our Own Correspondent	North-China Herald	1908年12月19日	該文從政治、經濟、社會、娛樂、逸事等視角記載了關於福州的每日見聞
China's Trade: Foochow Teas, Improved Trade at Amoy,etc.		North-China Herald	1909年11月6日	
The Riots at Foochow: An Exciting Four Days	Our Own Correspondent	North-China Herald	1911年9月30日	
Bombardment of Foochow	A Correspondent	North-China Herald	1911年11月11日	兩篇文章記述了辛亥時期福州政治軍事局面
Fighting at Foochow: Public Buildings Burnt	A Correspondent	North-China Herald	1911年11月18日	

著作或文章標題	作　　者	出版社（或期刊名稱、期號）	出版（或發表）時間	備註
The Position in the South: Foochow, Amoy		North-China Herald	1911年11月18日	
"Free Speech" at Foochow	Our Own Correspondent	North-China Herald	1912年6月1日	
A Journey to the Tea Countries of China	Robert Fortune 福鈞	London: John Murray, Albemarle Street	1852年	
Reports on Amoy and the Island Formosa	Charles William LeGendre 李仙得	Washington: Goverment Printing Office	1871年	
Amoy and the Surrounding Districts《廈門及其鄰縣》	George Hughes	Hongkong: De Souza & Co.	1872年	
Foochow and the River Min《福州與閩江》	John Thomson		1872年	該書為作者自行編撰出版的畫冊
L'arsenal de Fou-Tcheou, Ses resultats《福州船政局及其成果》	Prosper Marie Giquel 日意格	同年由郎格（H. Lang）譯為英文，名為：The Foo Chou Arsenal	1874年	英文版一八七四年於上海出版
A Short History of Koolangsu《鼓浪嶼簡史》	H. A. Giles	Amoy: A. A. Marcal	1878年	
A Journey overland from Amoy to Hankow in 1879	Creagh, E. Fitzgerald	The Journal and Proceedings of The Royal Geographical Society	1879年	
Jaarlijksche Feesten en Gebruiken van de Emoy-	Jan Jakob Marin de Groot	University of Michigan Library	1880年	

著作或文章標題	作　者	出版社（或期刊名稱、期號）	出版（或發表）時間	備註
Chineezen《廈門華人的年節和風俗》	哥羅特（高延）			
The French at Foochow《法國人在福州》	James F Roche/L. L. Cowen	Shanghai: "Celestial Empire" Office	1884年	
Changchow, the Capital of Fuhkien in Mongol Times	George Phillips	Journal of the China Branch of the Royal Asiatic Society, Vol.23	1888年	
Chart of Amoy Harbour	W. C. Howard 鉞爾德	Shanghai	1893年	
Rambles with a Camera, or A Series of Photographs with Descriptive Text……of the Island of Amoy and Its Immediate Neighborhood	George Uvedale Price	Kelly and Walsh, Ltd	1893年	
La Province du Foo-kien 福建省	d'Emile Francqui 比利時駐上海領事		1900年	
Le Monastere de Kou-Chan鼓山寺	Jacques Hardy and Ch. Lenormand		1906年	
Handbook to Map of Fu-Chien福建省地圖手冊	War Office	London: Harrison and Sons	1908年	
The Great Summer Festival of China as Observed in Foochow	Lewis Hodous	Journal of the North-China Branch of the Royal Asiatic Society, Vol.43	1912年	

　　說明：本表係作者根據所搜集的資料和目力所及而製，其中尚有部分著作或文章的詳細內容（如作者、西文題名、出版社等）有待查考。另外，本表對於西方作者中已有明確的中文譯名的皆給予標出，而對於尚無統一譯名的則暫不作翻譯；同時，由於條件限制和視野局限，本表所作收錄並不完全，有待進一步補充和完善。

作者簡介

吳巍巍

　　男，漢族，福建順昌人，博士。福建師範大學閩臺區域研究中心副主任、研究員、博士生導師，校學術委員會委員。主要研究方向為閩臺地方史、兩岸文化與東亞海域史。主持國家社科基金項目五項（含冷門「絕學」重大研究專項、青年項目與重大項目子課題），教育部人文社科項目二項，福建省社科規劃項目等各類縱、橫向項目十餘項。已出版著作十二部（含主編），發表學術論文八十餘篇。研究成果獲高等學校科學研究優秀成果（人文社會科學）普及獎，福建省社會科學優秀成果二等獎三項、三等獎一項；入選福建省級高層次人才（B類）、福建省「雛鷹計劃」青年拔尖人才、福建省高校「新世紀」優秀人才支持計劃、福建省高等學校「傑青」科研人才培育計劃等；獲福建師範大學「寶琛計劃」高端人才、福建師範大學優秀青年骨幹教師等稱號。

本書簡介

　　本書在廣泛而深入查考西文文獻的基礎上，較為全面系統地梳理了晚清時期來華西方傳教士記載和介紹福建社會與文化的著述及相關文獻資料；綜合運用與借鑒歷史學、宗教學、人類學、比較文學、形象學、東方學、跨文化傳播學等學科理論和方法，系統地探討西方傳教士視野中的晚清福建社會文化的內容和特徵，審視晚清來華西方傳

教士建構的「福建形象」的方式、形態與特質，闡釋西方傳教士認知
福建社會的文化觀照與影響晚清來華傳教士之認知的深層文化因素。
並結合查閱大量福建地方歷史文獻，分析傳教士著述及其相關文獻資
料的特點、價值與缺失，探索傳教士述閩著作與文獻對於東西方世界
的影響。

福建師範大學文學院百年學術論叢·第七輯 1702G10

他者的視界：
晚清來華傳教士與福建社會文化

作　　者	吳巍巍
總 策 畫	鄭家建　李建華

發 行 人	林慶彰
總 經 理	梁錦興
總 編 輯	張晏瑞
編 輯 所	萬卷樓圖書股份有限公司
	臺北市羅斯福路二段 41 號 6 樓之 3
	電話 (02)23216565
	傳真 (02)23218698

發　　行	萬卷樓圖書股份有限公司
	臺北市羅斯福路二段 41 號 6 樓之 3
	電話 (02)23216565
	傳真 (02)23218698
	電郵 SERVICE@WANJUAN.COM.TW
香港經銷	香港聯合書刊物流有限公司
	電話 (852)21502100
	傳真 (852)23560735

ISBN 978-986-478-813-2

2023 年 1 月初版二刷

定價：新臺幣 780 元

如何購買本書：

1. 劃撥購書，請透過以下郵政劃撥帳號：
   帳號：15624015
   戶名：萬卷樓圖書股份有限公司
2. 轉帳購書，請透過以下帳戶
   合作金庫銀行 古亭分行
   戶名：萬卷樓圖書股份有限公司
   帳號：0877717092596
3. 網路購書，請透過萬卷樓網站
   網址 WWW.WANJUAN.COM.TW

大量購書，請直接聯繫我們，將有專人為您服務。客服：(02)23216565 分機 610

如有缺頁、破損或裝訂錯誤，請寄回更換
版權所有·翻印必究
Copyright©2023 by WanJuanLou Books CO., Ltd.
All Rights Reserved　　　　Printed in Taiwan

國家圖書館出版品預行編目資料

他者的視界 ：晚清來華傳教士與福建社會文化/吳巍巍著. -- 初版. -- 臺北市 ：萬卷樓圖書股份有限公司, 2023.01 印刷
　　面 ；　公分. -- (福建師範大學文學院百年學術論叢 ；第七輯)
ISBN 978-986-478-813-2(平裝)
1.CST: 傳教史　2.CST: 社會發展　3.CST: 福建省

540.9231　　　　　　　　111022335